Curso de preparação aos Concursos da Magistratura do Trabalho e do Ministério Público do Trabalho

Volume I

Sobre os Organizadores

Candy Florencio Thome é juíza do trabalho e professora, Doutora em Direito do Trabalho pela Universidade de São Paulo, Pesquisadora do Centro Internacional de Educación y Desarrollo Humano.

Márcio Mendes Granconato é juiz do trabalho e professor, Mestre e Doutorando em Direito do Trabalho pela Pontifícia Universidade Católica de São Paulo, Coordenador do curso de Pós-Graduação em Direito do Trabalho e Processual do Trabalho da Escola Paulista de Direito (EPD).

Rodrigo Garcia Schwarz é juiz do trabalho e professor, Doutor em Direito do Trabalho e da Seguridade Social pela Universidad de Castilla-La Mancha e Doutor em Direito Administrativo pela Pontifícia Universidade Católica de São Paulo, Pesquisador do Centro Internacional de Educación y Desarrollo Humano.

ORGANIZADORES

CANDY FLORENCIO THOME
MÁRCIO MENDES GRANCONATO
RODRIGO GARCIA SCHWARZ

CURSO DE PREPARAÇÃO AOS CONCURSOS DA MAGISTRATURA DO TRABALHO E DO MINISTÉRIO PÚBLICO DO TRABALHO

AUTORES — NESTE VOLUME

Cleber Lúcio de Almeida
Ivani Contini Bramante
Mauricio Pereira Simões
Vera Lucia Carlos
Vera Regina Hippler
Wânia Guimarães Rabello de Almeida

DISCIPLINAS — NESTE VOLUME

Direito Individual do Trabalho I
Direito Processual do Trabalho I
Direito Coletivo do Trabalho I
Direito Constitucional I
Direito Administrativo I

LTr®

EDITORA LTDA.

Rua Jaguaribe, 571
CEP 01224-001
São Paulo, SP — Brasil
Fone (11) 2167-1101
www.ltr.com.br

LTr 4858.7
Junho, 2013

Dados Internacionais de Catalogação na Publicação (CIP)
(Câmara Brasileira do Livro, SP, Brasil)

Curso de preparação aos concursos da magistratura do trabalho e do Ministério Público do Trabalho, volume I / organizadores Candy Florencio Thome, Márcio Mendes Granconato, Rodrigo Garcia Schwarz. — 1. ed. — São Paulo : LTr, 2013.

Bibliografia.
ISBN 978-85-361-2613-5

1. Concurso público 2. Concurso público — Preparação 3. Concurso público — Metodologia 4. Conhecimento I. Thome, Candy Florencio. II. Granconato, Márcio Mendes. III. Schwarz, Rodrigo Garcia.

13-05599 CDD-371.262

Índices para catálogo sistemático:

1. Concurso público : Preparação e métodos : Educação 371.262

Sumário

Apresentação

Este **Curso de Preparação aos Concursos da Magistratura do Trabalho e do Ministério Público do Trabalho**, organizado pelos juízes do trabalho *Candy Florencio Thome*, *Márcio Mendes Granconato* e *Rodrigo Garcia Schwarz*, tem o propósito de oferecer ao leitor, reunidas e sistematizadas em seus sucessivos volumes, passo a passo, as disciplinas integrantes do conteúdo programático dos concursos para ingresso nas carreiras da **Magistratura do Trabalho** (*Juiz do Trabalho Substituto*) e do **Ministério Público do Trabalho** (*Procurador do Trabalho*), de acordo com as normas gerais que regem os referidos concursos, especialmente as Resoluções n. 75/2009, do Conselho Nacional de Justiça, e n. 101/2011, do Conselho Superior do Ministério Público do Trabalho.

A obra é destinada, portanto, sobretudo àqueles candidatos que enfrentam os desafios dos concursos para ingresso nas carreiras da Magistratura do Trabalho e do Ministério Público do Trabalho, auxiliando-os na preparação para as respectivas provas. Mas também será útil àqueles candidatos a outras carreiras, que têm, no programa dos respectivos concursos, algumas das disciplinas nele exploradas. Candidatos aos concursos para os cargos de técnico e de analista judiciário dos Tribunais Regionais do Trabalho, de advogado ou procurador dos entes da Administração Pública direta e indireta da União, dos Estados, do Distrito Federal e dos Municípios, ao Ministério do Trabalho e Emprego e à Receita Federal do Brasil, por exemplo, além dos candidatos ao Exame de Ordem, certamente encontrarão aqui subsídios robustos para a sua preparação e aprovação nos exames.

O *Curso* está dividido em *disciplinas* e durante a leitura dos respectivos conteúdos, preparados por especialistas da área — todos com notável formação acadêmica, experiência em sala de aula, amplo domínio da jurisprudência e da doutrina relevantes, argumentação sólida, linguagem fluente e apoio em práticas profissionais consistentes —, os candidatos poderão, passo a passo, tomar contato com todo o programa exigido nos concursos da Magistratura do Trabalho e do Ministério Público do Trabalho. Em cada volume deste *Curso* ainda serão propostas ao leitor/candidato questões de concursos anteriores da Magistratura do Trabalho e do Ministério Público do Trabalho, para cuja sistematização colaboraram as incansáveis Camila Duarti e Cícera Pereira da Silva. Trata-se, portanto, de uma abordagem verdadeiramente inédita, que tem por objetivo auxiliar o leitor/candidato na sua preparação, oferecendo-lhe o que há de melhor na área.

Ao longo desta série, serão abordados, passo a passo, os conteúdos de *Direito Individual do Trabalho, Direito Processual do Trabalho, Direito Coletivo do Trabalho, Direito Constitucional, Direito Administrativo, Direito Civil, Direito Processual Civil, Direito Empresarial, Direito Internacional, Direito Comunitário, Direito Penal, Direito Previdenciário, Direito da Criança e do Adolescente* e *Ética, Regime Jurídico da Magistratura Nacional e Regime Jurídico do Ministério Público*, entre outros.

Neste primeiro volume, contamos, como autores das disciplinas sistematizadas, com a participação dos Doutores *Cleber Lúcio de Almeida, Ivani Contini Bramante, Mauricio Pereira Simões, Vera Lucia Carlos, Vera Regina Hippler* e *Wânia Guimarães Rabello de Almeida*, sendo desenvolvidos os conteúdos das disciplinas *Direito Individual do Trabalho I, Direito Processual do Trabalho I, Direito Coletivo do Trabalho I, Direito Constitucional I* e *Direito Administrativo I.*

Ao leitor, desejamos que este *Curso* realmente contribua para a sua preparação para os concursos para ingresso nas carreiras da Magistratura do Trabalho e do Ministério Público do Trabalho — e que a aprovação venha em breve.

Bons estudos!

Volume I

Candy Florencio Thome
Juíza do Trabalho e Professora. Doutora em Direito.

Cleber Lúcio de Almeida
Juiz do Trabalho e Professor. Doutor em Direito.

Ivani Contini Bramante
Desembargadora Federal do Trabalho, ex-Procuradora do Trabalho e Professora. Doutora em Direito.

Márcio Mendes Granconato
Juiz do Trabalho e Professor. Mestre e Doutorando em Direito.

Mauricio Pereira Simões
Juiz do Trabalho e Professor. Mestrando em Direito.

Rodrigo Garcia Schwarz
Juiz do Trabalho e Professor. Doutor em Direito.

Vera Lucia Carlos
Procuradora do Trabalho e Professora. Mestre em Direito.

Vera Regina Hippler
Advogada e Professora. Mestre e Doutoranda em Direito.

Wânia Guimarães Rabello de Almeida
Advogada e Professora. Mestre e Doutoranda em Direito.

I

DIREITO INDIVIDUAL DO TRABALHO

CLEBER LÚCIO DE ALMEIDA E
WÂNIA GUIMARÃES RABELLO DE ALMEIDA

1. Direito do Trabalho: conceito, divisão, natureza jurídica, funções e autonomia. 2. Fundamentos e formação histórica do Direito do Trabalho. Tendências atuais do Direito do Trabalho. Flexibilização e desregulamentação. 3. Fontes do Direito do Trabalho. Conceito, classificação, fontes formais do direito do trabalho e hierarquia das fontes. Conflitos e suas soluções. 4. Hermenêutica: interpretação, integração e aplicação do Direito do Trabalho. Métodos básicos de exegese. O papel da equidade. Eficácia das normas trabalhistas no tempo e no espaço. Revogação. Irretroatividade. Direito adquirido. 5. Princípios do Direito do Trabalho. Princípios constitucionais do Direito do Trabalho. Distinção entre princípios e regra. 6. Renúncia e transação no Direito do Trabalho. Comissões de Conciliação Prévia.

1. DIREITO DO TRABALHO: CONCEITO, DIVISÃO, NATUREZA JURÍDICA, FUNÇÕES E AUTONOMIA

1.1 Conceito

A vida em sociedade reclama e faz surgir o Direito, que se manifesta por meio de normas, através das quais regula as relações sociais. O direito do trabalho, como ramo do Direito, é composto por um conjunto de normas jurídicas. Como as normas jurídicas constituem gênero do qual são espécies as regras e os princípios, é afirmado que o direito do trabalho é constituíndo por um conjunto de regras e princípios.

O direito do trabalho regula um fenômeno social específico, qual seja a relação jurídica que tem por objeto o trabalho humano, livre(1) e produtivo(2), prestado em favor e sob as ordens e direção de outrem, mediante remuneração, isto é, a relação de trabalho subordinado ou de emprego. O direito do trabalho constitui, sob este prisma, a parte do ordenamento jurídico que disciplina a relação de trabalho subordinado ou relação de emprego.(3)

Contudo, o direito do trabalho pode ser considerado levando em conta o objeto da relação jurídica que disciplina (*concepção objetivista*), os sujeitos da relação jurídica que disciplina (*concepção subjetivista*) e a conjugação do objeto da relação jurídica objeto de sua disciplina com os seus sujeitos (*concepção mista ou dualista*). Sob o enfoque objetivista, o direito do trabalho é o conjunto de regras e princípios que disciplinam a relação de trabalho subordinado. Sob o prisma subjetivista, direito do trabalho é o conjunto de regras e princípios que visam à melhoria da condição social dos trabalhadores no contexto da relação de trabalho subordinado. Considerado sob a ótica mista, direito do trabalho é o conjunto de regras e princípios que disciplinam a relação de trabalho subordinado, com o objetivo de promover a melhoria da condição social dos trabalhadores.

De outro lado, como assinala Mario de La Cueva, "a história do direito do trabalho é um dos episódios mais dramáticos da luta de classes, por seu profundo sentido de reivindicação dos valores humanos, talvez o mais profundo de todos, porque é a luta pela libertação e dignificação do trabalho, o que é o mesmo que dizer a libertação e dignificação do homem em sua integridade".(4)

Orlando Gomes e Elson Gottschalk chamam a atenção para o fato de que o direito do trabalho tem como instituto chave "o trabalho como expressão da personalidade humana, como atributo do 'ser' e qualificado na sua forma de *dependência.* O *sujeito* da relação emprega não só as suas energias físicas, que não são por si mesmas um *objeto* descartável do ente humano, mas ainda investe a própria *pessoa humana,* como fonte permanente da qual emanam aquelas energias. É este aspecto do trabalho dependente (...) que singulariza o contrato de trabalho. Sob este aspecto, podemos dizer que, enquanto os contratos de direito comum giram em torno de coisas, de bens, de patrimônio, o contrato de trabalho apanha a própria pessoa, envol-

---

(1) O direito do trabalho disciplina a relação jurídica em que os "os frutos do trabalho são atribuídos inicial e diretamente à pessoa distinta da que executa o trabalho (...) por um ato de vontade do trabalhador" (OLEA, Manuel Alonso. *Introdução ao direito do trabalho.* Porto Alegre: Livraria Sulina Editora, 1969. p. 25-26).

(2) Trabalho produtivo é aquele "dedicado à produção de bens e serviços economicamente valiosos e utilizáveis com tais" e por meio do qual o trabalhador obtém "os meios necessários à sua subsistência", consoante lição de (OLEA, Manuel Alonso. *Introdução ao direito do trabalho.* Porto Alegre: Livraria Sulina Editora, 1969. p. 59).

(3) Relação de emprego é a relação jurídica que tem por objeto o trabalho humano prestado pessoalmente em favor de outrem, de forma onerosa, não eventual e subordinada. Subordinação significa a sujeição jurídica do trabalhador ao poder diretivo do empregador. Este poder é exercido pela definição do modo pelo qual o trabalho deverá ser realizado (poder regulamentar), fiscalização da realização do trabalho (poder fiscalizador) e punição do trabalhador no caso da não observância do modo de realização do trabalho previamente estabelecido (poder punitivo). Na relação de emprego, o trabalhador coloca a sua força de trabalho à disposição do empregador, em troca de salário, e se submete às suas ordens em relação ao modo pelo qual o trabalho contratado será prestado (não se trata de subordinação pessoal do trabalhador ao empregador, mas de subordinação funcional, posto que relacionada ao estabelecimento de quando, onde e como o trabalho será prestado), sujeitando-se o trabalhador a punição (advertência e suspensão) e até a dispensa por justa causa, no caso do descumprimento das ordens do empregador.

(4) *El nuevo derecho mexicano del trabajo.* México, DF: Editorial Porrúa, 1972. p. 12.

vendo-a na sua essência humana. Essa feição singularíssima do trabalho humano em regime de dependência de outrem é que justifica, por outro lado, a proteção especial dispensada pelo Estado aos trabalhadores".[5]

Reagindo contra as péssimas condições de trabalho (jornada de trabalho de até 17 horas diárias, trabalho em condições insalubres sem proteção adequada, exploração do trabalho infantil e feminino, baixos salários e elevados índices de acidentes de trabalho, por exemplo) a que eram submetidos os trabalhadores no contexto da Revolução Industrial, o direito do trabalho atua no sentido de torná-las mais dignas.

Neste contexto, pode ser afirmado que o direito do trabalho corresponde ao conjunto de regras e princípios que disciplinam a relação jurídica que tem por objeto o trabalho humano, livre e produtivo, prestado em favor e sob as ordens e direção de outrem, mediante remuneração, visando à proteção e promoção da dignidade humana daqueles que sobrevivem da alienação da sua força de trabalho.[6]

Como aduz Bernardo da Gama Lobo Xavier, "o direito do trabalho é animado por um elemento teleológico fundamental — o da proteção ao trabalho e ao trabalhador".[7] O direito do trabalho protege o trabalho, evitando que ele seja tratado como simples mercadoria, e, especialmente, o trabalhador, adotando medidas que lhe assegurem condições de vida e de trabalho compatíveis com a dignidade humana.

Cumpre ressaltar que o direito do trabalho trata de algumas relações que têm por objeto o trabalho humano prestado em favor de outrem de forma não subordinada. Neste sentido, é assegurada ao trabalhador avulso a igualdade de direitos com o trabalhador com vínculo empregatício, nos termos do art. 7º, XXXIV, da Constituição da República de 1988. No entanto, a originalidade do direito do trabalho está no seu objeto — a relação que contempla a alienação da força de trabalho para outrem, ao qual o trabalhador é juridicamente subordinado,[8] e na sua finalidade — a proteção e promoção da dignidade humana daqueles que sobrevivem da alienação da sua força de trabalho.

1.2 Divisão

O direito do trabalho é dividido pela doutrina em direito individual e direito coletivo do trabalho.

De outro lado, é também lícito falar em direito administrativo do trabalho, direito constitucional do trabalho e direito internacional do trabalho.

1.2.1 Direito individual do trabalho e direito coletivo do trabalho

O direito do trabalho abrange as relações individuais entre trabalhadores e empregadores e as relações coletivas entre trabalhadores, por meio dos entes sindicais, e empregadores, individualmente considerados ou organizados em entes sindicais.

(5) *Curso de direito do trabalho*. 17. ed. Rio de Janeiro: Forense, 2006. p. 11.

(6) O direito do trabalho implica, sob este prisma, uma tomada de posição sobre a realidade, adequando meios (estabelecimento de limites ao poder diretivo do empregador, atribuição de direitos aos trabalhadores e prestígio à autonomia privada coletiva) a fins (promoção e proteção da dignidade humana do trabalhador). O direito do trabalho constitui, neste sentido, fruto de uma opção valorativa ou axiológica, a partir da qual é estabelecido o dever ser na relação entre empregado e empregador.

(7) *Curso de direito do trabalho*. 2. ed. Coimbra: Verbo, 1993. p. 86. Esse doutrinador afirma que a proteção ao trabalho e ao trabalhador se desenvolve de acordo com três princípios fundamentais: a) o direito do trabalho "corresponde a uma verdadeira tomada de consciência de que são indissociáveis o trabalhador, a sua capacidade laborativa e o seu próprio trabalho" e supera a concepção liberal que "considera o trabalho como bem que o trabalhador pode alienar livremente, concepção que significa uma coisificação do trabalho que atenta contra a dignidade do trabalhador"; b) o direito do trabalho pretende realizar a igualdade substancial entre empregado e empregador, "criando condições de igualdade prática pela concessão ao trabalhador de um estatuto legalmente defendido, estranho à óptica paritária tradicional nos contratos", razão pela qual é informado "por um *princípio de ordem pública de tutela* ao trabalhador subordinado, estabelecendo normas inderrogáveis para garantia deste, delas resultando muitas vezes direitos irrenunciáveis e até, por vezes, indisponíveis"; c) o direito do trabalho é dominado pelo princípio da autonomia coletiva, sendo "inspirado pelo estímulo à auto-organização e autorregulação dos interesses por parte dos grupos contrapostos (autonomia institucional e normativa), cujas organizações representam as categorias profissionais ou econômicas em confronto e que encontram uma plataforma de entendimento e uma disciplina concertada não só para regular as relações interorganizacionais, mais ainda para reger as relações que surgem entre os membros do grupo individualmente considerados" (*Op. cit.*, p. 89-90).

(8) O trabalhador aliena para o empregador a sua força de trabalho e não o produto do seu trabalho, tendo em vista que não dispõe dos meios de produção.

Este fato é realçado por António Monteiro Fernandes, para quem, "não obstante a tipicidade da relação de trabalho subordinado como esquema polarizador e delimitador do Direito do Trabalho, é preciso notar que nela se não esgota o objecto deste ramo do Direito. Incluem-se nele, e com grande saliência, as *relações colectivas* que se estabelecem entre organização de trabalhadores (as associações sindicais) e empregadores, organizados ou não".[9]

Neste sentido, inclusive, o art. 1º da CLT (Consolidação das Leis do Trabalho) dispõe que: "Esta Consolidação estatui as normas que regulam as relações individuais e coletivas de trabalho, nela previstas".

Em suma, a relação de trabalho subordinado envolve a relação do trabalhador com o seu empregador (dimensão individual da relação de trabalho) e a relação da classe trabalhadora com a classe empregadora ou o empregador (dimensão coletiva da relação de trabalho), o que dá ensejo a relações individuais e coletivas de trabalho. Estas relações são reguladas pelo direito do trabalho. Daí a divisão do direito do trabalho em *direito individual do trabalho* e *direito coletivo do trabalho.*

O direito individual do trabalho é o complexo de normas que regulam a relação entre empregados e empregadores,[10] referindo-se "à dinâmica (formação, desenvolvimento e extinção) e ao conteúdo das relações jurídicas entre empregador e trabalhador, individualmente considerados, e, portanto, às normas relativas ao contrato de trabalho, aos contratos especiais de trabalho (*v.g.*, trabalho rural, doméstico, marítimo) e ainda a contratos equiparados ao contrato de trabalho".[11]

O direito coletivo do trabalho é o complexo de normas que regulam a constituição das associações sindicais e as relações que envolvem uma categoria profissional, de um lado, e uma empresa ou categoria econômica, do outro e se ocupa apenas indiretamente da relação de emprego, autorizando as empresas e os sindicatos a participarem da conformação da ordem jurídica trabalhista, pela atribuição de força normativa às convenções coletivas de trabalho e aos acordos coletivos de trabalho (art. 611 da CLT[12] e art. 7º, XXVI, da Constituição da República[13]). O direito coletivo do trabalho trata da construção do direito individual do trabalho pelos entes coletivos trabalhistas (entes sindicais e empresas).[14]

Como aduz Alice Monteiro de Barros, "o direito individual pressupõe uma relação entre sujeitos de direito, considerando os interesses concretos de indivíduos determinados, contrariamente ao direito coletivo, que pressupõe uma relação entre sujeitos de direito, em que a participação do individuo também é considerada, mas como membro de determinada coletividade. Neste último, consideram-se os interesses abstratos do grupo".[15]

Orlando Gomes e Elson Gottschalk assinalam que "as normas jurídicas que o Estado elabora para regular o Direito Individual do Trabalho são *normas aplicativas*, criando para os indivíduos direitos subjetivos. As normas jurídicas elaboradas para regular o Direito Coletivo do Trabalho são *normas instrumentais*,

(9) *Direito do trabalho.* 10. ed. Coimbra: Almedina, 1998. p. 19.

(10) Considerando a ordem das matérias adotada pela CLT, pode ser dito que o direito individual do trabalho trata da tutela do trabalho (Título I), da identificação profissional (Título II, Capítulo I), da duração do trabalho (Título II, Capítulo II), do salário mínimo (Título I, Capítulo III), das férias (Título I, Capítulo IV), da segurança e da medicina do trabalho (Título I, Capítulo V), das normas especiais de tutela do trabalho (Título III) e do contrato individual do trabalho, abrangendo as disposições gerais sobre o contrato, a remuneração, a alteração do contrato, a suspensão e a interrupção do contrato, a rescisão do contrato, o aviso prévio, a estabilidade, a força maior e disposições especiais (Título IV).

(11) XAVIER, Bernardo da Gama Lobo. *Curso de direito do trabalho.* 2. ed. Coimbra: Verbo, 1993. p. 81.

(12) "Art. 611. Convenção Coletiva de Trabalho é o acordo de caráter normativo pelo qual dois ou mais sindicatos representativos de categorias econômicas e profissionais estipulam condições de trabalho aplicáveis, no âmbito das respectivas representações, às relações individuais de trabalho. § 1º É facultado aos sindicados representativos de categorias profissionais celebrar Acordos Coletivos de Trabalho com uma ou mais empresas da correspondente categoria econômica, que estipulem condições de trabalho aplicáveis no âmbito da empresa ou das empresas acordantes às respectivas relações de trabalho".

(13) "Art. 7º. São direitos dos trabalhadores urbanos e rurais, além de outros que visem à melhoria da sua condição social: (...) XXVI — reconhecimento das convenções e acordos coletivos de trabalho".

(14) As normas constantes da CLT que compõem o direito coletivo do trabalho tratam da organização sindical (arts. 511 a 566), do enquadramento sindical (arts. 570 a 577), da contribuição sindical (arts. 578 a 620), da negociação coletiva (arts. 611 a 625) e do dissídio coletivo (arts. 856 a 875).

(15) *Curso de direito do trabalho.* 4. ed., São Paulo: LTr, 2008. p. 93.

porque fornecem aos grupos profissionais o instrumento técnico processual adequado à autocomposição de seus próprios interesses. São os grupos que criam, exercitando aqueles instrumentos, direitos subjetivos para os indivíduos que os compõem (...). O Direito Individual do Trabalho tem por finalidade a proteção, que o Estado dispensa, por via direta, à vida e à saúde do trabalhador (...), conferindo-lhe uma tutela econômico-social (M. de La Cueva). O Direito Coletivo do Trabalho visa a uma proteção indireta do trabalhador; fornece aos grupos profissionais as normas instrumentais, que são fontes produtoras de direitos subjetivos e que emprestam a este Direito a sua fisionomia peculiar. Constitui uma envoltura protetora (Cueva) que serve para criar a parte nuclear do Direito do Trabalho, vale dizer, o Direito Individual do Trabalho".[16]

Américo Plá Rodriguez assevera que "o Direito do Trabalho surge como consequência de uma desigualdade: a decorrente da inferioridade econômica do trabalhador. Essa a origem da questão social e do Direito do Trabalho. As desigualdades somente se corrigem com desigualdades de sentido oposto. Durante certo tempo, conseguiu-se a desigualdade compensatória porque o Estado colocou a favor do trabalhador o peso da lei. Surgiu assim a legislação do trabalho. Contudo, mais tarde, a desigualdade compensatória foi obtida por via mais adequada — no sentido de mais sua e mais apropriada —, criando a força que resulta da união. Por isso, em todo o Direito do Trabalho há um ponto de partida: a união dos trabalhadores; e há um ponto de chegada: a melhoria das condições sociais dos trabalhadores. Direito individual e direito coletivo do trabalho são apenas caminhos diversos para percorrer o mesmo itinerário".[17]

Ditando normas de direito individual do trabalho, o Estado intervém diretamente na relação entre empregador e empregado, a este assegurando direitos compatíveis com uma vida digna, traduzindo muitos deles limitação ao poder diretivo do empregador (é o que se dá com a expressa e exaustiva fixação das situações em que o trabalhador poderá ser dispensado por justa causa, por exemplo). De seu turno, o direito coletivo do trabalho surgiu para "*igualar* as forças econômicas das partes contratantes e, assim, reequilibrar as posições das partes no ato de contratar. A troca equitativa das prestações no ajuste contratual só se pode apresentar, com *equivalência subjetiva*, quando as partes contratantes não podem sofrer a pressão econômica uma da outra. O empregador, detentor da riqueza, era, por si só, uma 'coalizão' (...); de sorte que a solução única era se formar, em contrapartida, a 'coalizão operária'. O associacionismo profissional, os meios de ação direta e a convenção coletiva de trabalho surgiram como meios de competição econômica, numa sociedade em que a palavra de ordem era a livre concorrência".[18]

1.2.2 Direito administrativo do trabalho

O direito administrativo do trabalho corresponde às normas que estabelecem e disciplinam a inspeção do trabalho, cujo objetivo é organizar, manter e executar a fiscalização das relações de trabalho (arts. 21, XXIV, e 114, VII, da Constituição da República).

As normas que regem a relação de emprego são criadas para produzir efeitos concretos. Por isso, o Estado fiscaliza o seu cumprimento e, verificando o seu descumprimento, aplica as penalidades previamente estabelecidas (arts. 21, XXIV, 27, XXI, da Lei n. 10.683/2003 e 114, VII, da Constituição da República).

A fiscalização do cumprimento das normas disciplinadoras da relação de emprego, que funciona como reforço à sua efetividade, é regida pelo Título VII da CLT, Convenção n. 81 da Organização Internacional do Trabalho (OIT), Regulamento da Inspeção do Trabalho (Decreto n. 4.552/2002), Lei n. 8.422/1992, Lei n. 9.784/1999, Lei n. 10.593/2002 e Lei n. 10.683/2003 e compete ao Ministério do Trabalho e Emprego, por meio das Superintendências Regionais do Trabalho, segundo normas editadas pela Secretaria de Inspeção do Trabalho, órgão do Ministério do Trabalho e Emprego (a Secretaria tem entre seus órgãos o Departamento de Fiscalização do Trabalho e o Departamento de Segurança e Saúde do Trabalho).

(16) *Curso de direito do trabalho.* 17. ed. Rio de Janeiro: Forense, 2006. p. 13-14.

(17) *Princípios de direito do trabalho.* 1. ed. 4. tiragem. São Paulo: LTr, 1996. p. 25.

(18) GOMES, Orlando e GOTTSCHALK, Elson. *Curso de direito do trabalho.* 17. ed. Rio de Janeiro: Forense, 2006. p. 17.

1.2.3 Direito constitucional do trabalho

O direito constitucional do trabalho é composto pelas regras e princípios constitucionais incidentes sobre a relação de trabalho subordinado.

A constitucionalização do direito do trabalho ocorre de duas maneiras: a) inclusão no texto constitucional de regras e princípios de direito do trabalho; b) incidência da Constituição sobre as normas infraconstitucionais reguladoras da relação de trabalho subordinado. A inclusão de regras e princípios de direito do trabalho na Constituição, da qual resulta o direito constitucional do trabalho, reforça a tutela por ele garantida aos trabalhadores e coloca os direitos a estes assegurados fora do alcance do legislador infraconstitucional (direitos assegurados pela Constituição não podem ser excluídos ou restringidos pela legislação infraconstitucional)[19], ao passo que a incidência da Constituição sobre as normas infraconstitucionais significa pautar a criação, interpretação e aplicação destas normas pelos valores e fins naquela consagrados.[20]

Na Constituição da República de 1988, não só foram constitucionalizados direitos decorrentes da relação de emprego, como a eles foi atribuída a condição de direitos fundamentais (*trata-se de direitos fundamentais trabalhistas*), o que realça, ainda mais, a sua importância.[21]

Citem-se, como exemplos de normas que compõem o direito constitucional do trabalho, os arts. 7º, 8º, 9º, 10 e 11 da Constituição da República de 1988.

1.2.4 Direito internacional do trabalho

O direito internacional do trabalho compreende as regras e princípios de direito internacional com incidência na relação de trabalho subordinado.

O direito internacional do trabalho surgiu em 1919, com a criação da Organização Internacional do Trabalho (OIT), no Tratado de Versalhes[22], por meio do qual foi colocado fim à Primeira Guerra Mundial, e tem por principais funções: "universalizar os princípios da justiça social e, na medida do possível, uniformizar as correspondentes normas jurídicas" e "incrementar a cooperação internacional visando à melhoria das condições de vida do trabalhador e à harmonia entre o desenvolvimento técnico-econômico e o progresso social".[23]

A OIT, como consta do Preâmbulo da sua Constituição, aprovada em 1946, foi criada em razão da existência de "condições de trabalho que implicam, para um grande número de indivíduos, miséria e pri-

(19) O que ganha relevo na medida em que é consagrado o caráter normativo, e não apenas programático, da Constituição.

(20) A Constituição adota, sob o influxo das condições culturais, econômicas, éticas, políticas e sociais, determinada concepção do homem e da sociedade e determinado sistema de valores com os quais devem estar em harmonia a ordem econômica, jurídica e social.

(21)Ao lado dos direitos fundamentais que decorrem da relação de emprego (*direitos fundamentais trabalhistas*) se encontram os direitos fundamentais do trabalhador enquanto pessoa humana e cidadão, visto que o trabalhador não é despido de sua dignidade quando assume a condição de empregado (*direitos fundamentais* lato sensu). Os direitos fundamentais incidem nas relações entre o cidadão e o Estado (*eficácia vertical dos direitos fundamentais*) e nas relações entre particulares (*eficácia horizontal dos direitos fundamentais*), em especial, quando na relação entre particulares uma das partes se encontra em situação de proeminência em relação à outra, como se dá na relação de emprego, diante do poder de direção de que é titular o empregador, ao qual corresponde a subordinação jurídica do trabalhador ao empregador, e da dependência do trabalhador em relação ao trabalho como meio para garantir a sobrevivência própria e familiar e atender as suas necessidades básicas (*eficácia diagonal dos direitos fundamentais*).

(22) O art. 427 do Tratado de Versalhes apontou os princípios que deveriam reger a normatização das relações do trabalho em todo o mundo: 1) o trabalho não deve ser considerado como simples mercadoria ou artigo de comércio, mas como colaboração livre e eficaz na produção de riquezas; 2) o direito de associação, desde que os seus fins ou objetivos não sejam contrários às leis, deve ser assegurado tanto para os empregados como para os empregadores; 3) o pagamento aos trabalhadores de um salário que lhes assegure um nível de vida sem maiores preocupações e de acordo com o tempo e a condição de seus países; 4) a adoção da jornada diária de oito horas ou da semana de quarenta e oito horas; 5) a instituição de um descanso de vinte e quatro horas, no mínimo, e que deverá ser, sempre que possível, no domingo; 6) a supressão do trabalho dos menores e a obrigação de aplicar ao trabalho dos jovens dos dois sexos as limitações necessárias para permitir-lhes continuar a sua educação e assegurar o seu desenvolvimento físico; 7) o princípio do igual salário, sem distinção de sexo, para o trabalho de igual valor; 8) as regras que, em cada país, se adotem em relação às condições do trabalho, deverão assegurar um tratamento econômico equitativo a todos os trabalhadores que legalmente residam no mesmo país; 9) cada Estado deverá organizar um serviço de inspeção, dele participando as mulheres, a fim de assegurar a aplicação das leis e regulamentos de proteção aos trabalhadores.

(23) SÜSSEKIND, Arnaldo. *Direito internacional do trabalho.* São Paulo: LTr, 1983. p. 17.

vações" e da urgência de "melhorar essas condições no que se refere, por exemplo, à regulamentação das horas de trabalho, à fixação de uma duração máxima do dia e da semana de trabalho, ao recrutamento da mão de obra, à luta contra o desemprego, à garantia de um salário que assegure condições de existência convenientes, à proteção dos trabalhadores contra as moléstias graves ou profissionais e os acidentes de trabalho, à proteção das crianças, dos adolescentes e das mulheres, às pensões de velhice e invalidez, à defesa dos interesses dos trabalhadores empregados no estrangeiro, à afirmação do princípio 'para igual trabalho, mesmo salário', à afirmação do princípio da liberdade sindical, à organização do ensino profissional e técnico, e outras medidas análogas".

A OIT tem como principal função "redigir normas internacionais do trabalho sob a forma de convenções e recomendações que estabelecem as condições mínimas de proteção no trabalho e assegurar-se de sua implementação".(24)

As convenções(25) e recomendações(26) da OIT constituem a fonte por excelência do direito internacional do trabalho, mas a sua incorporação ao direito interno é a principal garantia de sua implementação concreta.

Além das convenções e recomendações da OIT, constituem fontes de direito internacional do trabalho as normas que compõem o Direito Internacional dos Direitos Humanos de incidência na relação de trabalho subordinado, valendo fazer referência à Declaração Universal dos Direitos do Homem, ao Pacto Internacional sobre os Direitos Econômicos, Sociais e Culturais e à Convenção Americana sobre Direitos Humanos.

A Declaração Universal dos Direitos do Homem estabelece que:

a) "toda pessoa tem direito ao trabalho, à livre escolha do emprego, a condições justas e favoráveis de trabalho e à proteção contra o desemprego" (art. 23, 1);

b) "toda pessoa, sem qualquer distinção, tem direito a igual remuneração por igual trabalho" (art. 23, 2);

c) "toda pessoa que trabalha tem direito a uma remuneração justa e satisfatória, que lhe assegure, assim como à sua família, uma existência compatível com a dignidade humana, e a que se acrescentarão, se necessário, outros meios de proteção social" (art. 23, 3);

d) "toda pessoa tem direito a organizar sindicatos e a neles ingressar para a proteção de seus interesses" (art. 24);

e) "toda pessoa tem direito a repouso e lazer, inclusive a limitação razoável das horas de trabalho e a férias remuneradas periódicas" (art. 24);

f) "toda pessoa tem direito a um padrão de vida capaz de assegurar a si e a sua família saúde e bem-estar, inclusive alimentação, vestuário, habitação, cuidados médicos e os serviços sociais indispensáveis, o direito à segurança, em caso de desemprego, doença, invalidez, viuvez, velhice ou outros casos de perda dos meios de subsistência em circunstâncias fora de seu controle" (art. 25, 1).

---

(24) *Direito internacional do trabalho e direito interno: manual de formação para juízes, juristas e docentes em direito.* Editado por Xavier Beaudonnet. Turim: Centro Internacional de Formação da OIT, 2011. p. 7. A Declaração relativa aos objetivos da OIT (*Declaração de Filadélfia*) define como princípios fundamentais sobre os quais repousa a Organização: "a) o trabalho não é uma mercadoria; b) a liberdade de expressão e de associação é uma condição indispensável a um progresso ininterrupto; c) a penúria, seja onde for, constitui um perigo para a prosperidade geral; d) a luta contra a carência, em qualquer nação, deve ser conduzida com infatigável energia, e por esforço internacional contínuo e conjugado, no qual os representantes dos empregadores e dos empregados discutam, em igualdade, com os dos Governos, e tomem com eles decisões de caráter democrático, visando o bem comum".

(25) As convenções da OIT têm a natureza jurídica de tratado internacional.

(26) As recomendações não possuem caráter vinculante, servindo de diretriz para a regulação interna das relações de trabalho subordinado.

O Pacto Internacional sobre os Direitos Econômicos, Sociais e Culturais prevê que:

a) os Estados-partes "reconhecem o direito de toda pessoa ter a possibilidade de ganhar a vida mediante um trabalho livremente escolhido ou aceito ou tomarão medidas apropriadas para salvaguardar esse direito" (art. 6º, 1);

b) as medidas que cada Estado-membro "tomará, a fim de assegurar o pleno exercício desse direito (ganhar a vida mediante um trabalho livremente escolhido ou aceito), deverão incluir (...) a elaboração de programas, normas e técnicas apropriadas para assegurar um desenvolvimento econômico, social e cultural constante e o pleno emprego produtivo em condições de salvaguardar aos indivíduos o gozo das liberdades políticas e econômicas fundamentais" (art. 6º, 2);

c) os Estados-partes "reconhecem o direito de toda pessoa de gozar condições de trabalho justas e favoráveis, que assegurem especialmente: a) uma remuneração que proporcione, no mínimo, a todos os trabalhadores: I) um salário equitativo e uma remuneração igual por um trabalho de igual valor, sem qualquer distinção; em particular, as mulheres deverão ter a garantia de condições de trabalho não inferiores às dos homens e perceber a mesma remuneração que eles por trabalho igual; II) uma existência decente para eles e suas famílias, em conformidade com as disposições do presente Pacto"; b) condições de trabalho seguras e higiênicas; c) igual oportunidade para todos de serem promovidos, em seu trabalho, à categoria superior que lhe corresponda, sem outras considerações que as de tempo de trabalho e capacidade; d) o descanso, o lazer, a limitação das horas de trabalho e férias periódicas remuneradas, assim como a remuneração dos feriados" (art. 7º);

d) "1. Os Estados-partes do presente Pacto comprometem-se a garantir: a) "o direito de toda pessoa de fundar com outros sindicatos e de filiar-se ao sindicato de sua escolha, sujeitando-se unicamente aos estatutos da organização interessada, com o objetivo de promover e de proteger seus interesses econômicos e sociais. O exercício desse direito só poderá ser objeto das restrições previstas em lei e que sejam necessárias, em uma sociedade democrática, ao interesse da segurança nacional ou da ordem pública, ou para proteger os direitos e as liberdades alheias"; b) o direito dos sindicatos de formar federações ou confederações nacionais e o direito destas de formar organizações sindicais internacionais ou de filiar-se às mesmas; c) o direito dos sindicatos de exercer livremente suas atividades, sem quaisquer limitações além daquelas previstas em lei e que sejam necessárias, em uma sociedade democrática, ao interesse da segurança nacional ou da ordem pública, ou para proteger os direitos e as liberdades das demais pessoas; d) o direito de greve, exercido em conformidade com as leis de cada país. 2. O presente artigo não impedirá que se submeta a restrições legais o exercício desses direitos pelos membros das forças armadas, da polícia ou da administração pública. 3. Nenhuma das disposições do presente artigo permitirá que os Estados-partes na Convenção de 1948 da Organização Internacional do Trabalho, relativa à liberdade sindical e à proteção do direito sindical, venham a adotar medidas legislativas que restrinjam — ou a aplicar a lei de maneira a restringir — as garantias previstas nesta Convenção" (art. 8º).

A Convenção Americana sobre Direitos Humanos estabelece que: "toda pessoa tem direito a que se respeite sua integridade física, psíquica e moral" (art. 5º, 1), "toda pessoa tem direito ao respeito da sua honra e ao reconhecimento de sua dignidade" (art. 11, 1) e que "todas as pessoas têm direito de associar-se livremente com fins (...) econômicos, trabalhistas, sociais, culturais, desportivos ou de qualquer outra natureza" (art. 16, 1).

As normas de direito internacional citadas estabelecem verdadeiros *direitos humanos trabalhistas.*[27]

(27) Os direitos humanos e os direitos fundamentais estabelecem as condições mínimas necessárias de igualdade e liberdade substanciais, servindo de parâmetros e limites para a atuação do Estado, como legislador e juiz, e também para as decisões tomadas no âmbito da negociação coletiva enquanto instrumento de conformação da ordem jurídica. Tais direitos estabelecem um mínimo de conteúdo para as decisões políticas, judiciais e

Com a sua ratificação, as normas de direito internacional do trabalho passam a integrar, ao lado das normas internas, a ordem jurídica brasileira (é adotada, assim, a *doutrina monista* — as normas de direito internacional ratificadas e as normas internas pertencem à mesma esfera jurídica).[28] A incorporação formal de tais normas ao ordenamento jurídico pátrio ocorre da seguinte forma: o tratado é celebrado pelo Presidente da República (art. 84, VIII, da Constituição da República) e referendado por Decreto do Legislativo (arts. 59, VI, e 49, I, da Constituição da República), ao que se segue a edição de Decreto do Presidente da República (art. 84, IV, da Constituição da República).

Existem quatro vertentes de pensamento sobre a posição das normas de direito internacional incorporadas ao ordenamento jurídico brasileiro na hierarquia das fontes de direito: a) hierarquia supraconstitucional: supremacia da norma internacional sobre as normas constitucionais; b) hierarquia constitucional: a norma de direito internacional possui *status* de norma constitucional; c) hierarquia supralegal: a norma de direito internacional está localizada abaixo da Constituição e acima das normas infraconstitucionais; d) hierarquia de lei ordinária: a norma de direito internacional possui *status* de lei ordinária. Prevalece no Supremo Tribunal Federal (STF) o entendimento de que a norma de direito internacional ratificada pelo Brasil possui *status* supralegal (conferir Recurso Extraordinário n. 466.343-SP). No entanto, os tratados e convenções internacionais sobre direitos humanos que forem aprovados, em cada Casa do Congresso Nacional, em dois turnos, por três quintos dos votos dos respectivos membros, serão equivalentes às emendas constitucionais (art. 5º, § 3º, da Constituição da República, acrescentado pela Emenda Constitucional n. 45/2004).

A norma de direito internacional ratificada pelo Brasil pode ser utilizada na solução de conflitos de interesses levados ao Poder Judiciário, (a) afastando lacuna do direito interno, (b) se sobrepondo ao direito interno, quando seja mais favorável ao trabalhador (por força do art. 7º, *caput*, da Constituição da República, os direitos nela previstos não excluem outros que visem à melhoria das condições sociais dos trabalhadores, o que autoriza afirmar que, no confronto entre normas internas e internacionais, deve prevalecer aquela que seja mais favorável ao trabalhador) ou (c) revogando norma interna contrária às suas disposições (prevalecendo, no entanto, a Constituição sobre a norma internacional).[29]

A globalização econômica exige a globalização da proteção e promoção da dignidade do trabalhador no contexto da relação de trabalho subordinado, o que realça a importância do direito internacional do trabalho.

1.3 Natureza jurídica

Definir a natureza jurídica do direito do trabalho significa situá-lo entre os ramos do direito público ou do direito privado.

A distinção entre direito público e direito privado é estabelecida considerando a natureza dos interesses tutelados (*teoria dos interesses em jogo*). Sob este prisma, público será o direito cujas normas tutelam imediata e predominantemente interesses públicos, enquanto privado será o direito cujas normas tutelam

tomados no exercício da autonomia privada coletiva. Direitos humanos são direitos que as normas de Direito Internacional reconhecem a todos os homens em razão da sua condição humana. Direitos fundamentais são direitos que a Constituição reconhece a todos os homens em razão da sua condição humana. Os direitos humanos e os direitos fundamentais derivam, como é afirmado na Declaração de Direitos Humanos de Viena, de 1993, "da dignidade e do valor inerente à pessoa humana".

(28) Para a *doutrina dualista*, as normas de direito internacional e de direito interno não pertencem à mesma esfera jurídica, estando a aplicação daquelas condicionadas, além da sua ratificação, à posterior edição de norma interna que reproduza na íntegra o seu texto.

(29) Neste sentido, interpretando os arts. 146 e 147 da CLT, o Tribunal Superior do Trabalho, por meio das Súmulas n. 171 e 261, consagrou o entendimento de que o trabalhador que pedisse demissão antes de complementar 12 (doze) meses de serviços não tinha direito de receber férias proporcionais aos meses trabalhados. Contudo, com a ratificação pelo Brasil da Convenção n. 138 do OIT, tal entendimento foi revisto, na medida em que o art. 11 da aludida Convenção assegura o recebimento de férias proporcionais qualquer que tenha sido a causa da rescisão contratual. Assim, as aludidas Súmulas foram alteradas, com o reconhecimento do direito às férias proporcionais ainda que houver pedido de demissão antes que seja complementado um ano de serviço (o TST somente ressalva a hipótese de dispensa por justa causa, na qual, de acordo com a Súmula n. 171, não são devidas férias proporcionais).

imediata e predominantemente interesses particulares (fala-se em *predominância* porque a quase totalidade das normas contempla interesses públicos e privados). Esta distinção é também estabelecida considerando a natureza da relação jurídica objeto de regulação pelo direito, concepção segundo a qual, envolvendo a relação jurídica partes no mesmo plano de igualdade (relação de coordenação), a norma que a disciplinar será de direito privado, ao passo que, participando o Estado da relação e impondo ele à outra parte a sua vontade (relação de subordinação), a norma que a regular será de direito público.

A propósito da natureza jurídica do direito do trabalho existem na doutrina três vertentes de pensamento: [30]

a) *concepção publicista*: predominam no direito do trabalho normas de caráter público, o que permite que se lhe atribua a natureza de direito público;

b) *concepção privatística*: as normas do direito do trabalho tutelam interesses predominantemente privados, o que faz com que a sua natureza seja de direito privado;

c) *concepção mista* ou *dualista*: o direito do trabalho contempla normas de direito público e de direito privado, o que significa que tutela tanto interesses públicos quanto interesses privados.

Adotando a tese privatística, Mauricio Godinho Delgado afirma que, "à medida que a categoria nuclear do Direito do Trabalho é essencialmente uma relação entre particulares (a relação empregatícia), esse ramo jurídico, por sua essência, situa-se no grupo do ramo do Direito Privado — em que preponderam relações próprias à sociedade civil, pactuadas entre particulares."[31]

Na vertente publicista, tem-se Miguel Reale, para quem o direito do trabalho apresenta-se "como Direito eminentemente público, como resulta da determinação de seus elementos capitais. Constitui-se, com efeito, como sistema de princípios e regras destinados a disciplinar as relações entre empregadores e empregados, e as respectivas entidades representativas, a instituir órgãos da Previdência e de Seguro sociais, a reger as formas e meios necessários à solução de conflitos dos indivíduos e das categorias profissionais, não apenas segundo o desejo ou o interesse de cada uma delas, mas principalmente segundo exigências do bem coletivo. Quando o Estado disciplina as formas de prestação do trabalho, ou da Previdência Social; ou, então, quando disciplina os contratos coletivos, ou institui fundos de garantia, ou normas processuais etc., ele interfere na sua qualidade fundamental de poder soberano, estabelecendo o equilíbrio entre as partes interessadas e impondo soluções a que os particulares estão sujeitos. Tais vínculos são de subordinação, e não de coordenação".[32]

Para G. Bayon Chacon e Eugenio Perez Botija, o direito do trabalho possui natureza mista, não no sentido de que "em cada uma delas se pode assinalar a matriz predominante, mas em seu conjunto, por força do caráter privativo da instituição central (relação jurídica de trabalho) e do crescente intervencionismo do Estado nela, oferece a união inseparável de instituições geralmente qualificadas como de Direito público e Direito privado".[33]

Existe, ainda, uma quarta corrente: o direito do trabalho é um direito social.

Jorge Luiz Souto Maior assevera que, apesar "de a maciça opinião dos doutrinadores nacionais, de que o direito do trabalho situa-se na esfera do direito privado, consideramos que o direito do trabalho

(30) Maria do Rosário Palma Ramalho assevera que a falta de consenso da doutrina decorre, entre outros fatores, da "verificação da multiplicidade de interesses subjacentes aos regimes laborais, alguns dos quais revestindo natureza pública" e do "caráter imperativo de muitas das normas laborais, o que não é comum no âmbito do direito privado" (*Direito do trabalho. Parte I. Dogmática geral.* Coimbra: Almedina, 2005. p. 101).

(31) *Curso de direito do trabalho.* 11. ed. São Paulo: LTr, 2009. p. 75.

(32) *Lições preliminares de direito.* São Paulo: Saraiva, 2010. p. 350.

(33) *Manual de derecho del trabajo.* 6. ed. Madrid: Marcial Pons. p. 51, v. I.

encontra-se no âmbito do direito público, porque, como se está procurando sustentar, o direito do trabalho é instrumento de libertação, de emancipação política da classe trabalhadora, e essa ação constitui — a noção vem desde a antiguidade — a esfera pública. Essa emancipação não se busca para satisfação de interesses localizados dessa classe, mas do ideal de justiça social, que interessa a toda a sociedade", sendo por ele destacado que não importa os meios de positivação do direito (estatal ou negocial) ou a forma de vinculação (individual, entre pessoas e não entre indivíduo e Estado), mas "a estruturação jurídico-científica que se faz em torno dessas normas e vinculações."[34]

Para esse doutrinador, o direito do trabalho "não é apenas a atribuição de um valor econômico pelo trabalho prestado (isto o direito civil pode fazer e faz). O direito do trabalho procura impor ao sistema capitalista um retorno de cunho social, transformando a solidariedade em um valor jurídico. Ao mesmo tempo em que organiza o sistema de produção capitalista, viabilizando-o, o direito do trabalho busca humanizar o sistema, estabelecendo as bases de uma almejada justiça social. O direito do trabalho, também, em certa medida, limita a própria vontade do trabalhador, coibindo-lhe a venda da força de trabalho em quaisquer padrões socioeconômicos. Por isto, o direito do trabalho é um direito social e sua inserção na realidade é uma questão de ordem pública."[35]

No mesmo sentido, Gustav Radbruch afirma a existência de um direito social, resultante de uma nova concepção do homem pelo direito, aduzindo que "o *direito trabalhista* (...) é sem dúvida uma nova disciplina. Se o direito econômico considera as relações econômicas sob o aspecto da produtividade político-econômica, o direito trabalhista as considera sob o aspecto da proteção do economicamente mais fraco contra o economicamente mais forte. O primeiro inclina-se mais ao ponto de vista da empresa, o segundo preponderantemente ao interesse do trabalhador (...). Essa é a essência do direito trabalhista: a sua maior proximidade com a vida (...). O sistema da liberdade contratual enxerga na relação de trabalho tão somente a troca de dois patrimônios considerados de igual valor, trabalho e salário, não compreendendo, por conseguinte, que trabalho não é um patrimônio como outro qualquer, mas nada menos que o homem todo, e configurando a relação de trabalho como se a força de trabalho fosse uma coisa e não um homem. É tarefa do novo direito trabalhista valorizar o direito humano do trabalhador em novo patamar, no patamar da liberdade pessoal de configurar a relação de trabalho; mais uma vez, como uma relação de direito da pessoa".[36]

O direito do trabalho, embora discipline uma relação entre particulares (relação entre empregado e empregador), adota, ao fazê-lo, uma postura diferenciada, visto que considera esta relação sob a óptica do homem e não da economia. O direito do trabalho traz à luz a face humana da relação de trabalho e o faz para promover e proteger a dignidade daquele que sobrevive da alienação da sua força de trabalho.[37] É certo que todo direito é social, no sentido de que decorre e tem em vista a vida em sociedade. Mas isto não impede que seja atribuída ao direito do trabalho a condição de direito social, não em razão da sua origem (a vida social), mas da postura que adota ao regular a relação de trabalho subordinado, isto é colocando o homem como fundamento e fim da ordem econômica e social.

Como aduz Alfredo Montoya Melgar, "o processo histórico da sujeição do trabalho ao Direito responde, antes que a um propósito de boa ordenação produtiva, a uma exigência, universalmente sentida, de dignificação das condições de vida e trabalho de uma camada majoritária da população, a formada precisamente pelos trabalhadores assalariados. Daí a indubitável motivação moral que, em seu conjunto,

(34) *O direito do trabalho como instrumento de justiça social.* São Paulo: LTr, 2000. p. 274-275.

(35) *Relação de Emprego & Direito do Trabalho.* São Paulo: LTr, 2007. p. 56.

(36) *Introdução à ciência do direito.* São Paulo: Martins Fontes, 1999. p. 97-99.

(37) A proteção do trabalhador é justificada pela sua *dependência do trabalho* (o trabalhador depende da alienação de sua força de trabalho para garantir a sobrevivência própria e familiar e atender às suas necessidades básicas) e *subordinação ao empregador* (ao empregador compete, no exercício do poder diretivo, definir o local, o tempo e o modo da prestação de serviços, estando o trabalhador obrigado a cumprir o que por ele for determinado). A subordinação é normalmente estabelecida por exclusão (subordinado é o trabalhador que não é autônomo), mas a tendência atual é defini-la a partir da existência de efetivo poder de direção por parte do tomador dos serviços (*concepção funcional da subordinação*).

representa a legislação laboral; uma legislação que, comparada com outros setores do Direito marcantemente patrimonialista, mostra desde suas origens sua vocação humanitária e social. A expressão 'direito social', como foi inicialmente conhecido o Direito do Trabalho não pode ser rechaçada como se fosse um puro pleonasmo; sua utilização, teve, pelo contrário, a virtude de colocar adequada ênfase nas diferenças das leis laborais frente ao sentido tradicional dos Códigos de Direito privado. O Direito do Trabalho seria 'social' em contraposição ao Direito 'individualista' dos Códigos do Século XIX; e o seria na medida em que, indo além do simples desígnio de colocar em ordem as relações entre indivíduos iguais, se traduziria em um arsenal de medidas destinadas a resolver a 'questão social', uma questão relativa não só às graves deficiências da organização do trabalho, mas, mais amplamente, de distribuição do poder e da riqueza no sistema social".[38]

1.4 Funções

O direito do trabalho surge em contexto histórico dominado pelas ideias liberais, que conduzem a condições de trabalho (baixos salários, exploração do trabalho das mulheres e de menores; jornadas de trabalho excessivas e desenvolvidas em ambientes insalubres e sem a devida segurança) que agrediam, violentamente, a dignidade humana dos trabalhadores, e afastam o Estado da relação entre empregado e empregador.[39]

Como assinala Jorge Reis Novais, "se focalizarmos o Estado liberal do ponto de vista do papel global que desempenha na manutenção das relações de produção do capitalismo concorrencial, mais claramente se desvanecerá o seu pretenso caráter neutral e se revelará a face de Estado-protetor. Desde logo, na conformação do modelo teórico com a realidade, o caráter empenhado e protetor do Estado liberal transparece na sua intervenção no mercado de trabalho — onde reprime abertamente o direito à greve, o direito de associação sindical e, na generalidade, as ações coletivas dos trabalhadores — ou, num outro plano, no papel ativo que o Estado desempenha na colonização e no aproveitamento dos territórios coloniais como fornecedores de matérias primas".[40]

O direito do trabalho constitui uma reação ao liberalismo, fundado nos princípios da igualdade de todos perante a lei, não intervenção do Estado nas relações e conflitos sociais, autonomia da vontade, propriedade privada e distinção entre a pessoa do trabalhador e a sua força de trabalho (sendo esta passível de ser alienada, como qualquer mercadoria), e ao seu produto, que é a mercantilização do trabalho e coisificação do ser humano, e impõe uma nova relação entre Estado e economia e molda as relações de trabalho, criando as condições para uma vida com o mínimo de dignidade. Com o direito do trabalho, o Estado continua protetor, mas, agora, da dignidade humana do homem que presta serviços em favor e sob as ordens e direção de outrem mediante remuneração.

A reação representada pelo direito do trabalho é traduzida pela atribuição aos trabalhadores de um catálogo de direitos, na intenção de diminuir as desigualdades sociais, realizar a liberdade concreta dos trabalhadores[41] e promover e tutelar a sua dignidade humana, como meios indispensáveis à construção de uma sociedade verdadeiramente livre e justa.

A gênese do direito do trabalho tem influência decisiva nas suas funções, quais sejam:

a) *função normativa*, na medida em que tem em vista disciplinar a relação de trabalho subordinado, por meio do estabelecimento de normas dotadas de imperatividade;

(38) *Derecho del trabajo.* 14. ed. Madrid: Editorial Tecnos, 1993. p. 27-28.

(39) O distanciamento do Estado da relação entre capital e trabalho não significa, na verdade, neutralidade. A neutralidade era apenas aparente, visto que o Estado se distancia daquela relação em favor do ideário liberal. Como aduz Mario de La Cueva, "a burguesia triunfante do Século XVIII não se conformou em impor ao Estado a atitude passiva do abstencionismo, senão que o obrigou a ditar leis que autorizavam a ação estatal dirigida à destruição de qualquer força social e humana que pretendesse desviar o curso das leis qualificadas de naturais; as quais não eram outras se não os princípios que facilitariam o desenvolvimento livre do capitalismo" (*Panorama do direito do trabalho.* Porto Alegre: Livraria Sulina Editora, 1968. p. 25).

(40) *Contributo para uma teoria do Estado de Direito.* Coimbra: Almedina, 2006. p. 64.

(41) A liberdade somente é real quando estão presentes as condições materiais necessárias ao seu exercício.

b) *função compensatória.* Neste sentido, afirma António Monteiro Fernandes que "a função mais corretamente atribuída ao Direito do Trabalho é, justamente, essa: a de 'compensar' a debilidade contratual originária do trabalhador, no plano individual (...). A assunção desta finalidade diferencia o Direito do Trabalho no quadro geral do Direito Privado, tendo em conta os padrões relacionais de referência (...). No Direito do Trabalho, o padrão de referência é marcado pela desigualdade originária dos sujeitos, ou seja, pela diferença de oportunidades e capacidades objetivas de realização de interesses próprios, e daí que a finalidade 'compensadora' seja assumida como um pressuposto da intervenção normativa".[42] O trabalhador necessita da alienação da sua força de trabalho para sobreviver. Por esta razão, o direito do trabalho, no desempenho da sua função compensatória, liberta o trabalhador desta sua necessidade, estabelecendo condições mínimas de contratação da sua força de trabalho.[43]

António Monteiro Fernandes esclarece que o objetivo em destaque é perseguido pela "*limitação da autonomia privada individual*, isto é, pelo condicionamento da liberdade de estipulação no contrato de trabalho (...). Depois, e tendo em conta que a subordinação e a dependência econômica do trabalhador são suscetíveis de limitar ou eliminar a sua capacidade de exigir e fazer valer os seus direitos na pendência da relação de trabalho, o ordenamento laboral estrutura e delimita os poderes de direcção e organização do empregador, submetendo-os a controle externo (administrativo, judicial e sindical) (...). Em terceiro lugar, o ordenamento laboral organiza e promove a transferência do *momento contratual fundamental do plano individual para o colectivo.* O reconhecimento da liberdade sindical e da autonomia colectiva e o favorecimento da regulamentação do trabalho por via da contratação coletiva tendem a reconduzir o contrato de trabalho a um papel restrito: o de simples facto gerador da relação de trabalho, sem influência significativa nos termos em que ela se desenvolverá. Dado que, entre os sujeitos colectivos (sindicatos e associações patronais ou empresas), não existem relações de subordinação ou dependência, a determinação das condições de trabalho por essa via é, em si mesma, tendencialmente 'compensadora' (...). O Direito do Trabalho estrutura um complexo *sistema de tutela de direitos dos trabalhadores* que tende a suprir a sua diminuída capacidade de exigir ou reclamar".[44]

Em relação à aludida transferência do momento contratual fundamental do plano individual para o coletivo, vale lembrar que, no Brasil, o direito do trabalho prestigia a autonomia privada coletiva, estabelecendo a predominância dos instrumentos coletivos sobre os contratos individuais do trabalho (art. 444 da CLT) e, especialmente, permitindo a participação dos trabalhadores, por meios de seus sindicados, e empresas, organizadas em entidades sindicais ou não, na conformação da ordem jurídica (art. 7º, XXVI, da Constituição da República).

c) *função protetiva e promocional da dignidade humana.* O direito do trabalho surge em razão e para proteger e promover a dignidade humana daqueles que dependem da alienação da sua força de trabalho para a garantia da sobrevivência própria e familiar e o atendimento de suas necessidades básicas, o que equivale dizer que a dignidade humana constitui o ponto de partida e de chegada do direito do trabalho.[45]

Esta especial função do direito do trabalho faz com que ele seja um *direito com tendência à expansão.* Segundo Evaristo de Moraes Filho e Antonio Carlos Flores de Moraes, o direito do trabalho "cresce, real-

(42) *Direito do trabalho.* 10. ed. Coimbra: Almedina, 1998. p. 20-21.

(43) Esta compensação atende a outra finalidade, que é a construção de uma sociedade livre, justa e solidária.

(44) *Direito do trabalho.* 10. ed. Coimbra: Almedina, 1998. p. 22.

(45) Como é assinalado por António Monteiro Fernandes, o direito do trabalho tem por função "promover a específica *realização, no domínio das relações laborais, de valores e interesses reconhecidos como fundamentais na ordem jurídica global.* Este vector deriva da constatação do elevado grau de implicação da *pessoa* do trabalhador no contexto da relação de emprego e põe em relevo a necessidade de o desenvolvimento dessa relação não afectar negativamente a sua vida, a sua integridade física e psíquica, a sua dignidade moral e social, garantindo-lhe, nalguma medida, a sua realização pessoal e a afirmação da cidadania" (*Direito do trabalho.* 10. ed. Coimbra: Almedina, 1998. p. 23).

mente, procurando ampliar o seu conteúdo em três direções bem nítidas: em intensidade, em extensão territorial e em extensão pessoal. Em intensidade, porque aumenta cada vez mais os benefícios em favor dos sujeitos desta legislação; em extensão territorial, porque se estende sempre mais no espaço geográfico, interno ou internacional; em extensão pessoal, porque tende a incluir em seu âmbito um número cada vez maior de pessoas, até então ausentes de sua proteção."[46] O direito do trabalho promove a universalização da rede de proteção que estabelece em favor dos trabalhadores, por meio da extensão dos benefícios alcançados pelas categorias mais fortes às categorias mais fracas.[47]

d) *função de garantia da padronização das condições de uso da força de trabalho humano*, que "condiciona a concorrência entre as empresas ao nível dos custos do factor trabalho e limita a concorrência entre os trabalhadores na procura de emprego e no desenvolvimento das relações de trabalho", como é aduzido por António Monteiro Fernandes.[48]

Para Guilherme Guimarães Feliciano, o direito do trabalho possui três características que "reclamam uma dogmática própria". A uma, por ser "um *Direito de (re)composição social e econômica*: existe basicamente para mediar e (re)equilibrar o secular conflito entre capital e trabalho (cuja existência é insofismável, ainda que se refutem os demais pressupostos do pensamento marxista). A duas, é um Direito essencialmente tuitivo". "A três, é um Direito de *blindagem*: resguarda a dignidade humana ao regular a mais visível das projeções da personalidade do *homo faber* — o seu trabalho —, antepondo a última barreira à mercantilização vil e cabal da mão de obra".[49]

Mauricio Godinho Delgado aponta como principais funções do direito do trabalho:

a) "melhoria das condições de pactuação da força de trabalho na vida socioeconômico";

b) "caráter modernizante e progressista, do ponto de vista econômico e social", cumprindo o relevante papel de "generalizar ao conjunto do mercado de trabalho aquelas condutas e direitos alcançados pelos trabalhadores nos segmentos mais avançados da economia, impondo desse modo, a partir do setor mais moderno e dinâmico da economia, condições mais modernas, ágeis e civilizadas da gestão da força de trabalho";

c) "função política conservadora (...), à medida que esse ramo jurídico especializado confere legitimidade política e cultural à relação de produção básica na sociedade contemporânea";

d) "função civilizatória e democrática", na medida em que se tornou, "na História do Capitalismo Ocidental, um dos instrumentos mais relevantes de inserção na sociedade econômica de parte significativa dos segmentos sociais despossuídos de riqueza material acumulada, e que, por isso mesmo, vivem, essencialmente, de seu próprio trabalho (...). O Direito do Trabalho consumou-se como um dos mais eficazes instrumentos de gestão e moderação de uma das mais importantes relações de poder existentes na sociedade contemporânea, a relação de emprego".[50]

---

(46) *Introdução ao direito do trabalho*. 10. ed. São Paulo: LTr, 2010. p. 67.

(47) Objetivo perseguido com a extensão aos domésticos de direitos reconhecidos aos trabalhadores urbanos e rurais (art. 7º, parágrafo único, da Constituição da República). Encontra-se em tramitação no Congresso Nacional o Projeto de Lei n. 4.622-F, de 2004, que impõe às cooperativas de trabalho a garantia aos seus sócios de vários direitos assegurados pelas normas de direito do trabalho, quais sejam retiradas não inferiores ao piso da categoria ou, na sua ausência, ao salário mínimo, calculado de forma proporcional ao número de horas laboradas, duração do trabalho normal não superior a oito horas diárias e quarenta e quatro semanais, exceto quando a atividade, por sua natureza, demandar a prestação de trabalho por meio de plantões ou escalas, facultada a compensação de horários, repouso semanal remunerado, preferencialmente aos domingos, repouso anual remunerado, retirada do trabalho noturno superior à do diurno, retirada sobre as atividades insalubres ou perigosas e seguro de acidente de trabalho.

(48) *Direito do trabalho*. 10. ed. Coimbra: Almedina, 1998. p. 24.

(49) Dos princípios do direito do trabalho no mundo contemporâneo. *In Revista Trabalhista Direito e Processo*. V. XVI. ANAMATRA e FORENSE. Ano 4. Out/dez. 2005. p. 41.

(50) *Curso de direito do trabalho*. 11. ed. São Paulo: LTr, 2012. p. 58-61.

1.5 *Autonomia*

Um ramo do direito é autônomo quando apresenta características que permitem afirmar a sua natureza de direito especial, o que é o caso do direito do trabalho. Com efeito, a própria CLT reconhece que o direito do trabalho é um direito especial, quando estabelece, no art. 8º, parágrafo único, que o *direito comum* será fonte subsidiária do direito do trabalho naquilo em que não for incompatível com os princípios fundamentais deste. Para a CLT, portanto, o direito do trabalho não faz parte do direito comum, o que equivale dizer que é um *direito especial*.

Na doutrina, Mauricio Godinho Delgado assinala que será autônomo o ramo do direito que apresente campo temático vasto e específico, teorias próprias, metodologia própria de construção e reprodução de sua estruturação e dinâmica e perspectivas e questionamentos específicos e próprios, sendo por ele afirmado que o direito do trabalho é autônomo, na medida em que "são óbvias e marcantes a vastidão e especificidade do campo temático desse ramo jurídico especializado. Basta enfatizar que a relação empregatícia — categoria central do ramo justrabalhista — jamais foi objeto de teorização e normatização em qualquer época da história, antes do advento da moderna sociedade industrial capitalista (...). É amplo também o número de *teorias específicas e distintas* do ramo justrabalhista. Ressalte-se, ilustrativamente, as fundamentais teorias justrabalhistas de nulidades e hierarquia das normas jurídicas — ambas profundamente distantes das linhas gerais hegemônicas na teorização do Direito Civil (...). É também clara a existência de *metodologia e métodos próprios* ao ramo jurídico especializado do trabalho. Nesse compasso (...), o direito do trabalho destaca-se pela circunstância de possuir até mesmo métodos próprios de criação jurídica, de geração da própria normatividade trabalhista (...). O Direito do Trabalho destaca-se igualmente pelo requisito de incorporar *perspectivas e questionamentos específicos e próprios*. De fato, este ramo especializado enfoca problemas afins a outros ramos jurídicos de modo inteiramente distinto do perfilhado pelos ramos tradicionais. Veja-se a relação devedor/credor (...): o Direito Obrigacional Civil constrói-se sob a ótica do devedor, elaborando princípios e regras segundo essa perspectiva primordial. Já o Direito Individual do Trabalho constrói-se sob a óptica do credor trabalhista, o empregado, elaborando, consequentemente, princípios e regras de matriz e direcionamento sumamente diversos dos civilistas".[51]

2. FUNDAMENTOS E FORMAÇÃO HISTÓRICA DO DIREITO DO TRABALHO. TENDÊNCIAS ATUAIS DO DIREITO DO TRABALHO. FLEXIBILIZAÇÃO E DESREGULAMENTAÇÃO

2.1 *Fundamentos do direito do trabalho*

Os fundamentos do direito do trabalho dizem respeito à sua razão de ser e esta deve ser definida não abstratamente, mas considerando a concreta correlação entre o seu surgimento e os fatos econômicos e sociais dos quais decorre. Daí a relevância do estudo da formação histórica do direito do trabalho, o qual conduz à conclusão de que o direito do trabalho existe e se justifica em razão da necessidade de promoção e tutela da dignidade humana do trabalhador no contexto da relação de trabalho subordinado ou de emprego.

2.2 *Formação histórica do direito do trabalho*

2.2.1 *Formação histórica do direito do trabalho em geral*

A pesquisa sobre a formação histórica do direito do trabalho tem em vista a definição do momento do seu surgimento como ramo do Direito.

(51) *Curso de direito do trabalho*. 11. ed. São Paulo: LTr, 2012. p. 69-70.

As fases do desenvolvimento das relações sociais em que predomina a ausência de liberdade do trabalhador estão situadas na *pré-história do direito do trabalho*, isto é, elas precedem o surgimento do direito do trabalho. Não se trata de negar a existência de trabalho humano em favor de outrem nestas fases, mas da constatação da ausência, nelas, do trabalho nas condições que conduziram ao surgimento do direito do trabalho, qual seja, o trabalho humano, livre e produtivo, prestado em favor e sob as ordens de outrem, mediante remuneração.[52]

Neste sentido, não há que se falar em direito do trabalho no contexto da escravidão, vez que o escravo era considerado propriedade do seu senhor, o que implicava negar-lhe a condição de sujeito de direitos.[53] Ainda na Antiguidade, surge a figura da locação, que poderia ter por objeto uma coisa (*locatio rei*), a realização de uma obra (*locatio operis faciendi*: que constitui antecedente do contrato de empreitada) ou a prestação de um serviço (*locatio condutio operarum*: havia plena liberdade no que concerne ao estabelecimento das condições em que o serviço seria prestado). A locação, nas suas três modalidades, era disciplinada por normas que diziam respeito ao direito das coisas.

Também inexiste direito do trabalho no período feudal, em que, apesar de deixar de ser considerado uma coisa, o trabalhador não era livre, posto que prestava serviços ao senhor feudal como contraprestação pelo uso da terra e proteção. No regime feudal, o senhor feudal assume "os poderes políticos ou públicos, desde a administração da justiça até o recrutamento militar e o comando das respectivas organizações. Assume, ainda, a titularidade da terra no sentido jurídico, vale dizer, a título de proprietário. Assume, por último, em parte como proprietário pleno, em parte através de um complexo sistema de prestações pessoais, o direito aos serviços de seus habitantes e cultivadores (...). A submissão ao senhor e a prestação de serviços representam uma contraprestação do papel tutelar desempenhado, em favor do servo, pelo senhor feudal (...). Na medida em que o trabalho prestado não era livre, careceu ele de importância diferenciadora, porquanto resultava de relações jurídicas que não tinham o trabalho como objeto principal, pelo menos o trabalho juridicamente estruturado. Também careceu de relevância a figura do trabalhador, posto que sua qualidade era consequência de outras qualidades primárias, que são as contidas na denominação genérica de servo. A regulamentação do trabalho agrícola, bem como dos serviços e das indústrias dele derivados, estava absorvida pela regulamentação dos direitos derivados da propriedade imóvel".[54]

De direito do trabalho também não se pode falar no regime das corporações de ofício, visto que "as relações estabelecidas entre empresário e trabalhador estão fundadas sobre um contrato de trabalho, para cuja estruturação recorre-se substancialmente à velha *locatio-conductio operarum* dos romanos (...). As próprias corporações proveram à sua regulamentação, através dos estatutos ou das ordenações corporativas (...). A regulamentação corporativa vai perdendo seu caráter autônomo, com a exigência de aprovação das ordenanças por órgãos públicos alheios às corporações (...). A regulamentação — autônoma ou não — da corporação teve (...) um campo bem maior que o das relações de trabalho, porquanto abrangeu também as relações dos membros das corporações com o público, sempre que as mesmas se referissem ao comércio de bens produzidos pelos empresários corporativos (...). Substancialmente, consistiu no estabelecimento de normas referentes aos preços e, sobretudo, referentes às qualidades dos produtos, que eram, de certa forma, garantidos pela corporação, com que cumpria esta, sem dúvida, uma função pública (...). A regulamentação corporativa do trabalho livre por conta alheia é, sem dúvida, o antecedente mais próximo do Direito do Trabalho. A falta de autonomia do Direito do Trabalho, nesse período, explica-se, em primeiro lugar, pelo predomínio do trabalho agrícola, realizado sob o regime de servidão (...). Em segundo lugar, porque nas próprias ordenações corporativas a regulamentação da relação de trabalho aparece inextrincavelmente ligada à regulamentação geral da economia corporativa e à posição social dos mestres de ofício".[55]

---

(52) Mesmo antes do regime de escravidão, o homem trabalhava, mas o fazia por conta própria e para assegurar a sua sobrevivência.

(53) Como parte da propriedade daquele que o possuía, o escravo podia se comprado ou vendido.

(54) OLEA, Manuel Alonso. *Introdução ao direito do trabalho*. Porto Alegre: Livraria Sulina Editora, 1969. p. 66-68 e 71.

(55) OLEA, Manuel Alonso. *Introdução ao direito do trabalho*. Porto Alegre: Livraria Sulina Editora, 1969. p. 75-82.

Após este breve relato sobre os períodos que compõem a *pré-história do direito do trabalho*, cumpre mencionar que a doutrina divide a história do direito do trabalho em fases, que são definidas, como esclarece Tarso Fernando Genro, a partir de "*momentos históricos de referência*, indicativos de alterações importantes no Direito do Trabalho", tendo este doutrinador afirmado serem cinco as fases da história do direito do trabalho: "a) 1ª *fase*, fins do Século XVII até o Manifesto Comunista; 2ª *fase*, do Manifesto Comunista (1848) até a *Rerum Novarum* (1891); 3ª *fase*, da *Rerum Novarum* até o Tratado de Versalhes (1919), e 4ª *fase*, deste, até os nossos dias".(56)

Para Tarso Fernando Genro, "justifica-se a aceitação de uma fase, dos fins do século XVII até o Manifesto de 1848, porque aquele século foi, em boa parte e principalmente na Inglaterra, o século da destruição das máquinas, indicativo do baixo nível de consciência operária e com a edição de algumas normas elementares e esparsas de proteção ao trabalho. O Manifesto Comunista (1848) demonstra o surgimento de consciência proletária no bojo de inúmeras lutas parciais que explodem particularmente na França, no mesmo ano do Manifesto (a Insurreição de Paris) e mais tarde a Comuna de Paris (1871). Já a *Rerum Novarum* é reação de hierarquia católica ao avanço crescente e promissor do socialismo científico, no seio de amplas massas operárias da Europa e propõe a Igreja, que sempre foi extremamente reacionária, uma nova postura em relação aos problemas sociais".(57)

Acrescenta Tarso Fernando Genro que o Tratado de Versalhes "assume importância universal por demonstrar que o capitalismo necessitava exportar, para toda a 'humanidade-mercado', os ônus que a luta de classe já impunha à produção nos países capitalistas avançados, em presença de lutas operárias até então travadas. Daí, até os nossos dias, a disciplina consolida-se como 'ramo' do Direito e passa a ser objeto de cuidadosos estudos de juristas, que tratam de demonstrá-lo como o instrumento básico de 'redenção' da classe trabalhadora, ressaltando as suas finalidades tutelares e protetivas. A consolidação do Direito do Trabalho no plano internacional, a partir do Tratado de Versalhes, fez-se não só através das relações entre os Estados, através de organismos como a Organização Internacional do Trabalho, como também, através da *relação das organizações sindicais*, que o fortaleciam gradativamente e que tem o seu precedente nos Secretariados Profissionais Internacionais".(58)

Mauricio Godinho Delgado divide a história do direito do trabalho nas seguintes fases:

1. *Manifestações incipientes ou esparsas* (1802 a 1848): esta fase tem início com a expedição, na Inglaterra, do *Peel's Act* (1802), que limita a jornada dos menores a doze horas diárias e estabelece regras relativas à higiene, à educação e aos locais de trabalho dos menores, e é caracterizada pela edição de leis visando inibir a superexploração da mão de obra feminina e infantil, mas "o espectro normativo trabalhista é ainda disperso — sem originar um ramo jurídico próprio e autônomo";

2. *Sistematização e consolidação*: esta fase tem início em 1848 e se estende até 1919. Trata-se de fase que tem como marco inicial o Manifesto Comunista (1848), o movimento *cartista*, na Inglaterra, e a Revolução de 1848 na França. Este doutrinador ressalta a importância da Revolução de 1848 na França, por ser "a primeira grande ação coletiva dos segmentos dominados na estrutura socioeconômica da época perante a ordem institucional" e do Manifesto Comunista, que é "decisivo à compreensão da História do Direito do Trabalho. Isso pela verdadeira mudança que produz no pensamento socialista, representada pela publicação do *Manifesto de Marx e Engels*, sepultando a hegemonia, no pensamento revolucionário, das vertentes insurrecionais ou utópicas. Do mesmo modo, pelo progresso de revo-

(56) *Direito individual do trabalho*. 2. ed. São Paulo: LTr, 1994. p. 30.

(57) *Direito individual do trabalho*. 2. ed. São Paulo: LTr, 1994. p. 30. Nos séculos XVII e XVIII, o regime das corporações de ofício entrou em declínio, o que culminou com a proibição definitiva das corporações em 1791 (*Lei Chapeleir*) e o reconhecimento da liberdade de trabalho (o que implica a liberdade de o trabalhador alienar a sua força de trabalho, que é considerada uma mercadoria como outra qualquer). A prestação de serviços era disciplinada pelo direito civil, como espécie de locação (locação de serviços).

(58) *Direito individual do trabalho*. 2. ed. São Paulo: LTr, 1994. p. 31.

luções e movimentos de massa experimentado naquele instante, indicando a reorientação estratégica das classes socialmente subordinadas. Essas passam a se voltar a uma linha de incisiva pressão coletiva sobre o polo adverso na relação empregatícia (o empresariado) e sobre a ordem institucional vigorante, de modo a insculpir no universo das condições de contratação da força de trabalho e no universo jurídico mais amplo da sociedade o vigor de sua palavra e de seus interesses coletivo").[59] Nesta fase, ocorre o "crescente reconhecimento, em distintos países europeus, do direito de livre associação sindical dos trabalhadores" e, na França e na Inglaterra foi reconhecido o direito à jornada diária de trabalho de 10 (dez) horas. Nela, é editada, pelo Papa Leão XIII, a Encíclica *Rerum Novarum*, que exige dos empresários e do Estado uma postura mais compreensiva sobre a necessidade de disciplina legal das relações de trabalho;

3. *Institucionalização do direito do trabalho* (de 1919 a aproximadamente 1978): esta fase tem como marcos a Constituição de Weimar, que constitucionalizou o direito do trabalho, e a criação da OIT, com a consequente internacionalização do direito do trabalho. Nesta fase, o direito do trabalho ganhou "absoluta cidadania nos países de economia central", passando "a ser um ramo jurídico absolutamente assimilado à estrutura e dinâmica institucionalizadas da sociedade civil e do Estado." Destaca-se, ainda neste contexto, a produção de normas jurídicas de natureza autônoma, através da negociação coletiva, e de natureza heterônoma, via atuação do Estado. O ápice desta fase ocorreu nas décadas seguintes à Segunda Guerra Mundial, com o alargamento do processo de constitucionalização do direito do trabalho (Constituições democráticas posteriores a 1945, da França, da Itália, da Alemanha, de Portugal e da Espanha, em que se verifica não só a constitucionalização de normas trabalhistas, como também de diretrizes gerais de valorização do trabalho e do trabalhador subordinado) e predominância do Estado de Bem-Estar Social.[60]

4. *Crise e transição do direito do trabalho*: trata-se de fase com início no final do século XX (1979/1980) e que sofre influência da crise do petróleo (1973/1974), que "abala a higidez do sistema econômico, fazendo crescer a inflação e acentuando concorrência interempresarial e as taxas de desemprego. A par disso, agrava o déficit fiscal do Estado, colocando em questão seu papel de provedor de políticas sociais intensas e generalizantes. De outro lado, um processo de profunda renovação tecnológica, capitaneada pela microeletrônica, robotização e microinformática. Tais avanços da tecnologia agravam a redução dos postos de trabalho em diversos segmentos econômicos, em especial na indústria, chegando a causar a ilusão de uma próxima sociedade sem trabalho. Além disso, criavam ou acentuavam formas de prestação laborativa (como o teletrabalho e escritório em casa — *home-office*), que pareciam estranhas ao tradicional sistema de contratação e controle empregatícios (...). Em meio a este quadro, ganha prestígio a reestruturação das estratégias e modelos clássicos de gestão empresarial, em torno dos quais se construíram as normas justrabalhistas".[61]

Acrescenta esse doutrinador, em relação a esta última fase, que a vitória eleitoral de Margareth Thatcher, na Inglaterra, de Ronald Reagan, nos Estados Unidos, e de Helmut Kohl, na Alemanha, conduzem à hegemonia do "pensamento desregulatório do Estado de Bem-Estar Social", com forte influência no direito do trabalho, que se afirmara como "o mais clássico e abrangente instrumento de políticas sociais surgido no capitalismo, produzindo inquestionável intervenção normativa na economia, em favor, regra geral, de

(59) Não é perseguida a superação do sistema capitalista, mas a sua humanização, por meio da humanização da relação de trabalho subordinado.

(60) A maior expansão do direito do trabalho ocorre entre o final da Segunda Guerra Mundial e a década de 1970, por força da marcante intervenção do Estado na economia, em busca da melhoria das condições sociais dos trabalhadores, da inclusão nas Constituições de vários países de direitos decorrentes da relação de emprego (constitucionalização do direito do trabalho) e do desenvolvimento do direito internacional do trabalho (direitos trabalhistas são consagrados em normas de direito internacional).

(61) *Curso de direito do trabalho*. 11. ed. São Paulo: LTr, 2012. p. 95-97. À fase de maior desenvolvimento do direito do trabalho se segue, então, a de sua crise, decorrente, entre outros fatores, da queda da produtividade e da renda, de avanços tecnológicos que influenciaram no nível de emprego, do aumento da concorrência entre as empresas e do crescimento do déficit fiscal dos Estados, o que resulta em medidas voltadas à redução dos custos da mão de obra e, com isto, em prejuízos a conquistas históricas dos trabalhadores.

importante distribuição social dos ganhos do sistema econômico. Nesse contexto, a desregulamentação de suas regras ou, pelos menos, sua crescente flexibilização, tudo passou a compor foco destacado na matriz cultural que se generalizou no Ocidente no último quartel do Século XX".[62]

Mauricio Godinho Delgado adverte, contudo, que "passadas pouco mais de duas décadas do início da crise do ramo juslaborativo, não se tornaram tão consistentes as catastróficas predições de uma sociedade sem trabalho. Não se tornaram também consistentes as alardeadas predições de uma sociedade capitalista com intensas relações laborativas subordinadas e pessoais, mas sem algo como o Direito do Trabalho. Houve, sem dúvida, uma acentuada desregulação, informalização e desorganização do mercado de trabalho, especialmente nos países semiperiféricos ao capitalismo central (Brasil, incluído), porém, sem que se criassem alternativas minimamente civilizadas de gestão trabalhista, em contraponto com o padrão juslaborativo clássico."[63]

Evaristo de Moraes Filho e Antonio Carlos Flores de Moraes, discorrendo sobre a formação histórica do direito do trabalho, afirmam ser este produto das condições sociais típicas do Século XIX e que constituem razões para a intervenção do Estado na relação entre capital e trabalho:

1. *Os vícios da liberdade econômica e do liberalismo jurídico*: o regime da livre concorrência resultou no aumento do número de miseráveis e no crescimento da fortuna dos poucos proprietários, o que implicava crescimento das desigualdades sociais;

2. *O maquinismo*: "com a máquina, aumentava-se a produção e reduziu-se o braço operário, com desemprego e exploração da mão de obra feminina e infantil", ao passo que, "os desempregados, as crises econômicas, os acidentes mecânicos do trabalho, tudo isto trazia inquietação ao lar operário e à própria segurança da sociedade. Requeria-se e amadurecia a intervenção do Estado, justificava-se uma legislação especial de proteção e de tutela aos mais fracos, vítimas agora não só dos que dispunham dos meios de produção, como igualmente desses próprios meios diretamente: que lhes mutilavam o corpo, dispersavam-lhes a família, enfraqueciam-lhes a prole, colocavam-nos na rua, sem emprego";

3. *A concentração de massas humanas e de capitais*: a utilização da máquina e a divisão técnica do trabalho levaram à concentração de massas humanas em grandes fábricas, ao passo que estas exigiam a concentração de capital nas mãos de poucos, nascendo, o que conduz ao surgimento da grande indústria e do poder econômico nela concentrado. Contudo, a "aproximação das massas humanas facilitou a própria organização coletiva das reivindicações operárias, dando-lhes uma certa consciência de classe. Constituía-se definitivamente o grupo social econômico, quer seja o sindicato, quer seja a empresa;"

4. *As lutas de classes e revoluções*: as lutas de classe e revoluções ocorridas durante o Século XIX despertaram o Estado para a necessidade de intervenção na vida econômica;

5. *Os livres acordos entre o capital e o trabalho*: enquanto o Estado não decidia pela intervenção na ordem econômica, trabalhadores e empregadores celebravam verdadeiras convenções coletivas de trabalho, que "foram reconhecidos pelo Estado e passaram a ser integradas à legislação oficial;"

6. *As encíclicas papais*: por meios das encíclicas papais, em especial a *Rerum Novarum*, do Papa Leão XIII, de 15.5.1891, a Igreja reconheceu a injustiça social, "acabando por aceitar e recomendar a intervenção estatal na economia como único meio capaz de dar cobro aos abusos do regime. Exigiu toda uma legislação protetora, inclusive um salário justo segundo os melhores ensinamentos dos doutores da Igreja";

7. *A Primeira Grande Guerra* (1914/1918): "as consequências econômicas e sociais da Guerra Mundial foram causa de uma aceleração na marcha e possivelmente uma revisão nos próprios princípios da

(62) *Curso de direito do trabalho*. 11. ed. São Paulo: LTr, 2012. p. 99.

(63) *Curso de direito do trabalho*. 11. ed. São Paulo: LTr, 2012. p. 99.

legislação social (...). O Estado interveio diretamente na questão do trabalho, por necessidade mesma de sobrevivência. De outro lado, despertou a classe trabalhadora para o seu sacrifício, aumentando o número, o poder e o prestígio de todo o movimento trabalhista. Entre 1914 e 1920, duplicou ou triplicou em todo o mundo o número de sindicalizados".[64]

Em suma, o direito do trabalho surge com o advento da Revolução Industrial, quando se generalizou o trabalho humano, livre e produtivo, prestado em favor e sob as ordens e direção de outrem, mediante remuneração e a superexploração do trabalho humano, o desemprego estrutural, a se acentuaram as desigualdades sociais e as tensões decorrentes da reação a este quadro, e se desenvolveu gradativamente, até o movimento no sentido da sua constitucionalização (Constituição do México, de 1917[65]; Constituição de Weimar, da Alemanha, em 1919) e da sua internacionalização (Tratado de Versalhes e criação da Organização Internacional do Trabalho — OIT, em 1919), o que não significa, no entanto, que não enfrentou crises que enfraqueceram a rede de proteção que instituiu em favor dos trabalhadores.

2.2.1 *Formação histórica do direito do trabalho no Brasil*

Também no Brasil é possível falar em uma fase pré-histórica do direito do trabalho, no surgimento e desenvolvimento deste ramo do Direito, assim como nas crises que enfrentou e ainda enfrenta.

Orlando Gomes e Elson Gottschalk afirmam que a história do direito do trabalho no Brasil pode ser dividida em uma fase pré-histórica e duas históricas, que são:

1. *Da independência à abolição da escravatura*: "o trabalho escravo, que constituía a regra, impedia, efetivamente, o desenvolvimento da legislação específica. Aponta-se, neste período, uma ou outra lei regulando setores limitados da atividade humana, como a de 1830, sobre contratos de locação de serviços de colonos, e, finalmente, o Código Comercial de 1850, importante, sobretudo, porque, regulando a preposição comercial, já incluía, a essa época, alguns institutos hoje consagrados pelo Direito do Trabalho";

2. *De 1888 a 1930*: "assinala-se pela liberdade de associação (Constituição de 1891) e sua regulamentação (1893), pelas leis de sindicalização de 1903 a 1907, respectivamente, dispondo sobre a sindicalização dos profissionais da agricultura e indústrias rurais e sobre as profissões liberais (...); o Código Civil (1916) que, abrindo um capítulo à locação de serviço, deu-lhe um tratamento no puro estilo clássico romanista; a lei sobre acidentes de trabalho (...); a Lei sobre Caixas e Pensões e Aposentadorias (1923); e, finalmente, a lei sobre férias (1925)";

3. *Da Revolução de 1930 em diante*. "caracteriza-se pela intensificação febril da legislação ordinária e a extensa adoção, no País, da anterior regulamentação internacional do trabalho, elaborada durante vários anos de atividade da OIT". Neste período merecem referência: a instituição da Justiça do Trabalho e leis versando sobre acidente de trabalho, greve e *lock-out*, dissídios coletivos, repouso semanal remunerado, Estatuto do Trabalhador Rural, vale-transporte e seguro-desemprego, e, especialmente, a Consolidação das Leis do Trabalho (1943), na qual se encontra recopilada e revisada a matéria atinente ao direito do trabalho.[66]

Para Mauricio Godinho Delgado, a formação histórica do direito do trabalho no Brasil pode ser dividida nas seguintes fases:

a) *Manifestações incipientes ou esparsas* (1888 a 1930): este período, no qual "a relação empregatícia se apresenta, de modo relevante, apenas no seguimento agrícola cafeeiro avançado de São Paulo e,

---

(64) *Introdução ao direito do trabalho*. 10. ed. São Paulo: LTr. p. 79-83.

(65) O art. 123 desta Constituição estabelece, por exemplo, a limitação da jornada de trabalho a oito horas diárias, a proibição do trabalho dos menores de 12 (doze) anos, a limitação da jornada de trabalho dos menores de 16 (dezesseis) anos a 6 (seis) horas, o direito ao descanso semanal, o direito ao salário mínimo, a igualdade salarial, a remuneração das horas extras e o direito à sindicalização e à greve.

(66) *Curso de direito do trabalho*. 17. ed. Rio de Janeiro: Forense, 2006. p. 6-8.

principalmente, da emergente industrialização experimentado na capital paulista e no Distrito Federal (Rio de Janeiro), a par do setor de serviços desses dois mais importantes centros urbanos do país", se destaca "pelo surgimento ainda assistemático e disperso de alguns diplomas ou normas justrabalhistas, associados a outros diplomas que tocam tangencialmente na chamada *questão social*". Neste período, foram editadas normas tratando, por exemplo, do trabalho do menor, greve, férias para os ferroviários da Estrada de Ferro Central do Brasil, criação de sindicatos profissionais e sociedades cooperativas, Caixas de Aposentadorias e Pensões para os ferroviários e férias para os comerciários, industriários e bancários;

b) *Institucionalização ou oficialização do direito do trabalho*: esta fase "tem seu marco inicial em 1930, firmando a estrutura jurídica e institucional de um novo modelo trabalhista até o final da ditadura getulista (1945)" e "consubstancia, em seus primeiros treze a quinze anos (ou pelo menos até 1943, com a Consolidação das Leis do Trabalho), intensa atividade administrativa e legislativa do Estado", que "estende sua atuação também à área da chamada *questão social*", implementando "uma vasto e profundo conjunto de ações diversificadas mas nitidamente combinadas: de um lado, através de rigorosa repressão sobre quaisquer manifestações do movimento operário; de outro lado, através de minuciosa legislação instaurando um novo e abrangente modelo de organização do sistema justrabalhista, estreitamente controlado pelo Estado". Com a Constituição de 1934, os sindicatos passaram a contar com maior liberdade e autonomia, mas em 1935, o governo federal reassumiu o controle sobre as ações trabalhistas", eliminando "qualquer foco de resistência à sua estratégia político-jurídica, firmando solidariamente a larga estrutura do modelo justrabalhista, cujas bases iniciaram logo após o movimento de outubro de 1930. O modelo justrabalhista mencionado forma-se a partir de políticas integradas, administrativamente dirigidas em pelo menos seis direções. Todas essas políticas mostraram-se coerentemente lançadas e estruturadas nos quinze anos do governo instalado em 1930." Destacam-se neste período: criação do Ministério do Trabalho, Indústria e Comércio e instituição do Departamento Nacional do Trabalho, regulamentação da estrutura sindical baseada no sindicato único, submetido ao Estado e tido como seu colaborador, criação de sistema de solução judicial de conflitos trabalhistas e a edição de normas tratando do trabalho da feminino, fixação em oito horas da jornada de trabalho dos comerciários e industriários, criação da carteira de trabalho e reconhecimento do direito de férias para os bancários, por exemplo.

Ainda conforme Mauricio Godinho Delgado, "o modelo justrabalhista então estruturado reuniu-se, anos após, em um único diploma normativo, a Consolidação das Leis do Trabalho (Decreto-lei n. 5.452, de 1º.5.1943). Embora o nome reverenciasse a obra legislativa anterior (consolidação), a CLT, na verdade, também alterou e ampliou a legislação trabalhista existente, assumindo, desse modo, a natureza própria a um código do trabalho (...). Na verdade, o conjunto do modelo justrabalhista oriundo do período entre 1930 e 1945 é que se manteve quase intocado. À exceção do sistema previdenciário que, na década de 60, foi afastado da estrutura corporativa sindical e dissociado desse tradicional modelo justrabalhista."

3) *Crise e transição do direito do trabalho*: o questionamento do modelo justrabalhista tradicional durante os trabalhos da Constituinte de 1987/1988 faz surgir a fase de "superação democrática das linhas centrais do antigo modelo corporativo de décadas atrás. Não obstante, a insuficiência desse mesmo questionamento e os resultados tímidos — e muitas vezes contraditórios — alcançados pela Carta de 1988 também não permitem que se apreenda mais do que uma fase de *transição* no momento presente, já que definitivamente ainda não estão instauradas e consolidadas práticas e instituições estritamente democráticas no sistema justrabalhista incorporado pelo Texto Máximo de 1988. Estar-se-ia, pois, diante de uma fase de transição democrática do Direito do Trabalho do país."(67)

(67) *Curso de direito do trabalho*. 11. ed. São Paulo: LTr, 2012. p. 106-114.

Esse doutrinador assevera que o modelo justrabalhista tradicional "se caracterizava pela reunião de cinco grandes instituições: Justiça do Trabalho; estrutura sindical; legislação individualista protetiva; Ministério do Trabalho; antigo sistema previdenciário", competindo a estas instituições "elidir o conflito socioeconômico básico de seu lado originário e central de realização, absorvendo-o no manto do Estado" e "controlar e cooptar as organizações e lideranças obreiras, retirando-as do âmbito de controle, fiscalização e direção de suas bases", sendo que:

a) "a primeira destas aspirações (supressão do conflito da sociedade civil) concretiza-se, principalmente, na modalidade de estrutura sindical adotada pela CLT, com o sistema de unicidade sindical e o critério de enquadramento sindical. Do mesmo modo, através do *poder normativo* conferido à Justiça do Trabalho, para incidência nos casos de conflitos coletivos. Finalmente, também através da ação direcionada e tutela do Ministério do Trabalho";

b) "a segunda aspiração (supressão do controlo democrático obreiro sobre suas organizações e lideranças) concretiza-se mediante inúmeros mecanismos convergentes: atuação política e intervencionista do Ministério do Trabalho; financiamento sindical imperativo (imposto sindical ou contribuição sindical obrigatório); participação corporativa de dirigentes e representantes sindicais no aparelho do Estado (tanto na Justiça do Trabalho, como no antigo sistema previdenciário)".[68]

Para esse autor, no modelo tradicional, "jamais foi decisivo o papel da negociação coletiva e seus instrumentos clássicos (convenção coletiva do trabalho, contrato coletivo e acordo coletivo)", mas "a Constituição de 1988 trouxe, nesse quadro, o mais relevante impulso já experimentado na evolução jurídica brasileira, a um eventual modelo mais democrático de administração de conflitos sociais no país", que consiste na "criação de condições favoráveis à mais ampla participação dos grupos sociais na geração de normas jurídicas a comporem o universo normativo do país, democratizando o sistema de gestão trabalhista vigorante" e na valorização de "formas autônomas de exercício do poder", notadamente "mediante mecanismos de produção autônoma do Direito", o que é confirmado pela importância conferida às convenções e acordos coletivos de trabalho e pela proibição de interferência e intervenção do Estado nas organizações sindicais", sendo por ele ressaltado, ainda, que a Constituição de 1988 emergiu como "a mais significativa Carta de Direitos já escrita na história jurídico-política do país".[69]

No exame da evolução histórica do direito do trabalho no Brasil, merece destaque especial a sua relação com a Constituição.

A — Constituição de 1824

A Constituição de 1824 se limita a afirmar a liberdade de trabalho (estabelecendo que nenhum gênero de trabalho poderia ser proibido, salvo se contrário aos bons costumes públicos, à segurança e saúde dos cidadãos) e a promover a abolição das corporações de ofício (art. 179).

B — Constituição de 1891

A Constituição de 1891 mantém a liberdade de trabalho e reconhece, no art. 72, a liberdade de associação.

C — Constituição de 1934

A Constituição de 1934 foi a primeira a tratar da ordem econômica e social, valendo fazer alusão às suas disposições no sentido de que a ordem econômica deveria ser organizada consoante os princípios da justiça e as necessidades da vida nacional e que a lei promoveria o amparo da produção e estabeleceria as condições de trabalho na cidade e no campo, tendo em vista a proteção social do trabalhador e os interesses econômicos do país.

(68) *Curso de direito do trabalho.* 11. ed. São Paulo: LTr, 2012. p. 119.

(69) *Curso de direito do trabalho.* 11. ed. São Paulo: LTr, 2012. p. 120-121.

A Constituição em destaque dispõe, no art. 121, § 1º, que a legislação trabalhista observaria vários preceitos, além de "outros que colimem melhorar as condições do trabalhador", dentre os quais: a) proibição de diferença de salário para um mesmo trabalho, por motivo de idade, sexo, nacionalidade ou estado civil; b) salário mínimo, capaz de satisfazer, conforme as condições de cada região, às necessidades normais do trabalhador; c) trabalho diário não excedente de oito horas, reduzíveis, mas só prorrogáveis nos casos previstos em lei; d) proibição de trabalho a menores de 14 anos, de trabalho noturno a menores de 16 e, em indústrias insalubres, a menores de 18 anos e a mulheres; e) repouso hebdomadário, de preferência aos domingos; f) férias anuais remuneradas; g) indenização ao trabalhador dispensado sem justa causa; g) reconhecimento das convenções coletivas de trabalho.

A Constituição de 1934 instituiu a Justiça do Trabalho, "para dirimir questões entre empregadores e empregados, regidos pela legislação social" (art. 122). No entanto, a Justiça do Trabalho não chegou a ser criada.[70]

A Constituição de 1934 também institui o sistema da pluralidade sindical (art. 120, parágrafo único), que, porém, não chegou a ser regulamentado.

D — Constituição de 1937

O art. 136 da Constituição de 1937 dispõe que: "O trabalho é um dever social. O trabalho intelectual, técnico e manual tem direito à proteção e solicitude especiais do Estado. A todos é garantido o direito de subsistir mediante o seu trabalho honesto e este, como meio de subsistência do indivíduo, constitui um bem que é dever do Estado proteger, assegurando-lhe condições favoráveis e meios de defesa".

A Constituição em destaque dispõe, no art. 137, que a legislação trabalhista observaria vários preceitos, dentre os quais: a) os contratos coletivos de trabalho seriam aplicáveis a todos os trabalhadores representados pelas associações deles signatárias e deveriam estipular obrigatoriamente sobre a sua duração, a importância e as modalidades de salário, a disciplina interior e o horário de trabalho; c) os trabalhadores teriam direito: nas empresas de trabalho contínuo, a cessação das relações de trabalho, a que o trabalhador não haja dado motivo, e quando a lei não lhe garanta a estabilidade no emprego, cria-lhe o direito a uma indenização proporcional aos anos de serviço, repouso semanal aos domingos e, nos limites das exigências técnicas da empresa, aos feriados civis e religiosos, de acordo com a tradição local, a licença anual remunerada, salário mínimo, dia de trabalho de oito horas, trabalho noturno com remuneração superior ao diurno (adicional noturno), seguro de velhice, de invalidez, de vida e para os casos de acidente de trabalho. Chama a atenção o fato de esta Constituição não proibir diferença de salário por motivo de sexo.

Estabeleceu a Constituição de 1937 a unidade sindical (apenas uma entidade sindical pode representar determinada categoria, profissional ou econômica, dentro de uma mesma base territorial), a contribuição sindical e o controle dos sindicatos pelo Estado, embora declarasse livre a associação profissional ou sindical, ao passo que a greve e o *lock-out* foram considerados recursos antissociais, nocivos ao trabalho e ao capital e incompatíveis com os superiores interesses da produção nacional (art. 138).

A Constituição de 1937 estabeleceu que, nas empresas de trabalho contínuo, a mudança de proprietário não rescindia o contrato de trabalho, conservando os empregados, para com o novo empregador, os direitos que tinham em relação ao antigo (art. 137, alínea *g*) e reafirma a competência da Justiça do Trabalho "para dirimir os conflitos oriundos das relações entre empregadores e empregados, regulados na legislação social" (art. 139).

E — Constituição de 1946

A Constituição de 1946 reconhece a liberdade de associação para fins lícitos, estabelecendo que a associação somente poderia ser dissolvida por decisão judicial (art. 141, § 2º), dispõe que a ordem

(70) A Justiça do Trabalho somente foi efetivamente regulamentada pelo Decreto-lei n. 1.237, de 1º.5.1939. Contudo, apenas na Constituição de 1946 é que a Justiça do Trabalho passou a integrar a estrutura do Poder Judiciário.

econômica deveria ser organizada de acordo com os princípios da justiça social, conciliando a liberdade de iniciativa com a valorização do trabalho humano, o qual é obrigação social, devendo ser assegurado a todos e possibilitando-lhes existência digna(art. 145) e que a legislação trabalhista observaria vários preceitos, além de "outros que visem à melhoraria das condições dos trabalhadores", dentre os quais: salário mínimo, proibição de diferença de trabalho para um mesmo trabalho por motivo de idade, sexo, nacionalidade ou estado civil, salário do trabalho noturno superior ao do diurno, participação nos lucros, nos termos e na forma que a lei determinar, duração diário do trabalho não superior a oito horas, férias anuais remuneradas, estabilidade, na empresa e ou na exploração rural, e indenização ao trabalhador despedido, nos casos e nas condições que a lei estatuir.

Evaristo de Moraes Filho e Antonio Carlos Flores de Moraes asseveram que esta Constituição, "no campo do direito do trabalho, inovou em 16 tópicos, não encontrados em texto constitucional anterior: denominação certa de direito de trabalho (art. 5º, XV, letra a); previdência social (art. 157); Justiça do Trabalho no Poder Judiciário (arts. 122 e 123, § 1º); poder normativo da Justiça do Trabalho (art. 123, § 2º) e a inclusão do Ministério Público do Trabalho no Ministério Público da União (arts. 125/127); salário mínimo familiar, participação nos lucros, repouso semanal remunerado, higiene segurança do trabalho, proibição do trabalho noturno ao menor, percentagem de trabalhadores nacionais nas empresas privadas, estabilidade para os trabalhadores rurais e assistências aos desempregados (art. 157, I, IV, VI, VIII, IX, XI, XII e XV)."(71)

Também comparando a Constituição de 1946 com a antecedente, Alice Monteiro de Barros afirma que ela "assegurou o princípio da isonomia, de forma mais minuciosa, vedando diferença de salário para o mesmo trabalho por motivo de idade, sexo, nacionalidade ou estado civil; com isto ficou revogado o decreto de 1940 que permitia que as mulheres recebessem salários inferiores aos dos homens. Essa foi a primeira Constituição a instituir a participação dos trabalhadores nos lucros da empresa. O descanso semanal e em feriados passou a ser remunerado no inciso VI, do art. 157 da Constituição de 1946. A estabilidade no emprego foi estendida ao meio rural. O trabalho noturno passou a ser proibido aos menos de 18 e não de 16 anos, como previa a Carta anterior. Institui-se a assistência aos desempregados e a obrigatoriedade de o empregador fazer seguro contra acidente do trabalho (...). O aspecto mais inovador consiste na integração da Justiça do Trabalho aos quadros do Poder Judiciário, pois anteriormente era órgão administrativo".(72)

F — Constituição de 1967 e Emenda Constitucional n. 1/1969

A Constituição Federal de 1967 garante a liberdade de associação (art. 150) e assegura, no art. 156, vários direitos trabalhistas, dentre os quais: salário mínimo, igual salário por igual trabalho, proibição de diferença de critérios de admissão por motivo de sexo, cor e estado civil, adicional noturno, integração do trabalhador na vida e no desenvolvimento da empresa, com participação nos lucros e, excepcionalmente, na gestão da empresa, jornada diária não excedente de oito horas, repouso semanal remunerado e nos feriados, férias, proibição de trabalho para menor de doze anos, licença maternidade, estabilidade no emprego com indenização do trabalhador ou Fundo de Garantia equivalente, reconhecimento das convenções coletivas de trabalho, seguro obrigatório pelo empregador contra acidente do trabalho, proibição de distinção entre trabalho manual, técnico ou intelectual, e greve.

Em 17.10.1969, a Constituição Federal de 1967 foi alterada pela Emenda Constitucional n. 1, mas praticamente nada mudou no que se refere aos direitos trabalhistas, merecendo destaque, no entanto, a transferência do seguro contra acidentes do trabalho para a Previdência Social (art. 165, XVI).

Como aduz Alice Monteiro de Barros, a Constituição de 1967 e a Emenda Constitucional de 1969 "introduziram a cogestão e o regime do FGTS que, de início, conviveu com o da estabilidade e o da indenização, competindo ao empregado a 'opção' por um deles. O salário-família foi assegurado aos dependentes do trabalhador. A idade mínima para o trabalho foi reduzido para 12 anos, ao contrário dos outros textos".(73)

(71) *Introdução ao direito do trabalho.* 10. ed., São Paulo: LTr, 2010. p. 112-113.

(72) *Curso de direito do trabalho.* 8. ed. São Paulo: LTr, 2012. p. 60.

(73) *Curso de direito do trabalho.* 8. ed. São Paulo: LTr, 2012. p. 62.

G — Constituição de 1988

As Constituições anteriores à de 1988 tratam da relação de trabalho no Título reservado à ordem econômica e social. A Constituição Federal de 1988 rompe com este modelo, incluindo os direitos trabalhistas no Título em que trata dos direitos e garantias fundamentais. Isto significa dizer que aos direitos trabalhistas foi conferida natureza de direitos fundamentais, o que é de suma relevância, posto que os direitos fundamentais, além de serem direitos subjetivos, servem de fundamento da ordem econômica, jurídica e social e não podem, nos termos do art. 60, § 4º, da Constituição da República de 1988, ser afastados por meio de emenda constitucional.

Vários direitos são assegurados aos trabalhadores pela Constituição em destaque, como se vê do seu art. 7º, dentre os quais: proteção contra despedida arbitrária ou sem justa causa nos termos de lei complementar, que preverá indenização compensatória, dentre outros direitos; seguro desemprego, no caso de desemprego involuntário, fundo de garantia do tempo de serviço, salário mínimo, piso salarial proporcional à extensão e à complexidade do trabalho, irredutibilidade salarial, salvo o disposto em convenção ou acordo coletivo, 13º salário, adicional noturno, participação nos lucros ou resultados, limitação da duração da jornada de trabalho diária e semanal; repouso semanal remunerado, preferencialmente aos domingos, remuneração de horas extras com adicional de, no mínimo, cinquenta por cento à do trabalho normal, férias anuais remuneradas, com, pelo ao menos, um terço a mais do que o salário normal, licença à gestante, licença-paternidade, proteção do mercado de trabalho da mulher, aviso prévio proporcional ao tempo de serviço, redução dos riscos inerentes ao trabalho, por meio de normas de saúde, higiene e segurança, adicional de remuneração para as atividades penosas, insalubres ou perigosas, aposentadoria, reconhecimento das convenções e acordos coletivos de trabalho, proteção em face da automação, seguro contra acidentes de trabalho, a cargo do empregador, proibição de diferença de salários, de exercício de funções e de critério de admissão por motivo de sexo, idade, cor ou estado civil, proibição de qualquer discriminação no tocante a salário e critérios de admissão do trabalhador portador de deficiência, proibição de distinção entre trabalho manual, técnico e intelectual ou entre profissionais respectivos e proibição de trabalho noturno, perigoso ou insalubre a menores de dezoito e de qualquer trabalho a menores de dezesseis anos, salvo na condição de aprendiz, a partir de quatorze anos.[74]

A Constituição de 1988 assegura a liberdade sindical, dispensa autorização do Estado para fundação de sindicato, ressalvado o registro no órgão competente, proíbe o Poder Público de interferir ou intervir na organização sindical, impõe a unicidade sindical, atribui aos sindicatos a defesa dos direitos e interesses da categoria e garante estabilidade no emprego ao dirigente sindical (art. 8º).

A Constituição, no art. 9º assegura o direito de greve, sendo estabelecido que compete aos trabalhadores deliberarem sobre a oportunidade de exercê-lo e sobre os interesses que devam por meio dele defender, ao passo que, no art. 10, dispõe sobre a participação dos trabalhadores e dos empregadores nos colegiados dos órgãos públicos, enquanto, no art. 11, estabelece a representação dos trabalhadores nas empresas com mais de duzentos empregados.

Alice Monteiro de Barros, examinando a Constituição de 1988, chama a atenção para algumas de suas inovações:

a) "equiparação entre empregados urbanos e rurais";

b) "O FGTS, estendido ao trabalhador rural, passou a ser regra, tal como ocorreu no caso do trabalhador urbano; logo independe de opção do empregado seu ingresso nesse regime (inciso III)";

---

(74) Vários destes direitos foram regulamentados por normas infraconstitucionais, tais como o direito de greve (Lei n. 7.783/1989), salário mínimo (Lei n. 7.789/1989), Fundo de Garantia do Tempo de Serviço (Lei n. 7.839/1989 e Lei n. 8.036/1990), trabalho da mulher (Lei n. 9.799/1999) e aviso prévio proporcional ao tempo de serviço (Lei n. 12.506/2011). Contudo, ainda não foram regulamentados os direitos à proteção contra dispensa arbitrária ou sem justa causa, ao adicional de atividades penosas e à proteção em face da automação.

c) "desaparece do cenário jurídico a estabilidade decenária. Em contrapartida, o inciso I protege o empregado contra despedida arbitrária, preceito que, no entanto, depende de lei complementar ainda não editada";

d) "o salário mínimo, antes regionalizado, foi unificado no território nacional. As necessidades vitais básicas a que o salário mínimo deve atender foram ampliadas, passando a englobar saúde, lazer e previdência social, além de outras já contempladas no art. 76 da CLT (alimentação, habitação, vestuário, higiene e transporte)";

e) "o salário continua irredutível, exceto se a convenção ou o acordo coletivo dispuserem em sentido contrário. Isso significa que esses instrumentos poderão reduzir o salário";

f) "a retenção dolosa do salário foi tipificada como crime (inciso X)";

g) "a participação nos lucros, que antes possuía feição salarial, foi desvinculada da remuneração, mantida, excepcionalmente, a participação do empregado na gestão (XI)";

h) "o salário-família, já contemplado no texto constitucional de 1967, é agora assegurado apenas ao trabalhador de baixa renda";

i) "a jornada do empregado continua sendo de 8 horas, mas a carga horária (ou módulo) semanal foi reduzida para 44 horas. Antes era de 48 horas";

j) "o adicional de horas extras, que era de 20% ou 25%, dependendo da situação, passou a ser de 50%, no mínimo";

k) "facultou-se o regime de compensação (inciso XIII)";

l) "conferiu-se ao empregado que trabalha em turno ininterrupto de revezamento a jornada de seis horas, facultando a majoração mediante negociação coletiva";

m) "as férias, já asseguradas em Constituições anteriores, tiveram sua remuneração majorada em 1/3";

n) "a licença-maternidade foi alongada de 84 para 120 dias, e introduziu-se a licença paternidade (inciso XIX) de cinco dias (art. 10, § 1º, do ADCT)";

o) "protege-se o mercado de trabalho da mulher mediante incentivos específicos";

p) não foi proibido "o trabalho da mulher em indústria insalubre, como procederam os textos anteriores";

q) o aviso prévio foi fixado em 30 dias e foi criado o aviso prévio proporcional ao tempo de serviço;

r) "previu-se também um adicional de penosidade, ao lado de outros já existentes";

s) "a proteção contra os efeitos da automação é outra novidade";

t) é proibida diferença de salário, de exercício de função e de critério de admissão por motivo de sexo, idade, cor ou estado civil e no tocando a salário e critérios de admissão do trabalhador portador de deficiência;

u) é fixada "em 14 anos a idade para o trabalho, ainda assim na condição de aprendiz. Aos menores de 16 anos e maiores de 14 anos só se permite a celebração de contrato de aprendizagem";

v) procedeu-se equiparação entre trabalhadores avulsos e empregados e à trabalhadora doméstica foram assegurados vários direitos sociais.[75]

Lembre-se, ainda, do reconhecimento das convenções e acordos coletivos de trabalho, que permitem a participação de sindicatos de empregados e empregadores e de empresas na conformação da ordem jurídica.

(75) *Curso de direito do trabalho.* 8. ed. São Paulo: LTr, 2012. p. 63-65.

2.3 *Tendências atuais do direito do trabalho*

Situado na história o surgimento do direito do trabalho, cumpre verificar quais são as suas tendências atuais.

O direito do trabalho é um direito dinâmico, no sentido de que sofre influência das mutações econômicas e sociais. Estas condições definem as *tendências* do direito do trabalho, no sentido da direção em que encaminha. A doutrina chama a atenção para duas destas tendências, quais sejam, a *flexibilização* e a *desregulamentação*, que a seguir serão examinadas.

2.3.1 *Flexibilização*

As normas de direito do trabalho são de natureza imperativa (art. 9º e 444 da CLT), o que significa que elas devem ser necessariamente respeitadas no contexto das relações individuais e coletivas de trabalho. Neste sentido, tais normas são *rígidas*.

A *flexibilização* constitui, para os seus defensores, uma alternativa à rigidez das normas de direito do trabalho, que consiste na atenuação ou diminuição do seu rigor, com o objetivo de adaptar as condições de trabalho às mudanças decorrentes de fatores de ordem social, econômica, tecnológica ou relacionados com a evolução da demanda.

Flexibilizar o direito do trabalho significa promover a adaptação das suas normas à realidade sempre cambiante de um mercado cada vez mais globalizado e competitivo.

Aduz Jorge Luiz Souto Maior que, "por flexibilização entende-se a adaptação das regras trabalhistas à nova realidade das relações de trabalho, que permite, e muitas vezes exige, um reordenamento do sistema jurídico, não necessariamente no sentido de diminuição de direitos ou de exclusão de regras positivadas, mas no sentido de regular, de modo diferente, as relações de trabalho".[76]

Rosita de Nazaré Sidrim Nassar afirma que a flexibilização das normas trabalhistas, como a "parte integrante do processo maior de flexibilização do mercado de trabalho, consistente no conjunto de medidas destinadas a dotar o Direito Laboral de novos mecanismos capazes de compatibilizá-lo com as mutações decorrentes de fatores de ordem econômica, tecnológica ou de natureza diversa exigentes de pronto ajustamento."[77]

Nelson Mannrich afirma que "a flexibilização exprime o processo de ajustamento das instituições jurídicas às novas realidades da sociedade capitalista (...). Por meio dela, a empresa ajusta sua produção, mão de obra e condições de trabalho às *flutuações* do sistema econômico. A tendência à denominada flexibilização se deve à natural necessidade de adaptação".[78]

Para Nelson Mannrich, as causas determinantes da flexibilização devem ser examinadas em conjunto com as ideias neoliberais de desestatização da economia e entre os seus "fatores econômicos, aponta-se a crise surgida a partir de 1973, com modificações de ordem econômica, especial a competitividade em decorrência da globalização da economia, determinando maior flexibilidade na busca de formas alternativas do modelo clássico de emprego", além da "competitividade econômica no plano internacional e os processos de integração regional. Entre os fatores sociológicos, observa-se um incremento do setor de serviços ou terciário, marcado pela mudança da estrutura do mercado de trabalho", destacando ele que tais "fatores influenciaram na criação de novos modelos de espaço e tempo que tanto caracterizaram o contrato clássico na grande indústria, com o aumento do desemprego, a tendência à formação de forte economia submersa e informal, maior utilização dos contratos de tempo determinado e temporário e de jornadas parciais.

(76) *O direito do trabalho como instrumento de justiça social.* São Paulo: LTr, 2000. p. 139.

(77) *Flexibilização do direito do trabalho.* São Paulo: LTr, 1991. p. 20.

(78) *A modernização do contrato de trabalho.* São Paulo: LTr. 1998. p. 75.

Entre os fatores tecnológicos, registra-se a velocidade das mudanças, especialmente na microeletrônica e na informática, observando-se um choque entre o crescimento da mão de obra disponível e o surgimento das novas tecnologias."[(79)]

Os defensores da flexibilização afirmam que ela favorece: a) a manutenção dos empregos, a criação de novos empregos e o combate ao subemprego[(80)]; b) a inibição do crescimento do mercado de trabalho informal[(81)]; c) a democratização da relação de emprego, em razão da produção do direito do trabalho a partir da livre vontade das partes[(82)]; d) a adequação das condições de trabalho à realidade do mercado; e) a sobrevivência das empresas em um mercado mais globalizado e competitivo.

Em resposta a estas colocações, Héctor-Hugo Barbagelata assevera que a flexibilização, "independentemente de alguns cálculos otimistas sobre seus efeitos reprodutivos de emprego, afetam o poder aquisitivo do mercado interno de bens e serviços, reduzem as rendas fiscais e põem em maior perigo o financiamento do sistema de seguridade social", ao passo que "a flexibilidade dos salários assim como as restrições à estabilidade do emprego desestimulam o trabalhador e reduzem sua produtividade, como fazem cessar também a motivação para a formação profissional."[(83)]

Amauri Mascaro Nascimento aduz que a "flexibilização desordenada do direito do trabalho faria dele mero apêndice da Economia e acabaria por transformar por completo a sua fisionomia originária, uma vez que deixaria de ser uma defesa do trabalhador contra a sua absorção pelo processo econômico, para ser preponderantemente um conjunto de normas destinadas à realização do progresso econômico, atritando-se com a sua finalidade, que é a proteção do trabalhador diante da sua inferioridade econômica no contrato de trabalho."[(84)]

A flexibilização atinge:

a) as *formas de emprego*: o contrato de trabalho de duração indeterminada, com trabalho prestado em tempo integral e empregador único e organizado na forma de grande empresa industrial centralizada (*contrato de trabalho clássico* ou *fordista*), é substituído por contrato por prazo determinado[(85)], de estágio, de aprendizagem, pela contratação de trabalhadores intelectuais na condição de autônomos e pela generalização da subcontratação (terceirização de serviços ou contratação de empresa de trabalho temporário);

b) a *jornada de trabalho*: jornada flexível (que permite o aumento da presença de pessoal nos momentos de maior atividade da empresa e que ao empregador imponha jornada mais elástica em ambiente de consumo aquecido e a reduza quando do desaquecimento do consumo);[(86)] redução dos entraves ao trabalho extraordinário[(87)]; utilização do trabalho em tempo parcial;

c) os *salários*: individualização dos salários (os salários fixos e independentes do desempenho do trabalhador e da empresa são substituídos por salários variáveis, relacionados com a produtividade do trabalhador[(88)]); salários fixados no âmbito da empresa (via acordo coletivo, por exemplo), para permitir

(79) *A modernização do contrato de trabalho*. São Paulo: LTr, 1998. p. 78-79.

(80) A flexibilização, sob esta óptica, atenderia ao anseio dos próprios trabalhadores na manutenção de um alto nível de emprego.

(81) É alegado, neste sentido, que, quanto mais flexível a legislação, menos custos terá a contratação de empregados, o que teria reflexos no mercado formal de trabalho (mercado composto pelos trabalhadores aos quais são assegurados todos os direitos decorrentes da relação de emprego).

(82) A flexibilidade seria, neste enfoque, uma contraposição ao direito imposto pelo Estado.

(83) *O particularismo do direito do trabalho*. São Paulo: LTr, 1996. p. 116-117.

(84) *Iniciação ao direito do trabalho*. 34. ed. São Paulo: LTr, 2009. p. 70.

(85) A estabilidade no emprego é substituída pela instabilidade no emprego (risco de rescisão do contrato), o que é agravado pela insegurança do emprego (risco de não conseguir nova colocação no mercado de trabalho). Em suma, o emprego estável cede lugar ao emprego precário e o trabalhador se vê impossibilitado de prever o futuro com um mínimo de segurança.

(86) A CLT adota esta forma de flexibilização na autorização para criação do denominado *banco de horas*. (art. 59, § 2º, da CLT).

(87) A possibilidade de trabalho extraordinário (horas extras) reduz a necessidade de contratação de novos trabalhadores.

(88) A individualização dos salários aumenta a competição entre os trabalhadores e o seu próprio envolvimento no trabalho.

a sua adaptação aos seus resultados econômicos; negativa de natureza salarial a utilidades fornecidas pelo empregador ao trabalhador, o que impede a sua consideração para efeito de cálculo de outras parcelas trabalhistas (férias, 13º salário, por exemplo);

d) *a rescisão do contrato de trabalho*: diminuição dos entraves à rescisão do contrato de trabalho por ato unilateral do empregador;

e) as *formas de produção de normas*: as normas trabalhistas deixam de ser estabelecidas pelo Estado, conferindo-se maior relevo à negociação coletiva, com predominância, inclusive, da que é realizada no âmbito da empresa, o que torna as condições de trabalho muito diversificadas(89); possibilidade de estabelecimento de condições de trabalho em patamar inferior ao estabelecido em convenção coletiva do trabalho, através de cláusulas de exceção constantes de acordos coletivos de trabalho.(90)

Várias destas medidas flexibilizadoras significam, em boa medida, a transferência das incertezas do mercado para os trabalhadores e, se em um primeiro momento, foram apontadas como necessárias para atuar em momentos de crise econômica (surgindo, assim, o denominado *direito do trabalho de emergência*), atualmente, são apresentadas como soluções sem as quais as empresas não sobreviveriam em um mercado cada vez mais globalizado e competitivo (o direito do trabalho passa a ser instrumento da economia: *instrumentalização do direito do trabalho*).

Também do trabalhador é exigida uma postura flexível, que o capacite adquirir novas qualificações e a exercer várias funções dentro da empresa. A capacidade de ser flexível e polivalente torna o trabalhador responsável pela sua própria empregabilidade e, por consequência, pelo seu eventual desemprego.

Neste ambiente de flexibilização, a luta dos trabalhadores deixa de ser direcionada para a elevação do salário e a melhoria das condições de trabalho e é concentrada na luta em favor da manutenção do emprego, ainda que precário. Neste sentido, até mesmo as aspirações da classe trabalhadora são flexibilizadas.

A terceirização, considerando a sua extensão, pode ser *interna* ou *externa*. "A flexibilização **interna**, atinente à ordenação do trabalho na empresa, compreende a mobilidade funcional e geográfica, a modificação substancial das condições de trabalho, do tempo de trabalho, da suspensão do contrato de trabalho e da remuneração (...). A flexibilização **externa**, diz respeito ao ingresso do trabalhador na empresa, às modalidades de contratação, de duração do trabalho, de dissolução do contrato, como também à descentralização como recurso a formas de gestão da mão de obra, subcontratos, empresa de trabalho temporário (...), ampliação do rol de contratos determinados."(91)

Quanto à iniciativa de sua realização (agentes), a terceirização pode ser realizada pelo Estado, por meio do exercício da atividade legislativa (*flexibilização estatal* ou *heterônoma*) ou por meio de acordo ou convenção coletiva de trabalho (*flexibilização negociada* ou *autônoma*).

Quanto ao seu fundamento, a flexibilização pode ser *de proteção*, o que se dá para favorecer a condição social do trabalhador; *de adaptação*, que é traduzida por medidas destinada à adaptação das condições de trabalho às condições técnicas da produção ou resultantes da crise econômica; e *de desregulamentação*, que

(89) Argumenta-se, em favor desta solução, que a descentralização da negociação coletiva atende à necessidade de mais rápida adaptação das condições de trabalho às mudanças técnicas e na forma de organização do trabalho, às condições de competitividade das empresas e às mudanças do consumo. Neste contexto, as normas de hierarquia superior ao acordo coletivo de trabalho (convenções coletivas de trabalho e lei, por exemplo) teriam papel apenas subsidiário, incidindo onde não houvesse norma específica no acordo (*princípio da subsidiariedade*). Esta solução retira do Estado a responsabilidade pela proteção do trabalhador e fragmenta a força dos sindicatos, que passam a atuar não em instâncias nacionais ou regionais, mas em espaços limitados, constituídos pelas empresas (este fato, aliado à fragilidade da representatividade sindical, faz com que o controle da força de trabalho seja exercido pelas empresas).

(90) Neste sentido, no Brasil chegou a ser proposta de alteração da CLT, para o estabelecimento da prevalência do negociado (instrumentos coletivos) sobre o legislado (lei), o que tornava a proteção do trabalhador dependente da correção de forças entre uma categoria fracionada (os empregados da empresa) e o empregador, isto em ambiente marcado pelo enfraquecimento da representatividade dos sindicatos.

(91) BARROS, Alice Monteiro de. *Curso de direito do trabalho*. 8. ed. São Paulo: LTr, 2012. p. 69.

corresponde àquela em que "certos direitos são sacrificados em nome da sobrevivência da empresa, significando a rendição das conquistas dos trabalhadores."[92]

No Brasil, a flexibilização legislativa teve início em 1966, com a criação do Fundo de Garantia do Tempo de Serviço, em substituição ao regime de estabilidade no emprego previsto na CLT. Em 1974, veio a lume a Lei n. 6.019, que autoriza a contratação de empresas de trabalho temporário. Em 1988, a Constituição da República autorizou a redução salarial, o ajuste de compensação de horários, e a fixação de jornada em turnos ininterruptos de revezamento por meio da negociação coletiva. No ano de 1989, foi afastada a proibição do trabalho da mulher em horário noturno, extraordinário, em ambiente insalubre ou periculoso, em subterrâneos, menos, subsolos e obras de construção civil. Em 1998, por meio da Lei n. 9.601, foi criado o contrato por prazo determinado, para contratação de empregados além do quadro fixo da empresa. Em 1994, a Lei n. 8.949 acrescentou parágrafo único ao art. 442 da CLT, prevendo que, qualquer que seja o ramo da cooperativa, não existe vínculo empregatício entre ela e seus associados, nem entre estes e os tomadores de serviços daquela. Em 1999, foi instituído o trabalho em tempo parcial. Em 2001, foi criado o banco de horas, com compensação anual de horas e foi autorizada a suspensão temporária do contrato de trabalho, por um período de dois a cinco meses, para participação do empregado em programa de qualificação profissional oferecido pelo empregador.

Na seara jurisprudencial, o Tribunal Superior do Trabalho trata da flexibilização nas Súmulas ns. 85[93]; 349[94] e 423[95] e Orientações Jurisprudenciais ns. 342[96] e 372[97] da SDI-1 (Subseção de Dissídios Individuais I).

A flexibilização tem sido realizada por instrumento concebido para a defesa dos trabalhadores, qual seja, a negociação coletiva. Com efeito, a consulta ao repertório de jurisprudência dos tribunais permite constatar o grande número de cláusulas de convenções coletivas de trabalho e de acordos coletivos de trabalho que são anuladas por flexibilizarem normas de ordem pública, valendo citar a redução do intervalo para descanso e refeição para atender a necessidade de produção da empresa ou as especificidades de sua atividade (o que implica ofensa a norma de ordem pública que estabelece intervalo mínimo a ser gozado no curso da jornada de trabalho: art. 71 da CLT) e a instituição de contribuições sindicais a serem cobradas de trabalhadores não sindicalizados (o que ofende a liberdade sindical).

---

(92) MANNRICH, Nelson. *A modernização do contrato de trabalho*. São Paulo: LTr. 1998. p. 78.

(93) "Compensação de jornada. I — A compensação de jornada de trabalho deve ser ajustada por acordo individual escrito, acordo coletivo ou convenção coletiva. II — O acordo individual para compensação de horas é válido, salvo se houver norma coletiva em sentido contrário. III — O mero não atendimento das exigências legais para a compensação de jornada, inclusive quando encetada mediante acordo tácito, não implica a repetição do pagamento das horas excedentes à jornada normal diária, se não dilatada a jornada máxima semanal, sendo devido apenas o respectivo adicional. IV — A prestação de horas extras habituais descaracteriza o acordo de compensação de jornada. Nesta hipótese, as horas que ultrapassarem a jornada semanal normal deverão ser pagas como horas extraordinárias e, quanto àquelas destinadas à compensação, deverá ser pago a mais apenas o adicional por trabalho extraordinário".

(94) "Acordo de compensação de horário em atividade insalubre, celebrado por acordo coletivo. Validade. A validade de acordo coletivo ou convenção coletiva de compensação de jornada de trabalho em atividade insalubre prescinde da inspeção prévia da autoridade competente em matéria de higiene do trabalho (art. 7º, XIII, da CF/1988; art. 60 da CLT)."

(95) "Turno ininterrupto de revezamento. Fixação de jornada de trabalho mediante negociação coletiva. Validade. Estabelecida jornada superior a 6 (seis) horas e limitada a 8 (oito) horas por meio de regular negociação coletiva, os empregados submetidos a turnos ininterruptos de revezamento não têm direito ao pagamento da 7ª e 8ª horas como extras."

(96) "Intervalo intrajornada para repouso e alimentação. Não concessão ou redução. Previsão em norma coletiva. Invalidade. Exceção aos condutores de veículos rodoviários, empregados em empresas de transporte coletivo urbano. I — É inválida cláusula de acordo ou convenção coletiva de trabalho contemplando a supressão ou redução do intervalo intrajornada porque este constitui medida de higiene, saúde e segurança do trabalho, garantido por norma de ordem pública (art. 71 da CLT e art. 7º, XXII, da CF/1988), infenso à negociação coletiva. II — Ante a natureza do serviço e em virtude das condições especiais de trabalho a que são submetidos estritamente os condutores e cobradores de veículos rodoviários, empregados em empresas de transporte público coletivo urbano, é válida cláusula de acordo ou convenção coletiva de trabalho contemplando a redução do intervalo intrajornada, desde que garantida a redução da jornada para, no mínimo, 7 (sete) horas diárias ou 42 (quarenta e duas) semanais, não prorrogada, mantida a mesma remuneração e concedidos intervalos para descanso menores e fracionados ao final de cada viagem, não descontados da jornada."

(97) "Minutos que antecedem e sucedem a jornada de trabalho. A partir da vigência da Lei n. 10.234, de 27.6.2001, que acrescentou o § 1º ao art. 58 da CLT, não mais prevalece cláusula prevista em convenção ou acordo coletivo que elastece o limite de 5 minutos que antecedem e sucedem a jornada de trabalho para fins de apuração das horas extras."

A flexibilização, ainda que admitida, possui limites que não podem ser ultrapassados. Neste sentido, Héctor-Hugo Barbagelata afirma que, independente do grau e da extensão da flexibilidade que se pretenda imprimir ao mercado de trabalho, essa somente pode ocorrer até certos limites, quais sejam: limites sociais ("dizem respeito à capacidade de aceitação ou à tolerância que uma determinada sociedade possa ter com relação a novos modelos de emprego e à sua marginalização da proteção tradicional"; limites sindicais (dizem respeito à vontade e ao poder de contestação das organizações sindicais existentes diante dessas inovações); limites políticos (estão relacionados ao grau de resistência social à flexibilização, "se dão na forma de pressões desse tipo que obstam ao andamento legislativo de iniciativas flexibilizadoras"); e limites jurídicos ("podem preexistir ou consistir de novas normas de prevenção e repressão de práticas dessa natureza. Os preexistentes resultam da normativa constitucional, internacional, legislativa ou estabelecida pela negociação coletiva e pelo dique imposto pela jurisprudência e a doutrina. A prevenção ou repressão jurídica da flexibilização ocorre quando não há simplesmente uma negativa de incorporar normas nesse sentido, mas que se proíbem certas formas ou modalidades de contratação, ou se assemelham às que gozam da proteção tradicional").[98] Lembre-se que a flexibilização não pode, em qualquer hipótese, submeter os trabalhadores a condições indignas de trabalho, em razão da adoção, pela Constituição de 1988, da dignidade humana como fundamento da República.

A Constituição da República de 1988 permite a redução de salário por meio da negociação coletiva (art. 7º, VI), a compensação de horários e a redução da jornada, mediante acordo ou convenção coletiva de trabalho (art. 7º, XIII) e a fixação de jornada superior a seis horas diárias no labor em turnos ininterruptos de revezamento (art. 7º, XIV).

Não existe consenso na doutrina sobre o alcance desta autorização constitucional para flexibilização, existente, a propósito, duas vertentes de pensamento:

a) *flexibilização restrita*: somente é lícita a flexibilização em relação ao salário, compensação de jornada e fixação da jornada em turnos ininterruptos de revezamento, posto que a Constituição da República somente faz alusão a estas três situações;

b) *flexibilização ilimitada*: a flexibilização é ilimitada, posto que, ao admitir a redução de salário, a Constituição admite que qualquer direito trabalhista pode ser flexibilizado;

c) *flexibilização restrita e limitada*: somente é permitida a flexibilização em relação a salário, compensação de jornada e definição da jornada em turnos ininterruptos de revezamento, nos limites impostos na própria Constituição (somente é permitida a flexibilização do salário, mas é garantido salário nunca inferior ao mínimo.[99] De outro lado, a Constituição permite que o acréscimo de jornada em um dia seja compensado com a redução proporcional em outro dia, ou seja, não é permitido o aumento puro e simples da jornada diária, mas apenas que, por meio da negociação coletiva, seja estabelecido que o acréscimo extraordinário de jornada pode ser compensado), sendo de se acrescentar: 1) a proibição de renúncia: a negociação coletiva flexibilizadora não pode significar simples renúncia a direitos assegurados pela ordem jurídica; 2) não podem ser flexibilizados direitos que a lei considera indisponíveis (anotação da CPTS e pagamento de salário mínimo, por exemplo); 3) a flexibilização não pode implicar discriminação de uma parcela de trabalhadores, resultar na contratação de trabalhadores menores de 16 anos como empregados, impor obrigações pecuniárias aos trabalhadores não associados da entidade sindical, como forma de interferir na liberdade de sindicalização, abolir as garantias de emprego da gestante e membros da CIPA, limitar o acesso de trabalhadores e empregadores ao Poder Judiciário e afastar a aplicação das normas de segurança, higiene e saúde do trabalho.[100]

(98) *O particularismo do direito do trabalho*. São Paulo: LTr, 1996. p. 130-131.

(99) Vale chamar a atenção para o fato de que a flexibilização salarial encontra limite no art. 503 da CLT, posto que a redução depende da prova de força maior ou prejuízos, e além do que deve ser respeitado o percentual máximo de 25% de redução.

(100) Mauricio Godinho Delgado assevera que não prevalece a negociação concernente a direitos de indisponibilidade absoluta, por constituírem "um patamar civilizatório mínimo que a sociedade democrática não concebe ver reduzido em qualquer segmento econômico-profissional, sob pena de se afrontarem a própria dignidade da pessoa humana e a valorização mínima deferível ao trabalho (arts. 1º, III, e 170, *caput*, CF/88)", destacando,

Importantes limites à flexibilização são impostos pela Constituição da República, ao conferir aos direitos decorrentes da relação de emprego o *status* de direitos fundamentais, o que significa que eles não podem ser suprimidos sequer pelo constituinte derivado (art. 60, § 4º). Ademais, ao dispor que a ordem social tem como base o primado do trabalho e como objetivos o bem-estar e a justiça social (art. 193) e atribuir à dignidade humana a condição de fundamento da República (art. 1º, III), a Constituição coloca a pessoa no centro da ordem econômica, jurídica e social, o que significa que as situações patrimoniais (exigências do mercado) não podem se sobrepor às situações existenciais (exigências da proteção da pessoa como valor).

2.3.2 Desregulamentação

Como foi dito, o direito do trabalho regula a relação de trabalho subordinado.

A desregulamentação consiste em reduzir o número de normas que regulam o trabalho humano subordinado, permitindo, com isto, a fixação das condições de trabalho por empregados e empregadores, por meio do contrato individual do trabalho, ou pelos sindicatos e empresas, através da negociação coletiva.

A desregulamentação reduz a intervenção do Estado na relação capital e trabalho e a rede de proteção que o direito do trabalho estabelece em favor do trabalhador, passando este, como nos primórdios da relação industrial, a estar subordinado às leis do mercado.

A desregulamentação encontra óbices intransponíveis na Constituição da República de 1988, que, além de incluir entre os fundamentos da República, a dignidade da pessoa humana e os valores sociais do trabalho, estabelece como objetivos fundamentais da República a construção de uma sociedade livre, justa e solidária, bem como a promoção do bem de todos, assumindo como importante instrumento de respeito àqueles fundamentos e realização destes objetivos a atribuição aos trabalhadores de um rol mínimo de direitos. Não é só. Estes direitos foram considerados fundamentais e expressamente protegidos contra alterações constitucionais (*direitos fundamentais trabalhistas como cláusula pétreas*). Se o Constituinte não pode negar ao trabalhador estes direitos, eles também não podem ser afastados pelo legislador infraconstitucional e pela negociação coletiva.

2.3.3 A flexibilização e a desregulamentação fazem parte de um processo de reestruturação produtiva e têm o mesmo objetivo, que é reduzir os custos representados pelos direitos trabalhistas

Estes dois fenômenos estão intimamente relacionados, visto que a flexibilização é um caminho na direção da desregulamentação. Com efeito, como adverte José Affonso Dallegrave Neto, "a flexibilização é um primeiro passo da trajetória que visa desregulamentar o Direito do Trabalho. O fenômeno que já se inicia faz parte do receituário neoliberal que propugna pela diminuição do custo operacional e pela destruição dos direitos sociais como forma de combate ao desemprego. Somente nesta perspectiva interdisciplinar é que se pode compreendê-lo."[(101)]

A flexibilização e a desregulamentação têm como consequências:

a) o retrocesso no nível de proteção dos trabalhadores, que resulta no retorno a algo bem próximo do contexto em que surgiu o direito do trabalho, embora sob outras vestes, destacando-se o aumento da força produtiva do trabalho (com o menor dispêndio de tempo e força de trabalho, é produzido maior

no caso brasileiro, que esse patamar civilizatório mínimo constitui-se por "três grupos convergentes de normas trabalhistas heterônomas: as normas constitucionais em geral (respeitadas, é claro, as ressalvas parciais expressamente feitas pela própria Constituição: art. 7º, VI, XIII e XIV, por exemplo); as normas de tratados e convenções internacionais vigorantes no plano interno brasileiro (referidas pelo art. 5º, § 2º, CF/88, já expressando um patamar civilizatório no próprio mundo ocidental em que se integra o Brasil); as normas legais infraconstitucionais que asseguram patamares de cidadania ao indivíduo que labora (preceitos relativos à saúde e segurança no trabalho, normas concernentes a bases salariais mínimas, normas de identificação profissional, dispositivos antidiscriminatórios etc.)." (*Curso de direito do trabalho.* 11. ed. São Paulo: LTr, 2012. p. 110).

(101) *Inovações na legislação trabalhista.* 2. ed. São Paulo: LTr, 2002. p. 33.

volume de mercadorias), o aumento da jornada de trabalho (por meio da exigência de horas extras), o aumento da intensidade do trabalho (o que impede que o trabalhador reponha a sua força de trabalho, gerando aumento de acidentes de trabalho e o desgaste prematuro do trabalhador), a insegurança do trabalhador (decorrente da falta de estabilidade no emprego) e os baixos salários;

b) a consideração da relação de emprego por critérios econômicos (manutenção da capacidade de subsistência e concorrência da empresa; a liberdade do homem é subordinada à sua necessidade de sobrevivência), o que significa desvincular a disciplina da relação de emprego de considerações sobre a natureza humana do prestador de serviços, o incremento do trabalho autônomo, com a consequente redução do universo dos trabalhadores beneficiados pela rede de proteção estabelecida pelo direito do trabalho, e a substituição da universalização da proteção assegurada pelo direito do trabalho pela diferenciação e individualização das condições de trabalho, por meio do prestígio aos acordos coletivos de trabalho (o que conduz a uma verdadeira *contratualização* ou *privatização do conteúdo do direito do trabalho*);

c) a apropriação da força coletiva pelo capital, na medida em que as negociações coletivas são individualizadas por empresas e passam a servir de instrumento para atender às suas necessidades (cite-se, como exemplo, a redução do intervalo para alimento e descanso como forma de alcançar aumento de produção, por exemplo);

d) a *instrumentalização do direito do trabalho*, que passa ter por função a criação das condições necessárias para que o capital aplicado em produtos e serviços se multiplique, com o enfraquecimento do seu papel de salvaguarda da dignidade humana.

Observe-se, ainda, que no exame das medidas em destaque não se pode perder de vista que: 1) a dignidade humana constitui princípio de organização social, que não pode ser substituída, neste seu relevante papel, pela precariedade das condições de vida humana, sob pena de afronta ao art. 1º, III, da Constituição da República; 2) o direito do trabalho não pode ser subordinado, na sua criação e definição de significado, à economia, como permite afirmar o reconhecimento do valor social do trabalho como fundamento da República (art. 1º, IV, da Constituição da República) e a fixação da garantia de vida digna como finalidade da ordem econômica (art. 170, *caput*, da Constituição da República); 3) a construção de uma sociedade livre, justa e solidária, a erradicação da pobreza e da marginalização e a promoção do bem de todos, enquanto objetivos fundamentais da República (art. 3º, I, III e IV, da Constituição), impedem que se atribua às necessidades das empresas valor maior do que à dignidade humana; 4) a Constituição da República exige, consoante resulta de seu preâmbulo, a harmonia social, o que implica a busca, constante, do equilíbrio entre o desenvolvimento técnico-econômico (que também constitui um objetivo fundamental da República — art. 3º, II, da Constituição) e o valor social do trabalho e a dignidade humana do homem que vive da alienação da sua força de trabalho.

3. FONTES DO DIREITO DO TRABALHO. CONCEITO, CLASSIFICAÇÃO, FONTES FORMAIS DO DIREITO DO TRABALHO E HIERARQUIA DAS FONTES. CONFLITOS E SUAS SOLUÇÕES

3.1 Conceito

Sendo o direito do trabalho formado por um conjunto de normas jurídicas, cumpre definir as fontes destas normas.

O estudo das fontes do direito é considerado sob o prisma dos fatores econômicos, políticos e sociais que fazem surgir as normas jurídicas (fontes materiais) e dos atos ou fatos aos quais o ordenamento jurídico atribui o poder para criar normas jurídicas (fontes formais).

Do ponto de vista das fontes formais, cumpre esclarecer que a ordem jurídica pode contar um ou mais centros de criação de normas jurídicas válidas. Daí o debate sobre a unidade ou pluralidade dos centros de positivação jurídica e o surgimento das teorias monista e pluralista. "A teoria monista, de filiação positivista, capitaneada por Hans Kelsen, sustenta que as fontes formais do Direito derivam de um único centro de positivação, o Estado, caracterizado como o único dotado de coerção/sanção. Já a teoria pluralista não considera válida a tese do exclusivismo estatal, sustentando a clara existência de distintos centros de positivação jurídica ao longo da sociedade civil, como o demonstram, ilustrativamente, o costume e os instrumentos jurídicos da negociação coletiva trabalhista. Para a vertente pluralista, a circunstância de se reconhecer no Estado o centro hegemônico de positivação jurídica não impede a percepção da nítida convivência, no âmbito societário, de outros núcleos de positivação de fontes formais do Direito".(102)

Assim, para a concepção monista, somente o Estado possui poder para criar o direito, "diretamente através da lei, ou indiretamente através do reconhecimento e controle das normas de formação consuetudinária".(103) A doutrina monista (estatalidade do direito) não encontra eco no direito do trabalho, cujas normas afloram de várias fontes (pluralismo das fontes), inclusive não estatais (infraestatalidade normativa) e externas (supraestatalidade normativa).

3.2 *Classificação*

Segundo a relação entre o detentor do poder de criar normas jurídicas e os seus destinatários, as fontes são classificadas em heterônomas (normas de cuja produção não participam os seus destinatários principais: leis e regulamentos de empresa estabelecidos unilateralmente pelo empregador, por exemplo) e autônomas (normas de cuja produção participam os seus destinatários principais: convenção coletiva de trabalho, acordo coletivo de trabalho e regulamento de empresa estabelecido de comum acordo por empregador e trabalhadores, por exemplo).

Considerando a sua origem, as fontes são classificadas como negocial (normas estabelecidas por meio da negociação entre empregado e empregador ou da negociação coletiva, isto é, entre sindicato de empresas e de trabalhadores ou entre uma ou mais empresas e sindicato dos trabalhadores(104)), estatal (normas estabelecidas pelo Estado) e externa (normas constantes de tratados internacionais ratificados pelo Brasil(105)). A doutrina aponta a sentença normativa, isto é, a decisão por meio do qual o Poder Judiciário, no julgamento de conflito coletivo de interesses, estabelece condições de trabalho (art. 114, § 2º, da Constituição da República), ora como fonte estatal (considera-se, sob esta óptica, que a sentença é proferida por um órgão do Poder Judiciário, sem intervenção das partes) e ora como mista (as normas criadas por meio de sentença normativa tem o conteúdo indiretamente estabelecido pelas partes do processo respectivo, posto que elas submetem ao julgador as suas propostas de fixação de condições de trabalho).

A previsão de que o direito comum será fonte subsidiária do direito do trabalho (art. 8º, parágrafo único, da CLT) autoriza afirmar que as fontes do direito do trabalho podem ser próprias (a CLT é a fonte por excelência do direito do trabalho) e subsidiárias (normas estranhas ao direito do trabalho, mas que podem ser utilizadas para suprir as suas eventuais lacunas).

---

(102) *Curso de direito do trabalho.* 11. ed. São Paulo: LTr, 2012. p. 139.

(103) BOBBIO, Noberto. *O positivismo jurídico:* lições de filosofia do direito. São Paulo: Ícone, 1995. p. 27.

(104) A negociação coletiva pode conduzir à formulação de uma convenção coletiva de trabalho ou de um acordo coletivo de trabalho, constituindo estes dois instrumentos *fontes próprias* ou *exclusivas* do direito do trabalho.

(105) Ao estabelecer que os direitos e garantias nela expressos não excluem outros decorrentes dos tratados internacionais em que o Brasil seja parte (art. 5º, § 2º) e autorizar o Presidente da República a celebrar tratados, convenções e atos internacionais, ainda que sujeitos a referendo do Congresso Nacional (art. 84, VIII), a Constituição da República de 1988 autoriza a adoção, pelo nosso ordenamento jurídico, de regras e princípios de direito internacional, abrindo-o, com isto, para fontes externas do direito (*supraestatalidade normativa*). A *supraestatalidade normativa* constitui, consoante Antonio Enrique Pérez Luño, um traço informador dos Estados Constitucionais de Direito (*Perspectivas e tendências atuais do Estado Constitucional.* Porto Alegre: Livraria dos Advogados Editora, 2012. p. 10).

As fontes de direito do trabalho são também classificadas em:

a) fontes consuetudinárias (usos e costumes), fontes legislativas (atos normativos estabelecidos pelo Poder Legislativo) e fontes jurisdicionais (a jurisprudência como centro de positivação do direito do trabalho[(106)]).

b) *fonte comum*: comum é a fonte que o direito do trabalho compartilha com outros ramos do direito. A fonte comum pode ser interna (a Constituição da República, por exemplo) ou externa (Declaração Universal dos Direitos do Homem, por exemplo);

c) *fonte primária* e *fontes imperativas*: para Orlando Gomes e Elson Gottschalk, a "fonte primária, ou fonte de criação, comum a todo direito privado, é a vontade das partes. É, realmente, do contrato que nasce o vínculo de trabalho; e as obrigações essenciais que lhe são inerentes encontram, no concurso de vontades, seu elemento propulsor. O contrato é, pois, a única e exclusiva fonte voluntária da relação de emprego. Essa fonte tem a sua capacidade produtiva limitada pela produção de outras fontes que, pela sua natureza, podem ser denominadas imperativas, visto que suas normas se impõem de modo irresistível à vontade dos contraentes, incorporando-se automaticamente ao conteúdo da relação";[(107)]

d) *fonte direta* (aquela que cria a norma) e *fonte indireta ou de revelação* (aquela que não cria a norma, mas fornece subsídios para revelá-la a partir da ordem jurídica, como se dá com a doutrina).

3.3 *Fontes formais do direito do trabalho*

A Constituição da República dispõe, em várias oportunidades, sobre o direito do trabalho (art. 7º, por exemplo), constituindo, portanto, uma das fontes deste ramo do direito. De outro lado, na Constituição da República é disposto que os direitos e garantias nela expressos não excluem outros decorrentes dos tratados internacionais em que a República Federativa do Brasil seja parte (art. 5º, § 2º), compete à União legislar sobre direito do trabalho (art. 22, I), constitui direito dos trabalhadores o reconhecimento de convenções coletivas de trabalho e acordos coletivos de trabalho (art. 7º, XXVI), à Justiça do Trabalho compete julgar dissídios de natureza econômica, o que implica competência para, por meio de sentença, estabelecer condições a serem observadas no contexto das relações individuais de trabalho (art. 114, § 2º) e que o Presidente da República pode expedir decretos e regulamentos para a fiel execução das leis (art. 84, IV).

Dispõe o art. 8º, *caput*, da CLT que "As autoridades administrativas e a Justiça do Trabalho, na falta de disposições legais ou contratuais, decidirão, conforme o caso, pela jurisprudência, por analogia, por equidade e outros princípios e normas gerais de direito, principalmente do direito do trabalho, e, ainda, de acordo com os usos e costumes, o direito comparado, mas sempre de maneira que nenhum interesse de classe ou particular prevaleça sobre o interesse público". Segundo o parágrafo único do art. 8º da CLT, "O direito comum será fonte subsidiária do direito do trabalho, naquilo em que não for incompatível com os princípios fundamentais deste". Ainda na CLT, tem-se o art. 611, *caput* e § 1º, atribuindo força normativa a convenções coletivas de trabalho e acordos coletivos de trabalho.

À luz de tais dispositivos legais, é afirmado que constituem fontes formais do direito do trabalho:

a) Constituição da República;

b) leis;[(108)]

(106) De jurisprudência se fala no sentido de conjunto de decisões dos tribunais e de ciência jurídica. É à jurisprudência no primeiro sentido citado que se faz referência quando são estudadas as fontes do direito (nos países do *common law*, a maior parte das normas que compõem o ordenamento jurídico são extraídas dos fundamentos das decisões judiciais, isto é, dos precedentes).

(107) *Curso de direito do trabalho*. 17. ed., Rio de Janeiro: Forense, 2006. p. 39.

(108) Por *lei*, entenda-se, considerando o disposto no art. 59 da Constituição da República: leis complementares, leis ordinárias, leis delegadas e medidas provisórias (estas medidas são editadas com força de lei: art. 62, *caput*, da Constituição da República).

c) decretos e regulamentos do Presidente da República, voltados à garantia de fiel execução das leis;

d) tratados e convenções internacionais ratificados pelo Brasil;

e) sentenças normativas: decisões proferidas pela Justiça do Trabalho na solução de dissídios coletivos de natureza econômica (art. 114, § 2º, da Constituição da República e arts. 868, 869 e 872 da CLT);

f) usos e costumes: os usos resultam da vontade tácita das partes do contrato, decorrente da repetição de determinado comportamento, ao passo que os costumes consistem na reiteração constante e uniforme de determinada conduta (elemento objetivo ou externo) com a convicção de sua obrigatoriedade (elemento subjetivo, interno ou psicológico);(109)

g) convenções coletivas de trabalho: segundo art. 611 da CLT, "convenção coletiva de trabalho é o acordo de caráter normativo pelo qual dois ou mais sindicatos representativos de categorias econômicas e profissionais estipulam condições de trabalho aplicáveis, no âmbito das respectivas representações, às relações individuais de trabalho";(110)

h) acordos coletivos de trabalho: o § 1º do art. 611 da CLT dispõe que "é facultado aos sindicatos representativos de categorias profissionais celebrar Acordos Coletivos com um ou mais empresas da correspondente categoria econômica, que estipulem condições de trabalho, aplicáveis no âmbito da empresa ou das empresas acordantes às respectivas relações de trabalho";(111)

i) princípios de direito do trabalho;(112)

j) direito comparado: o estudo comparativo de distintos ordenamentos jurídicos pode revelar soluções compatíveis com a ordem jurídica brasileira.

k) contrato individual de trabalho: a CLT expressamente inclui o contrato de trabalho entre as fontes de direito do trabalho (art. 8º, *caput*). Contudo, não existe consenso na doutrina a respeito. Alguns doutrinadores afirmam que o contrato individual de trabalho é fonte do direito do trabalho, por existir "manifestação de vontade destinada a produzir efeitos jurídicos", enquanto outros sustentam que "as disposições surgidas no contrato de trabalho carecem de generalidade e abstração, pois só alcançam as partes".(113)

Também constituem fontes do direito do trabalho:

1) normas editadas pelo Ministério do Trabalho e Emprego relacionadas com segurança e medicina do trabalho (arts. 155, I, 162 e 191 da CLT);

---

(109)Como aduzem Evaristo de Moraes Filho e Antonio Carlos Flores de Moraes, muitos dos atuais institutos do direito do trabalho tem origem em usos e costumes, dentre os quais o aviso prévio e as férias, sendo por eles observado que, "primitivamente, exercia-se o controle social por meio de (...) tradições costumeiras que acabavam por se constituir em verdadeiras normas coletivas de conduta, obrigatórias e sancionadas pela autoridade social. A mesma coisa deu-se no direito do trabalho. Enquanto não se promulgavam as leis, constituía-se por toda parte o costume como fonte informativa das relações entre empregados e empregadores. Acabavam os interessados por tomar consciência dessa regra informal e difusa na sociedade que viviam. Perdida nos tempos, sem que ninguém saiba exatamente como se iniciou, o que importa é este elemento psicológico, esta consciência da necessidade da sua obediência, a *opinio juris ac necessitatis* do direito romano. Isto é, como destaca *Messineo*, consiste o costume no fato de que determinada coletividade adota e observa uniforme, espontânea e constantemente, durante certo tempo, determinada maneira de agir de conteúdo jurídico" (*Introdução ao direito do trabalho*. 10. ed. São Paulo: LTr, 2010. p. 224).

(110) Convenção coletiva de trabalho é contrato celebrado entre entidade sindical profissional (representantes dos trabalhadores) e entidade sindical econômica (representante dos empregadores), no qual são estabelecidas condições de trabalho que irão reger as relações individuais de trabalho no âmbito das respectivas representações.

(111) O acordo coletivo de trabalho é contrato celebrado entre entidade sindical profissional (representantes dos trabalhadores) e uma ou mais empresas, no qual são estabelecidas condições de trabalho que irão reger as relações individuais de trabalho no âmbito das empresas signatárias. Convenções coletivas de trabalho e acordos coletivos de trabalho têm a natureza de *atos-regra*, no sentido de constituírem expressão fundamental da autonomia privada coletiva que, embora não sejam dotados da generalidade própria das leis, criam normas que atingem o contingente de pessoas que compõem a categoria profissional a que dizem respeito.

(112) Os princípios de direito do trabalho serão examinados mais adiante.

(113) BARROS, Alice Monteiro de. *Curso de direito do trabalho*. 8. ed. São Paulo: LTr, 2012. p. 99.

2) regulamento empresarial: o art. 896, *b*, da CLT faz alusão a regulamento empresarial utilizado para a solução de conflito entre empregado e empregador, admitindo, portanto, que ele constitui fonte formal do direito do trabalho. Acrescente-se que, segundo a Súmula n. 51, I, do TST, "as cláusulas regulamentares, que revoguem ou alterem vantagens deferidas anteriormente, só atingirão os trabalhadores admitidos após a revogação ou alteração do regulamento", o que significa que o regulamento estabelece direitos e obrigações a ele correlatas, constituindo, portanto, fonte de direito.

3) Lei Estadual (art. 896, *b*, da CLT);

O art. 8º, *caput*, da CLT autoriza a solução de conflito entre empregado e empregador com base na jurisprudência, o que não é suficiente, por si só, para considerá-la fonte de direito. Trata-se, a hipótese, de previsão no sentido de que o juiz poderá se pautar, nas suas decisões, pelos precedentes judiciais sobre a mesma situação fática e/ou de direito (nesta hipótese, a jurisprudência não cria o direito, mas apenas o revela, sendo, portanto, uma *fonte de revelação do direito*). No entanto, a jurisprudência será fonte de direito quando se tratar de sentença normativa, isto é, sentença por meio da qual os tribunais trabalhistas decidem dissídio coletivo de natureza econômica e estabelecem condições de trabalho a serem respeitadas por empregados e empregadores.

A Constituição da República permite a solução de conflitos coletivos por meio da arbitragem (art. 114, §§ 1º e 2º), o que permite afirmar que o laudo arbitral que estabelece condições de trabalho constitui fonte de direito do trabalho.

A Súmula n. 19 do TST, ao consagrar o entendimento de que "a Justiça do Trabalho é competente para apreciar reclamação de empregado que tenha por objeto direito fundado em quadro de carreira" indica que referido instrumento também é fonte do direito do trabalho.

3.4 Hierarquia das fontes. Conflitos e suas soluções

3.4.1 Conflito normativo

O art. 2º da Lei de Introdução às Normas do Direito Brasileiro trata do conflito entre normas (*conflito normativo*) e estabelece, para a sua solução, vários critérios:

a) *critério hierárquico*: no conflito entre normas de diferentes níveis hierárquicos, prevalece a de nível superior (*lex superior derogat legi inferiori*);

b) *critério cronológico*: ocorrendo conflito entre normas do mesmo nível hierárquico, a posterior prevalece sobre a anterior (*lex posterior derogat legi priori*);

c) *critério de especialidade*: a norma que trata de matéria especial prevalece sobre a que versa sobre matéria geral (*lex specialis derogat legi generali*).

Estes critérios não são, contudo, suficientes para a solução de todos os conflitos entre normas, na medida em que podem ocorrer conflitos na sua própria aplicação (*conflitos* ou *antinomias de segundo grau*). Com efeito, pode ocorrer conflito entre o critério hierárquico e o cronológico (o primeiro critério impõe, no caso concreto, a prevalência da lei superior e, o segundo, a da posterior) e entre o critério hierárquico e o da especialidade (aplicado o primeiro critério, prevalece, no caso concreto, a lei de hierarquia superior, ao passo que, aplicado o da especialidade, prevalecerá a lei especial), por exemplo.

Daí, segundo Maria Helena Diniz, o estabelecimento de *metacritérios de solução de conflitos de conflitos entre os critérios hierárquico, cronológico e de especialidade* (conflitos de segundo grau), segundo os quais:

a) conflito entre o critério hierárquico e o cronológico: "o critério cronológico não seria aplicável quando a lei posterior for inferior à anterior, pois de outro modo o critério hierárquico seria inoperante. Prevalecerá, portanto, o critério hierárquico, por ser mais forte do que o cronológico, visto que a competência se apresenta mais sólida do que a sucessão do tempo";

b) conflito entre o critério de especialidade e o cronológico: "a regra da especialidade prevaleceria sobre a cronológica, mas "esse metacritério é parcialmente inefetivo, por ser menos seguro que o anterior, podendo gerar uma antinomia real. A metaregra *lex posterior generalis non derrogat priori specaili* não tem valor absoluto, dado que, às vezes, *lex posterior generalis derogat priori speciali*, tendo em vista certas circunstâncias presentes. A preferência entre um critério e outro não é evidente, pois se constata uma oscilação entre eles. Não há uma regra definida; conforme o caso, haverá supremacia ora de um, ora de outro critério";

c) conflito entre o critérios hierárquico e o de especialidade: "havendo uma norma superior-geral e outra inferior-especial, não será possível estabelecer uma metarregra geral, preferindo o critério hierárquico ao da especialidade, ou vice-versa, sem contrariar a adaptabilidade do direito, consequentemente, instaurar-se-á uma antinomia real. Poder-se-á, então, preferir qualquer dos critérios, não existindo, portanto, qualquer preferência".[114]

3.4.2 Hierarquia das fontes do direito do trabalho

O ordenamento jurídico possui uma estrutura hierárquica, no sentido de que existe uma ordem de prevalência nas normas que o compõem. O mesmo ocorre com as fontes do direito do trabalho.

Evaristo de Moraes Filho e Antonio Carlos Flores de Moraes asseveram que, da mesma forma que acontece na teoria geral do direito, deve ser estabelecida a hierarquia entre as fontes do direito do trabalho, acrescentando que "coloca-se em primeiro lugar a norma constitucional, em plano mais elevado em relação à lei ordinária, qualitativamente superior e desigual. Depois a lei propriamente dita, e os demais atos emanados do Poder Executivo, com o caráter de lei material: decreto, portaria, instruções, circulares etc., desde que legítimos e válidos, é claro. Segue-se o ato da autoridade judiciária, a sentença normativa, ainda fonte heterônoma. A convenção coletiva, como fonte autônoma intersindical — ou sindical pelo lado dos trabalhadores, no direito brasileiro —, alinha-se logo depois. Os usos e costumes são ainda fonte autônoma extraestatal, imediata, terminando-se no regulamento de empresa. Como elementos integrativos de todas essas fontes, colocam-se difusamente entre elas, e, em todas elas, a equidade e os princípios gerais do direito."[115]

Orlando Gomes e Elson Gottschalk sustentam que na definição da hierarquia devem ser consideradas as seguintes regras: "a) havendo conflito entre as fontes imperativas de produção estatal e as de produção internacional, prevalecem as últimas; b) havendo conflito entre as fontes estatais e as fontes de produção mista, prevalecem as primeiras; c) havendo conflito entre as fontes de produção mistas e as fontes de produção profissional pura, prevalecem as primeiras; d) havendo conflito entre as normas oriundas da fonte profissional pura (usos e costumes, regulamento de empresa, convenção coletiva), prevalecem as de âmbito mais generalizado." Destacam, contudo, que "a hierarquização acima envolve fórmulas muito gerais e elásticas."[116]

No exame da questão não se pode olvidar o disposto no art. 7º, *caput*, da Constituição da República, no sentido de que "são direitos dos trabalhadores urbanos e rurais, além de outros que visem à melhoria de sua condição social: ...". Isto significa que, no confronto entre as fontes de direito do trabalho, deve prevalecer a norma cuja aplicação resulte na melhoria da condição social do trabalhador, o que atende a uma das funções essenciais do direito do trabalho, que é a *busca constante pela melhoria da condição social dos trabalhadores.*

(114) *Lei de introdução às normas do direito brasileiro interpretada.* 12. ed. São Paulo: Saraiva, 2012. p. 101.

(115) *Introdução ao direito do trabalho.* 10. ed. São Paulo: LTr, 2010. p. 227.

(116) *Curso de direito do trabalho.* 17. ed. Rio de Janeiro: Forense, 2006. p. 60.

Com isto, como aduzem Evaristo de Moraes Filho e Antonio Carlos Flores de Moraes, "a fonte superior pode ser superada pela inferior, desde que mais benéfica ao trabalhador. Assim, a convenção coletiva pode conferir melhores condições de trabalho em relação à lei e sentença normativa; a mesma coisa acontecendo a qualquer delas, inclusive o regulamento de empresa, que pode ser o mais benéfico".(117)

Em feliz síntese, afirma Américo Plá Rodriguez que "não se aplicará a norma correspondente dentro de uma ordem hierárquica predeterminada, mas se aplicará, em cada caso, a norma mais favorável ao trabalhador".(118)

Logo, não existe um critério rígido e inflexível para solucionar o conflito de normas ou estabelecer a hierarquia das fontes do direito do trabalho, posto que a questão será solucionada à luz do caso concreto.(119)

Em suma, a definição da hierarquia das fontes do direito do trabalho é regida pelo *princípio da norma mais favorável para o trabalhador*, que radica na ideia "de que o Direito do Trabalho surge para proteger o trabalhador, afastando o direito comum e postulando soluções cada vez mais favoráveis para o trabalhador e propiciando-lhe através de vários níveis de regulamentação, parâmetros progressivamente mais benéficos (regalias em 'cascata')".(120)

Este critério de solução de conflitos entre normas trabalhistas é consagrada na Constituição da OIT, que dispõe, em seu art. 19, § 8º: "Em nenhum caso se poderá considerar que a adoção de uma convenção ou de uma recomendação pela Conferência ou a ratificação de uma convenção por qualquer membro reduzirá qualquer lei, sentença, costume ou acordo que garanta aos trabalhadores condições mais favoráveis que as que figurem na convenção ou na recomendação".

Contudo, como será definida, no caso concreto, a norma mais favorável ao trabalhador?

Existem três vertentes de pensamento a respeito do critério que deve nortear a norma mais favorável ao trabalhador:

a) *teoria da acumulação* ou *atomização*: existindo duas normas incidindo sobre a mesma situação concreta, as duas devem ser observadas, extraindo-se de cada uma delas aquilo que for mais favorável ao trabalhador. Por este critério, uma norma não prevalecerá sobre a outra, mas as duas devem ser aplicadas ao caso concreto, prevalecendo uma sobre a outra no tópico em que for mais vantajoso ao trabalhador;(121)

b) *teoria do conglobamento*: na presença de dois textos normativos aplicáveis ao caso concreto, não ocorrerá o seu fracionamento, prevalecendo a norma que, no seu conjunto, for mais favorável ao trabalhador;(122)

---

(117) *Introdução ao direito do trabalho.* 10. ed. São Paulo: LTr, 2010. p. 227.

(118) *Princípios de direito do trabalho.* 1. ed. 4. tiragem. São Paulo: LTr, 1996. p. 54.

(119) Segundo Mauricio Godinho Delgado, "o princípio direcionador do Direito do Trabalho, que melhor incorpora e expressa seu sentido teleológico constitutivo, é (...) o princípio da norma mais favorável ao trabalhador. Assim, aplicar-se-á ao caso concreto — sendo naquele caso hierarquicamente superior — a norma mais favorável ao empregado. O vértice da pirâmide normativa, variável e mutável — ainda que apreendido segundo um critério permanente —, não será a Constituição Federal ou a lei federal necessariamente, mas a norma mais favorável ao trabalhador. Não há, assim, contradição inconciliável entre as regras heterônomas estatais e regras autônomas privadas coletivas (entre o Direito do Estado e o Direito dos grupos sociais), mas uma espécie de harmoniosa concorrência: a norma que disciplinar uma dada relação de modo mais benéfico ao trabalhador prevalecerá sobre as demais, sem derrogação permanente, mas mero preterimento, na situação concreta enfocada." (*Curso de direito do trabalho.* 11. ed. São Paulo: LTr, 2012. p. 176).

(120) *Curso de direito do trabalho.* 2. ed. Lisboa/São Paulo: Verbo, 1993. p. 254.

(121) Esta corrente é criticada por Mauricio Godinho Delgado, por conduzir a "uma postura analítica atomista, consubstanciada na soma de vantagens normativas extraídas de diferentes diplomas. É verdade que ela enseja o encontro de um saldo normativo fortemente favorável ao trabalhador. Contudo, não é menos verdade que o faz ao preço de liquidar a noção de Direito como *sistema*, tornando as operações de interpretação, integração e aplicação das regras jurídicas extremamente erráticas e verticalmente submetidas à formação ideológica particular de cada operador. Mais que isso, tal teoria suprime o caráter universal e democrático do Direito, por tornar sempre singular a fórmula jurídica a cada caso concreto." (*Curso de direito do trabalho.* 11. ed. São Paulo: LTr, 2012. p. 179).

(122) Mauricio Godinho Delgado afirma que "a teoria do conglobamento é certamente a mais adequada à operacionalização do critério hierárquico normativo preponderante no Direito do Trabalho. A seu favor tem a virtude de não incorporar as apontadas distorções da teoria da acumulação,

c) *teoria do conglobamento por instituto, orgânico ou mitigado*: deve prevalecer, no confronto entre duas normas, o conjunto de regras que em cada um deles se referem ao mesmo instituto (jornada de trabalho, por exemplo) e que seja mais favorável ao trabalhador.

Não se pode perder de vista que, para efeito de definir o que seja mais favorável cumpre ter em conta a condição mais favorável aos trabalhadores considerados em seu conjunto e não individualmente. Com efeito, como aduzem Evaristo de Moraes Filho e Antonio Carlos Flores de Moraes, cumpre "ter sempre em vista o interesse público; depois o coletivo da categoria social, e não de cada integrante em separado, cujo julgamento subjetivo não deve prevalecer. O confronto deve ser feito de modo concreto, pesquisando se a norma inferior é, na espécie, mais ou menos favorável aos trabalhadores."(123)

Em relação ao confronto entre convenção coletiva de trabalho e acordo coletivo do trabalho, existem duas vertentes doutrinárias: a) deve prevalecer o acordo, que é uma norma especial, por ter âmbito de abrangência mais restrito, em relação à convenção, que é norma de caráter geral e que tem âmbito de abrangência mais largo. Aplica-se, assim, a regra segundo a qual a norma especial derroga a geral; b) deve prevalecer a convenção, como forma de valorizar os diplomas negociais mais amplos, que, em regra, contém maiores garantias aos trabalhadores.

A segunda solução — prevalência da convenção coletiva, quando mais favorável ao trabalhador — foi consagrada pelo art. 620 da CLT: "As condições estabelecidas em Convenção, quando mais favoráveis, prevalecerão sobre as estipuladas em Acordo". No entanto, a regra do art. 620 da CLT não prevalecerá quando da convenção constar cláusula tornando obrigatório o respeito a acordos coletivos celebrados diretamente com as empresas da categoria econômica respectiva, ao passo que, sendo o acordo coletivo firmado após a celebração da convenção, sem qualquer ressalva quanto ao respeito à convenção, o acordo é que deve prevalecer (firmando o acordo, o sindicato representativo da categoria profissional reconhece a necessidade de adoção de regras especiais em relação a uma ou mais empresas).

Alguns doutrinadores sustentam que a Constituição da República, ao dispor, no art. 7º, *caput* e inciso XXVI, que constitui direito dos trabalhadores o reconhecimento de convenções coletivas e acordos coletivos, sem estabelecer qualquer critério de precedência de um sobre o outro, não recepcionou o art. 620 da CLT, o que pode ser questionado, na medida em que a prevalência da situação mais favorável é estabelecida pelo *caput* do citado art. 7º.

4. HERMENÊUTICA: INTERPRETAÇÃO, INTEGRAÇÃO E APLICAÇÃO DO DIREITO DO TRABALHO. MÉTODOS BÁSICOS DE EXEGESE. O PAPEL DA EQUIDADE. EFICÁCIA DAS NORMAS TRABALHISTAS NO TEMPO E NO ESPAÇO. REVOGAÇÃO. IRRETROATIVIDADE. DIREITO ADQUIRIDO

4.1 Aspectos gerais

A solução de um caso concreto no contexto do direito do trabalho constitui uma atividade complexa, que envolve fases interdependentes: a) determinação da norma aplicável, o que exige levar em consideração a hierarquia das fontes do direito do trabalho e a aplicação das normas de direito do trabalho no tempo e no espaço; b) interpretação da norma aplicável; c) integração do direito do trabalho; d) crítica da situação fática à luz da norma aplicável já interpretada ou da norma estabelecida no processo de integração do direito.

além de ser a única a harmonizar a flexibilidade do critério hierárquico justrabalhista com a essencial noção de sistema inerente à ideia de Direito — e de ciência" (*Curso de direito do trabalho*. 11. ed. São Paulo: LTr, 2012. p. 180).

(123) *Introdução ao direito do trabalho*. 10. ed. São Paulo: LTr, 2010. p. 228.

Relacionada com a interpretação das normas jurídicas está a hermenêutica, que é a ciência que estuda o processo interpretativo e que tem como objetivo a formulação e sistematização das regras que devem presidi-lo. Na interpretação, portanto, são aplicadas regras estabelecidas pela hermenêutica. Neste sentido, afirma Mauricio Godinho Delgado, que a hermenêutica "traduz o conjunto de princípios, teorias e métodos que buscam informar o processo de compreensão e reprodução intelectual do Direito (...). Hermenêutica jurídica, a ciência que busca sistematizar princípios, teorias e métodos aplicáveis ao processo de interpretação".[124]

4.2 *Interpretação*

4.2.1 Para fazer incidir uma norma jurídica sobre determinado contexto fático, é indispensável estabelecer o seu significado, isto é, o seu sentido e alcance, o que se dá por meio da sua interpretação.

Interpretação é, assim, o processo intelectivo por meio do qual é estabelecido o significado da norma jurídica.

Todas as normas jurídicas, e não apenas as que se apresentem obscuras ou confusas, constituem objeto de interpretação. Isto porque não é raro uma palavra possuir vários significados, como se percebe ao consultar um dicionário. Ademais, a afirmação da clareza da norma pressupõe a sua prévia interpretação (para afirmar que o sentido de uma norma é claro é necessário defini-lo previamente).

Objeto da interpretação não são somente as normas jurídicas editadas pelo Estado. Objeto da interpretação é toda norma jurídica passível de aplicação ao contexto fático correspondente ao caso concreto, entre as quais as convenções coletivas de trabalho, os acordos coletivos de trabalho e os tratados internacionais, por exemplo.

Em relação aos objetivos da interpretação, os subjetivistas sustentam que o intérprete deve identificar na norma jurídica aquilo que o legislador quis ao editá-la (vontade do legislador — *mens legislatoris*), enquanto para os objetivistas, o intérprete deve preocupar-se com a vontade objetiva manifestada na norma interpretada (*mens legis*).

Contudo, como adverte Francesco Ferrara, "nos sistemas constitucionais hodiernos não se descobre um legislador em cujo ânimo se possa penetrar ou cuja vontade se possa indagar; na formação da lei cooperam multíplices fatores, uma pluralidade de pessoas, variamente ordenada, pelo que a rigor a lei é o resultado de uma vontade coletiva, a síntese da vontade de órgãos estatais diversos (...). A interpretação consiste em declarar não o sentido histórico que o legislador materialmente ligou ao princípio, mas o sentido que ali está imanente e vivo. Eis o que, precisamente, se quer exprimir com a fórmula metafórica — vontade da lei. Esta fórmula não pretende significar que a lei tem um querer psicológico, mas apenas que encerra uma vontade objetiva, um querido independente do pensar dos seus autores, e que recebe um sentido próprio, seja em conexão com as outras normas, seja com referência ao escopo que a lei visa a alcançar".[125]

4.2.2 A interpretação pode ser classificada tendo em vista aquele que a realiza, os seus resultados e os métodos nela utilizados.

Tendo em conta aquele que a realiza (sujeito da interpretação), a interpretação será: a) legislativa, pura ou autêntica: interpretação realizada pelo órgão que editou a norma; b) judicial ou jurisprudencial: interpretação realizada pelos juízes e Tribunais; c) doutrinária ou científica: interpretação realizada pelos juristas, pesquisadores e estudiosos do direito.

(124) *Curso de direito do trabalho.* 11. ed. São Paulo: LTr, 2012. p. 209.
(125) *Como aplicar e interpretar as leis.* Belo Horizonte: Líder, 2003. p. 31-32.

Levando em conta os seus resultados, a interpretação pode ser: a) declarativa (quando declara que a expressão linguística da norma corresponde ao seu significado); b) restritiva (quando dela resulta a conclusão de que a norma exprime mais que se pretendeu com a sua criação);[126] e c) ampliativa ou extensiva (quando dela resulta a conclusão de que a norma exprime menos do que se pretendeu com a sua criação).

De acordo com Francesco Ferrara, a interpretação restritiva tem lugar nos seguintes casos: "1º) se o texto, entendido no modo tão geral como está redigido, viria a contradizer outro texto de lei; 2º) se a lei contém em si uma contradição íntima (é o chamado argumento *ad absurdeum*); 3º) se o princípio, aplicado sem restrições, ultrapassa o fim para que foi ordenado".[127]

A interpretação extensiva, consoante assinala Francesco Ferrara, "destina-se a corrigir uma formulação estreita demais. O legislador, exprimindo o seu pensamento, introduz um elemento que designa espécie, quando queria aludir ao gênero, ou formula para um caso singular um conceito que deve valer para toda uma categoria (...). A interpretação extensiva, despojando o conceito das particularidades e circunstâncias especializantes em que se encontra excepcionalmente encerrado, eleva-o a um princípio que abarca toda a generalidade das relações, dando-lhe um âmbito e uma compreensão que, perante a simples formulação terminológica, parecia insuspeitada".[128] Francesco Ferrara considera a interpretação extensiva "um dos meios mais fecundos para o desenvolvimento dos princípios jurídicos e para o seu reagrupamento em sistema".[129]

Considerando os métodos utilizados no processo de interpretação (métodos interpretativos ou métodos de exegese), será ela:

a) gramatical: o significado da norma jurídica é estabelecido a partir do significado literal das palavras que a compõem, mediante meios gramaticais e etimológicos (como o direito se expressa por meio da linguagem, a interpretação gramatical é o ponto de partida do intérprete);

b) lógica: o significado da norma é fixado a partir do seu exame em sua conexão lógica com as demais normas que compõem o ordenamento jurídico, com a finalidade de identificar a razão da sua criação. Trata-se, portanto, de método que "consiste em procurar o sentido e o alcance de expressões do Direito (...) com aplicar ao dispositivo em apreço um conjunto de regras tradicionais e precisas, tomadas de empréstimo à Lógica geral. Pretende do simples estudo das normas em si, ou, em conjunto, por meio do raciocínio dedutivo, obter a interpretação correta";[130]

c) histórica: a norma deve ter o seu significado estabelecido considerando as circunstâncias econômicas, jurídicas, políticas e sociais que determinaram a sua elaboração, diante da natureza social e histórica do direito. É importante salientar, com Luís Roberto Barroso, que "esse esforço retrospectivo para revelar a vontade histórica do legislador pode incluir não só a revelação de suas intenções quando da edição da norma como também a especulação sobre qual seria a sua vontade se ele estivesse ciente dos fatos e ideias contemporâneos";[131]

d) sistemática: o significado da norma deve ser definido considerando o sistema formado pelas regras e princípios que constituem o ordenamento jurídico e do qual faz parte.[132] As normas não possuem

(126) Vale recordar, contudo, que *ubi lex non distinguit nec nos distinguere debemus*: "onde a lei não distingue, não deve o intérprete distinguir".

(127) *Como aplicar e interpretar as leis*. Belo Horizonte: Líder, 2003. p. 43.

(128) *Como aplicar e interpretar as leis*. Belo Horizonte: Líder, 2003. p. 43-44.

(129) *Como aplicar e interpretar as leis*. Belo Horizonte: Líder, 2003. p. 4.

(130) MAXIMILIANO, Carlos. *Hermenêutica e aplicação do Direito*. 12. ed. Rio de Janeiro: Forense, 1992, 1128. Para Mauricio Godinho Delgado, este "é o método de interpretação que busca o significado, coerência e harmonia do texto legal, socorrendo-se de técnicas da lógica formal", que "tem como válido o suposto de que a lei, após produzida, encarna uma vontade própria, afastada do conceito de ser mera exteriorização psíquica de uma pessoa ou entidade. Por esse método, pesquisa-se a *ratio legis*, a *mens legis*, o pensamento contido na lei, ainda que exteriorizado em fórmula linguística inadequada" (*Curso de Direito do Trabalho*. 11. ed. São Paulo: LTr, 2012. p. 216).

(131) *Interpretação e aplicação da Constituição*. 6. ed. São Paulo: Saraiva. 2006. p. 132.

(132) BOBBIO, Norberto. *O positivismo jurídico:* lições de filosofia do direito. São Paulo: Ícone, 1995. p. 214.

existência isolada, posto que se inserem em um sistema que é o ordenamento jurídico. Como assinala Eros Roberto Grau, "a interpretação do direito é interpretação *do direito*, no seu todo, não de textos isolados, desprendidos do direito. Não se interpreta o direito em tiras, aos pedaços (...). Um texto de direito isolado, destacado, desprendido do sistema jurídico, não expressa significado normativo algum";(133)

e) teleológica ou finalística: o significado da norma jurídica deve ser fixado considerando-se a finalidade pela qual foi editada (ao intérprete cumpre definir os valores e fins subjacentes às normas). Trata-se de "meio interpretativo baseado na *ratio legis*, isto é, no motivo ou finalidade para os quais a norma foi posta. Partindo do duplo pressuposto de que o legislador, como ser razoável, se coloque fins e estabeleça meios idôneos a serem atingidos, uma vez individualizado o fim do legislador, este pode dar aqui esclarecimentos sobre as modalidades de sua consecução, isto é, sobre o conteúdo da leis".(134) Para Luís Roberto Barroso, "chama-se teleológico o método interpretativo que procura revelar o fim da norma, o valor ou bem jurídico visado pelo ordenamento com a edição de dado preceito."(135) O art. 5º da Lei de Introdução às Normas do Direito Brasileiro dispõe que "na aplicação da lei, o juiz atenderá aos fins sociais a que ela se dirige e às exigências do bem comum", consagrando, portanto, este método interpretativo.

Consoante Miguel Reale, "interpretar uma lei importa, previamente, em compreendê-la na plenitude de seus fins sociais, a fim de poder-se, desse modo, determinar o sentido de cada um dos seus dispositivos (...). O primeiro cuidado do hermeneuta contemporâneo consiste em saber qual a finalidade social da lei, no seu todo, pois é o fim que possibilita penetrar na estrutura de suas significações particulares", sendo por ele ressaltado que a interpretação não se dá pela análise de cada preceito para, paulatinamente, promover a sua reunião e alcançar o sentido global da lei, posto que o processo interpretativo "representa antes uma forma de captação do valor das partes inserido na estrutura da lei, por sua vez inseparável da estrutura do sistema e do ordenamento. É o que se poderia denominar Hermenêutica estrutural".(136)

Segundo Miguel Reale, a compreensão finalística da lei, ou seja, a sua interpretação teleológica, decorre do fato de que "fim da lei é sempre um valor, cuja preservação ou atualização o legislador teve em vista garantir, armando-o de sanções, assim como também pode ser fim da lei impedir que ocorra uma desvalor".(137)

Conclui este doutrinador afirmando que: "a) toda interpretação jurídica é de natureza teleológica (*finalística*) fundada na consistência axiológica (*valorativa*) do Direito; b) toda interpretação jurídica dá-se numa estrutura de significações, e não de forma isolada; c) cada preceito significa algo situado no todo do ordenamento jurídico".(138)

Cumpre ter presente que, como afirma Karl Larenz, os métodos de interpretação "mais não assinalam que determinados passos ou estágios do processo do pensamento".(139) Assim, os métodos referidos não se excluem, mas são complementares na busca pelo significado da norma jurídica. Neste sentido, observa Luís Roberto Barroso que "há consenso entre a generalidade dos autores de que a interpretação, a despeito da pluralidade de elementos que devem ser tomados em consideração, é una. Nenhum método deve ser absolutizado: os diferentes meios empregados ajudam-se uns aos outros, combinando-se e controlando-se

(133) *Ensaio e discurso sobre a interpretação/aplicação do direito*. 2. ed. São Paulo: Malheiros, 2003. p. 40. O que disciplina a vida social não é uma norma ou um determinado conjunto de normas, mas todo o Direito, o que exige a interpretação sistemática das normas.

(134) BOBBIO, Norberto. *O positivismo jurídico:* lições de filosofia do direito. São Paulo: Ícone, 1995. p. 214.

(135) *Interpretação e aplicação da Constituição*. 6. ed. São Paulo: Saraiva. 2006. p. 138.

(136) *Lições preliminares de direito*. São Paulo: Saraiva, 2010. p. 289-290.

(137) *Lições preliminares de direito*. São Paulo: Saraiva, 2010. p. 290.

(138) REALE, Miguel. *Lições preliminares de direito*. São Paulo: Saraiva, 2010. p. 291.

(139) *Metodologia da ciência do direito*. 3. ed. Lisboa: Fundação Calouste Gulbenkian, 1997. p. 210.

reciprocamente. A interpretação se faz a partir do texto da norma (interpretação gramatical), de sua conexão (interpretação sistemática), de sua finalidade (interpretação teleológica) e de seu processo de criação (interpretação histórica). Em palavras de Raúl Canosa Usera, a transcendental missão do intérprete consiste em ordenar a pluralidade de elementos que se acham à sua disposição."[140]

4.2.3 À luz do que foi visto no item anterior, conclui-se que constituem métodos básicos de exegese: gramatical, histórico, sistemático e teleológico ou finalístico

De outro lado, não pode ser olvidado que as normas jurídicas devem ser interpretadas em conformidade com a Constituição Federal, isto é, a elas deve ser conferido significado que se harmonize com a Constituição, por ser esta o núcleo básico do ordenamento jurídico,[141] sendo assinalado por Luís Roberto Barroso que, "com base na interpretação conforme a Constituição, o aplicador da norma infraconstitucional, dentre mais de uma interpretação possível, deverá buscar aquela que a compatibilize com a Constituição, ainda que não seja a que mais obviamente decorra do seu texto."[142] Anota, ainda, Luís Roberto Barroso que "a Constituição figura hoje no centro do sistema jurídico, de onde irradia sua força normativa, dotada de supremacia formal e material. Funciona, assim, não apenas como parâmetro de validade para a ordem infraconstitucional, mas também como vetor de interpretação de todas as normas do sistema."[143]

Não se olvide que, em se tratando de interpretação de norma constitucional de conteúdo trabalhista, o intérprete deve considerar a Constituição como um todo, procurando harmonizar as suas regras e princípios (princípio da unidade da Constituição) e conferir máxima efetividade possível às normas constitucionais (princípio da máxima efetividade da Constituição).

4.2.4 Interpretação do Direito do Trabalho. Particularidade

Para interpretar as normas de direito do trabalho, o intérprete pode lançar mão dos métodos utilizados para a interpretação das normas jurídicas em geral, sem olvidar, no entanto, que a interpretação é um ato único, sendo a utilização de cada daqueles métodos, como assevera Miguel Reale, "simples momentos do processo global interpretativo".[144]

A interpretação tem em vista a solução de casos concretos. Assim, o intérprete deve estabelecer o significado da norma no e para o caso concreto a ser solucionado. É pela interpretação da norma segundo o caso a ser julgado que se estabelece a sua conexão com a realidade social.

De outro lado, as normas de direito do trabalho devem ser interpretadas à luz dos seus princípios fundamentais, que revelam os valores e fins por ele prestigiados. Como assevera Mauricio Godinho Delgado, o direito do trabalho "deve ser sempre interpretado sob um enfoque de certo modo valorativo (a chamada jurisprudência axiológica), inspirado pela prevalência dos valores e princípios essenciais ao Direito do Trabalho no processo de interpretação. Assim, os valores sociais preponderam sobre os valores particulares, os valores coletivos sobre os valores individuais. A essa valoração específica devem se agregar, ainda — e

---

(140) *Interpretação e aplicação da Constituição.* 6. ed. São Paulo: Saraiva, 2004. p. 125.

(141) Destaca J. J. Gomes Canotilho que "o princípio da interpretação das leis em conformidade com a constituição é fundamentalmente um princípio de controlo (tem como função assegurar a constitucionalidade da interpretação) e ganha relevância autônoma quando a utilização dos vários elementos interpretativos não permite a obtenção de um sentido inequívoco dentre os vários significados da norma. Daí a sua formulação básica: no caso de normas polissémicas ou plurissignificativas deve dar-se preferência à interpretação que lhe dê um sentido em conformidade com a constituição." (*Direito constitucional e teoria da constituição.* 7. ed. Coimbra: Almedina, 2003. p. 1.226).

(142) O começo da história. A nova interpretação constitucional e o papel dos princípios no direito brasileiro. *In Temas de direito constitucional.* Tomo III. Rio de Janeiro: Renovar, 2005. p. 37.

(143) Disciplina legal dos direitos do acionista minoritário e do preferencialista. Constituição e espaços de atuação legítima do Legislativo e do Judiciário. *In Temas de direito constitucional.* Tomo III. Rio de Janeiro: RENOVAR, 2005. p. 308.

(144) REALE, Miguel. *Lições preliminares de direito.* São Paulo: Saraiva, 2010. p. 292.

harmonicamente —, os princípios justrabalhistas, especialmente um dos nucleares do ramo jurídico, o princípio da norma mais favorável."[145]

Em suma, o significado da norma, estabelecido por meio da interpretação, deve ser o mais adequado ao caso concreto e justificado pelos princípios do direito do trabalho.

4.3 Integração do direito do trabalho

O direito não é capaz de abarcar todos os acontecimentos sociais, sendo a ele inerente a existência de lacunas (ausência de norma jurídica regente de determinada situação concreta).

Contudo, a todo conflito de interesses deve ser conferida uma solução jurídica. Neste sentido, prevê o art. 126 do CPC, que o juiz não se exime de sentenciar alegando lacuna da lei e que o juiz deverá aplicar as normas legais e, não as havendo, recorrerá à analogia, aos costumes e aos princípios gerais de direito.

Ciente da possibilidade de lacuna, o legislador estabelece os instrumentos a serem utilizados para o seu afastamento, como se vê do art. 8º da CLT e do art. 4º da Lei de Introdução às Normas do Direito Brasileiro, que constituem regras de integração do direito.[146]

A integração do direito do trabalho consiste no processo de preenchimento das suas lacunas, para efeito de solução do caso concreto.

Mauricio Godinho Delgado define integração jurídica como "processo de preenchimento das lacunas normativas verificadas no sistema jurídico em face de um caso concreto, mediante o recurso a outras fontes normativas que possam ser especificamente aplicáveis".[147]

Dois são os mecanismos de suprimento de lacunas: a *autointegração*, que ocorre quando a lacuna é suprida pelo aproveitamento de norma componente do ordenamento jurídico, e a *heterointegração*, que se dá pela aplicação de norma situada fora das fontes principais do direito.

O instrumento típico da autointegração é a analogia, que consiste na aplicação à hipótese não disciplinada pelo direito da solução por ele apresentada para hipótese semelhante.

Miguel Reale afirma que "pelo processo analógico, estendemos a um caso não previsto aquilo que o legislador previu para outro semelhante, em igualdade de razões. Se o sistema do Direito é um todo que obedece a certas finalidades fundamentais, é de se pressupor que, havendo identidade de razão jurídica, haja identidade de disposição nos casos análogos (...). Quando recorremos, portanto, à analogia, estendendo a um caso semelhante a resposta dada a um caso particular previsto, estamos, na realidade, obedecendo à ordem lógica substancial ou à razão intrínseca do sistema".[148]

Para Norberto Bobbio, "a interpretação analógica se funda num raciocínio por analogia (...) para que tal raciocínio seja exato, é necessário que haja uma semelhança relevante (...) tal semelhança existe quando os dois casos apresentam a mesma *ratio legis*, isto é, quando o elemento que induziu o legislador a dar ao primeiro caso uma certa disciplina jurídica se encontra também no segundo (...). A comunhão da *ratio legis*

(145) *Curso de direito do trabalho*. 11. ed. São Paulo: LTr, 2012. p. 220.

(146) Nestes dois dispositivos legais, os instrumentos de integração não são dispostos em uma ordem a ser seguida no afastamento da lacuna. Como aduz Miguel Reale, "o apelo à analogia não impede que recorramos, concomitantemente, aos costumes e aos princípios gerais mesmo porque todo o raciocínio analógico pressupõe a apontada correspondência entre duas modalidades do real postas em confronto (*analogia entis*) e conduz naturalmente ao plano dos princípios. Quando mais não seja, estes reforçam as aduzidas razões de similitude e dão objetividade à sempre delicada aplicação do processo analógico. Por outro lado, a distinção que se faz entre *analogia legis* — a qual subordina dois casos semelhantes a um mesmo texto legal — e *analogia juris*, que dá solução igual a duas hipóteses em virtude da mesma razão de direito, demonstra que a *analogia juris*, que é a analogia propriamente dita, não exclui de antemão os princípios gerais, mas antes com eles intimamente se correlaciona" (Miguel Reale. *Lições preliminares de direito*. São Paulo: Saraiva, 2010. p. 315).

(147) *Curso de direito do trabalho*. 11. ed. LTr: São Paulo, 2012. p. 234.

(148) REALE, Miguel. *Lições preliminares de direito*. São Paulo: Saraiva, 2010. p. 296.

entre os dois casos representa, portanto, no campo do direito, aquela comunhão da razão suficiente que torna legítimo o raciocínio por analogia. Assim, quando num caso não regulado se encontra a mesma *ratio* que funda a disciplina de outro caso, também ao primeiro pode ser estendida essa mesma disciplina".(149)

Segundo Mauricio Godinho Delgado, "a analogia possui três requisitos, de acordo com os autores: a) que o fato considerado não tenha sido tratado especificamente pelo legislador, através de uma específica norma jurídica; b) que exista, na ordem jurídica, norma regulando situação ou relação que apresente ponto de contato, semelhança, coincidência ou identidade; c) que esse aspecto comum seja o elemento central a autorizar a operação analógica".(150)

A analogia pode ser classificada em *analogia legis* (dois casos semelhantes são submetidos a um mesmo texto legal) e *analogia juris* ("vale-se o aplicador de um processo mais complexo, e extrai o pensamento dominante em um conjunto de normas, ou em um instituto, ou em um acervo de diplomas legislativos, transpondo-se ao caso controvertido, sob a inspiração do mesmo pressuposto"(151)).

A analogia não se confunde com a interpretação extensiva, porquanto, "o pressuposto do processo analógico é a existência reconhecida de uma lacuna da lei. Na interpretação extensiva, ao contrário, parte da admissão de que a norma existe, sendo suscetível de ser aplicado ao caso, desde que estendido o seu entendimento além do que usualmente se faz".(152) Na analogia, portanto, parte-se da admissão da ausência da norma para a integração do direito, enquanto na interpretação extensiva, parte-se da admissão da existência da norma, para, por meio da fixação do seu significado de forma mais abrangente, aplicá-la ao caso concreto.

Os instrumentos da heterointegração são a equidade, os costumes, os princípios gerais de direitos, os princípios de direito do trabalho, a doutrina, a jurisprudência e o direito comparado, todos referidos no art. 8º da CLT.(153)

A equidade será examinada mais adiante, em tópico próprio.

Os costumes consistem na reiteração constante e uniforme de determinada conduta (elemento objetivo ou externo) com a convicção de sua obrigatoriedade (elemento subjetivo, interno ou psicológico)

Os princípios gerais de direitos servem de diretriz não apenas para a criação, interpretação, aplicação das normas jurídicas, como também para a integração da ordem jurídica. A hipótese é de princípios gerais de direito e não de princípios de determinada ordem jurídica (a ordem jurídica brasileira, por exemplo) ou de determinado ramo de determinada ordem jurídica (o direito do trabalho, por exemplo),(154) que traduzem os valores que informam e conformam o direito em todos os povos integrados no mesmo sistema de cultura e o direito internacional (citem-se, como exemplo, a igualdade jurídica entre os homens: a qualidade de sujeito de direitos atinge todos os homens; somente a lei pode estabelecer limites à liberdade dos homens; a segurança jurídica traduzida pela garantia de irretroatividade das leis; a vedação de enriquecimento ilícito).

As funções dos princípios de direito do trabalho serão objeto de exame mais adiante.

A doutrina e a jurisprudência fornecem subsídios para revelar a norma a partir da ordem jurídica.

O estabelecimento de semelhanças e diferenças entre a lei, a doutrina e a jurisprudência de distintos países (comparação) também constitui instrumento de integração do direito do trabalho.

(149) *O positivismo jurídico*: lições de filosofia do direito. São Paulo: Ícone, 1995. p. 215-218. A exigência de *semelhança relevante* impede a utilização do raciocínio analógico indefinidamente.

(150) *Direito do trabalho*. 11. ed. São Paulo: LTr, 2012. p. 225.

(151) Caio Mário da Silva Pereira. *Instituições de direito civil*. v. I. 5 ed. Rio de Janeiro: Forense, 1978. p. 77.

(152) REALE, Miguel. *Lições preliminares de direito*. São Paulo: Saraiva, 2010. p. 298.

(153) O art. 4º da Lei de Introdução às Normas do Direito Brasileiro alude à analogia, aos costumes e aos princípios gerais de direito, estabelecendo que, "quando a lei for omissa, o juiz decidirá o caso de acordo com a analogia, os costumes e os princípios gerais de direito".

(154) Os princípios especiais de determinado ordenamento ou ramo de direito se sobrepõem aos gerais.

4.4 O papel da equidade

O art. 8º, *caput*, da CLT dispõe que as autoridades administrativas podem na falta de disposições legais ou contratuais, decidir, conforme o caso, por equidade (trata-se da denominada *equidade legal*: o juiz é autorizado a utilizar a equidade para afastar lacuna da lei). De outro lado, o art. 852-I, § 1º, da CLT estabelece que o juiz deve adotar, em cada caso, a decisão que reputar mais justa e equânime, atendendo aos fins sociais da lei e as exigências do bem comum (trata-se, agora, da *equidade judicial*: ao juiz é determinado que utilize a equidade para decidir o caso concreto).[155]

A CLT, portanto, aduz a *decisão por equidade* e *decisão equânime*.

No julgamento por equidade, o juiz cria, no sentido de revelá-la a partir do sistema jurídico, a norma para o caso concreto (a equidade, neste aspecto, funciona como critério de interação da ordem jurídica: função integrativa), sendo digno de nota que, como observa Maria Helena Diniz, "a equidade não constitui um mero recurso à especulação jurídica; está dentro do direito, uma vez que o direito brota do contexto cultural e visa à consecução de uma ideia: criar o justo equilíbrio entre os interesses da coletividade e dos particulares, ou seja, a realização da justiça (...). A equidade (...) é poder conferido ao magistrado para revelar o direito latente".[156]

Decisão equânime é aquela em que o juiz aplica a norma preexistente, atenuando o seu rigor, adaptando-a às particularidades do caso concreto (a equidade, aqui, funciona como critério de interpretação das normas jurídicas). A equidade atua, neste contexto, como fator de valorização do caso concreto e de garantia de uma solução jurídica que para ele seja adequada.[157]

4.5 Aplicação do direito do trabalho

A aplicação do direito do trabalho pode ser tomada em sentido amplo, abrangente a escolha da norma aplicável, interpretação da norma aplicável, eventual afastamento de lacuna (integração do direito do trabalho) e a crítica dos fatos à luz da norma com sentido já definido ou da norma estabelecida por meio do processo de integração, ou em sentido restrito, traduzindo a incidência da norma de direito do trabalho sobre determinado substrato fático.

O resultado da incidência, em sentido amplo e restrito, será a definição das consequências jurídicas resultantes do substrato fático submetido a exame, isto é, da norma para o caso concreto.

4.6 Aplicação do direito do trabalho no tempo

Promulgada a lei, cumpre fixar o momento a partir do qual a sua observância passa a ser obrigatória (início de vigência), os seus efeitos sobre os atos já praticados (aplicação imediata ou retroatividade) e o término de sua vigência (revogação). Essas questões dizem respeito à aplicação da norma no tempo, à eficácia da lei no tempo ou ao conflito das leis no tempo.

---

(155) O juiz deverá adotar a decisão mais equânime, "atendendo aos fins sociais da lei e as exigências do bem comum", o que significa que deve fazer prevalecer os fins sociais da lei sobre a sua letra e as exigências do bem comum sobre os interesses particulares. Como aduz Maria Helena Diniz, "pela equidade ponderam-se, compreendem-se e estimam-se os resultados práticos que a aplicação da norma produziria em determinadas situações fáticas. Se o resultado prático concorda com as valorações inspiradoras da norma em que se funda, tal norma deverá ser aplicada. Se, ao contrário, a norma aplicável a um caso singular produz efeitos que viriam a contradizer as valorações, conforme as quais se modela a ordem jurídica, então, indubitavelmente, essa norma não deverá ser aplicada a esse caso concreto" (*As lacunas do direito*. 9. ed. São Paulo: Saraiva, 2009. p. 265).

(156) *As lacunas no direito*. 4. ed. São Paulo: Saraiva, 2009. p. 273.

(157) A lei tem dentre os seus caracteres a generalidade e a abstração. A função da equidade, neste caso, é a adequação da lei genérica e abstrata às particularidades do caso concreto.

A propósito, o art. 912 da CLT dispõe que "Os dispositivos de caráter imperativo terão aplicação imediata às relações iniciadas, mas não consumadas, antes da vigência desta Consolidação", o que permite afirmar que a lei trabalhista:

a) tem efeito imediato, o que significa que ela rege as situações em curso e ainda não consumadas, lembrando, no entanto, que a lei começa a vigorar em todo o país quarenta e cinco dias depois de sua publicação (*vacatio legis*), salvo se outro prazo for por ela estabelecido (art. 1º da Lei de Introdução às Normas do Direito Brasileiro). O início da vigência da lei é condicionado, portanto, pela *vacatio legis*;

b) não alcança as situações jurídicas consumadas sob o império da lei anterior, o que significa que a lei antiga rege os atos praticados e as situações jurídicas consumadas sob o seu império (a lei nova não tem, portanto, efeito retroativo). A norma trabalhista não tem efeito retroativo, na medida em que deve respeitar o direito adquirido, o ato jurídico perfeito e a coisa julgada, como prevê o art. 5º, XXXVI, da Constituição da República.[158]

c) rege as situações futuras, ou seja, que tenham sido iniciadas após a sua entrada em vigor (efeito diferido da norma jurídica).

Relacionado com a aplicação do direito do trabalho no tempo está a questão da aderência das cláusulas contratuais ao contrato de trabalho, que é estabelecido no art. 468 da CLT: "Nos contratos individuais de trabalho só é lícita a alteração das respectivas condições, por mútuo consentimento, e, ainda assim, desde que não resultem, direta ou indiretamente, prejuízos ao empregado, sob pena de nulidade da cláusula infringente desta garantia".

A regra da aderência alcança as regras constantes de regulamento de empresa de que resulte melhoria na condição social dos trabalhadores, como é reconhecido nas Súmulas ns. 51, I,[159] e 288[160] do TST.

A respeito da aderência das cláusulas objeto de sentença normativa, convenção coletiva de trabalho e acordo coletivo de trabalho, tem-se a Súmula n. 277, I, do TST: "As condições de trabalho alcançadas por força de sentença normativa, convenção ou a acordo coletivo vigoram no prazo assinalado, não integrando, de forma definitiva, os contratos individuais do trabalho".

4.7 *Aplicação da norma do direito do trabalho no espaço*

A eficácia da lei no espaço ou eficácia espacial da norma diz respeito ao lugar em que pode ser invocada como regente de determinada relação jurídica.

Como regra, a norma laboral tem eficácia no território do Estado que a editou (princípio da territorialidade).

A relação entre empregador e trabalhador é regida pela norma do local da execução do contrato de trabalho (*lex loci* executivos). A propósito, o denominado Código Bustamante, ratificado pelo Brasil por meio do Decreto n. 18.871/1926, dispõe que "é territorial a legislação sobre acidentes de trabalho e proteção

(158) Sobre o tema, tem-se a Súmula n. 308, II, do TST ("A norma constitucional que ampliou o prazo de prescrição da ação trabalhista para 5 (cinco) anos é de aplicação imediata e não atinge pretensões já alcançadas pela prescrição bienal quando da promulgação da CF/88") e a Súmula n. 328 do TST ("O pagamento das férias, integrais ou proporcionais, gozadas ou não, na vigência da CF/88, sujeita-se ao acréscimo do terço previsto no respetivo art. 7º, XVII").

(159) "As cláusulas regulamentares, que revoguem ou alterem vantagens deferidas anteriormente, só atingirão os trabalhadores admitidos após a revogação ou alteração do regulamento".

(160) "A complementação dos proventos da aposentadoria é regida pelas normas em vigor na data da admissão do empregado, observando-se as alterações posteriores desde que sejam mais favoráveis aos beneficiários do direito". Esta Súmula resolve, ainda, um conflito entre norma anterior e posterior e não o faz impondo a observância do critério cronológico, mas segundo um princípio do direito do trabalho, qual seja, o da prevalência da condição mais benéfica ao trabalhador.

social" (art. 198), ao passo que a Carta Internacional Americana de Garantias Sociais prevê, no art. 2º, e, que "os direitos consagrados a favor dos trabalhadores não são renunciáveis e as leis que os reconhecem obrigam e beneficiam a todos os habitantes do território, sejam nacionais ou estrangeiros".

Quando se trata de brasileiro contratado no Brasil para trabalhar no exterior, o julgamento de eventual conflito de interesses surgido do contrato de trabalho será julgado pela justiça brasileira (art. 651, § 2º, da CLT). No entanto, consoante a jurisprudência sedimentada pela Súmula n. 207 do TST, "A relação jurídica trabalhista é regida pelas leis vigentes no país da prestação do serviço e não por aquelas do local da contratação". Sob o prisma desta Súmula, apesar de a demanda ser julgada no Brasil, aplicam-se as normas de direito material vigente no local do cumprimento do contrato na definição dos direitos e obrigações de trabalhador contratado no Brasil para trabalhar no exterior. Contudo, a aludida Súmula foi cancelada em 16 de abril de 2012, abrindo ensejo para a aplicação, mesmo nesta situação, da legislação brasileira.

Em relação ao pessoal que trabalha em navios e aeronaves, aplica-se a lei do local da matrícula dos navios ou das aeronaves (Convenções Internacionais do Trabalho ns. 53 a 57, 68 a 73, 75, 76, 91 e 93). Aplica-se, assim, o denominado *princípio do pavilhão.*

No caso dos trabalhadores contratados no Brasil ou transferidos por seus empregadores para trabalhar no estrangeiro, dispõe Lei n. 7.064/1978, com as alterações introduzidas pela Lei n. 11.962/2009, que:

> "Art. 3º. A empresa responsável pelo contrato de trabalho do empregado transferido assegurar-lhe-á, independentemente da observância da legislação do local da execução dos serviços:
>
> I — os direitos previstos nesta Lei;
>
> II — a aplicação da legislação brasileira de proteção ao trabalho, naquilo que não for incompatível com o disposto nesta Lei, quando mais favorável do que a legislação territorial, no conjunto de normas em relação a cada matéria.
>
> Parágrafo único. Respeitadas as disposições especiais desta Lei, aplicar-se-á a legislação brasileira sobre Previdência Social, Fundo de Garantia do Tempo de Serviço (FGTS) e Programa de Integração Social (PIS/PASEP)".

4.8 Revogação

Não se destinando à vigência temporária, a lei terá vigor até que outra a modifique ou a revogue (art. 2º, *caput*, da Lei de Introdução às Normas do Direito Brasileiro), ao passo que a lei não perde vigência por desuso ou costume, somente podendo ser modificada ou revogada por outra lei (art. 2º da Lei de Introdução às Normas do Direito Brasileiro).(161)

De outro lado, "a lei posterior revoga a anterior quando expressamente o declare, quando seja com ela incompatível ou quando regule inteiramente a matéria de que trata a lei anterior" (art. 2º, § 1º, da Lei de Introdução às Normas do Direito Brasileiro).

Assim, a perda de vigência de uma lei pode ocorrer pelo decurso do tempo (lei de vigência temporária) ou em razão de sua revogação por outra lei. A revogação de uma lei por outra pode ser: a) total (*ab-rogação*); b) parcial (*derrogação*); c) expressa (a lei nova determina expressamente a revogação da anterior); d) tácita (a lei nova dispõe de maneira diferente da lei anterior sobre a mesma matéria — a lei posterior revoga a anterior — ou a lei nova regula inteiramente a matéria versada na lei anterior).

Acrescente-se que "a lei nova, que estabeleça disposições gerais ou especiais a par das já existentes, não revoga nem modifica a lei anterior" (art. 2º, § 2º, da Lei de Introdução às Normas do Direito Brasileiro).

(161) A lei em desuso permanece em vigor, persistindo, com isto, a obrigatoriedade de sua observância, o que ganha reforço no direito do trabalho, onde predominam as normas de ordem pública, cuja observância não pode estar condicionada às convenções em contrário ou à eficiência do Estado na imposição da sua observância.

Por fim, "salvo disposição em contrário, a lei revogada não se restaura por ter a lei revogadora perdido a vigência" (art. 2º, § 3º, da Lei de Introdução às Normas do Direito Brasileiro). Destarte, em regra, a lei revogada não recupera a sua vigência em razão de a lei que a revogou perder a sua vigência (salvo disposição em contrário, portanto, não ocorre a denominada repristinação).

4.9 Irretroatividade

A norma trabalhista não tem efeito retroativo (*princípio da irretroatividade*), o que significa que ela não alcança os fatos ocorridos antes de sua entrada em vigor. A lei, destarte, somente dispõe para o futuro.

A propósito dispõe o art. 5º, XXXVI, da Constituição da República que a lei não prejudicará o direito adquirido, o ato jurídico perfeito e a coisa julgada, o que constitui uma exigência da segurança que a todos é assegurada pelo art. 5º, *caput*, da Constituição da República.

Também tratando da questão, tem-se o art. 6º da Lei de Introdução às Normas do Direito Brasileiro:

> "Art. 6º. A lei em vigor terá efeito imediato e geral, respeitado o ato jurídico perfeito, o direito adquirido e a coisa julgada.
>
> § 1º Reputa-se ato jurídico perfeito o já consumado segundo a lei vigente ao tempo em que se efetuou.
>
> § 2º Consideram-se adquiridos assim os direitos que o seu titular, ou alguém por ele, possa exercer, como aqueles cujo começo do exercício tenha termo pré-fixado, ou condição preestabelecida inalterável, a arbítrio de outrem.
>
> § 3º Chama-se coisa julgada ou caso julgado a decisão judicial de que já não caiba recurso".

4.10 Direito adquirido

A Constituição da República a todos assegura o direito fundamental à segurança (art. 5º, *caput*). Entre as formas de manifestação do direito à segurança está a proibição de a lei prejudicar o direito adquirido (art. 5º, XXXVI, da Constituição da República).

Dispõe o art. 6º, § 1º, da Lei de Introdução às Normas de Direito Brasileiro (Decreto-lei n. 4.657/1942), que se consideram direitos adquiridos "os direitos que o seu titular, ou alguém por ele, possa exercer, como aqueles cujo começo do exercício tenha termo prefixado, ou condição preestabelecida inalterável, a arbítrio de outrem".

Na doutrina, alcançou grande prestígio a definição de direito adquirido formulada por Gamba, para quem, consoante Caio Mário da Silva Pereira, "é adquirido um direito que é consequência de um fato idôneo a produzi-lo em virtude da lei vigente ao tempo em que se efetuou, embora a ocasião de fazê-lo valer não se tenha apresentado antes da atuação da lei nova, sob o império da lei então vigente, integrou-se imediatamente no patrimônio do seu titular".[162]

Assim, direito adquirido é direito exercitável, por força da ocorrência dos fatos que a lei vigente ao tempo desta ocorrência considera idôneos para a sua constituição e do alcance do termo prefixado ou atendimento de condição preestabelecida inalterável ao arbítrio de outrem, e que já se incorporou ao patrimônio jurídico do seu titular.

Dito de outra forma, ocorridos os fatos que a lei vigente quando de sua verificação considera suficientes para a constituição do direito e sendo alcançado o termo prefixado ou atendida condição preestabelecida

(162) *Instituições de direito civil.* Rio de Janeiro: Forense, 1998, v. I. p. 97.

inalterável ao arbítrio de outrem, o direito entra no patrimônio jurídico do seu titular e passa a fazer parte dele, alcançando o *status* de direito adquirido.

Vale chamar a atenção para o fato de que, como aduz Caio Mário da Silva Pereira, o direito adquirido não se confunde com a expectativa de direito, posto que, enquanto direito adquirido "é a consequência de um fato aquisitivo que se realizou por inteiro, a expectativa de direito, que traduz uma simples esperança, resulta de um fato aquisitivo incompleto (...). Os direitos adquiridos, oriundos de fatos que se realizaram por inteiro em consonância com a lei velha e ao tempo de sua vigência, e se incorporaram definitivamente ao patrimônio do sujeito não são alcançados pela lei nova e, portanto, continuam a reger-se pela lei antiga, que desta sorte estende o plano da sua eficácia por um tempo ulterior ao momento em que é revogada. As expectativas de direito, isto é, aquelas situações ou relações aderentes ao indivíduo, provenientes de fato aquisitivo incompleto, e por isso mesmo não integradas definitivamente no seu patrimônio, são atingidas pela retroatividade da lei nova, que passa a discipliná-las desde o momento em que começa a vigorar".[163]

5. PRINCÍPIOS DO DIREITO DO TRABALHO. PRINCÍPIOS CONSTITUCIONAIS DO DIREITO DO TRABALHO. DISTINÇÃO ENTRE PRINCÍPIOS E REGRA

5.1 Aspectos gerais

O direito se manifesta por meio de normas.

Norma jurídica constitui gênero, do qual são espécies regras e princípios.

Se em um primeiro momento foi negado o caráter de norma jurídica aos princípios, na atualidade não há como deixar de afirmar que eles, assim como as regras jurídicas, estabelecem o dever ser nas relações sociais, sendo, portanto, dotados de força normativa.

Reconhecendo a força normativa dos princípios, a Constituição da República de 1988 prevê, no art. 5º, § 2º, que os direitos e garantias nelas expressos não excluem outros decorrentes do regime e dos princípios por ela adotados.

O mesmo ocorre com a CLT, que autoriza a solução de conflitos decorrentes da relação de emprego por meio da aplicação de princípios do direito do trabalho (art. 8º, *caput*).

Antes de definir os princípios do direito do trabalho, cumpre anotar que os princípios desempenham várias funções no ordenamento jurídico, destacando-se as que se seguem:

a) função normativa: os princípios orientam, com caráter determinante, a conduta humana na vida social, situação em que atribuem direitos e deveres que lhe são correlatas;

b) função orientadora da constituição e concretização do ordenamento jurídico: os princípios servem de ponto de partida e fundamento para a criação, interpretação e aplicação de regras jurídicas e, nesta medida, atuam como instrumento de proteção contra soluções que os contrariam. Influenciando o legislador na criação das normas jurídicas e indicando-lhe uma direção a seguir neste processo, os princípios atuam na fase pré-jurídica, destacando Mauricio Godinho Delgado que, neste momento, "os princípios atuam como verdadeiras fontes materiais do Direito, na medida em que se portam como fatores que influenciam na produção da ordem jurídica"[164]);

(163) *Instituições de direito civil.* Rio de Janeiro: Forense, 1998, v. I. p. 98.

(164) *Curso de direito do trabalho.* 11. ed. São Paulo: LTr, 2012. p. 184.

c) função unificadora: orientando a constituição e concretização do ordenamento jurídico, os princípios a este conferem unidade valorativa;

d) função integrativa ou normativa integrativa: os princípios funcionam como instrumento para o preenchimento de lacunas do direito;

e) função justificadora e legitimante: os princípios permitem a justificação das opções legislativas e decisões judiciais e as legitimam, quando sejam neles fundamentadas.(165)

Os princípios possuem, portanto, função positiva, visto que impõem dever ser nas relações sociais e orientam a criação, interpretação e aplicação de regras jurídicas, e função negativa, na medida em que limitam e condicionam a atuação do legislador na criação de regras jurídicas e das autoridades administrativas e judiciárias na sua interpretação e aplicação.

Mas, o que são princípios jurídicos?

À palavra princípio são atribuídos vários sentidos.

Para Celso Antônio Bandeira de Mello, princípio é "mandamento nuclear de um sistema, verdadeiro alicerce dele, disposição fundamental que se irradia sobre diferentes normas opondo-lhes o espírito e servindo de critério para sua exata compreensão e inteligência".(166)

Mauricio Godinho Delgado assevera que, "para a Ciência do Direito, os princípios conceituam-se como proposições fundamentais que informam a compreensão do fenômeno jurídico. São diretrizes centrais que se inferem de um sistema jurídico e que, depois de inferidas, a ele se reportam, informando-o."(167)

Princípios são as "diretrizes fundamentais do ordenamento jurídico, impositivas de dever ser nas relações sociais e orientadoras da criação, interpretação e aplicação das regras jurídicas que, ao seu lado, compõem o ordenamento jurídico".(168)

Com razão, aduz Celso Antônio Bandeira de Mello que "violar um princípio é muito mais grave do que transgredir uma norma. A desatenção ao princípio implica ofensa não apenas a um específico mandamento obrigatório, mas a todo o sistema de comandos. É a mais grave forma de ilegalidade ou inconstitucionalidade, conforme o escalão do princípio atingido, porque representa insurgência contra todo o sistema, subversão de seus valores fundamentais, contumélia irremissível a seu arcabouço lógico e corrosão de sua estrutura mestra. Isto porque, com ofendê-lo, abatem-se as vigas que o sustém e alui-se toda a estrutura neles esforçada".(169)

5.2 Os princípios do direito do trabalho em espécie

5.2.1 Princípio da proteção

O direito do trabalho é fruto da reação contra as condições de trabalho a que foram submetidos os trabalhadores no contexto da revolução industrial e tem por objetivo a promoção e tutela da sua dignidade

(165) Os princípios conferem sentido ao ordenamento jurídico, com o qual devem estar em sintonia com as decisões concretas.

(166) *Elementos de direito administrativo.* 3. ed. São Paulo: Malheiros, 1992. p. 299.

(167) *Curso de direito do trabalho.* 11. ed., São Paulo: LTr, 2012. p. 183.

(168) ALMEIDA, Cleber Lúcio de. *Direito processual do trabalho.* 4. ed. Belo Horizonte: Del Rey, 2012. p. 56-57. Os princípios devem ser observados no contexto da relação de emprego, na fiscalização do cumprimento das normas trabalhistas e na solução, pelo Poder Judiciário, dos conflitos decorrentes da relação de emprego (em relação à fiscalização e solução de conflitos, observe-se que o art. 8º da CLT faz referência a autoridades administrativas e Justiça do Trabalho, deixando claro que os princípios devem ser respeitados pelas autoridades administrativas e judiciárias).

(169) *Elementos de direito administrativo.* 3. ed. São Paulo: Malheiros, 1992. p. 300.

humana. Esta especial destinação do direito do trabalho faz com que adote como diretriz fundamental a proteção do trabalhador (princípio da proteção).[170]

A adoção desta diretriz decorre do fato de o trabalhador depender do trabalho para garantir a sobrevivência própria e familiar e se sujeitar às ordens do empregador na execução do contrato de trabalho.

Lembre-se que "o trabalhador depende do empregador, não só em tudo que diz respeito à tarefa que executa, mas também economicamente; portanto, é justo, para evitar que se torne totalmente submisso, protegê-lo contra os possíveis excessos ou desvios de seu empregador. Já passou o tempo em que o trabalho era uma mercadoria e o trabalhador uma ferramenta a mais. Sua dignidade como ser humano lhe deve ser amplamente reconhecida e uma das formas efetivas de o fazer é criando desigualdades em seu favor, para compensar as que influem contra ele, quer dizer, protegendo-o contra o possível abuso patronal."[171]

Luiz de Pinho Pedreira define o princípio de proteção como "aquele em virtude do qual o Direito do Trabalho, reconhecendo a desigualdade de fato entre os sujeitos da relação jurídica de trabalho, promove a atenuação da inferioridade econômica, hierárquica e intelectual dos trabalhadores."[172]

Segundo Américo Plá Rodriguez, "o princípio da proteção se refere ao critério fundamental que orienta o Direito do Trabalho, pois este, ao invés de inspirar-se num propósito de igualdade, responde ao objetivo de estabelecer um amparo preferencial a uma das partes: o trabalhador (...). O fundamento deste princípio está ligado à própria razão de ser do Direito do Trabalho (...). O Direito do trabalho surgiu como consequência de que a liberdade de contrato entre pessoas com poder e capacidade econômica desiguais conduzia a diferentes formas de exploração (...). O legislador não pode mais manter a ficção de igualdade existente entre as partes do contrato de trabalho e inclinou-se para uma compensação dessa desigualdade econômica desfavorável ao trabalhador com uma proteção jurídica a ele favorável. O Direito do Trabalho responde fundamentalmente ao propósito de nivelar desigualdades".[173]

Para esse doutrinador, "o princípio da proteção se expressa de três formas distintas: a) a regra *in dubio pro operário*. Critério que deve utilizar o juiz ou o intérprete para escolher entre vários sentidos possíveis de uma norma, aquela que seja mais favorável ao trabalhador; b) a *regra da norma mais favorável* determina que, no caso de haver mais de uma norma aplicável, deve-se optar por aquela que seja mais favorável, ainda que não seja a que corresponda aos critérios clássicos de hierarquia das normas; e c) a *regra da condição mais benéfica*. Critério pelo qual a aplicação de uma nova norma trabalhista nunca deve servir para diminuir as condições favoráveis em que se encontra um trabalhador".[174]

Contudo, como assinala Mauricio Godinho Delgado, "o princípio tutelar não se desdobraria em apenas três outros, mas seria inspirador de todo o complexo de regras, princípios e institutos que compõem esse ramo jurídico especializado."[175] Com efeito, os princípios do direito do trabalho são informados por uma ideia fundamental, que é a proteção da dignidade humana do trabalhador.

5.2.2 Princípio da norma mais favorável

Trata-se de diretriz a ser seguida para efeito de definição da norma a ser observada quando existirem duas ou mais normas aplicáveis a uma mesma situação concreta. Segundo ela, deve ser aplicada a norma que seja mais favorável ao trabalhador, ou seja, aquela que contribua para a melhoria da sua condição social.

---

(170) Não se trata de mero assistencialismo, mas da adoção de medidas que, por meio da limitação do poder diretivo do empregador, da liberdade contratual das partes e da autonomia privada coletiva, procuram criar condições que assegurem ao trabalhador uma vida digna.

(171) RUPRECHT, Alfredo J.. *Os princípios do direito do trabalho.* São Paulo: LTr, 1995. p. 10-11.

(172) *Principiologia do direito do trabalho.* São Paulo: LTr, 1999. p. 29.

(173) *Princípios de direito do trabalho.* 1. ed. 4. tiragem. São Paulo: LTr, 1996. p. 28, 30

(174) *Princípios de direito do trabalho.* 1. ed. 4. tiragem. São Paulo: LTr, 1996. p. 42.

(175) *Curso de direito do trabalho.* 11. ed. São Paulo: LTr, 2012. p. 194.

Em síntese, na solução do conflito entre normas do direito do trabalho deve-se optar por aquela que seja mais favorável ao trabalhador.(176)

A propósito, afirma Américo Plá Rodriguez que o sentido próprio deste princípio "surge quando existam várias normas aplicáveis a uma mesma situação jurídica".(177)

Américo Plá Rodriguez faz alusão aos seguintes critérios de escolha da norma mais favorável apontados por Paul Durand:

a) "a comparação deve ser efetuada considerando o conteúdo das normas. Não pode, entretanto, compreender as consequências econômicas longínquas que a norma possa ocasionar. Pode ocorrer que uma convenção coletiva, impondo às empresas um ônus muito pesado, seja geradora de desemprego e provoque uma perturbação econômica aos trabalhadores. Nem por isso deixa de ser considerada mais favorável, se o estatuto que estabelece é, em si mesmo, preferível ao da lei";

b) "a comparação das normas deve levar em consideração a situação da coletividade trabalhadora interessada e não a de um trabalhador tomado isoladamente";

c) "a questão de saber se uma norma é ou não mais favorável aos trabalhadores não depende da apreciação subjetiva dos interessados. Ela deve ser resolvida objetivamente, em função dos motivos que tenham inspirado as normas";

d) "o confronto de duas normas deve ser feito de uma maneira concreta, indagando se a regra inferior é, no caso, mais ou menos favorável aos trabalhadores";

e) "como a possibilidade de melhorar a condição dos trabalhadores constitui uma exceção ao princípio da intangibilidade da regra imperativa hierarquicamente superior, não se pode admitir a eficácia de uma disposição inferior, embora se possa duvidar que seja efetivamente mais favorável aos trabalhadores".(178)

5.2.3 Princípio da condição mais benéfica

A condição mais benéfica estabelecida em favor do trabalhador passa a fazer parte do seu patrimônio jurídico, não podendo ser suprimida, salvo as situações meramente eventuais ou que estejam sujeitas a condição. Dito de outra forma, a condição mais benéfica estabelecida expressa ou tacitamente em favor do trabalhador é incorporada ao contrato de trabalho, não podendo ser suprimida.

Esta regra pressupõe, como aduz Américo Plá Rodriguez, "a existência de uma situação concreta, anteriormente estabelecida, e determina que ela deve ser respeitada, na medida em que seja mais favorável ao trabalhador que a nova norma aplicável".(179)

Não se trata, aqui, da atribuição a uma norma de sentido que favoreça a melhoria condição do trabalhador (princípio *in dubio pro operario*) ou da solução de conflitos entre normas, no qual deve prevalecer a que seja mais benéfica ao trabalhador (*princípio de norma mais favorável*), mas do confronto entre cláusulas contratuais ou duas situações concretas (o empregador que habitualmente fornece ao trabalhador o vale-transporte sem descontar a sua cota-parte no seu custeio, apesar de a lei autorizar este desconto, não pode suprimir este benefício). (180)

---

(176) Esta diretriz é consagrada no art. 7º, *caput*, da Constituição da República, do qual resulta que os direitos assegurados pela Constituição aos trabalhadores não excluem outros que visem à melhoria de sua condição social, o que permite afirmar que podem ser estabelecidas, pelo legislador ordinário ou por meio da negociação coletiva, por exemplo, normas que favoreçam a melhoria da condição social do trabalhador.

(177) *Os princípios de direito do trabalho.* 1. ed. 4. tiragem. São Paulo: LTr, 1996. p. 53.

(178) *Princípios do direito do trabalho.* 1. ed. 4. tiragem. São Paulo: LTr, 1978. p. 57.

(179) *Princípios do direito do trabalho.* 1. ed. 4. tiragem. São Paulo: LTr, 1978. p. 60.

(180) Esta diretriz é consagrada na Súmula n. 51, I, do TST: "As cláusulas regulamentares, que revoguem ou alterem vantagens deferidas anteriormente, só atingirão os trabalhadores admitidos após a revogação ou alteração do regulamento".

5.2.4 *Princípio* in dubio pro operario

Este princípio indica que, quando uma mesma norma ensejar várias interpretações (definição de sentido), deve ser adotada aquela que for mais benéfica ao trabalhador. Dito de outra forma, quando uma norma apresentar dois ou mais significados possíveis, deve ser adotado que seja mais favorável ao trabalhador.

Para Américo Plá Rodriguez, trata-se de "critério segundo o qual, no caso de que uma norma seja suscetível de entender-se de vários modos, deve-se preferir a interpretação mais favorável ao trabalhador".(181)

Conforme Mauricio Godinho Delgado, este princípio apresenta dois problemas, o primeiro, consiste na sua utilidade, posto que "ele abrange dimensão temática já acobertada por outro princípio justrabalhista específico (o da norma mais favorável)", e, segundo, "no tocante à sua outra dimensão temática, ele entra em choque com o princípio jurídico geral da essência da civilização ocidental, hoje, e do Estado Democrático de Direito: o princípio do juiz natural (...) nesse antigo princípio estaria englobada não somente a dimensão e interpretação normativa (hoje referenciada pelo princípio da norma mais favorável), como também uma dimensão de aferição e valoração dos fatos trazidos a exame do intérprete e aplicador do Direito. À luz dessa segunda e combinada dimensão do princípio *in dubio pro misero* (exame de fatos e provas), propunha-se que a decisão da autoridade judicial deveria se dirigir em benefício do trabalhador, em caso de dúvida no exame de situações fáticas concretas (...). Hoje, a teoria do ônus da prova sedimentada no Direito Processual do Trabalho, e o largo espectro de presunções que caracteriza esse ramo especializado do Direito já franqueiam, pelo desequilíbrio de ônus probatório imposto às Partes (em benefício do prestador de serviços), possibilidades mais eficazes de reprodução, no processo, da verdade real. Em consequência, havendo dúvidas do juiz em face do conjunto probatório existente e das presunções aplicáveis, ele deverá decidir em desfavor da parte que tenha o ônus da prova naquele tópico duvidoso, e não segundo a diretriz genérica *in dubio pro operario.*"(182) Esta segunda colocação parte do pressuposto de que o princípio em destaque também alcança a hipótese de dúvida surgida na valoração da prova e não em relação à definição do sentido da norma aplicável aos fatos da causa.

De outro lado, admitindo-se a tese segundo a qual a norma jurídica é o resultado da interpretação do enunciado ou texto normativo, ou seja, de que enunciado normativo (um artigo de lei, por exemplo) e norma não se confundem, sendo esta revelada no processo da interpretação daquele, este princípio estaria realmente abarcado pelo da norma mais favorável.

5.2.5 Princípio da imperatividade das normas trabalhistas

As normas jurídicas serão dispositivas ou imperativas, segundo a sua incidência possa, ou não, ser afastada no exercício da autonomia da vontade, respectivamente.

A aplicação das normas de direito do trabalho não pode ser afastada pela vontade das partes da relação de emprego e por sindicados e empregados no contexto da negociação coletiva, como decorre, por exemplo, do art. 9º da CLT, que dispõe serem nulos os atos ou disposições contratuais tendentes a fraudar os preceitos normativos trabalhistas.

Consoante Mauricio Godinho Delgado, "informa tal princípio que prevalece no segmento juslaborativo o domínio de regras jurídicas obrigatórias, em detrimento das regras apenas dispositivas. As regras justrabalhistas são, desse modo, essencialmente imperativas, não podendo, de maneira geral, ter sua regência contratual afastada pela simples manifestação de vontade das partes (...). Para este princípio prevalece a restrição à autonomia da vontade no contrato trabalhista, em contraponto à diretriz civil de soberania das partes no ajuste das condições contratuais. Esta restrição é tida como instrumento assecuratório eficaz

(181) *Princípios do direito do trabalho.* 1. ed. 4. tiragem. São Paulo: LTr, 1978. p. 43.
(182) *Curso de direito do trabalho.* 11. ed. São Paulo, LTr, 2012. p. 207-208.

de garantias fundamentais ao trabalhador, em face do desequilíbrio de poderes inerentes ao contrato de emprego".[183]

5.2.6 *Princípio da indisponibilidade ou da irrenunciabilidade dos direitos trabalhistas*

A irrenunciabilidade significa "a impossibilidade jurídica de privar-se voluntariamente de uma ou mais vantagens concebidas pelo direito trabalhista em benefício próprio (...). A proibição de renunciar importa excluir a possibilidade de poder realizar-se, de maneira válida e eficaz, o desligamento voluntário dos direitos, no âmbito alcançado por aquela proibição".[184]

Ao trabalhador não é dado renunciar à proteção que lhe é conferida pelas normas jurídicas trabalhistas. "Em primeiro lugar, porque o operário, constrangido pela necessidade, poderia ver-se obrigado a renunciar, com o objetivo de achar emprego, aos direitos que uma lei ou um contrato coletivo lhe reconhece; viria com isso a se frustrar o fim essencial da legislação social, que outro não é senão retirar o trabalhador da condição de inferioridade econômica. Em segundo lugar, muitas disposições, mesmo tendo em vista, — e chegando a consegui-lo — o mediato interesse econômico do operário e sua integridade física e moral, podem ter como resultado imediato prejudicá-lo economicamente e, então, sem dúvida, o trabalhador se verá, no caso, obrigado a procurar escapar às obrigações decorrentes das disposições de que se trata; assim ocorrerá, por exemplo, no que se refere à idade mínima de admissão ao trabalho, à sua duração, a muitas normas de higiene etc."[185]

Seria um contrassenso assegurar aos trabalhadores vários direitos e permitir que eles sejam objeto de renúncia. Trata-se, portanto, de "importante preceito valorativo, que é a base da própria sobrevivência do direito do trabalho, visto que a situação de inferioridade econômica do trabalhador, ainda que coletivamente considerado — na atual conjuntura —, faz com que este, com facilidade, troque as garantias já conquistadas pela manutenção do emprego (...). De qualquer modo, parece não restar dúvida de que se está — quando se analisa o direito do trabalho — diante de um direito que não comporta, em princípio, a faculdade da disponibilidade de direitos por ato voluntário do empregado (art. 9º da CLT)."[186]

Alfredo J. Ruprecht afirma que a doutrina aponta como fundamentos para a adoção deste princípio: a) a indisponibilidade ("um Direito que, tanto de forma individual como coletiva, estabelece normas para proteger quem é social e economicamente fraco, não pode permitir que, pela vontade das partes, esses benefícios sejam anulados ou distorcidos"); b) compulsão das normas trabalhistas ("as normas trabalhistas não podem ficar sem efeito pela vontade das partes. O que se pode fazer, sim, é aumentar, ampliar, criar benefícios e nisso entra plenamente a vontade das partes, mas jamais poderão retalhar, diminuir ou anular os benefícios estabelecidos nas ditas normas. Por isso, estas pertencem inquestionavelmente ao *jus cogens*"); c) a ordem pública ("é muito difícil dar o conceito de ordem pública. Pode-se simplesmente afirmar que é o que não pode ser derrogado por particulares, pois essa norma foi dada como proteção da vida social de uma comunidade"); d) vícios de consentimento ("o fundamento social da irrenunciabilidade, de acordo com essa posição, baseia-se na presunção de um vício de origem (erro, incapacidade etc.), o que implica ser inválido o ato jurídico assim realizado") e e) solidariedade social ("Para Cabanellas, a irrenunciabilidade existe por estar comprometido o interesse social, a ordem pública e porque pode tornar-se perniciosa para terceiros."[187]).

Mauricio Godinho Delgado assevera que o princípio da indisponibilidade é uma projeção do princípio da imperatividade das normas trabalhistas, e que é comum na doutrina a utilização da expressão "irrenun-

(183) *Curso de direito do trabalho.* 11. ed. São Paulo: LTr, 2012. p. 196.
(184) Américo Plá Rodriguez. *Princípios de direito do trabalho.* 1. ed. 4. tiragem. São Paulo: LTr, 1996. p. 66.
(185) BALELLA. *Lecciones de legislación del trabajo. Apud* Alfredo J. Ruprecht. *Os princípios do direito do trabalho.* São Paulo: LTr, 1995. p. 30-31.
(186) MAIOR, Jorge Luiz Souto. *O direito do trabalho como instrumento de justiça social.* São Paulo: LTr, 2000. p. 298.
(187) RUPRECHT, Alfredo J. *Os princípios do direito do trabalho.* São Paulo: LTr, 1995. p. 32-38.

ciabilidade dos direitos trabalhistas para enunciar o presente princípio. Seu conteúdo é o mesmo já exposto, apenas adotando diferente epíteto. Contudo, a expressão irrenunciabilidade não parece adequada a revelar a amplitude do princípio enfocado. Renúncia é ato unilateral, como se sabe. Ora, o princípio examinado vai além do simples ato unilateral, interferindo também nos atos bilaterais de disposição de direitos (transação, portanto). Para a ordem justrabalhista, não serão válidas quer a renúncia, quer a transação que importe objetivamente em prejuízo ao trabalhador."[188]

Vale chamar a atenção para o fato de que, embora a imperatividade das normas trabalhistas conduza à ideia de irrenunciabilidade dos direitos por elas atribuídos aos trabalhadores, mesmo as normas que não atribuam direitos aos trabalhadores são de natureza imperativa. Assim, a irrenunciabilidade de direitos não pode ser reduzida à imperatividade das normas.[189]

Este princípio autoriza presumir a ocorrência de vício de vontade em ato praticado pelo trabalhador no curso da relação de emprego de que resulte prejuízo ao acesso a direitos que lhe asseguram a ordem jurídica.[190]

5.2.7 *Princípio da inalterabilidade contratual lesiva*

O contrato de trabalho não pode ser alterado em prejuízo do trabalhador, seja de forma unilateral pelo empregador, seja de comum acordo entre empregado e empregador. Neste sentido, estabelece o art. 468 da CLT que "nos contratos individuais de trabalho só é lícita a alteração das respectivas condições, por mútuo consentimento, e, ainda assim, desde que não resultem, direta ou indiretamente, prejuízos ao empregado, sob pena de nulidade da cláusula infringente desta garantia."

Note-se que não se trata de vedação de qualquer alteração contratual, mas de proibição de alteração contratual que seja lesiva ao trabalhador.

Contudo, esta regra não é absoluta, pois o ordenamento jurídico autoriza algumas alterações lesivas, como sé dá com o parágrafo único do art. 468 da CLT, que permite a reversão do empregado ao cargo de origem quando destituído de função de confiança. Porém, como prevê a Súmula n. 372, I, do TST: "Percebida a gratificação de função por dez ou mais anos pelo empregado, se o empregador, sem justo motivo, revertê-lo a seu cargo efetivo, não poderá retirar-lhe a gratificação, tendo em vista o princípio da estabilidade financeira".

Mauricio Godinho Delgado chama a atenção para a mudança na pessoa do empregador, ou seja, "a mudança no corpo do contrato (em seus direitos e obrigações, inclusive passadas). Trata-se da sucessão trabalhista, como se percebe (também conhecida como alteração subjetiva do contrato de trabalho). O contrato de trabalho seria intangível, do ponto de vista objetivo, embora mutável do ponto de vista subjetivo, desde que a mudança envolvesse apenas o sujeito-empregador (...). O recurso à denominação distinta é mero instrumento para se acentuar o aspecto não alterado (todo o conteúdo do contrato) em contraponto com o aspecto em mudança (o sujeito empresarial do contrato)."[191] Registre-se que "qualquer alteração na estrutura jurídica da empresa não afetará os direitos adquiridos por seus empregados" (art. 10 da CLT) e que "a mudança na propriedade ou na estrutura jurídica da empresa não afetará os contratos de trabalho dos respectivos empregados" (art. 448 da CLT), o que significa que a sucessão trabalhista, embora não implique, por si só, alteração ilícita, não pode resultar em prejuízo para o trabalhador.

---

(188) *Curso de direito do trabalho.* 11. ed. São Paulo, LTr, 2012. p. 196-197.

(189) Neste sentido, a norma que impõe a prevalência do interesse público sobre o particular (art. 8º, *caput*, da CLT), é de observância obrigatória, para empregados, empregadores e entes sindicais.

(190) O trabalhador não pode renunciar à sua dignidade humana e, com isso, aos direitos que lhe são inerentes.

(191) *Curso de direito do trabalho.* 11. ed. São Paulo, LTr, 2012. p. 200.

5.2.8 Princípio da intangibilidade salarial

O salário possui caráter alimentar, porquanto assegura a sobrevivência do trabalhador e sua família, justificando-se, assim, a sua proteção.

O princípio em questão "projeta-se em distintas direções: garantia do valor do salário; garantias contra mudanças contratuais e normativas que provoquem a redução do salário (aqui o princípio especial examinado se identifica pela expressão princípio da irredutibilidade salarial, englobando-se também, de certo modo, no princípio da inalterabilidade contratual lesiva); garantias contra práticas que prejudiquem seu efetivo montante — trata-se dos problemas jurídicos envolventes aos descontos no salário do empregado (o princípio aqui também tende a se particularizar em uma denominação diferente: princípio da integralidade salarial); finalmente, garantias contra interesses contrapostos de credores diversos, sejam do empregador, sejam do próprio empregado (...). em linhas gerais, porém, pode-se esclarecer que as diversas garantias fixadas pela ordem jurídica não têm caráter absoluto, usualmente acolhendo restrições. Ilustrativamente, a proteção relativa ao valor do salário ainda não o preserva de perdas decorrentes da corrosão monetária; a vedação de mudanças contratuais e normativas provocadoras da redução de salários pode ser flexibilizada mediante negociação coletiva (art. 7º, VI, CF/88); a garantia de integralidade salarial, com controle de descontos em seu montante, é excepcionada pela própria norma jurídica que a instituiu (art. 462, CLT); a proteção contra constrições externas, como a penhora, embora ampla, encontra exceção, por exemplo, na prestação alimentícia (art. 649, IV, § 2º, CPC)."(192)

O princípio da intangibilidade salarial diz respeito à irredutibilidade do salário, o que abrange todas as parcelas que compõem o salário do trabalhador (art. 457, *caput* e § 1º, da CLT).

A Constituição da República autoriza a redução salarial por meio da negociação coletiva (art. 7º, VI). A exigência de redução por meio da negociação coletiva retirou o fundamento de validade das normas que a autorizam por ato unilateral do empregador (art. 503 da CLT e Lei n. 4.923/1965). Note-se que, embora admita a redução salarial negociada, a Constituição a ela impõe limite, ao estabelecer que o trabalhador tem direito ao salário mínimo (art. 7º, IV), o que significa que a redução negociada, embora lícita, não pode resultar em recebimento, pelo trabalhador, de salário inferior ao mínimo legal.

5.2.9 Princípio da primazia da realidade sobre a forma

As condições de trabalho traduzidas pela conduta das partes na execução do contrato de trabalho se sobrepõem sobre o que foi por elas formalmente estipulado (princípio da primazia da realidade sobre a forma ou do contrato realidade).(193)

Segundo Américo Plá Rodriguez, "o princípio da primazia da realidade significa que, em caso de discordância entre o que ocorre na prática e o que emerge de documentos ou acordos, deve-se dar preferência ao primeiro, isto é, ao que sucede no terreno dos fatos. Geralmente esta ideia se menciona com a expressão (...) contrato-realidade".(194)

O contrato de trabalho "não é o que resulta de qualquer forma de acordo, mas o que surge da realização das tarefas (...). As estipulações contratuais, mesmo as escritas só oferecem um valor de presunção, que desaparece diante da realidade dos fatos, os que definitivamente se sobrepõem."(195)

Anote-se, ainda, que, "o contrato (que é o ajuste de vontade) é a fonte, a origem, do vínculo obrigacional, e que o vínculo que se forma, a relação de emprego, é o efeito, que compõe o conjunto de direitos e

---

(192) DELGADO, Mauricio Godinho. *Curso de direito do trabalho.* 11. ed. São Paulo: LTr, 2012. p. 202.

(193) Segundo dispõe o art. 442 da CLT, "contrato individual de trabalho é o acordo tácito ou expresso, correspondente à relação de emprego". Assim, o que for tacitamente estabelecido prevalece sobre o ajuste expresso.

(194) *Princípios de direito do trabalho.* 1. ed. 4. tiragem. São Paulo: LTr, 1996. p. 217.

(195) RUPRECHT, Alfredo J. *Os princípios do direito do trabalho.* São Paulo: LTr, 1995. p. 81.

obrigações que se desenvolvem na dinâmica do vínculo, independentemente da vontade das partes. Assim, as partes se vinculam contratualmente, mas o efeito dessa vinculação obrigacional, se relação de emprego, ou não, depende menos da manifestação da vontade das partes que da avaliação dos fatos que permeiam essa relação."(196)

5.2.10 Princípio da continuidade da relação de emprego

O trabalhador tem na sua força de trabalho a fonte de subsistência própria e familiar e meio para atender às necessidades básicas, o que o torna dependente do trabalho e, com isto, a permanência da relação de emprego. Por essa razão, o direito do trabalho adota como princípio a continuidade da relação de emprego.

A propósito afirma Mauricio Godinho Delgado que "informa tal princípio que é de interesse do Direito do Trabalho a permanência do vínculo empregatício, com a integração do trabalhador na estrutura e dinâmica da empresa".(197)

Atendendo a este princípio, o legislador lança mão de várias técnicas:

a) restrição à contratação por prazo determinado: esta modalidade de contratação somente é autorizada nas hipóteses expressamente estabelecidas em lei, o que impõe como regra a contratação por prazo indeterminado;(198)

b) criação de dificuldades para a dispensa do trabalhador ou favorecimento da manutenção da relação de emprego: ao empregador é imposta a obrigação de pagar indenização ao empregado dispensado sem justa causa, ao passo que é presumido que o trabalhador não deu causa à rescisão do contrato de trabalho (presunção de extinção da relação de emprego de forma menos gravosa para o trabalhador);

c) vedação, definitiva ou provisória, da dispensa do trabalhador, pelo reconhecimento ao trabalhador do direito de permanecer no emprego (estabilidade ou garantia de emprego);(199)

d) preservação do contrato de trabalho mesmo não havendo prestação de serviços e pagamento de salário ou apenas de pagamento de salário: são as hipóteses de suspensão e interrupção do contrato de trabalho (arts. 471 a 476-A da CLT).

e) enumeração prévia e taxativa das situações que constituem justa causa para a rescisão do contrato de trabalho: prevê a lei, expressa e exaustivamente, as infrações justificadoras da ruptura do contrato de trabalho, não existindo ilícitos trabalhistas sem prévia definição legal (arts. 482 e 483 da CLT).

O princípio da continuidade da relação de emprego prestigia a permanência da relação de emprego, dada a sua relevância para o trabalhador e também para a sociedade, posto que o desemprego atinge a sociedade, na medida em que acentua a diferenciação social e produz exclusão social, por exemplo.(200)

Para Américo Plá Rodriguez, o princípio da continuidade "expressa a tendência atual do Direito do Trabalho de atribuir à relação de emprego a mais ampla duração, sob todos os aspectos" e possui projeções que denotam uma orientação predominante: "preferência pelos contratos de duração indefinida",

(196) MAIOR, Jorge Luiz Souto. *O direito do trabalho como instrumento de justiça social.* São Paulo: LTr, 2000. p. 300.

(197) *Curso de direito do trabalho.* 11. ed. São Paulo, LTr, 2012. p. 203.

(198) A contratação por prazo determinado somente é lícita em uma das situações previamente definidas em lei, cuja prova constitui ônus do empregador. Por força deste princípio, no processo judicial, estando em debate a natureza do contrato — contrato por prazo indeterminado ou por prazo determinado — há uma presunção, favorável ao trabalhador, de ter sido firmado contrato por prazo indeterminado.

(199) O legislador reconhece ao empregado: a) estabilidade no emprego (manutenção definitiva da relação de emprego) ou b) garantia de emprego (manutenção da relação de emprego por espaço de tempo definido ou enquanto durar determinada situação, prevista em lei).

(200) Por força deste princípio, "o ônus de provar o término do contrato de trabalho, quando negados a prestação de serviço e o despedimento, é do empregador, pois o princípio da continuidade da relação de emprego constitui presunção favorável ao empregado" (Súmula n. 212 do TST), ao passo que, até que seja produzida prova inequívoca em contrário, deve-se acreditar que o trabalhador não pediu demissão ou praticou falta que justifique a sua dispensa (presunção de rescisão de forma mais favorável ao trabalhador).

amplitude para a admissão das transformações do contrato", "facilidade para manter o contrato, apesar dos descumprimentos ou nulidades em que se haja incorrido", "resistência em admitir a rescisão unilateral do contrato, por vontade patronal", interpretação das interrupções dos contratos como simples suspensões" e "manutenção do contrato nos casos de substituição do empregador".[201]

Destaca Jorge Luiz Souto Maior que o princípio da continuidade a resistência em admitir a rescisão unilateral do contrato, por via patronal, "concretiza-se, também, pelas limitações impróprias (aviso prévio e indenizações) e pelos casos de estabilidade provisória (gestante, acidente do trabalho, dirigente sindical etc.), ambos previstos no direito brasileiro, sem falar na impossibilidade de dispensa por ato discriminatório (Lei n. 9.029/1995)."[202]

O art. 7º, I, da Constituição da República de 1988, ao atribuir aos trabalhadores o direito à "relação de emprego protegida contra despedida arbitrária ou sem justa causa, nos termos da lei complementar, que preverá indenização compensatória, dentre outros direitos", consagra o princípio em destaque.

5.2.11 Princípio de igual salário para igual trabalho

Trata-se de princípio consagrado, expressamente, pela Declaração Universal dos Direitos do Homem, cujo art. 23, item 2, dispõe que "toda pessoa, sem qualquer distinção, tem direito a igual remuneração por igual trabalho", no Preâmbulo da Constituição da OIT, no qual é assinalada a urgência de melhorar as condições de trabalho no que concerne "à afirmação do princípio 'para igual trabalho, mesmo salário'"[203], e no Pacto Internacional sobre os Direitos Econômicos, Sociais e Culturais, cujo art. 7º prevê que os Estados-partes "reconhecem o direito de toda pessoa de gozar condições de trabalho justas e favoráveis, que assegurem especialmente: a) uma remuneração que proporcione, no mínimo, a todos os trabalhadores: I) um salário equitativo e uma remuneração igual por um trabalho de igual valor, sem qualquer distinção; em particular, as mulheres deverão ter a garantia de condições de trabalho não inferiores às dos homens e perceber a mesma remuneração que eles por trabalho igual".

Este princípio informa o art. 461 da CLT, que assegura a igualdade de salário na hipótese de trabalho de igual valor.

5.2.12 Princípio do rendimento

Para Eugenio Perez Botija, este princípio "implica uma reação contra tendências anteriores que queriam favorecer o trabalhador, prejudicando-o. Não significa uma virada da política social, mas uma integração do trabalhador na ordem econômica nacional (...). O homem não só tem o dever formal de trabalhar, como a sua atividade há de ser eficaz e produtiva, em benefício do meio social em que vive. Em razão deste princípio do rendimento, dele é exigível um mínimo de diligência, assim como outras disposições éticas cuja valoração legal contenha o direito dispositivo. Mas o princípio do rendimento não deve ser entendido só e exclusivamente como compêndio de deveres. Também há direitos fundamentais do homem que derivam deste princípio. Um deles é que o trabalho lhe renda o suficiente *em ordem ao decoro e folga em sua vida*".[204]

Consoante Mauricio Godinho Delgado, trata-se de princípio com conteúdo, abrangência e validade bastante controvertidos, que, propõe, na essência, "a lealdade e boa fé do empregado no cumprimento de suas obrigações trabalhistas, exercendo com denodo suas funções contratuais e não desgastando injustamente os lícitos interesses do empregador. Ora, nesta medida ele não teria conteúdo distinto da diretriz jurí-

(201) *Princípios de direito do trabalho.* 1. ed. 4. tiragem. São Paulo: LTr, 1996. p. 141-143.

(202) *O direito do trabalho como instrumento de justiça social.* São Paulo: LTr, 2000. p. 301.

(203) Note-se que a Constituição da OIT atribui a condição de princípio à diretriz em questão, o que impede negar a sua existência.

(204) *Curso de derecho del trabajo.* Madrid: Editorial Tecnos, 1948. p. 90-91.

dica geral da lealdade e boa-fé. Desse modo, se admitida essa acepção, ele perde sua particularidade, uma vez que teria a sua abrangência alargada no Direito do Trabalho, passando a atuar sobre a conduta de qualquer das partes na relação empregatícia, inclusive o empregador. Acolhido esse alargamento de abrangência, a diretriz enunciar-se-ia por uma expressão de caráter mais genérico, como, ilustrativamente, *princípio da leal contraprestação*. De todo modo, ainda que se fale em *leal contraprestação* ou simplesmente *bom rendimento*, não há como se afastar do princípio seu caráter de efetiva projeção da diretriz geral importada pelo Direito do Trabalho: *princípio da lealdade e boa-fé*".[205]

Considerando as colocações de Eugenio Perez Botija, pode-se afirmar que este princípio possui duas dimensões: a) as atividades do trabalhador devem ser consideradas também em relação aos benefícios que a sua maior eficácia e produtividade representa para a empresa e a sociedade; b) a necessidade, referida no preâmbulo da Constituição da OIT, de garantir ao trabalhador "um salário que assegure condições de existência convenientes", o que também é assinalado no art. 23, item 3, da Declaração Universal dos Direitos do Homem, que dispõe: "toda pessoa que trabalha tem direito a uma remuneração justa e satisfatória, que lhe assegure, assim como à sua família, uma existência compatível com a dignidade humana, e a que se acrescentarão, se necessário, outros meios de proteção social".

5.3 Princípios gerais do direito e princípios constitucionais do direito do trabalho

5.3.1 Existem princípios gerais de direito[206] que incidem no direito do trabalho, valendo lembrar:

a) inalterabilidade contratual (*pacta sunt servanda*): os contratos devem ser cumpridos em sua integralidade e na forma ajustada. Deste princípio geral decorre, no direito do trabalho, o princípio da inalterabilidade contratual lesiva;

b) não alegação da própria torpeza: ninguém pode tirar proveito da própria torpeza;

c) princípio da boa-fé e da probidade: os contratantes devem agir com boa-fé e probidade na celebração, execução e rescisão do contrato e, ainda, na fase pós-contratual.

O princípio da boa-fé tem, no direito do trabalho, "um sentido muito especial, em virtude do componente pessoal que existe neste ramo jurídico. O contrato de trabalho não cria somente direitos e obrigações de ordem exclusivamente patrimonial, mas também pessoal. Cria, de outro lado, uma relação estável e continuada, na qual se exige a confiança recíproca em múltiplos planos, em direções opostas e, sobretudo, por um período prolongado de tempo. Para o devido cumprimento dessas obrigações e a adequada manutenção dessas relações, torna-se importantíssimo que ambas as partes atuem de boa-fé (...). A boa-fé (...) pressupõe uma posição de honestidade e honradez no comércio jurídico, porquanto contém implícita a plena consciência de não enganar, não prejudicar, nem causar danos. Mais, ainda: implica a convicção de que as transações são cumpridas normalmente, sem trapaças, sem abusos, nem desvirtuamentos."[207]

Trata-se, a hipótese, da boa-fé objetiva, isto é, de um dever de conduta, que impõe às partes, no contexto da relação de trabalho, adotar atitude compatível com os fins sociais do contrato e da propriedade, a dignidade humana e o valor social do trabalho e da livre-iniciativa.

(205) *Curso de direito do trabalho.* 11. ed. São Paulo: LTr, 2012. p. 209.

(206) Segundo Mauricio Godinho Delgado, os princípios gerais de direito tendem a ser "princípios que se irradiam por todos os segmentos da ordem jurídica, cumprindo o relevante papel de assegurar organicidade e coerência integradas à totalidade do universo normativo de uma sociedade política. Nessa linha, os princípios gerais, aplicando-se aos distintos segmentos especializados do Direito, preservam a noção de unidade da ordem jurídica, mantendo o Direito como um efetivo sistema, isto é, um conjunto de partes coordenadas." (*Curso de direito do trabalho.* 11. ed. São Paulo: LTr, 2012. p. 187).

(207) *Princípios de direito do trabalho.* São Paulo: LTr, 1978. p. 272-273.

A boa-fé informa a interpretação dos contratos, cria deveres (deveres laterais, ou seja, que não dizem respeito ao objeto central do contrato[208]) e limita o exercício dos direitos subjetivos (constitui abuso do direito o seu exercício com desprezo pelos limites impostos pela boa-fé — art. 187 do Código Civil).

As partes devem agir, ainda, com probidade, isto é, honradez e integridade de caráter.

d) princípio da vedação ao abuso do direito: comete ilícito o titular de um direito que, ao exercê-lo, excede manifestamente os limites impostos pelo seu fim econômico, social, pela boa-fé ou pelos bons costumes (art. 187 do Código Civil). A titularidade de direitos não implica autorização para o seu exercício ilimitado, em especial diante dos princípios da dignidade humana, valor social do trabalho, função social do contrato e da propriedade, todos consagrados constitucionalmente.

e) princípio da tipificação legal dos ilícitos: não existe ilícito sem prévia norma que o defina;

f) princípio da responsabilidade civil: quem causa dano a outrem tem o dever de repará-lo (art. 187 do Código Civil);

g) princípio da vedação do enriquecimento sem causa: ninguém pode obter uma vantagem destituída de causa reconhecida pelo direito em detrimento de outrem (art. 884 do Código Civil);

h) não discriminação: é ilícito o tratamento diferenciado que não se sustente em uma causa legítima.

Este princípio veda distinção de tratamento a pessoas que estejam em igualdade de condições, mas não aos que estejam em situações diferentes. "Todos os trabalhadores são iguais, mas há diferenças entre eles — de capacidade, atividade, condições psicofísicas etc. — que devem ser levadas em consideração. Não se trata de medir a todos com o mesmo metro, mas apenas os que estão nas mesmas condições. Os homens não são intercambiáveis, portanto, a igualdade não pode ser absoluta: é preciso ponderar, em cada caso, se se dão as mesmas situações subjetivas e objetivas."[209]

Segundo Mauricio Godinho Delgado, "há certa dúvida sobre se cabe falar-se em *princípio de não discriminação* ou *princípio de isonomia*, como proposição geral externa aplicável ao ramo justrabalhista especializado (...). O princípio da não discriminação é princípio de proteção, de *resistência*, denegatório de conduta que se considera gravemente censurável. Portanto, labora sobre um *piso de civilidade* que se considera mínimo para a convivência entre as pessoas. Já o princípio da isonomia é mais amplo, mas impreciso, mais pretensioso. Ela ultrapassa, sem dúvida, a mera não discriminação, buscando igualizar o tratamento jurídico a pessoas ou situações que tenham relevante ponto de contato entre si. Mas não é, necessariamente (embora em certas situações concretas possa se confundir com isso), princípio de resistência básica, que queira essencialmente evitar conduta diferenciadora por fator injustamente desqualificante. A isonomia vai além, podendo seu comando igualizador resultar de mera conveniência política, cultural ou de outra natureza (embora estas também sejam importantes, é claro), sem comparecer, no caso, fundamentalmente para assegurar um piso mínimo de civilidade para as relações entre as pessoas."[210]

i) **princípio da razoabilidade:** que "determina que se o obedeça a um juízo tanto de verossimilhança como também de ponderação, sensatez e prudência na avaliação das condutas das pessoas" e "sugere que se tenha incredulidade, ceticismo quanto a condutas inverossímeis, como no tocante a condutas que, embora verossímeis, mostrem-se insensatas".[211]

j) princípio da proporcionalidade ou da proibição de excesso: na solução de problemas jurídicos, cumpre ter presente a necessidade adequação entre o fim perseguido e os meios empregados para alcançá-lo (subprincípio da idoneidade ou da adequação), que, havendo soluções alternativas, deve ser

(208) Citem-se como exemplos os deveres de proteção e de colaboração mútua.

(209) RUPRECHT, Alfredo J. *Os princípios do direito do trabalho*. São Paulo: LTr, 1995. p. 103.

(210) *Curso de direito do trabalho*. 11. ed. São Paulo: LTr, 2012. p. 797-798.

(211) DELGADO, Mauricio Godinho. *Curso de direito do trabalho*. 11. ed. São Paulo: LTr, 2012. p. 189.

adotada aquela que seja a menos gravosa (subprincípio da necessidade) e que aquilo que é alcançado com uma solução deve apresentar maior relevo do que o que se perde em razão dela (subprincípio da proporcionalidade em sentido estrito).

5.3.2 Princípios constitucionais de incidência no direito do trabalho

Vários princípios constitucionais incidem na relação de trabalho subordinado, ainda que a ela não digam respeito de forma específica.

Dentre tais princípios merece referência:

a) **princípio da dignidade humana:** ao consagrar este princípio (art. 1º, III), a Constituição estabelece uma cláusula geral de tutela da pessoa humana, situando o homem no centro da ordem econômica, jurídica e social, e torna certo que ele não pode ser considerado uma simples mercadoria, colocando-se, inclusive, em sintonia com um dos princípios fundamentais sobre qual repousa a OIT, como foi visto quando tratamos do direito internacional do trabalho.

Para Ingo Wolfgang Sarlet, dignidade da pessoa humana "é a qualidade intrínseca e distintiva reconhecida em cada ser humano que o faz merecedor do mesmo respeito e consideração por parte do Estado e da comunidade. Implicando, neste sentido, um complexo de direitos e deveres fundamentais que assegurem a pessoa tanto contra todo e qualquer ato de cunho degradante e desumano, como venham a lhe garantir as condições existenciais mínimas para uma vida saudável, além de propiciar e promover sua participação ativa e corresponsável nos destinos da própria existência e da vida em comunhão com os demais seres humanos."(212)

b) **princípio do valor social do trabalho e da livre-iniciativa**: ao atribuir valor social ao trabalho e à livre-iniciativa (art. 1º, IV), a Constituição da República os vincula a fins que não sejam apenas econômicos, o que é reforçado pelo seu art. 170, *caput*, que define como fim da ordem econômica assegurar a todos exigência digna, conforme os ditames da justiça social.

Trata-se, quanto ao valor social do trabalho, de "elevar a consideração da pessoa que trabalha aos mesmos níveis das que utilizam seus serviços, pois tanto umas como as outras são seres humanos, cuja dignidade independe de serem subordinados ou diretores ou capitalistas."(213) O trabalho possui valor econômico, "enquanto satisfaz necessidades e dá origem a bens e serviços"(214), mas é, principalmente, um valor em si mesmo, o que implica que não pode ser considerado apenas pelo aspecto econômico.

c) **princípio da prevalência dos direitos humanos**: devem ser sempre prestigiadas as soluções que confiram efetividade aos direitos inerentes à dignidade humana (art. 4º, II);

d) **princípio da universalidade**: que é consagrado no art. 5°, *caput*, da Constituição: "Todos são iguais perante a lei, sem distinções de qualquer natureza, garantindo-se aos brasileiros e aos estrangeiros residentes no país a inviolabilidade do direito à vida, à liberdade, à igualdade, à segurança e à propriedade (...)". Isto significa que os direitos individuais e coletivos dispostos no art. 5º da Constituição são direitos fundamentais de todos e não apenas de cidadãos brasileiros ou dos que pertençam a uma ou outra classe social;

e) **princípio da isonomia ou da igualdade**: todos são iguais perante a lei (art. 5º), o que significa que a lei deve ser aplicada de forma igual para todos (*igualdade na aplicação da lei*) e que a lei deve tratar todos de forma igual (*igualdade na lei*(215));

(212) *Dignidade da pessoa humana e direitos fundamentais na Constituição Federal de 1988.* 5. ed. Porto Alegre: Livraria do Advogado, 2007. p. 62.

(213) RUPRECHT, Alfredo J. *Os princípios do direito do trabalho.* São Paulo: LTr, 1995. p. 106.

(214) GARCIA, Manuel Alonso. *Curso de derecho del trabajo.* 2. ed. Barcelona: Ediciones Ariel, 1967. p. 2.

(215) "Para todos os indivíduos com as mesmas características devem prever-se, através da lei, iguais situações ou resultados jurídico (...). **Exige-se uma igualdade material através da lei**, devendo tratar-se por 'igual o que é igual e desigualmente o que é desigual' (...). Existe uma violação arbi-

f) **princípio da função social da propriedade**: a Constituição inclui entre os princípios da ordem econômica a função social da propriedade (art. 170, III), o que implica vincular a propriedade aos princípios e objetivos fundamentais da República.

O direito de propriedade, destarte, não pode ser exercido apenas em função do lucro na sua exploração, estando, também, a serviço da dignidade humana e da justiça social, como deixa claro o art. 170, *caput* e inciso I, da Constituição.

A propriedade, portanto, não atende apenas a interesses econômicos e individuais daquele que a detém, ou seja, não possui função apenas econômico-individual.

A função social é cumprida quando o direito de propriedade é exercido com observância das disposições que regulam as relações de trabalho e de forma a favorecer o bem estar dos proprietários e dos trabalhadores (art. 186, III e IV, da Constituição da República), o que vincula, definitivamente, a função social da propriedade ao direito do trabalho.

g) **princípio da função social do contrato**: as partes têm liberdade para celebrar contrato, escolher o contratante e definir o conteúdo do contrato (*liberdade de contratar em sentido amplo*), mas esta liberdade, como estabelece o art. 421 do Código Civil, "será exercida em razão e nos limites da função social do contrato", o que significa que se trata de liberdade a ser exercida com respeito aos princípios e objetivos fundamentais estabelecidos pelo ordenamento jurídico.

A função social constitui fundamento e limite do exercício da liberdade contratual.

Assim como a propriedade, o contrato não atende apenas a interesses econômicos e individuais, o que equivale dizer que não possui função apenas econômico-individual, servindo, portanto, de instrumento voltado à consecução dos objetivos fundamentais da República.

5.3.3 Princípios constitucionais de direito do trabalho

Princípios constitucionais de direito do trabalho são as diretrizes fundamentais deste ramo do Direito acolhidos pela Constituição da República de 1988.

A existência de princípios constitucionais do direito do trabalho reforça a sua importância e a proteção por ele assegurada aos trabalhadores.

A Constituição consagra, no *caput* do art. 7º, princípios caros ao direito do trabalho, quais sejam:

a) *princípios da norma mais favorável*: que é traduzido pela previsão de que os direitos previstos na Constituição não excluem outros que visem à melhoria da condição social dos trabalhadores;

b) *vedação de retrocesso social*, do qual decorre que a condição social alcançada pelo trabalhador, representada pelos direitos que lhe são assegurados pela Constituição, não pode sofrer retrocesso.

Segundo J. J. Gomes Canotilho, a proibição de retrocesso ou da evolução reacionária quer dizer "que os direitos sociais e econômicos (ex. direito dos trabalhadores, direito à assistência, direito à educação), uma vez obtido um determinado grau de realização, passam a constituir, uma *garantia institucional* e um *direito subjetivo* (...). O princípio da **proibição de retrocesso social** pode formular-se assim: o núcleo essencial dos direitos sociais já realizado e efetivado através de medidas legislativas (...) deve considerar-se

trária da igualdade jurídica quando a disciplina jurídica não se basear num: (*i*) fundamento sério; (*ii*) não tiver sentido legítimo; (*iii*) estabelecer diferenciação jurídica sem fundamento razoável (...). O princípio da igualdade pode e deve considerar-se um **princípio de justiça social**. Assume grande relevo enquanto princípio de igualdade de oportunidades (...) e de condições reais de vida" (CANOTILHO, J. J. Gomes. *Direito constitucional e teoria da Constituição*. 7. ed. Coimbra: Almedina, 2003. p. 427-430). O princípio da igualdade possui *dimensão negativa* (vedação de tratamento desigual a pessoas em igualdade de condições) e *positiva* (tratamento diferenciado, na forma de assistência especial a pessoas que apresentem carências sociais ou econômicas).

constitucionalmente garantido, sendo inconstitucionais quaisquer medidas estaduais que, sem a criação de outros esquemas alternativos ou compensatórios, se traduzam, na prática, numa 'anulação', 'revogação' ou 'aniquilação' pura e simples desse núcleo essencial (...). A liberdade de conformação do legislador e inerente autorreversibilidade têm como limite o núcleo essencial já realizado, sobretudo quando o núcleo essencial se reconduz à garantia do mínimo de existência condigna inerente ao respeito pela dignidade da pessoa humana".[216] As afirmações deste doutrinador em relação aos limites da liberdade de conformação da ordem jurídica alcança o exercício da autonomia privada coletiva.

c) *liberdade sindical*: a Constituição assegura a liberdade sindical (art. 5º, XVI, XVII e XX e art. 8º, *caput* e V), que se subdivide em: 1) liberdade para constituir sindicato; 2) autodeterminação do sindicato ou autonomia sindical (direito de o sindicato elaborar seus estatutos e regulamentos administrativos, de eleger livremente seus representantes, de organizar sua gestão e sua atividade e de formular seu programa de ação); 3) liberdade de filiação e de desfiliação de sindicato.

5.4 *Distinção entre princípios e regras*

Princípios e regras, embora constituam espécies do mesmo gênero, não se confundem. Como aduz Roberto Alexy, "tanto regras quanto princípios são normas, porque ambos dizem o que deve ser (...). Princípios são, tanto quanto as regras, razões para juízos concretos de dever-ser, ainda que de espécie muito diferente. A distinção entre regras e princípios é, portanto, uma distinção entre duas espécies de normas".[217]

A doutrina procura distinguir estas espécies de normas jurídicas, a partir de vários critérios.

Para Ronald Dworkin, "as regras são aplicáveis à maneira do tudo-ou-nada. Dados os fatos que uma regra estipula, então a regra é válida, e neste caso a resposta que ela fornece deve ser aceita, ou não é válida, e neste caso em nada contribui para a decisão (...). Não é assim que funcionam os princípios (...). Mesmo aqueles que mais se assemelham a regras não apresentam consequências jurídicas que se seguem automaticamente quando as condições são dadas (...). Um princípio como 'Nenhum homem pode beneficiar-se de seus próprios delitos' não pretende (nem mesmo) estabelecer condições que tornem sua aplicação necessária. Ao contrário, enuncia uma razão que conduz o argumento em certa direção, mas (ainda assim) necessita de uma decisão particular. Se um homem recebeu ou está em iminência de receber alguma coisa como resultado direto de um ato ilícito que tenha praticado para obtê-la, então essa é uma razão que o direito levará em consideração ao decidir se ele deve mantê-la".[218]

Acrescenta Ronald Dworkin que "os princípios possuem uma dimensão de peso que as regras jurídicas não têm — a dimensão de peso ou importância. Quando os princípios se intercruzam (...), aquele que vai resolver o conflito tem de levar em conta a força relativa de cada um deles (...). Cada dimensão é uma parte integrante do conceito de um princípio, de modo que faz sentido perguntar que peso ele tem ou quão importante ele é. As regras não têm essa dimensão (...). Não podemos dizer que uma regra é mais importante que outra enquanto parte do mesmo sistema de regras, de tal modo que se duas regras estão em conflito, uma suplanta a outra em virtude de sua importância maior. Se duas regras entram em conflito, uma delas não pode ser válida. A decisão de saber qual delas é válida e qual deve ser abandonada ou reformulada, deve ser tomada recorrendo-se a considerações que estão além das próprias regras. Um sistema jurídico pode regular esse conflito através de outras regras, que dão precedência à regra promulgada pela autoridade de grau superior, à regra promulgada mais recentemente, à regra mais específica que outra desse gênero. Um sistema jurídico pode preferir a regra que é sustentada pelos princípios mais importantes".[219]

(216) *Direito constitucional e teoria da constituição*. 7. ed. Coimbra: Almedina, 2003. p. 338-340.
(217) *Teoria dos direitos fundamentais*. São Paulo: Malheiros, 2008. p. 87.
(218) *Levando os direitos a sério*. São Paulo: Martins Fontes, 2002. p. 39, 40 e 41.
(219) *Levando os direitos a sério*. São Paulo: Martins Fontes, 2002. p. 42 e 43

Para Robert Alexy,"o ponto decisivo para a distinção entre regras e princípios é que os princípios são normas que ordenam que algo se realize na maior medida possível, dentro das possibilidades jurídicas e reais existentes. Portanto, os princípios são mandamentos de otimização, que são caracterizados por poderem ser satisfeitos em graus variados e pelo fato de que a medida de sua satisfação não depende somente das possibilidades fáticas, mas também das possibilidades jurídicas. O âmbito das possibilidades jurídicas é determinado pelos princípios e regras colidentes. Já as regras são normas que são sempre ou satisfeitas ou não satisfeitas. Se uma regra vale, deve-se fazer exatamente aquilo que ela exige; nem mais, nem menos. Regras contém, portanto, determinações no âmbito daquilo que é fática e juridicamente possível. Isso significa que a distinção entre regras e princípios é uma distinção qualitativa, e não uma distinção de grau. Toda norma é ou uma regra ou um princípio".(220)

De acordo com Roberto Alexy, a diferença entre regras e princípios mostra-se com maior clareza nos casos de colisão entre princípios ou entre regras, posto que "um conflito de regras somente pode ser solucionado se se introduz, em uma das regras, uma cláusula de exceção que elimine o conflito, ou se pelo menos uma das regras for declarada inválida (...). A constatação de que pelo menos uma das regras deve ser declarada inválida quando uma cláusula de exceção não é possível em um conflito entre regras nada diz sobre qual das regras deverá ser tratada dessa forma. Esse problema pode ser solucionado por meio de regras como *lex posterior derogat legi priori* e *lex specialis derogat legi generali*, mas é também possível proceder de acordo com a importância de cada regra em conflito. O fundamental é: a decisão é uma decisão sobre validade (...). As colisões entre princípios devem ser solucionadas de forma completamente diversa. Se dois princípios colidem (...), um dos princípios terá que ceder. Isso não significa, contudo, nem que o princípio cedente deva ser declarado inválido, nem que nele deverá ser introduzida uma cláusula de exceção. Na verdade, o que ocorre é que um dos princípios tem procedência em face do outro sob determinadas condições. Sob outras condições a questão da precedência pode ser resolvida de forma oposta. Isso é o que se quer dizer quando se afirma que, nos casos concretos, os princípios têm pesos diferentes e que os princípios com maior peso têm precedência. Conflitos entre regras ocorrem na dimensão da validade, enquanto as colisões entre princípios — visto que só princípios válidos podem colidir — ocorrem, para além dessa dimensão, na dimensão do peso".(221)

Conforme Robert Alexy, "princípios exigem que algo seja realizado na maior medida do possível dentro das possibilidades jurídicas e fáticas existentes. Nesse sentido, eles não contêm um mandamento definitivo, mas apenas *prima facie* (...). Princípios representam razões que podem ser afastadas por razões antagônicas (...). O caso das regras é totalmente diverso. Como as regras exigem que seja feito exatamente aquilo que elas ordenam, elas têm uma determinação da extensão do seu conteúdo no âmbito das possibilidades jurídicas e fáticas. Essa determinação pode falhar diante de impossibilidades jurídicas e fáticas; mas, se isso não ocorrer, então, vale definitivamente aquilo que a regra prescreve (...) regras e princípios são razões de naturezas distintas. Princípios são sempre regras *prima facie* e regras são, se não houver o estabelecimento de alguma exceção, razões definitivas". (222)

Esse doutrinador alude ao posicionamento do Tribunal Constitucional Federal da Alemanha, no sentido de que a conflito entre princípios "deve ser resolvido 'por meio de um sopesamento entre os interesses em conflito'. O objetivo desse sopesamento é definir qual dos interesses — que abstratamente estão no mesmo nível — tem maior peso no caso concreto" e assevera que "essa situação de decisão corresponde exatamente à colisão entre princípios. As diferenças são de caráter terminológico (...). A solução para essa colisão consiste no estabelecimento de uma relação de precedência condicionada entre os princípios, com base nas circunstâncias do caso concreto. Levando-se em consideração o caso concreto, o estabelecimento

(220) *Teoria dos direitos fundamentais.* São Paulo: Malheiros, 2008. p. 90 e 91.
(221) *Teoria dos direitos fundamentais.* São Paulo: Malheiros, 2008. p. 92 e 94.
(222) *Teoria dos direitos fundamentais.* São Paulo: Malheiros, 2008. p. 103-107.

de relações de procedências condicionadas consiste na fixação de condições sobre as quais um princípio tem precedência em face de outro. Sob outras condições, é possível que a questão da precedência seja resolvida de forma contrária (...). As razões sob as quais um princípio prevalece sobre outro constituem o suporte fático de uma regra, a qual expressa as consequências jurídicas do princípio prevalente".(223)

Examinando a evolução doutrinária a propósito da distinção entre regras e princípios, Humberto Ávila aponta os critérios usualmente empregados nesta distinção:

> "Em primeiro lugar, há o critério do caráter hipotético-condicional, que se fundamenta no fato de as regras possuírem uma hipótese e uma consequência que predeterminam a decisão, sendo aplicadas ao modo se, então, enquanto os princípios apenas indicam o fundamento a ser utilizado pelo aplicador para futuramente encontrar a regra para o caso concreto (...).
>
> Em segundo lugar, há o critério do modo final de aplicação, que se sustenta no fato de as regras serem aplicadas de modo absoluto tudo ou nada, ao passo que os princípios são aplicados de modo gradual mais ou menos.
>
> Em terceiro lugar, o critério do relacionamento normativo, que se fundamenta na ideia de a antinomia entre as regras consubstanciar verdadeiro conflito, solucionável com a declaração de invalidade de uma das regras ou com a criação de uma exceção, ao passo que o relacionamento entre os princípios consiste num imbricamento, solucionável mediante ponderação que atribui dimensão de peso a cada um deles.
>
> Em quatro lugar, há o critério do fundamento axiológico, que considera os princípios, ao contrário das regras, como fundamento axiológicos para a decisão a ser tomada".(224)

Consoante Humberto Ávila, "as regras podem ser dissociadas dos princípios quanto ao modo como prescrevem o comportamento. Enquanto as regras são normas imediatamente descritivas, na medida em que estabelecem obrigações, permissões e proibições mediante a descrição da conduta a ser adotada, os princípios são normas imediatamente finalísticas, já que estabelecem um estado de coisa para cuja realização é necessária a adoção de determinados comportamentos. Os princípios são normas cuja qualidade frontal é, justamente, a determinação da realização de um fim juridicamente relevante, ao passo que característica dianteira das regras é a previsão do comportamento. Com efeito, os princípios estabelecem um estado ideal de coisas a ser atingido (...), em virtude do qual deve o aplicador verificar a adequação do comportamento a ser escolhido ou já escolhido para resguardar tal estado de coisas. Estado de coisas pode ser definido como uma situação qualificada por determinadas qualidades. O Estado de coisas transforma-se em fim quando alguém aspira conseguir, gozar ou possuir as qualidades presentes naquela situação (...) os princípios estabelecem uma espécie de necessidade prática: prescrevem um estado ideal de coisa que só será realizado se determinado comportamento for adotado. Já as regras podem ser definidas como normas mediatamente finalísticas, ou seja, normas que estabelecem indiretamente fins, para cuja concretização estabelecem com maior exatidão qual o comportamento devido (...). As regras são normas-do-que fazer (...): seu conteúdo diz diretamente respeito a ações".(225)

Ainda conforme Humberto Ávila, "as regras podem ser dissociadas dos princípios quanto à justificação que exigem. A interpretação e a aplicação das regras exigem uma avaliação da correspondência entre a construção conceitual dos fatos e a construção conceitual da norma e da finalidade que lhe dá suporte, ao passo que a interpretação e a aplicação dos princípios demandam uma avaliação da correlação entre o estado de coisas posto como fim e os efeitos decorrentes da conduta havida como necessária (...). As regras podem

(223) *Teoria dos direitos fundamentais*. São Paulo: Malheiros, 2008. p. 95-97 e 121.
(224) *Teoria dos princípios*. 2. ed. São Paulo: Malheiros, 2003. p. 39.
(225) *Teoria dos princípios*. 2. ed. São Paulo: Malheiros, 2003. p. 71

ser dissociadas dos princípios quanto ao modo como contribuem para a decisão. Os princípios consistem em normas primariamente complementares e preliminares parciais, na medida em que, sobre abrangerem apenas parte dos aspectos relevantes para uma tomada de decisão, não têm pretensão de gerar uma solução específica, mas de contribuir, ao lado de outras razões, para a tomada de decisão (...). Já as regras consistem em normas preliminarmente decisivas e abarcantes, na medida em que, a despeito da pretensão de abranger todos os aspectos relevantes para a tomada de decisão, têm aspiração de gerar uma solução específica para o conflito entre razões (...). Os princípios possuem (...) pretensão de complementaridade, na medida em que, sobre abrangerem apenas parte dos aspectos relevantes para uma tomada de decisão, não têm a pretensão de gerar uma solução específica, mas de contribuir, ao lado de outras razões, para a tomada da decisão. Os princípios são, pois, normas com pretensão de complementaridade e de parcialidade. As regras possuem, em vez disso, pretensão terminativa, na medida em que, sobre pretenderem abranger todos os aspectos relevantes para a tomada de decisões, têm a pretensão de gerar uma solução específica para a questão. O preenchimento das condições de aplicabilidade é a própria razão de aplicação das regras. As regras são, pois, normas preliminarmente decisivas e abarcantes".(226)

Cumpre observar que, enquanto a norma jurídica encerra em si mesma a sua função no ordenamento jurídico, os princípios, além da sua função normativa, orientam a elaboração, a interpretação e a aplicação das regras jurídicas.

6. RENÚNCIA E TRANSAÇÃO NO DIREITO DO TRABALHO. COMISSÕES DE CONCILIAÇÃO PRÉVIA

A indisponibilidade de que geralmente se revestem os direitos decorrentes da relação de emprego traz à luz a questão relativa à renúncia a estes direitos e à transação que os tenha por objeto.

6.1 *Renúncia*

Renúncia é o ato jurídico pelo qual o titular de um direito dele abdica ou se despoja. A renúncia constitui forma de extinção do direito em decorrência da vontade do seu titular.

No direito do trabalho, predomina a irrenunciabilidade de direitos, no sentido da impossibilidade jurídica de o trabalhador privar-se voluntariamente de direitos que lhe assegura a ordem jurídica, no ato da contratação, no curso da relação de emprego, na ato de rescisão do contrato de trabalho ou após a rescisão do contrato de trabalho.

A CLT estabelece expressamente a irrenunciabilidade dos direitos decorrentes da relação de trabalho subordinado. Neste sentido, dispõe o art. 9º da CLT que "Serão nulos de pleno direito os atos praticados com o objetivo de desvirtuar, impedir ou fraudar a aplicação dos preceitos contidos na presente Consolidação". De seu turno, prevê o art. 444 da CLT que "as relações de trabalho podem ser objeto de livre estipulação pelas partes em tudo quanto não contravenha às disposições de proteção do trabalho, aos contratos coletivos que lhes sejam aplicados e às decisões das autoridades competentes". Por fim, estabelece o art. 468 da CLT que "nos contratos individuais de trabalho só é lícita a alteração das respectivas condições, por mútuo consentimento, e, ainda assim, desde que não resultem direta ou indiretamente, prejuízos ao empregado, sob pena de nulidade da cláusula infringente dessa garantia".(227)

(226) *Teoria dos princípios*. 2. ed. São Paulo: Malheiros, 2003. p. 71-77.

(227) A anulação de uma cláusula inserida no contrato de trabalho não o invalida. Como prevê o art. 184 do Código Civil, "respeitada a intenção das partes, a invalidade parcial de um negócio jurídico não o prejudicará na parte válida, se esta for separável...".

Hipótese de norma que veda implicitamente a renúncia é o art. 7º, XVI, da Constituição da República, quando assegura o direito à remuneração do serviço extraordinário superior, *no mínimo*, em cinquenta por cento à do normal. Ao estabelecer um mínimo a ser respeitado, a Constituição implicitamente nega eficácia a renúncia a este mínimo. Dito de outra forma, do conteúdo da norma constitucional em destaque resulta ser vedado ao trabalhador dispor do direito à remuneração das horas extraordinárias com o acréscimo mínimo estabelecido em seu favor.

A vedação, explícita ou implícita, de renúncia a direitos decorrentes da relação de emprego limita a liberdade do empregador e do trabalhador, para evitar que este, dependendo do trabalho para garantir a sobrevivência própria e de sua família e estando, durante a execução do contrato de trabalho, juridicamente subordinado ao empregador, abdique de direitos assegurados pela ordem jurídica.

A irrenunciabilidade de direitos ganha reforço quando se trata de direitos humanos e fundamentais trabalhistas, visto que a ninguém é dado renunciar a direitos inerentes à sua dignidade humana.

Justificando o princípio da irrenunciabilidade, aduz Luiz de Pinho Pedreira da Silva que a "indisponibilidade, ainda que relativa, a imperatividade e consequente inderrogabilidade das normas do Direito do Trabalho, todas praticamente de ordem pública e, pois cogentes, como, ainda, a presunção de vício de consentimento nos atos jurídicos do empregado, resultante da sua subordinação ao empregador, conjugam-se para produzir a consequência da irrenunciabilidade dos direitos do trabalhador como um dos princípios cardiais do mesmo Direito."(228)

A irrenunciabilidade não implica obrigação de exercício fático do direito. Assim, no caso de direito não respeitado durante o curso da relação de emprego, pleitear, ou não, em juízo a sua tutela deste direito é uma faculdade do trabalhador. Como dispõe o art. 5º, II, da Constituição da República, ninguém é obrigado a fazer alguma coisa senão em virtude da lei. Acrescente-se que, apesar de serem os direitos decorrentes da relação de emprego irrenunciáveis, o trabalhador não está dispensado de respeitar o prazo estabelecido pela ordem jurídica para manifestar em juízo a pretensão à tutela, como autoriza afirmar o art. 7º, XXIX, da Constituição da República. Como assinala Mauricio Godinho Delgado, "o despojamento restringido pela legislação centra-se fundamentalmente naquele derivado do exercício expresso ou tácito da vontade pelo titular do direito".(229)

Por fim, Mauricio Godinho Delgado faz importante distinção entre indisponibilidade absoluta e indisponibilidade relativa, do ponto de vista do direito individual do trabalho, afirmando que é absoluta a indisponibilidade "quando o direito enfocado merecer uma tutela de nível de interesse público, por traduzir um patamar civilizatório mínimo firmado pela sociedade política em dado momento histórico. É o que ocorre (...), ilustrativamente, com o direito à assinatura de CTPS, ao salário mínimo, à incidência das normas de proteção à saúde e segurança do trabalhador. Também será absoluta a indisponibilidade, sob a óptica do Direito Individual do Trabalho, quando o direito enfocado estiver protegido por norma de interesse abstrato da respectiva categoria (...). Relativa será a indisponibilidade, do ponto de vista do Direito Individual do Trabalho, quando o direito enfocado traduzir interesse individual ou bilateral simples, que não caracterize um padrão civilizatório geral mínimo firmado pela sociedade política em dado momento histórico. É o que se passa, ilustrativamente, com a modalidade de salário paga ao empregado ao longo da relação de emprego (salário fixo, *versus* salário variável, por exemplo): essa modalidade salarial pode se alterar, licitamente, desde que a alteração não produza prejuízo efetivo ao trabalhador".(230)

---

(228) *Principiologia do direito do trabalho*. 2. ed. São Paulo: LTr, 1999. p. 124.

(229) *Curso de direito do Trabalho*. 11. ed. São Paulo: LTr, 2012. p. 209/211. A OIT estabelece uma hipótese de renúncia expressamente vedada, consoante se vê do art. 12 da Convenção n. 132 (ratificada pelo Brasil em 23 de setembro de 1998), segundo o qual "todo acordo relativo ao abandono do direito ao período mínimo de férias anuais remuneradas previsto no § 3º do art. 3 da presente Convenção ou relativo à renúncia ao gozo de férias mediante indenização ou qualquer outra forma, será, dependendo das condições nacionais, nulo de pleno direito ou proibido".

(230) *Curso de direito do Trabalho*. 11. ed. São Paulo: LTr, 2012. p. 211. O Tribunal Superior do Trabalho (TST) considera irrenunciável o aviso prévio (Súmula n. 276: "O direito de aviso prévio é irrenunciável pelo empregado. O pedido de dispensa de cumprimento não exime o empregador de pagar o respectivo valor, salvo comprovação de haver o prestador dos serviços obtido novo emprego").

A afirmação de existência de direitos de disponibilidade relativa encontra eco na própria CLT. O art. 500 da CLT, por exemplo, admite a renúncia à estabilidade no emprego, desde que seja realizada com a assistência do sindicato da categoria profissional do trabalhador ou, se não o houver, da autoridade local do Ministério do Trabalho e Emprego ou manifestada em juízo (a renúncia, quando admitida, pressupõe a livre manifestação de vontade do titular do direito por ela atingido). Nesta hipótese, é respeitada a liberdade do trabalhador, que não pode ser obrigado a manter-se vinculado a determinada empresa, tendo o legislador, no entanto, adotado providência — exigência de assistência — voltada à garantia da livre manifestação de vontade do trabalhador.[231] De outro lado, a CLT, em que pese vedar a transferência do dirigente sindical para lugar que lhe dificulte ou torne impossível o desempenho das suas atribuições sindicais, dispõe que haverá perda do mandato quando a transferência for solicitada pelo trabalhador ou contar com a sua aquiescência (art. 543, *caput* e § 1º). Assim, o trabalhador pode renunciar ao direito de exercício de suas atribuições sindicais.

A renúncia de direitos não se presume e pode ser expressa (manifestação de vontade do titular do direito no sentido de dele abdicar) ou tácita (incompatibilidade entre o ato praticado e o exercício de um direito). O Tribunal Superior do Trabalho admite a renúncia tácita, quando, por exemplo, firma jurisprudência no sentido de que: "Havendo coexistência de dois regulamentos da empresa, a opção do empregado por um desses tem efeito jurídico de renúncia às regras do sistema do outro" (Súmula n. 51, item II).

A renúncia deve ser interpretada restritivamente (art. 114 do Código Civil) e não pode ter por objeto direito futuro ou seja, somente pode recair sobre direito atual (daí a razão pela qual o TST considera nula a pré-contratação de horas extras, consoante se vê da sua Súmula n. 199, item I: "A contratação de serviço suplementar, quando da admissão do trabalhador bancário, é nula...").

Aos entes coletivos trabalhistas (sindicatos e empresas) foi conferido o poder para participar da conformação da ordem jurídica laboral (art. 611 da CLT e art. 7º, XXVI, da Constituição da República), o que não significa, porém, autorização para renúncia, pelos sindicatos, a direitos assegurados aos trabalhadores, notadamente os de natureza indisponível.

6.2 *Transação*

Dispõe o art. 840 do Código Civil que "é lícito aos interessados prevenirem ou terminarem o litígio mediante concessões mútuas". Transação é, portanto, o negócio jurídico por meio do qual as partes de determinada relação jurídica fazem concessões recíprocas, visando prevenir ou pôr fim a um litígio nela fundada.

Somente pode transigir aquele que tem o poder de disposição sobre o bem jurídico objeto de disputa (art. 104, I, do Código Civil), ao passo que a transação somente pode recair sobre direitos patrimoniais de caráter privado (art. 841 do Código Civil).[232]

A transação pode ser *extrajudicial* (como a que é realizada perante Comissão de Conciliação Prévia) ou *judicial* (transação realizada em juízo).

A renúncia e a transação não se confundem:

a) a renúncia constitui ato unilateral e a transação, bilateral;

b) a renúncia pressupõe a certeza do direito, enquanto a transação pressupõe controvérsia sobre a existência do direito;[233]

(231) Lembre-se que os atos jurídicos em geral somente serão eficazes quando atendidos determinados requisitos formais: agente capaz, livre manifestação da vontade, objeto lícito, possível, determinado ou determinável, e forma prescrita ou não defesa em lei (arts. 82, 166 e 171 do Código Civil).

(232) A Lei n. 9.469/1997 autoriza a realização de acordos ou transações judiciais envolvendo ações de que seja parte ente da Administração Pública (art. 1º, *caput* e § 1º).

(233) A transação versando sobre direitos de existência incontroversa constitui verdadeira renúncia.

c) na renúncia, o titular do direito o extingue sem contrapartida do devedor da obrigação a ele correlata, ao passo que, na transação, o credor e o devedor fazem concessões recíprocas, para prevenir ou colocar fim a um litígio.

A propósito da distinção entre renúncia e transação, afirma Dorval Lacerda que "A renúncia é um ato unilateral, enquanto o contrato e a transação são, imprescindivelmente, bilaterais. Mas não é só isso. A renúncia, como doutrina Paolo Greco, pressupõe a certeza, pelo menos subjetiva, do direito de que é objeto, enquanto a transação pressupõe, pelo contrário, uma falta de certeza, sempre do ponto de vista subjetivo, sobre o direito ou a situação jurídica no que diz respeito à existência, a limites ou modalidades: é uma *res dubia*, de acordo com a doutrina tradicional, entendendo-se a dúvida num sentido subjetivo, mas que pode ser reconhecida como possível e razoável, segundo as contingências comuns da vida, tendo em vista as circunstâncias do caso".[234]

A transação pode ocorrer no curso da relação de emprego (segundo decorre do art. 468 da CLT, é lícito o ajuste de vontade de que resulte melhoria da condição social do trabalhador, lembrando, porém, nos termos do art. 444 da CLT, não terá eficácia a transação que contrarie as disposições de proteção ao trabalhador, aos contratos coletivos e as decisões das autoridades competentes, e, ainda, que é nulo todo ato praticado com o objetivo de desvirtuar, impedir ou fraudar a aplicação dos preceitos contidos na CLT, segundo prevê o seu art. 9º[235]) e após a rescisão do contrato de trabalho, perante Comissão de Conciliação Prévia ou em juízo.[236] A conciliação judicial pode conduzir a um acordo que implique efetivas concessões recíprocas (transação) ou mera composição (não ocorrem transações recíprocas, mas reconhecimento, pelas partes, dos direitos e obrigações que lhes competem segundo os fatos da causa e o ordenamento jurídico).

A transação pode ocorrer no contexto da negociação coletiva, mas tal fato não a torna isenta de limites. Com efeito, é nula a cláusula de convenção coletiva de trabalho ou acordo coletivo de trabalho que implique desrespeito a direitos assegurados pela ordem jurídica aos trabalhadores. Daí a possibilidade, estabelecida pelo art. 83, IV, da Lei Complementar n. 75/1993, de propositura, pelo Ministério Público do Trabalho, de ação "para declaração de nulidade de cláusula de contrato, acordo coletivo ou convenção coletivo que viole as liberdades individuais e coletivas ou os direitos individuais indisponíveis dos trabalhadores".[237]

6.3 *Comissões de Conciliação Prévia*

Prestigiando a autocomposição como forma de solução dos conflitos decorrentes da relação de emprego, a Lei n. 9.958/2000 acrescentou os arts. 625-A, 625-B, 625-C, 625-D, 625-E, 625-F, 625-G e 625-H à CLT, autorizando as empresas e os sindicatos a instituir Comissões de Conciliação Prévia de composição paritária, com a atribuição de tentar conciliar os conflitos individuais do trabalho.[238]

---

(234) Dorval Lacerda. *A renúncia no direito do trabalho.* São Paulo: Max Limonad, 1933. p. 179-180.

(235) É nulo o ato que tiver por objetivo fraudar lei imperativa (art. 9º da CLT e art. 166, VI, do Código Civil). Trata-se, a hipótese, de ato que, embora lícito, é praticado com o objetivo de fraudar lei imperativa (fraude à lei). Fraudar a lei é também violá-la.

(236) O fato de ter sido extinta a relação de emprego não permite desconsiderar a irrenunciabilidade dos direitos trabalhistas. Embora já não esteja subordinado ao empregador, o trabalhador continua dependente dos ganhos decorrentes da alienação de sua força de trabalho para garantia de sua sobrevivência própria e familiar e de atendimento de suas necessidades básicas. A situação do trabalhador é até mais grave, posto, que extinta a relação de emprego, ela ainda estará sob a pressão da incerteza quanto ao espaço de tempo em que conseguirá novo emprego. A irrenunciabilidade dos direitos trabalhistas não se apresenta apenas durante a execução do contrato de trabalho, quando o trabalhador está juridicamente subordinado, ao seu empregador. A irrenunciabilidade decorre do fato de o trabalhador depender da alienação da sua força de trabalho para sobreviver, o que, como dito, subsiste mesmo depois da rescisão do contrato de trabalho. Sem emprego e sem garantia de conseguir nova colocação, o trabalhador estará ainda mais fragilizado. A irrenunciabilidade se manifesta no ato da contratação, na execução do contrato e após a rescisão do contrato de trabalho.

(237) A cláusula constante de convenção coletiva ou acordo coletivo de trabalho pode ser declarada nula de forma incidental em ação promovida pelo trabalhador.

(238) Os conflitos de interesses de natureza trabalhista podem ser individuais e coletivos. O conflito individual envolve pessoas determinadas (empregado e empregador) e tem por objeto os interesses concretos destas pessoas (interesse individual). O conflito coletivo envolve entes coletivos (sindicatos e empresas) e diz respeito a interesses abstratos de uma categoria profissional ou econômica (interesse de grupo).

Dispõe o art. 625-A da CLT que "As empresas e os sindicados podem instituir Comissões de Conciliação Prévia, de composição paritária, com representantes dos empregados e empregadores, com a atribuição de tentar conciliar os conflitos individuais do trabalho". Com isto, as Comissões de Conciliação Prévia têm como características: a) instituição facultativa; b) composição paritária, com representantes dos empregadores e dos empregados (princípio da paridade); e c) função de tentar conciliar os conflitos individuais de trabalho.

A Comissão instituída no âmbito da empresa deverá contar com no mínimo dois e, máximo, dez componentes, sendo a metade dos seus membros indicada pelo empregador e, a outra metade, eleita pelos empregados, em escrutínio secreto e fiscalizado pelo sindicato da categoria profissional, contando a Comissão com tantos suplentes quantos forem os representantes, sendo de um ano o mandato dos seus membros, titulares e suplentes, permitida uma recondução (art. 625-B, *caput* e incisos I, II e III).

Visando proteger o trabalhador eleito pelos seus pares para compor a Comissão e garantir a independência de sua atuação, a CLT estabelece ser vedada a dispensa dos representantes dos empregados na Comissão, titulares e suplentes, até um ano após o final do mandato, salvo se cometerem falta grave, nos termos da lei (art.625-B, § 1º, da CLT).[239]

O representante dos trabalhadores na Comissão se afastará de suas atividades normais na empresa somente quando for convocado para atuar como conciliador nas sessões da Comissão, sendo computado como tempo de trabalho efetivo o despendido nessa atividade (art. 625-B, § 2º, da CLT).

A Comissão instituída no âmbito do sindicato terá a sua constituição e as suas normas de funcionamento definidas na convenção ou acordo coletivo em que for estabelecida a sua instituição (art. 625-C, da CLT).

De acordo com o disposto no art. 625-D da CLT, sendo criada a Comissão na localidade da prestação de serviços, qualquer demanda de natureza trabalhista será a ela submetida. Este artigo torna obrigatório, portanto, apresentar o conflito à Comissão antes de submetê-lo ao Poder Judiciário. Destarte, não sendo comprovada em juízo a prévia tentativa de solução negociada do conflito perante Comissão instalada na localidade da prestação de serviços, o processo instaurado por força de ação ajuizada pelo trabalhador ou empresa será extinto sem provimento de mérito, por ausência de interesse processual (sendo possível a solução do conflito perante a Comissão de Conciliação Prévia, é desnecessária a intervenção do Poder Judiciário), salvo se for comprovado motivo relevante que impossibilitou a provocação da Comissão (art. 625-D, § 3º).

No entanto, em decisão proferida nos autos das ADI[240] n. 2.139 MC/DF e ADI n. 2.160 MC/DF, o STF decidiu, por maioria de votos, que a exigência de submissão das demandas trabalhistas às Comissões de Conciliação Prévia constitui séria restrição ao direito de acesso à justiça, o que a torna inconstitucional, razão pela qual concluiu-se que o recurso à Comissão é facultativo e não obrigatório.

A Comissão tem o prazo de dez dias para a realização da sessão de tentativa de conciliação a partir da provocação do interessado (art. 625-F, *caput*). Sendo ultrapassado este prazo sem a realização da sessão, será fornecida, no último dia do prazo, ao empregado e ao empregador declaração de tentativa conciliatória frustrada, com a descrição de seu objeto (art. 625-F, parágrafo único, da CLT).

Sendo acionada a Comissão e aceita a conciliação, será lavrado termo assinado pelo trabalhador, pelo empregador ou seu preposto e pelos membros da Comissão (art. 625-E, *caput* e parágrafo único, da CLT). Este termo constitui título executivo extrajudicial, sendo a Justiça do Trabalho competente para executá-lo (art. 876 da CLT).[241]

---

(239) A garantia de emprego é estabelecida apenas para os representantes dos trabalhadores na Comissão, sem titulares ou suplentes.

(240) Ação direta de inconstitucionalidade.

(241) Isto significa que, não sendo cumprido o que foi ajustado perante Comissão de Conciliação Prévia, o credor poderá acionar a Justiça do Trabalho, por meio de ação executiva, isto é de ação voltada à satisfação de crédito consubstanciado em título executivo.

O termo de conciliação firmada perante Comissão de Conciliação Prévia "terá eficácia liberatória geral, exceto quanto às parcelas expressamente ressalvadas" (art. 625-E, parágrafo único, da CLT). Assim, as parcelas que não sejam expressamente ressalvadas são consideradas quitadas pelo empregador. Interpretando este texto normativo, decidiu a 7ª Turma do TST que:

> "**COMISSÃO DE CONCILIAÇÃO PRÉVIA — EFICÁCIA DO ACORDO FIRMADO EXTRAJUDICIALMENTE — QUITAÇÃO AMPLA.** 1. A Lei n. 9.958/2000 introduziu a figura das Comissões de Conciliação Prévia (CCPs) a serem instituídas no âmbito das empresas ou dos sindicatos, facultativamente, com a finalidade de buscar a composição dos conflitos individuais de trabalho (CLT, art. 625-A), de modo que não seja necessário o ajuizamento de ação perante esta Justiça Especializada. Trata-se, portanto, de forma alternativa de solução de conflitos, junto com a arbitragem e a mediação pelo Ministério do Trabalho. 2. Para a composição dos conflitos individuais de trabalho, está prevista a tentativa prévia de conciliação pela comissão, passando-se, caso não haja acordo, à fase judicial. O STF já assentou que a passagem pela CCP não é obrigatória, mas, a partir do momento em que as partes elegem o foro extrajudicial para dirimir conflito intersubjetivo de interesses, no caso a CCP, e chegam ao consenso, forçoso reconhecer que o — termo de conciliação — possui natureza de ato jurídico perfeito (CF, art. 5º, XXXVI), que traduz manifestação espontânea de vontades e constitui título executivo extrajudicial (CLT, art. 625-E, parágrafo único). 3. Na hipótese em exame, a Turma julgadora — *a quo* — assentou que o termo de conciliação efetuado perante a comissão de conciliação prévia teria eficácia liberatória geral, abrangendo todas as parcelas oriundas do contrato de trabalho, exceto quanto às parcelas expressamente ressalvadas (horas extras decorrentes do intervalo intrajornada e adicional de insalubridade), o que não era o caso do adicional de periculosidade e reflexos. 4. Nesse contexto, não há de se falar em nulidade da decisão guerreada, diante da ausência de ressalvas quanto à parcela perseguida. Agravo de instrumento desprovido." (TST, Processo AIRR n. 180.900-76.2008.5.02.0014. relator min. Ives Gandra Martins Filho, DEJT de 2.312).

A Constituição de 1988 prevê, no art. 7º, XXIX, que constitui direito do trabalhado "ação, quanto aos créditos resultantes das relações de trabalho, com prazo prescricional de cinco anos para os trabalhadores urbanos e rurais, até o limite de dois anos após a extinção do contrato". Com isto, extinto o contrato de trabalho, empregado e empregador dispõem do prazo de dois anos para manifestar em juízo pretensão que tenha objeto crédito decorrente daquele contrato. Este prazo será suspenso a partir da provocação da Comissão, recomeçando a fluir, pelo que lhe resta, a partir da tentativa frustrada de conciliação ou do esgotamento do prazo de que a Comissão dispõe para realizar sessão de tentativa de conciliação (art. 625-G).

Aplicam-se aos Núcleos Intersindicais de Conciliação Trabalhista em funcionamento ou que vierem a ser criados, no que couber, as normas relativas às Comissões de Conciliação Prévia, desde que observados os princípios da paridade e da negociação coletiva na sua constituição (art. 625-H da CLT). Assim, além das Comissões de Conciliação Prévia, podem ser criados, por meio da negociação coletiva, Núcleos Intersindicais de Conciliação Trabalhista, em relação aos quais serão aplicadas as regras relativas àquelas Comissões, desde que observados o princípio da paridade.

Prestigiando as Comissões de Conciliação Prévia, a Lei Complementar n. 123/2006, que estabelece normas gerais relativas ao tratamento diferenciado e favorecido a ser dispensado às microempresas e empresas de pequeno porte, prevê, no art. 75, que "serão reconhecidos de pleno direito os acordos celebrados no âmbito das comissões de conciliação prévia".

DIREITO PROCESSUAL DO TRABALHO

I

MAURICIO PEREIRA SIMÕES

PARTE I — Introdução: 1. Definição. 2. Princípios. 3. Fontes. 4. Autonomia. 5. Interpretação. 6. Integração. 7. Aplicação. 8. Eficácia. PARTE II — Organização da Justiça do Trabalho: 1. Fase histórica. 2. Composição. PARTE III — Competência da Justiça do Trabalho: 1. Competência. 2. Temas controvertidos.

Parte I
INTRODUÇÃO

1. DEFINIÇÃO

Muitas são as definições que os autores mais renomados estabeleceram para este e para outros institutos. Em princípio as definições levavam em conta critérios menos extensos de delimitação do ramo, observando os sujeitos ou o direito a ser aplicado.

Com o passar do tempo foi-se aprimorando tal técnica e passou-se a entender que uma definição mista, levando em conta os sujeitos envolvidos e o direito a ser aplicado, seria mais coerente e teria mais sucesso em identificar todos os contornos do ramo a que se destinava definir. Uma definição bem feita é capaz de entregar ao leitor uma boa explicação daquilo que pretende descrever, sem maiores dificuldades ou dúvidas.

Não seria lógico ou razoável iniciar o estudo de um ramo da ciência, como é a ciência jurídica processual trabalhista, sem expor, ainda que de forma sucinta uma definição.

Isso em razão do fato de que algumas informações não podem passar sem um mínimo comentário, como é o caso da definição de Direito Processual do Trabalho, já tem importância ímpar no presente estudo Por isso, em rápidas linhas, segue uma definição.

O preclaro Dinamarco, apud Manoel Antônio Teixeira Filho, (2009, v. I, p. 37)[1] conceitua processo como o "conjunto de princípios e normas destinados a reger a solução de conflitos mediante o exercício do poder estatal".

Ainda nas palavras do professor Manoel Antônio Teixeira Filho, em seu *Curso de Direito Processual do Trabalho* (2009, v. I, p. 102), tem-se o seguinte conceito de direito processual do trabalho: "complexo das normas legais, dos princípios, das opiniões doutrinárias e jurisprudenciais e das práticas judiciárias destinados a regular o exercício da função jurisdicional do Estado com vistas a solucionar os conflitos de interesses, individuais ou coletivos, constitucionalmente atribuídos à Justiça do Trabalho".

Apesar da existência de muitas definições ou mesmo de conceitos, não existem bons conceitos e definições ou conceitos e definições ruins, existe sim preferência por uma definição ou um conceito ou outro. Assim, para que o leitor tenha uma ideia comparativa de conceitos, faz-se referência a um conceito trazido por outro doutrinador, o professor Carlos Henrique Bezerra Leite, em seu *Curso de Direito Processual do Trabalho* — LTr (2005, p. 81)[2] nos seguintes termos: "ramo da ciência jurídica, constituído por um sistema de princípios, normas e instituições próprias, que tem por objeto promover a pacificação justa dos conflitos decorrentes das relações jurídicas tuteladas pelo direito material do trabalho e regular o funcionamento dos órgãos que compõem a Justiça do Trabalho".

Com isso entrega-se ao leitor a possibilidade de avaliar a verdadeira extensão da definição do ramo em estudo e formar sua própria ideia acerca da melhor forma de estudar e criar sua própria definição a partir dos critérios propostos.

2. PRINCÍPIOS

Muito se discute quanto aos princípios, mas a maioria dos bons autores somente se preocupa em enumerá-los, esquecendo-se de que antes de tudo é bom se conhecer como se chega a uma concepção de

(1) FILHO, Manoel Antônio Teixeira. *Curso de Direito Processual do Trabalho.* São Paulo: LTr, 2009, vol. 2.

(2) LEITE, Carlos Henrique Bezerra. *Curso de Direito Processual do Trabalho.* São Paulo: LTr, 2005.

princípios e as finalidades deles, a doutrina mais autorizada nos informa as três finalidades que, em regra, eles possuem: informativa, integrativa e interpretativa.

Primeiro observe-se que a distinção entre um princípio e uma regra está numa análise subjetiva de concepções, pois parte-se do pressuposto daquilo que é mais genérico para aquilo que é mais específico, assim, quanto mais paira sobre o ordenamento mais um instituto tem feição de princípio e o contrário, quanto mais ele se aplica a determinada circunstância mais ele se aproxima de ser uma regra.

Daí a grande dificuldade em encontrar autores que consigam repetir uma a uma a mesma enumeração de princípios, sempre havendo a inserção ou supressão de algum, pela ideia de que é ou não mais genérico ou mais específico.

Vejamos agora a finalidade dos princípios.

Quanto à finalidade informativa, utiliza-se do princípio como norte a ser seguido pelo produtor da norma, que para o ramo do Direito pode ser o legislador eleito, como também os entes coletivos na fixação de normas em instrumentos como convenções e acordos coletivos e até mesmo as partes diretamente envolvidas, já que até alguns regulamentos de empresa estabelecem normas que podem impactar no processo.

Isso quer dizer num grau mais prático do estudo que, quando um órgão ou agente pretende produzir certas regras que venham a impactar no processo do trabalho, deverá estar atento aos princípios que regem esse ramo específico, sob pena de produzir regras que não se adequem a sistemática adotada pelo ramo e acabar parecendo algo muito estranho ao ramo em foco ou até mesmo acabar tendo sua eficácia social questionada, diante da ignorância dos princípios que regem esse ramo determinado.

Quanto à finalidade integrativa, o princípio servirá de base para os casos de lacunas. Como forma de preencher a ausência de lei, pode o princípio fazer o papel da própria lei. Assim nos informa o Código de Processo Civil, em seu art. 126, que comporta aplicação subsidiária nos termos do art. 769 da Consolidação das Leis do Trabalho.

O próprio art. 8º da Consolidação das Leis do Trabalho permite que as autoridades administrativas e a Justiça do Trabalho se valham dos princípios como normas de integração nos casos de lacunas normativas.

Por fim, mas não menos importante, a função interpretativa dos princípios, ou seja, na aplicação das normas o intérprete deve se socorrer dos princípios para entregar a melhor extensão que a norma possa ter.

Veja que o ápice da função de um princípio para o aplicador do direito, em especial os juristas nas pessoas dos advogados, juízes, procuradores ou mesmo professores e autores, é a função interpretativa, pois a essa categoria de pessoas importa de fato a subsunção do fato a norma, como regra, sendo que, em verdade, ao fazer essa inferência prática o intérprete deverá estar imbuído por completo do espírito principiológico do ramo que busca interpretar.

Vejamos, só como exemplo, a interpretação da revelia no Processo do Trabalho. A revelia pode acontecer em qualquer ramo do processo: civil, penal ou do trabalho, mas em cada um poderá ter um desmembramento diverso a depender do princípio que adotar para cada caso.

Firme nesse propósito, o Tribunal Superior do Trabalho editou a Súmula n. 122, a qual reconheça é de um grau de discussão altamente elevado. O que dizem alguns juristas é que o advogado com defesa deve ver a revelia elidida, para somente se aplicar a confissão, ou seja, receber a defesa e documentos e somente depois se declarar a confissão.

Já a posição do Tribunal Superior do Trabalho é de que a reclamada ausente é revel, ainda que presente seu advogado com procuração e defesa.

O que se tem em contraposição a essas duas posições são os arts. 844 da Consolidação das Leis do Trabalho e 319 do Código de Processo Civil. Para o primeiro, a ideia central é o comparecimento da parte, para somente depois se pensar em defesa. Para o segundo diploma, Código de Processo Civil, o que vale é a apresentação de defesa e somente depois se fará o comparecimento das partes. Quem está certo?

Ambos, pois cada um está transmitindo aquilo que os princípios específicos de cada ramos estabelece, pois enquanto na seara trabalhista o que importa é a o comparecimento, tentativa de acordo e demais aproximações das partes, no processo civil primeiro será a defesa e seus documentos, para somente depois se for o caso e se necessitar é que as partes comparecerão, para acordo ou mesmo para instrução.

Percebe-se como os princípios que regeram um e outro ramo são totalmente distintos, por isso, gostemos ou não, o Tribunal Superior do Trabalho está certo, pois está privilegiando um ramo que tem princípios próprios. Nada impede que isso se modifique, em razão da mudança da sociedade, mas para isso deverá primeiro partir da lei, mudando o espectro da revelia nesse ramo especializado.

A revelia terá, portanto, tratamento diferenciado, a depender do ramo em que se aplica o dos princípios que o regem.

De outro lado, há que se diferenciar os princípios processuais do trabalho dos princípios processuais em geral, que se direcionam a todo e qualquer ramo processual, e para fins dessa obra em especial, analisar os princípios gerais de processo com aplicação ao nosso especializado ramo do processo.

Por isso, a obra seguirá com análise dos princípios gerais de processo aplicáveis ao ramo trabalhista e depois dos princípios específicos desse mesmo ramo, sem prejuízo de outros que possam ser pesquisados.

Observe que não se pretende esgotar os princípios específicos do processo em geral, até pela existência de um estudo especificamente direcionado a esse fim.

2.1 Princípios gerais de processo

Tal qual acontece no estudo dos princípios específicos da seara processual trabalhista, a doutrina não é uniforme na enumeração dos princípios gerais de processo, seja quanto à espécie, seja quanto à própria quantidade desses princípios.

Muitas são as formas de se identificar e enumerar um princípio. O que parece bastante coerente, como já foi dito, é dizer que quanto mais genérica uma disposição, mais abrangente e menos ligada a circunstâncias previamente estabelecidas, mais essa disposição terá caráter de princípio; contrariamente, quanto menos intensos esses elementos, mais se afasta de ser um princípio e terá caráter de lei em sentido estrito.

Aqui, a proposta é fazer a análise daqueles princípios que, embora tenham conteúdo genérico, oferecem aplicação no processo do trabalho também.

2.1.1 Princípio do devido processo legal

O referido princípio é tido como "o princípio dos princípios" em matéria processual, pois em verdade informa o processo como um todo e tem um pouco de cada um dos princípios abaixo mencionados.

Resta dizer, assim, que imprime uma obrigatoriedade de o processo seguir todos os princípios abaixo, sob pena de violação do princípio específico e deste como gênero.

Aplicado ao processo do trabalho, deixa claro que também este processo deve seguir regras claras de direito processual em geral e as regras do direito processual do trabalho em específico.

Esse princípio garante aos envolvidos no processo uma espécie de previsibilidade de atos e atitudes de todos a serem tomados no decorrer do processo, como um meio de garantir a mais ampla participação e mensuração das ocorrências pelas partes.

2.1.2 *Princípio do contraditório e da ampla defesa*

O contorno de importância se aproxima muito ao anterior, sendo previsto de forma expressa pela Carta Maior, e, por esses, tem-se que à parte deve ser garantida a informação, além da possibilidade de reação, de forma prévia ou diferida, ou seja, conhecimento e possibilidade de reação.

O conhecimento, em regra, será dado antes da decisão, mas pode haver uma inversão, primeiro se decide e depois se noticia e se possibilita a reação, como exceção, fique claro.

Ampla defesa está ligada ao direito de se defender e de produzir provas no processo, ou seja, as partes têm de ter a oportunidade de indicar e produzir suas provas no processo.

Esses são corolários da ordem constitucional, conforme se depreende do art. 5º LV, da Constituição Federal.

2.1.3 *Princípio dispositivo ou demanda*

Por ele entende-se que compete à parte interessada sair em busca da tutela jurisdicional, no sentido de que o Estado, detentor da prerrogativa de dizer o direito, ou seja, órgão jurisdicional, deve se abster de iniciar processo.

O referido princípio encontra-se materializado no art. 2º do Código de Processo Civil, o qual estatui que ao juiz não é dado entregar a tutela, senão quando solicitada pelo interessado, nos termos da lei.

Em se tratando de processo do trabalho, o referido princípio pode sofrer alguma flexibilização, posto que, em alguns momentos, o início da demanda não partirá da vontade das partes, mas da vontade do Estado.

Tome-se como exemplo o art. 39, *caput*, da Consolidação das Leis do Trabalho, quando diz que o processo administrativo de assinatura da Carteira de Trabalho e Previdência Social será encaminhado para a Justiça do Trabalho, numa espécie de processo iniciado pelo órgão de fiscalização.

De outro lado, o art. 878 da mesma norma trabalhista informa que a execução será promovida de ofício pelo próprio juiz ou presidente do tribunal. Aqui, uma discussão se faz necessária: se a execução seria um processo autônomo em relação ao processo de conhecimento, ou se, ao contrário, seria uma fase daquele processo. A discussão ainda não tem pacificação jurisprudencial e doutrinária, mas alguns subsídios fundamentam uma e outra posição.

Os que consideram a execução no processo do trabalho como um processo autônomo apegam-se ao disposto no art. 880 da Consolidação das Leis do Trabalho, que se refere à "citação" na seção do mandado e da penhora, pois consideram que citação é meio de se iniciar processo e não fase. A outra corrente, que adota a tese da fase, funda-se justamente no fato de que pode ser iniciada pelo juiz ou tribunal, fazendo a leitura através de princípios (aqui, função informadora dos princípios), sendo um deles o acima referido.

Se adotada essa última tese, teríamos a execução como uma fase e o princípio em estudo não sofreria essa exceção. Contudo, ao adotar a tese contrária, teríamos sim uma exceção ao princípio dispositivo, também conhecido como inércia da jurisdição.

Outra exceção era apontada pela doutrina, em razão do disposto no art. 856 da Consolidação das Leis do Trabalho, quanto ao ajuizamento de dissídio coletivo, o que se justificava pelo clamor público da paralisação de certos serviços públicos. Referida disposição era inconcebível para o processo civil e estranha ao processo individual do trabalho. Ocorre que mesmo em se tratando de dissídio coletivo, de processo e procedimento absolutamente especiais, essa postura já não se justifica mais, em razão das alterações legais e constitucionais, conforme a Lei de Greve — Lei n. 7.783/1989 — e Emenda Constitucional n. 45/2004, ambas entregando ao Ministério Público do Trabalho a legitimidade para suscitar dissídio em caso de greve de serviço essencial. Veja a respeito no art. 114, § 3º da Constituição Federal e art. 8º da Lei n. 7.783/1989.

Com isso, a leitura mais moderna do art. 856 é no sentido da não recepção da norma pela Constituição Federal ou mesmo da revogação tácita pela Lei de Greve.

2.1.4 *Princípio do inquisitivo ou do impulso oficial*

Em que pese toda a disposição acima, uma vez iniciada a demanda, que se diga, em regra, por iniciativa da parte, cabe ao juiz dar andamento ao processo no sentido de que iniciada a demanda ele determine seu andamento, impulsionando os atos e provocando as partes a praticá-los.

Esse princípio de aplicação geral pode ser facilmente lido no art. 262 do Código de Processo Civil e art. 765 da Consolidação das Leis do Trabalho, sem prejuízo de outras disposições legais que levem a tal inferência. Pode também ser chamado de "princípio inquisitivo".

Se bem visto, o referido princípio se coaduna em absoluto com a reforma imposta ao Judiciário pela Emenda Constitucional n. 45/2004, quando insere no art. 5º, LXXVIII, o princípio da razoável duração do processo.

O contrário desse princípio é o do dispositivo, que enuncia uma postura mais passiva do juiz, aguardando provocação das partes. Esse princípio vem perdendo campo ante a espera de um ativismo do juiz em busca da entrega da prestação jurisdicional, sem se descuidar da imparcialidade.

Hoje ainda convivem em harmonia, sendo que a regra é o juiz impulsionar o processo, mas em determinadas circunstâncias deve aguardar que a parte o faça, especialmente quando a lei assim prever.

2.1.5 *Princípio da instrumentalidade*

Por esse princípio se tem uma circunstância muito cara ao Direito, pois, em que pese a autonomia do processo em relação ao direito material, resta claro que a principal finalidade desse instituto é dar aplicabilidade ao direito material. Daí o princípio da instrumentalidade, pois o processo não existe por si próprio, mas sim como meio de satisfação do direito material.

Exceções existem, como o processo cautelar que visa a tutelar outro processo de conhecimento ou execução, ou mesmo o agravo de instrumento que visa a tutelar outro recurso. Contudo, mesmo nesses, a instrumentalidade estará presente, ainda que de forma mediata, pois ao tutelarem outros processos, estão indiretamente tutelando um direito material por trás destes.

É por isso também que se diz que, em regra, os atos não têm forma determinada em lei, valendo a finalidade, ou seja, não importa a forma como o ato foi praticado, se o objetivo pretendido foi atingido, ele será válido. Isso pode ser facilmente lido nos arts. 154 e 244 do Código de Processo Civil, ambos aplicáveis ao processo do trabalho, por força do art. 769 da Consolidação das Leis do Trabalho e, talvez, até mais aplicável a esse ramo do processo.

Observe-se, no entanto, que excepcionalmente a lei pode atribuir à forma uma importância crucial, momento em que ela passa a ser da substância do ato, ou seja, se a lei definir que determinado ato deve ocorrer de uma forma, somente por ela se pratica e prova o ato. Veja-se, por exemplo, o art. 464 da Consolidação das Leis do Trabalho, ao disciplinar o recibo de pagamento. A doutrina mais autorizada dirá que, para se provar pagamento, necessário será a forma, ou seja, pagamento de salário só se prova mediante recibo. Observe-se no artigo o verbo impositivo "deverá".

2.1.6 *Princípio da impugnação específica e eventualidade*

Resultante da leitura do art. 302 do Código de Processo Civil tem ampla aplicação no processo do trabalho. Significa a um só tempo, que a parte reclamada deve impugnar todos os pontos descritos na inicial, utilizando-se de todas as teses eventualmente existentes, sob pena de preclusão da oportunidade, ou seja, uma vez afastada uma preliminar de inépcia de horas extras, por exemplo, a parte reclamada deve contestar o mérito dessas mesmas horas, dando aplicabilidade à duplicidade do princípio acima, pois apresentou suas teses — inépcia e contestação de mérito — de forma eventual. Superada a tese primeira, passa-se à análise da segunda.

Não observar o referido princípio tem como consequência a consideração da verdade das alegações da parte contrária, salvo quando o caso se enquadrar nas exceções descritas nos incisos I ao III do mesmo diploma, ou seja, não se admitir a confissão a respeito, quando da ausência de instrumento público com a inicial, o qual a lei diz ser da substância do ato ou se estiver em contradição com o conjunto da defesa.

2.1.7 Princípio da estabilidade da lide

Corolário do art. 41 do Código de Processo Civil, significa a imutabilidade da lide, ou seja, após certa altura do processo não mais se modificam os limites objetivos e subjetivos da lide, isto é, causa de pedir, pedidos e partes.

Os arts. 41 e 294 do Código de Processo Civil indicam com precisão o que acima foi descrito; o primeiro, quanto à estabilização subjetiva, ou seja, partes, e o segundo, quanto à estabilização objetiva, quer dizer, causa de pedir e pedidos.

O que o Código de Processo Civil leva em conta é o momento da formação efetiva da relação triangular, isto é, o momento em que já estão regularmente inseridos no processo autor, juiz e réu.

A Consolidação das Leis do Trabalho leva em conta o mesmo critério, contudo, o momento de formação é outro, não a citação propriamente dita. Com isso, se quer dizer que ao autor é dado modificar os limites da lide até o recebimento da defesa, o que se faz em audiência.

Por isso, até a entrega da defesa, é lícito ao autor pretender modificar a demanda e até desistir dela sem anuência do réu. O Código de Processo Civil tem outra premissa, até pela regra de que a defesa se apresenta em cartório, e não em audiência.

Assim, a conclusão a que se chega é a de que o reclamante, em processo do trabalho, terá a lide estabilizada após o recebimento da defesa em audiência. Antes do início da fase instrutória, ou seja, até a réplica, a mudança da lide ainda pode ser procedida, contudo, a partir disso, necessitará da anuência do reclamado e depois desse momento, nem mesmo com a anuência.

2.1.8 Princípio da preclusão

Esse princípio visa a dar aplicabilidade ao preceito máximo do processo que significa marcha avante, ou seja, iniciado o processo, este deve seguir em direção ao seu fim, quer dizer, até a entrega da prestação jurisdicional.

A preclusão pode ser dividida em lógica, temporal, consumativa e máxima. As três primeiras são direcionadas especialmente às partes e, a última, ao juiz. Vamos a elas.

Preclusão lógica: significa que os atos devem ter uma ordem lógica de apresentação de forma a não tornar o processo algo contraditório. Assim, não se pode praticar um ato que não guarde correspondência com os anteriores, como, por exemplo, pagar o processo com intuito de quitação da dívida e depois pretender rediscutir a matéria em recurso. Resta claro que o recurso não guarda a lógica com a sequência do processo.

Preclusão temporal: significa que os atos têm um prazo para serem praticados, ou seja, não sendo feito no prazo da lei, a parte não pode mais praticá-lo, afinal, o processo precisa chegar ao seu fim, e, se cada ato ficasse subordinado à providência da parte unilateralmente, jamais o processo teria um término.

Preclusão consumativa: uma vez praticado um ato, este não pode ser repetido tornando moroso o andamento, como, por exemplo, quando publicada a sentença, a parte apresenta recurso no quinto dia do prazo e depois pretende reapresentá-lo até o último dia.

Preclusão máxima: absolutamente ligada ao juiz, significa que, uma vez entregue a prestação jurisdicional, o juiz não pode revê-la de ofício, salvo se for para corrigir erro material ou em caso de embargos de declaração, como bem dispõe o art. 463 do Código de Processo Civil.

2.1.9 *Princípio do livre convencimento*

Ao juiz não é dado decidir sem demonstrar as razões pela qual se convenceu por uma ou outra tese, conforme enuncia o art. 93, IX, da Constituição Federal.

Na mesma linha, temos que o juiz não é obrigado a esgotar todas as teses trazidas pelas partes, devendo formar seu livre convencimento e usá-lo na fundamentação a partir das arguições das partes, salvo quanto às matérias de ordem pública.

Observe a aplicação especial desse princípio em órgãos de primeira instância, em que a recorribilidade para as demais instâncias é sempre ampla e em profundidade, a teor dos parágrafos do art. 515 do Código de Processo Civil. Tratamento diverso temos quando se fala em julgamento colegiado, já em grau de recurso, em razão do prequestionamento das matérias, ocasião em que os julgadores devem debater decidir sobre todas as teses sucitadas.

2.1.10 *Princípios mais amplos da jurisdição*

Algo a ser repisado é que a classificação acima não esgota os princípios como um todo, podendo esse rol ser ampliado ou reduzido a depender do grau de abrangência que se dá à norma.

Por fim, não se cogitou discorrer sobre os princípios da jurisdição, previstos em regra na Constituição Federal, pois se trata de estudo mais afeito à matéria da teoria geral sobre processo, mas, para que não se perca de vista, são eles: investidura; aderência ao território; indelegabilidade; inevitabilidade; inafastabilidade; juiz natural e imparcial e a própria inércia da jurisdição.

2.2 *Princípios tipicamente trabalhistas*

Tanto quanto os princípios gerais de processo, aplicáveis ao processo do trabalho, como em relação aos princípios tipicamente trabalhistas não há consenso quanto a sua quantidade e enumeração.

Contudo, adotando postura da doutrina dominante, passa-se a numerá-los a seguir.

2.2.1 *Princípio da conciliação*

Referido princípio talvez seja o que melhor reflete a origem e a busca constante pelos operadores do direito em matéria de direito processual do trabalho, a conciliação. Imbuído desse espírito conciliador nasceu a Justiça do Trabalho, ainda como órgão do Poder Executivo, e assim cresceu e se desenvolveu.

O papel conciliador desse ramo é, portanto, o carro-chefe do ramo processual trabalhista, tanto é verdade que as estatísticas dos órgãos de controle não cansam de anunciar os resultados positivos, talvez os mais positivos entre todos os ramos do Judiciário, no número de demandas solucionadas ainda no ano de ingresso dos processos.

Na mesma linha, o Conselho Nacional de Justiça incentiva o implemento, e cada dia mais, das boas práticas de conciliação, com semanas nacionais, prêmios e projetos neste sentido.

Uma divergência surgiu a partir da Emenda Constitucional n. 45, de 30 de dezembro de 2004, uma vez que esta trouxe mudança substancial ao tratamento da competência trabalhista, alterando a redação do artigo. Juntamente a isso, houve mudança na expressão "conciliar e julgar" para "processar e julgar" no *caput* do art. 114.

Não demorou para uma parte da doutrina defender o fim do princípio conciliatório no processo do trabalho. Referida postura não é a mais autorizada, pois a verdadeira intenção do legislador reformador foi jurisdicionalizar o processo do trabalho, tornando-o mais parecido com os demais processos. Nessa busca, mudaram a competência, que era em razão das pessoas, para torná-la em razão da matéria e ampliar sensivelmente o campo de atuação desta especializada justiça.

Porém, quanto ao caráter conciliatório típico e inerente a esta justiça, nada se alterou. Apesar de a Constituição Federal deixar de tratar dessa característica expressamente, não a proibiu, nem revogou as disposições infraconstitucionais que dela tratam. Veja, a esse respeito, os arts. 846 e 850 da Consolidação das Leis do Trabalho, que continuam a impor a tentativa conciliatória como primeira e última providência em audiência. Ademais, por se tratar de um princípio, tem aplicação ampla e mais extensa do que a simples previsão em lei. No mesmo sentido, a Lei n. 5.584, de 1970, quanto ao rito sumário ou de alçada, em seu art. 2º.

A todo o tempo é salutar incitar que as partes se componham, bem como e da mesma forma é permitido à parte que proponha acordo a qualquer tempo.

Como dito, o referido princípio acompanha esta especializada justiça desde os primórdios de sua existência em nosso ordenamento, muito antes de a Constituição Federal de 1946 inserir no rol do Poder Judiciário a Justiça do Trabalho, e continua a fazê-lo, cotidianamente.

2.2.2 *Princípio da concentração*

Esse princípio informa, de maneira geral, que os atos sejam praticados de maneira concentrada, ou seja, que possam ser realizados de forma concisa, em momento único. Foi assim que o art. 849 da Consolidação das Leis do Trabalho, no que tange ao rito ordinário, deu preferência para audiências unas e, na mesma linha de raciocínio, seguiu o art. 852-C quanto ao rito sumaríssimo, mas agora como imposição desse tipo de audiência.

Assim, deve ser evitado ao máximo o desmembramento de audiências e de todos os demais atos que possam ser resolvidos de plano, o que dará aplicabilidade a outro princípio de muita importância para o processo em geral e do trabalho em específico, que é o princípio da celeridade processual.

Outras disposições da Consolidação das Leis do Trabalho podem ser atribuídas a esse princípio, como o art. 852-G, quanto à solução imediata dos incidentes processuais, art. 845, quanto à concentração das provas, dentre diversas outras.

Com isso podemos dizer que referido princípio reflete exatamente aquilo que sua nomenclatura buscou descrever, a concentração dos atos praticados.

2.2.3 *Princípio da oralidade*

Os atos serão praticados em audiência, como regra, por isso a prevalência da oralidade no processo do trabalho. Isso implica, a um só tempo, dar aplicação ao princípio da concentração, da celeridade e da razoável duração do processo, para determinar que tudo quanto possível será requerido, contestado e apreciado de forma oral. Veja, a esse respeito, o art. 828, parágrafo único, da Consolidação das Leis do Trabalho, quanto a constar um resumo dos depoimentos em ata. Da mesma forma, o art. 851 determina que um resumo da audiência seja transcrito em ata, demonstrando a preferência do ato oral ao escrito.

Se bem visto, a Consolidação das Leis do Trabalho, em nenhum momento, cita a defesa escrita, ao contrário, a única disposição que se tem quanto à defesa é no sentido de que seja feita oralmente em vinte minutos em audiência, a teor do art. 847, que também faz referência à leitura da inicial, esta que, aliás, pode ser oral também, tomando-se a termo, nos moldes do art. 731, ainda da Consolidação das Leis do Trabalho.

2.2.4 *Princípio da celeridade*

O referido princípio constitucionalizou-se a partir da Emenda Constitucional n. 45, de 30 de dezembro de 2004, quando trata, no art. 5º, LXXVIII, da razoável duração do processo, mas já era comando trabalhista desde meados do século XX, pois a Consolidação das Leis do Trabalho desde sempre prezou por esse princípio. Veja, a respeito, a redação do art. 893, § 1º, determinando que não se pare o processo para decisões interlocutórias, ou mesmo o art. 852-G, o qual determina que todos os incidentes passíveis de interferir no prosseguimento da audiência serão resolvidos de plano.

Em verdade, mais uma vez temos um princípio como complemento de outro, neste caso, ao da concentração dos atos.

2.2.5 *Princípio das nulidades*

As teses das nulidades estão descritas nos art. 794 e seguintes da Consolidação das Leis do Trabalho, estabelecendo regras claras quanto a sua aplicabilidade.

Em primeiro lugar, tem-se que somente será declarada a nulidade se houver manifesto prejuízo à parte que a alega. Assim, em não havendo o referido prejuízo, ou seja, se não causou efetivo prejuízo à parte que a alega, não será declarada, corolário do art. 794 da Consolidação das Leis do Trabalho.

Em seguida, só se acolhe nulidade alegada em tempo e modo, ou seja, pela provocação das partes e no primeiro momento que tiverem para falar nos autos ou em audiência, sob pena de preclusão, art. 795 da Consolidação das Leis do Trabalho. Alguns chamam essa disposição de "princípio da convalidação".

O art. 796, na busca de evitar a declaração de nulidade, informa que esta somente será declarada se não se puder suprir a falta ou repetir o ato, ou seja, em sendo possível corrigir, não se declara nulo.

Por fim, busca-se dar a mínima extensão possível ao ato declarado nulo, comunicando que o juiz ou o tribunal informará quais foram os atos atingidos e a não prejudicialidade dos que dele não dependam.

Assim, fica muito claro que a tese das nulidades busca ao máximo a instrumentalidade e salvação dos atos.

2.2.6 *Princípio da irrecorribilidade das decisões interlocutórias*

Para esse princípio, os incidentes surgidos no decorrer do processo não ensejam recurso imediato, o que não significa a impossibilidade de haver recurso, mas somente que isso não ocorrerá de plano, imediatamente, e sim quando da decisão sentencial.

Um incidente surge como uma barreira, não podendo se prosseguir na análise da lide antes de resolvido, mas, por outro lado, não se refere a algo desejado como bem da vida, por exemplo, um pedido de horas extras. Um incidente pode tanto gerar uma decisão interlocutória como sentença terminativa do feito, ou seja, extinção do feito sem resolução de mérito.

Estamos tratando do exemplo em que a solução do incidente gera uma decisão interlocutória, ou seja, uma decisão que resolve questão incidente, mas sem determinar o fim do processo com ou sem resolução de mérito.

Exemplificativamente, vejamos a disposição do art. 800, da Consolidação das Leis do Trabalho, quando trata da decisão referente à exceção de incompetência em razão do lugar. Especialmente quando afastada, gera uma decisão interlocutória.

Diz-se especialmente em razão da disposição da Súmula n. 214 do Tribunal Superior do Trabalho, quando trata das exceções referentes à remessa de processo para tribunal regional diverso da origem, decisão de tribunal regional que contraria a súmula ou orientação jurisprudencial do Tribunal Superior do Trabalho ou da decisão suscetível de impugnação mediante recurso para o mesmo tribunal.

Contudo, a regra é dizer que quanto o juiz emite uma decisão interlocutória, a irrecorribilidade imediata irá permear essa situação, determinado às partes que aguardem a solução definitiva para poder, se for o caso, recorrer daquela interlocutória.

Outros princípios podem ser apontados, mas de discutível catalogação como princípio processual trabalhista.

Uma ressalva vale a pena ser feita quanto ao princípio protetivo, que para o ilustre professor Teixeira Filho (2009, v. I)(3) aplica-se ao processo, em que pese ser um princípio inicialmente voltado ao direito material. Nessa empreitada, o autor parece ser minoria, razão pela qual, seguindo a linha da doutrina majoritária, o princípio em referência não se aplica ao processo.

3. FONTES

Fonte, em sentido gramatical, transmite ideia de origem, começo, mas em se tratando de estudo jurídico podemos dizer que, além disso, é o lugar onde o Direito se abebera, ou seja, onde se buscam os subsídios para sua atividade criativa.

Aqui está um dos assuntos de grande importância no estudo do direito em qualquer um dos seus ramos, e não poderia ser diferente no processo do trabalho, por isso, passa-se agora à análise das fontes processuais trabalhistas.

A doutrina não é uníssona na classificação das fontes. Para alguns, a divisão seria entre fonte formal e material, para outros em imediata e medita, ou ainda primárias e secundárias.

Seguindo linha da doutrina majoritária, opta-se por classificar as fontes em materiais e formais. Estas ainda comportam uma subdivisão em diretas, indiretas e de integração.

Fonte material: seriam os fatos sociais, políticos, econômicos, culturais, éticos e morais, todos decorrentes da própria relação material trabalhista, já que, como afirmado em linhas pretéritas, o processo é instrumento de solução das relações materiais.

Fonte formal: está ligada ao positivismo jurídico, ou seja, à lei, o que comporta a seguinte subdivisão:

Fonte formal direta: refere-se aos atos normativos emanados do executivo ou legislativo, e em se tratando de direito coletivo, até dos próprios autores sociais ou tribunais do trabalho.

Podemos citar como exemplos principais na seara do processo do trabalho a Constituição Federal, a Consolidação das Leis do Trabalho, a Lei n. 5.584/1970, o Decreto-lei n. 779/1969, a Lei n. 605/1949, dentre diversos dispositivos legais esparsos.

O que há de comum a todos esses exemplos é a origem da norma, o legislador, que pode ser e geralmente é o próprio Poder Legislativo, mas também não muito raro o Poder Executivo.

Fonte formal indireta: ligada às atividades doutrinárias e jurisprudenciais.

Nesse aspecto, podemos tratar das diversas doutrinas escritas pelos estudiosos do Direito, assim como das súmulas de tribunais e orientações jurisprudenciais, podendo ser de tribunal regional ou mesmo superior.

Ao contrário do que parte da doutrina sustenta as súmulas e orientações jurisprudenciais, especialmente do Tribunal Superior do Trabalho, são uma rica fonte de estudo de institutos. Ao se estudar o pre-

(3) FILHO, Manoel Antônio Teixeira. *Curso de Direito Processual do Trabalho.* São Paulo: LTr, 209, vol. 1.

cedente, ou mesmo o alcance dessas decisões, descobre-se um mundo de informações a respeito do estudo de institutos jurídicos e, a partir desse enfoque, o resultado já passa a não ser o mais importante, mas sim a fonte inesgotável de discussões e posições jurídicas que servirão de base para intenso estudo e fonte de direito.

Fonte de integração: são as normas de complemento, por exemplo, a analogia, princípio gerais de Direito e equidade.

O Código de Processo Civil tem norma expressa a respeito em seu art. 126, que pode ser utilizada com base no art. 769 da Consolidação das Leis do Trabalho. E, apesar dessa disposição, há quem sustente que o rol do art. 8º e seu parágrafo único da Consolidação das Leis do Trabalho seriam a verdadeira fonte de integração para o processo do trabalho.

Essa segunda postura pode ser reforçada pela ideia de que os arts. 1º a 11 da Consolidação das Leis do Trabalho seriam referentes a uma lei de introdução e, por constarem de um mesmo sistema de normas, em que se incluem normas de direito material, processual e de direito coletivo, são regras de introdução aplicável.

Essa parece a postura mais correta, inclusive quanto à ordem de preferência, já que o próprio diploma trata dessa ordem em seu dispositivo.

O costume tem tratamento ambíguo pela doutrina, já que alguns o tratam como fonte direta, outros, como fonte de integração.

Os que consideram o costume como fonte direta fazem referência à circunstância de que, em alguns momentos, a lei trata do costume como forma direta de aplicação ao caso. Por exemplo, quando a lei discorre sobre o trabalhador rural em intervalo conforme costume. É um claro caso de fonte direta, ou seja, o intervalo do rurícola será como de costume, a teor do art. 5º da Lei n. 5.889/1973.

De outro lado, a própria lei define que na falta de norma pode-se recorrer aos costumes, como o próprio art. 8º da Consolidação das Leis do Trabalho. Aqui, resta claro que o costume virou fonte de integração e não direta.

Assim, em um ou outro caso, o costume será fonte não havendo dicotomia, mas necessária adequação, ou seja, quando prevista a aplicação direta do costume, ele é fonte direta, quando previsto como forma de preencher lacunas, será fonte de integração.

A despeito disso, o próximo tópico tratará justamente acerca da integração, interpretação e aplicação das normas, invertendo parte da ordem estabelecida pelo edital, mas com intuito único e exclusivo de tornar mais lógica e agradável a leitura, evitando idas e vindas.

Nessa ótica o art. 8º da Consolidação das Leis do Trabalho elege como fontes indireta as seguintes: jurisprudência, analogia, equidade, outros princípios e normas gerais de direito, principalmente do direito do trabalho, usos, costumes, direito comparado e o direito comum. Também determina que se observe nesse contexto sempre o interesse coletivo, que prevalece sobre o interesse privado[4].

4. AUTONOMIA

A primeira nota que deve ser escrita a respeito desse assunto é saber distinguir qual a primeira fonte de consulta para a solução de um litígio submetido ao crivo do Poder Judiciário Trabalhista. Tal resposta

(4) CLT-LTr. 38. ed., LTr, São Paulo, 2011.

virá justamente do estudo da autonomia, o que corrige certas distorções da vida prática e explica a adoção de certas regras em prejuízo de outras.

O estudo da autonomia não passa simplesmente por uma análise quanto à desvinculação de outros ramos afins, tem importância muito maior e mais complexa, assim, o seu estudo se mostra muito mais necessário do que possa parecer.

Em primeiro lugar devemos fazer uma comparação entre o processo do trabalho e os processos que orbitam em torno desse ramo, para então definirmos se há ou não autonomia. Em seguida, essa autonomia deve ser estudada tanto no plano de processos vizinhos como no do próprio direito material.

Por fim, não com o sentido de esgotar, mas de concatenar as ideias, temos a regra que se vale de outra norma e princípios, conforme se determine ser ou não autônomo o direito processual do trabalho.

Um ramo do Direito se torna autônomo, em tese, quando possui três características básicas: extensão de matéria; princípios próprios e observância de método próprio.

A análise desses critérios aliada ao sujeito, objeto e vínculo que os ligam determina a autonomia.

Duas correntes surgiram quanto à submissão ou autonomia do processo do trabalho em relação ao processo comum civil.

A primeira foi a teoria monista, a qual defende que o direito processual do trabalho é mero desdobramento do processo comum civil, pois não possui princípios, métodos e extensão próprios de modo a se destacarem do processo civil.

A segunda e preponderante corrente, chamada de dualista, ao contrário, diz que o processo do trabalho é um ramo autônomo em relação ao processo comum civil, pois possui, sim, método, princípios e extensão suficientes para se destacar do ramo do processo comum civil.

A corrente dualista está certa, pois podemos perceber claramente o preenchimento dos requisitos para a propalada autonomia, senão vejamos.

O processo do trabalho, embora não seja um ramo estranho ao processo como um todo, tem princípios próprios, como o da conciliação, concentração dos atos, irrecorribilidade das interlocutórias, dentre outros já descritos acima. Veja que não se trata de procurar inovação, mas de princípios que se afeiçoem a todos os processos, ao do trabalho particularmente. Sem contar os princípios referentes ao processo coletivo, de criação de normas, como da adequação setorial negociada, quando se trata de fazer normas para os entes coletivos.

Quanto aos métodos, temos ainda mais latente a autonomia, em especial quando se tem um processo com uma instrumentalidade tão latente, como é o caso do processo do trabalho, que visa a entregar um bem de tamanha importância, que é a verba alimentar. Isso tudo sem se falar em métodos para solução de litígios, como a Comissão de Conciliação Prévia, a arbitragem para dissídios coletivos, dentre outros métodos de solução de conflitos trabalhistas.

Quanto ao estudo e extensão da matéria, podemos citar como exemplo a existência de cadeiras específicas de processo do trabalho em cursos de graduação e pós-graduação. Teorias surgidas a partir da doutrina e da própria jurisprudência, como o são a da responsabilidade subsidiária do tomador de serviços que consta do processo e do título executivo, a partir da Súmula n. 331 do Tribunal Superior do Trabalho, e a teoria das nulidades, com enfoque especial à celeridade e aproveitamento dos atos, dentre diversas outras.

Veja-se também a organização da Justiça do Trabalho dissociada de outras justiças pela Constituição Federal, como ramo autônomo, nos arts. 111 e seguintes, com estabelecimento de órgãos, divisão e competência.

A referida autonomia não indica indiferença a outros ramos do Direito, pois faz parte de um sistema jurídico constitucional concatenado por regras gerais e com permanente comunicação com os demais ramos processuais.

Uma última nota nesse sentido é a importância que se tem em estabelecer tal autonomia, uma vez que se passa a ter como norma principal de aplicação aquelas típicas do direito processual do trabalho, e aí se incluam Consolidação das Leis do Trabalho e legislação esparsa aplicável ao ramo, como a Lei n. 5.584/1970, por exemplo.

Isso indica que esses são os primeiros diplomas a serem consultados para a solução de conflitos de competência da Justiça do Trabalho. O processo comum somente será aplicado como fonte subsidiária e, ainda assim, quando se vislumbre no preenchimento da lacuna, adequação de princípios, exegese do art. 769 da Consolidação das Leis do Trabalho.

Não menos importante é a autonomia do direito processual do trabalho em relação ao direito material.

Começa-se pela própria alteração trazida pela Emenda Constitucional n. 45, de 30 de dezembro de 2004, que, ao contemplar a competência em relação à matéria, inclui no âmbito de competência processual relações que não se coadunam com o emprego somente, mas sim um grau mais amplo de relações, como é a chamada "relação de trabalho".

Ademais, observe-se que pode existir processo validamente, ainda que não se tenha entrega do direito material vindicado pelo autor, como acontece com os casos de improcedência ou mesmo de extinção sem resolução do mérito.

Assim, podemos dizer que o processo possui princípio, metodologia, tratamento, estudo e extensão próprios em relação ao direito material do trabalho.

Quando se fala em direito material do trabalho, pensa-se em todo o direito material aplicável, inclusive o civil.

Uma atenção especial merece o tratamento do princípio protetor, pois enquanto a maioria da doutrina, visualizando a autonomia do direito processual do trabalho em relação ao direito material do trabalho, diz não ser aplicável tal princípio ao processo, um autor de respeito sustenta o inverso, como é o caso de Teixeira Filho (2009, v.I)[5].

Em que pese todo o brilhantismo sempre presente nas obras do citado autor, ouso concordar com a parte da doutrina que diz ser inaplicável tal princípio ao processo. As normas de processo preveem paridade de armas, ou seja, enquanto litigantes, as partes têm ônus, obrigações e faculdades claramente descritas, não cabendo uma interpretação mais benéfica, ou aplicação de norma mais benéfica, ou mesmo, na dúvida, a favor do empregado.

Há de se estabelecer o devido processo legal, com todas as suas regras e meandros, de forma a não causar prejuízo a uma das partes, cerceando ou maculando seu direito de ampla defesa, contraditório e de segurança jurídica.

Essa situação requer um detalhamento cuidadoso, já que as normas de direito material têm aplicação constantes em processo — ocasião em que serão regidas pelo princípio protetor. Contudo, uma distinção deve ser feita, pois uma coisa é aplicar direito material em processo, por exemplo, regras de horas extras, outra, bem diferente, é resolver o processo em que se pedem horas extras à luz das regras processuais.

As duas normas se encontrarão diuturnamente num momento comum, contudo, ao dirigir o processo, os princípios e regras são uns; quando da aplicação da lei material ao caso, os princípios e regras são outros.

(5) *Idem*, item 4.

Daí ter muito clara a autonomia do processo em relação ao direito material e a distinção dos dois institutos durante todo o estudo para não se perder de vista que, embora os dois se encontrem no processo, cada qual tem tratamento e regramento próprios.

Aqui, uma dica que tem sido matéria de constantes discussões. É sobre institutos denominados de "heterotópicos", no sentido de serem tipicamente de um ramo do Direito, mas com influência direta em outro, como o caso da prescrição, que é instituto de direito material com forte influência na solução do processo. Isso tudo sem que haja confusão de institutos ou inversão da ordem de aplicação de regras de cada um deles.

5. INTERPRETAÇÃO

Interpretar significa buscar o verdadeiro desígnio de uma norma quando aplicável a um caso concreto, de forma a extrair da legislação seu verdadeiro alcance.

Já houve época em que interpretar era proibido, como no terceiro prefácio do "Digesto" do Imperador Justiniano, quando este proibiu expressamente que qualquer consideração fosse feita quanto a sua obra, culminando em pena para quem o fizesse e condenando ao extermínio do comentário(6).

É bom lembrar também da antiga expressão "juiz boca da lei", já tratada por Montesquieu, no sentido de um intérprete que se limita a repetir o disposto na norma sem qualquer atividade de interpretação.

Algumas escolas sucederam às imposições postas, como a seguir veremos:

Escola dogmática, exegética ou jurídica tradicional: também chamada de "Sistema Francês", já que era ligada ao Código de Napoleão; tinha duas correntes básicas: a) extremada — de Laurent, em que se permitia explicar a lei, contudo, sem reformá-la; dever-se-ia aceitar os defeitos da lei; b) moderada — liderada por Baudry-Lacantinerie, dentre outros. Para os casos duvidosos, se permitia uma mínima interpretação sistemática, análise do processo de formação da lei e de seu espírito.

Escola histórica evolutiva: capitaneada por Savigny — fundador do historicismo jurídico. Distingue quatro métodos de interpretação como elementos atuantes em conjunto e não separadamente, levando em conta duas características, quais sejam, representar o ato intelectual do legislador e conhecer o histórico dogmático das legislações descobrindo suas correlações. São os métodos: gramatical, lógico, sistemático e histórico.

Escola da livre pesquisa: também conhecida como "escola da livre formação do Direito", liderada, dentre outros, por Serpa Lopes. Leva em conta a evolução histórica do ordenamento, mas também a existência de outras leis com vida autônoma, que podem até revogar as normas legais sobrepondo-se a estas.

Outras classificações são encontradas na doutrina, levando-se em conta outros critérios mais específicos de interpretação, como é o caso da interpretação doutrinária feita pelos estudiosos do Direito, da interpretação jurisprudencial feita pelos tribunais e da interpretação autêntica feita pelo próprio criador da norma, todas elas considerando a origem da interpretação.

Na mesma linha, pode-se considerar o resultado da interpretação para chamá-la de declarativa, extensiva ou restritiva, segundo mantenha, aumente ou reduza o alcance da norma interpretada, respectivamente.

Em processo do trabalho essas regras e evoluções se aplicam tato quanto nos demais ramos do direito processual, sendo certo que, diferentemente do direito do trabalho em que as normas seguem uma principiologia própria em relação ao direito civil, o processo do trabalho em muito se aproxima muito do processo comum, quanto à forma de interpretação.

(6) FRANÇA, Rubens Limonge. *Hermenêutica Jurídica*. São Paulo: Saraiva,1997.

6. INTEGRAÇÃO

A lei pode ser lacunosa, mas o Direito nunca, como bem pondera a doutrina pátria. Mas qual seria o verdadeiro alcance dessa disposição?

Em linhas simples, seria o caso de se aplicar às ocorrências de lacunas normas de integração de forma a sempre haver uma solução legal para o caso posto em análise.

Na mesma direção, podemos apontar o que se costuma chamar de *non liquet*, que seria a proibição ao juiz de deixar de resolver o caso por ausência de norma direta e expressa. Tal preceito encontra-se expressamente descrito no art. 126 do Código de Processo Civil, com larga aplicação no processo do trabalho, primeiro pela omissão da norma especial, segundo pela completa adequação de princípios, preenchendo assim todos os requisitos do art. 769 da Consolidação das Leis do Trabalho.

As lacunas encontram uma tese explicativa no direito comum que serve como uma luva ao direito e ao processo do trabalho. Tal tese trata das lacunas em três planos, quais sejam: lacuna normativa, lacuna axiológica e lacuna ontológica. Vejamo-las.

Lacuna normativa está ligada a uma ausência completa de normas, ou seja, a uma situação fática que não tenha qualquer tratamento legal regulando uma solução aplicável.

Lacuna axiológica é uma tese em que se pondera que, embora haja lei ao caso, referida legislação já não tem o alcance de justiça desejado.

Por fim, a lacuna ontológica seria a ausência de norma com eficácia social, ou seja, norma há, mas não com completa eficácia social.

De forma bem simplista, essa seria a tese das lacunas, o que autoriza o intérprete a se valer de outras formas para preenchê-las, surgindo então o assunto do presente capítulo, que são as fontes de integração.

Há uma tese destinada ao direito e ao processo do trabalho que justifica uma explicação apartada das acima tratadas, embora delas não seja dissociada. Trata-se da ideia de que, embora a Consolidação das Leis do Trabalho, em muitas ocasiões, trate de um assunto ainda há espaço para preenchimento de uma completude pela norma comum. Seria como se dissesse que a Consolidação das Leis do Trabalho, embora tenha tratado do assunto, não esgotou a matéria, autorizando a aplicação da lei comum ao caso.

Alguns exemplos podem ser dados para elucidar o caso, como do art. 847, em que a Consolidação das Leis do Trabalho trata da apresentação oral de defesa. Não se pode dizer que não tratou da defesa, mas resta claro que não esgotou o assunto, pois é sabido que "defesa" engloba tanto contestação quanto exceção e reconvenção, além da propalada forma de reconhecimento jurídico do pedido.

Até mesmo a forma escrita, como se encontra descrita no Código de Processo Civil, pode ser aplicada ao ramo processual trabalhista, como uma forma de completar a previsão descrita na Consolidação das Leis do Trabalho, que somente prevê defesa oral em vinte minutos.

Outra situação é a da citação, em relação à qual a Consolidação das Leis do Trabalho prevê no processo de conhecimento ser por correio e edital, como se não existisse a figura do oficial de justiça, autorizado a usar o processo comum como fonte de integração, mesmo não sendo absolutamente omissa, daí mais uma vez se conclui que a Consolidação das Leis do Trabalho tratou do assunto, mas não o esgotou.

Uma ponderação é necessária e salutar quanto à ideia de lacuna de instituto ou de completude do instituto, pois uma coisa é dizer que a Consolidação das Leis do Trabalho não tratou totalmente ou que tratou, mas não por completo, do instituto.

A ideia de que a Consolidação das Leis do Trabalho trata de alguns assuntos, mas não os esgota, está justamente na ideia de lacuna de completude, sem se descurar que pode haver também lacuna de instituto, mas, nesse caso, estaremos mais relacionados com a ideia de lacuna normativa, no sentido de ausência de lei, do que propriamente com a de lacuna de completude.

7. APLICAÇÃO

Também conhecida como "subsunção", refere-se à simples aplicação da norma ao caso, ou seja, à adequação do caso a uma norma previamente estabelecida, válida e vigente.

Significa o uso das técnicas de interpretação e integração jurídica ao caso posto para análise. Lembrar a disposição do art. 5º da Lei de Introdução ao Código Civil é sempre salutar, por propugnar que na aplicação da lei o juiz se atentará aos fins sociais da norma e às exigências do bem comum.

Com o estudo dos três elementos acima, podemos dizer que está formada a hermenêutica jurídica, como parte da ciência jurídica que tem por objeto o estudo e a sistematização dos processos que devem ser utilizados para que a aplicação do Direito se realize e seu escopo seja alcançado.

8. EFICÁCIA

Ligada aos efeitos das normas no mundo real, pode ter um caráter sociológico, ou seja, se a norma tem sido acatada pelos atores sociais aos quais ela se dirige, e um caráter jurídico, para se perquirir se a norma está apta a produzir os efeitos que lhes são inerentes.

O tema nos interessa mais quanto ao segundo aspecto e suscita uma subdivisão quanto à eficácia no tempo e no espaço.

Eficácia no espaço está ligada à extensão territorial da norma jurídica. Poderia bem ser chamada de eficácia territorial, em vez de eficácia no espaço.

Por se tratar de norma federal (o processo em geral) sua aplicação se dá em todo território nacional, sendo de competência privativa de a esfera federal tratar de temas relacionados a processo, a teor do art. 22, I da Constituição Federal. Veja-se a disposição do art. 763 da Consolidação das Leis do Trabalho quanto à jurisdição nacional do processo do trabalho, no mesmo sentido, o art. 1º do Código de Processo Civil.

Essa disposição elucida como regra, a um só tempo, a inaplicabilidade de nossa legislação em território estrangeiro e de leis estrangeiras em nosso território — sem descurar de que as leis nacionais se aplicam aos brasileiros e estrangeiros aqui residentes, nos termos do art. 5º da Constituição Federal. Como se trata dc uma regra comporta algumas exceções, como são os casos das normas de convenções, acordos e tratados internacionais de aplicação em nosso território, exegese dos arts. 49, I e 84, III da Constituição Federal.

Não há de se perder de vista sempre que o estudo se direciona para tema de processo do trabalho, portanto a obra manterá a linha de pesquisa, pois, ao expandir para o direito material, outras circunstâncias reclamam tratamento diferenciado, como no caso da conhecida Lei Mendes Junior — do trabalhador transferido para o estrangeiro — que, com a alteração da Lei n. 11.962, de 2009, passou a ter ampla aplicação aos trabalhadores, indistintamente. Contudo, como ponderado, a obra se dedica a estudo de processo.

Quanto à eficácia no tempo, tem-se outro enfoque para as leis processuais, posto que passou por um avanço de teses, as quais não podemos deixar de explanar, mesmo que em rápidas palavras.

Em primeiro lugar, as leis são feitas para durar por prazo indeterminado, até que sejam revogadas tácita ou expressamente. Assim dispõe o art. 2º da Lei de Introdução às normas do Direito Brasileiro. Por isso, lei com prazo determinado é exceção, precisando de disposição expressa nesse sentido.

Pois bem, a lei processual tem aplicação imediata, nesse sentido, os arts. 1.211 do Código de Processo Civil e 912 da Consolidação das Leis do Trabalho. Contudo, o que será exatamente a imediatidade disposta nos artigos acima é a resposta que a evolução doutrinária nos dará.

O processo de conhecimento é dividido em fase postulatória, instrutória, decisória e recursal, cada qual com um conjunto complexo de atos. O processo de execução, ou fase de execução, conforme se adote uma doutrina ou outra quanto à natureza da execução de título judicial, divide-se em fase quantitativa, constritiva e expropriatória, igualmente composta de sequência de atos complexos.

Num primeiro momento, a doutrina entendia que lei processual nova entrava imediatamente no ordenamento, alcançando os processos novos, mas não os antigos, numa incorreta ideia de que aqueles que já estavam em litígio judicial teriam direito adquirido à lei processual vigente à época da propositura da demanda.

Posteriormente, houve uma evolução com vistas a corrigir algumas imprecisões, e se estabeleceu que a lei processual nova alcançasse os processos em andamento, mas somente na fase seguinte à que se encontravam.

Nas duas teorias acima, o erro sempre foi manter-se uma lei processual revogada gerando efeitos em processos preexistentes. E o que era ainda pior, manter duas leis processuais aplicáveis a processos ao mesmo tempo. De qualquer forma, a incongruência era latente, seja na primeira tese, em que somente os processos posteriores à lei nova teriam sido alcançados, seja pela segunda, que corrigiu em parte, mas manteve o erro, ainda que em períodos menores, tendo em vista a divisão em fases do processo, levando em conta que cada fase conta com uma infinidade de atos.

Assim, a terceira, atual e mais coerente teoria admite o imediato alcance da lei processual nova para todos os processos, os que já existiam à época da lei nova e os que vierem a ser distribuídos na sua vigência, através do chamado "isolamento dos atos processuais". Dessa forma, nem o processo, nem sua fase seriam o divisor de águas, mas sim o ato que se está praticando e o ato seguinte a ser praticado.

Por essa teoria, com o início de uma nova lei processual, o ato iniciado sob a égide da lei antiga permanece regido por ela, o ato subsequente já será praticado nos termos da lei nova.

Pegue-se como exemplo a reforma recente da Consolidação das Leis do Trabalho quanto a depósito recursal para agravo de instrumento e aplique-se à teoria temporal da eficácia das leis no termos da teoria do isolamento dos atos processuais. Assim que passada a *vacatio legis* de 45 dias, teremos a seguinte situação: para as decisões do juízo *a quo*, indeferindo prosseguimento de recurso por falta de preenchimento de pressuposto de admissibilidade, já publicadas, o agravo não terá depósito recursal. Para a mesma decisão publicada após a vacância acima, terá depósito recursal, independente da discussão quanto à validade de referido depósito ou não.

Assim, resta elucidada outra regra, a da irretroatividade da lei processual. Podemos, por assim dizer, que a lei processual não poderá prejudicar os atos já praticados e os que estão sendo praticados no momento da vigência da nova norma.

Só para exemplo dessa última vertente, quanto à irretroatividade, temos a reforma do rito sumaríssimo, que não poderia ser aplicada aos feitos distribuídos anteriores à vigência da Lei n. 9.957, de 12 de janeiro de 2000. Com isso, após a vigência da lei, os processos com valor de até quarenta salários mínimos seguirão o rito novo, mas os processos distribuídos antes da lei em estudo seguirão o rito da lei antiga, conforme descrevia a lei, ordinário, mesmo sendo de um valor de até 40 salários mínimos.

Alguns estudos acerca da eficácia das normas podem ter leitura constitucional, conforme propugna uma doutrina mais moderna de eficácia horizontal e efetividade do processo, ficando como uma dica de complementação deste estudo.

PARTE II
ORGANIZAÇÃO DA JUSTIÇA DO TRABALHO

1. FASE HISTÓRICA

No presente item, pretende-se demonstrar como se organiza a Justiça do Trabalho como órgão do Poder Judiciário.

Algumas considerações são necessárias para se entender como chegamos ao atual patamar organizatório da nossa especializada justiça.

A história informa que a Justiça do Trabalho inicia sua existência como um órgão tipicamente administrativo, com intuito exclusivo de mediar os conflitos de certas classes de trabalhadores. Em verdade, a Justiça do Trabalho e o direito processual do trabalho se confundem quanto ao momento de surgimento e evolução.

Um dos autores que melhor exprime essa aparição e evolução é Amauri Mascaro Nascimento[7] razão pela qual esse será o trabalho, base para o presente tema.

Em 1907, surgem os conselhos permanentes de conciliação e arbitragem, através da Lei n. 1.637, de 5 de novembro daquele ano. A conciliação era regulada pelo regimento interno do órgão, e a arbitragem, pelo direito comum.

Em seguida, foram surgindo outros órgãos para submissão dos litígios decorrentes da relação de emprego, tais como: Patronato Agrícola, em São Paulo, para camponeses e proprietários rurais, em 1911; os tribunais rurais de São Paulo, em 1922, pela Lei n. 3.548, de 12 de dezembro, para contratos de serviços agrícolas até certo valor, com competência para tomar depoimentos, colher as demais provas e proferir decisão, tudo de uma única vez; as comissões mistas de conciliação, de 1932, e, no mesmo ano, as juntas de conciliação e julgamento, aquelas para lides coletivas e estas para lides individuais entre empregados e empregadores, desde que aqueles fossem sindicalizados.

Em se tratando da comissão mista, tinha competência conciliatória cabendo o laudo arbitral como ato tipicamente do ministro do trabalho e as execuções das decisões em dissídios individuais das juntas eram executadas pelos juízes federais.

Assim, pelos atos de decisão em sede de dissídio coletivo e de execução em sede de dissídio individual, resta claro que a essa época a Justiça do Trabalho não era órgão do Poder Judiciário.

As primeiras constituições a tratarem expressamente da Justiça do Trabalho foram as de 1934 e de 1937, mas, mesmo assim, de forma destacada do Poder Judiciário.

A Constituição Federal de 1934, em seu art. 122, dizia ser a Justiça do Trabalho órgão referente à ordem econômica e social, revelando expressamente a exclusão em relação ao Poder Judiciário.

O mesmo tratamento foi dispensado pela Constituição Federal de 1937, em seu art. 139, tanto no que tange à inserção da Justiça do Trabalho como órgão ligado à ordem econômica e social quanto à expressa exclusão de aplicação de preceitos típicos do Poder Judiciário.

Em 1939, o Decreto-lei n. 1.237, de 2 de maio, acabou por instituir a Justiça do Trabalho nos moldes como a temos hoje.

Em 1º de maio de 1941 se instaura a Justiça do Trabalho e, em 10 de novembro de 1943, entra em vigor a Consolidação das Leis do Trabalho, contendo disposições a respeito da Justiça do Trabalho.

(7) NASCIMENTO, Amauri Mascaro. *Curso de Direito Processual do Trabalho*. São Paulo: Saraiva, 2007.

A Justiça do Trabalho foi incorporada pelo Judiciário através do Decreto-lei n. 9.777, de 9 de setembro de 1946. Na mesma linha, a Constituição Federal de 1946 passou a tratar expressamente da Justiça do Trabalho como órgão do Poder Judiciário, através dos arts. 122 e 123.

Os chamados Conselhos Regionais do Trabalho viraram os Tribunais Regionais do Trabalho, enquanto o Conselho Nacional do Trabalho tornou-se o Tribunal Superior do Trabalho.

As demais Constituições trataram do assunto, e a atual Constituição Federal faz referência à Justiça do Trabalho nos arts. 111 a 117, devidamente adaptados, pela Emenda Constitucional n. 45, de 30 de dezembro de 2004.

Uma nota necessária se refere à existência de uma representação paritária durante muitos anos, os juízes classistas, membros de representação sindical das categorias profissionais e patronais que atuavam conjuntamente com os juízes de carreira, mas que foram excluídos da organização da Justiça do Trabalho em 1999, pela Emenda Constitucional n. 24.

Foi assim, em breve comentário, que a Justiça do Trabalho surgiu, evoluiu e chega aos dias de hoje como um dos mais importantes ramos do Judiciário e tão carente de estudo e tratamento digno por parte dos operadores do direito.

Aqueles que consideram o estudo referente à Justiça do Trabalho — englobando direito material, processual, coletivo e o mais — rápido e tranquilo, uma triste notícia: este talvez seja o ramo do direito com maior anseio de estudo e desenvolvimento, haja vista a necessidade da constante integração com os demais ramos, como o direito civil, processual civil, comercial, tributário, eleitoral, penal, seguridade social e principalmente constitucional.

Assim, o campo de estudo é infinitamente extenso e complexo, por isso, esta é uma obra introdutória ao tema, pois, apesar de suas tantas páginas, nem de longe os assuntos serão esgotados.

2. COMPOSIÇÃO

Conforme descrito pela atual redação do art. 111 da Constituição Federal, a Justiça do Trabalho é composta de três instâncias, ou como alguns preferem em três esferas de organização — pela ideia de que o Tribunal Superior do Trabalho não seria uma terceira instância, mas uma instância especial — a saber: Tribunal Superior do Trabalho, Tribunais Regionais do Trabalho e juízes do trabalho. Na mesma linha, estabelece o art. 644 da Consolidação das Leis do Trabalho, contudo, substitui a palavra "juízes" por "varas".

Há uma curiosidade, pois a Constituição Federal tratou das varas, órgãos jurisdicionais, como "juízes do trabalho", contudo, melhor seria dizer varas, por ser o órgão, e não o cargo, o foco da organização.

2.1 Tribunal Superior do Trabalho

O Tribunal Superior do Trabalho compõe-se de 27 ministros escolhidos dentre brasileiros com mais de 35 e menos de 65 anos, nomeados pelo presidente da República, após sabatina e aprovação pela maioria do Senado Federal, nos termos do art. 111-A da Constituição Federal.

Uma parte desses membros é oriunda da própria carreira dentro da magistratura, ou seja, pessoas que foram juízes em varas do trabalho, desembargadores em tribunais regionais e que foram promovidos a ministros do Tribunal Superior do Trabalho.

Uma curiosidade bastante peculiar, que a doutrina majoritária tem descrito, é o fato de que os ministros advindos da carreira, somente podem ser os originários de concursos públicos, pela redação do art. 111-A, II da Constituição Federal.

A razão dessa colocação se dá pelo fato de que o Superior Tribunal de Justiça considera os desembargadores de Tribunal de Justiça e de Tribunal Regional Federal todos da carreira, independente de terem acessado os tribunais pela carreira do concurso ou pelo quinto constitucional.

Os demais são oriundos da regra do art. 94 da Constituição Federal quanto à formação do chamado quinto constitucional, ou seja, um quinto do tribunal será formado por membros da advocacia e do Ministério Público do Trabalho, observado as regras para escolha quanto a tempo de profissão, reputação, idade, dentre outros critérios.

Outra curiosidade é que a Constituição Federal de 1988 estabeleceu o número de 27 ministros, contudo 10 deles eram advindos dos chamados juízes classistas. Com a Emenda Constitucional n. 24/1999, que extirpou a representação classista da Justiça do Trabalho, o número caiu para 17, sendo recomposto o número de 27 ministros pela Emenda Constitucional n. 45, de 30 de dezembro de 2004.

Funciona junto ao Tribunal Superior do Trabalho o Conselho Superior da Justiça do Trabalho, com finalidade de exercer supervisão administrativa, orçamentária, financeira e patrimonial da Justiça do Trabalho de primeiro e segundo graus, conforme o art. 111-A, § 1º, II, da Constituição Federal.

Da mesma forma, funciona junto ao Tribunal Superior do Trabalho a Escola Nacional de Formação e Aperfeiçoamento de Magistrados do Trabalho, que tem por finalidade gerenciar cursos de formação e aperfeiçoamento aos magistrados, até para fins de promoção. Assim descreve o art. 111-A, § 1º, I, da Constituição Federal.

Uma regra não descrita propriamente na organização da Justiça do Trabalho, mas nos artigos atinentes à organização do Judiciário nacional, e que tem ampla importância para o presente estudo é a disposição do art. 92 e os §§ 1º e 2º, os quais estabelecem que os tribunais superiores — aqui incluído o Tribunal Superior do Trabalho — têm sede em Brasília e jurisdição em todo território nacional.

O Tribunal Superior do Trabalho tem competência originária, recursal e uniformizadora, na ordem de organização jurisdicional.

Além disso, tem competências administrativas típicas, para fins de administração do Tribunal e da organização Judiciária Trabalhista como um todo.

2.2 *Tribunais Regionais do Trabalho*

O art. 115 da Constituição Federal faz referência aos Tribunais Regionais do Trabalho, estabelecendo as seguintes premissas.

A composição será de no mínimo sete membros, o que indica que as localidades que serão sedes de tribunais regionais do trabalho deverão necessitar, no mínimo, desse número de membros, pois, do contrário, não se justifica a instalação de um tribunal regional do trabalho autônomo para aquela unidade da federação. É o caso, por exemplo, dos estados do Pará e Amapá, que têm um tribunal regional do trabalho servindo aos dois estados, dentre outros na mesma situação.

A questão passa pela importância da justa distribuição organizativa e orçamentária, com a finalidade clara de não gerar despesas que não se justifiquem pela demanda local. Com isso, podem-se realocar recursos em outras localidades de maior volume processual e necessidades mais prementes. É o caso, por exemplo, do estado de São Paulo, única hipótese de dois tribunais regionais do trabalho em um mesmo ente federativo, caso dos tribunais regionais do trabalho da 2ª Região e da 15ª Região, e, ainda assim, a 2ª Região, de acordo com estatísticas oficiais, tem quase o dobro de volume de trabalho das demais regiões do país.

Está mais do que justificada a regra de necessidade de números mínimos de membros atrelados à demanda.

Os membros de tribunais regionais do trabalho ainda são denominados "juízes" pela lei de organização, mas já há projeto em trâmite para alteração da denominação para "desembargadores". Só por curiosidade, os tribunais regionais do trabalho já têm adotado essa denominação para seus membros, geralmente através de regimento interno.

O ministro Ives Gandra Martins Filho, como relator de processo junto ao conselho, em representação, decidiu que não havia necessidade de se determinar que os tribunais voltassem a usar a denominação anterior, retirando o nome desembargador, pois já havia projeto para a alteração da denominação, além de não trazer nenhum prejuízo real ao jurisdicionado ou demais órgãos legais.

Os tribunais regionais do trabalho também estão sujeitos à regra do quinto constitucional, descrita no art. 94 da Constituição Federal, exegese do art. 115, I, também da Constituição Federal.

A idade mínima para ingresso como membro de tribunal regional do trabalho é de 30 anos, e a idade máxima é de 65 anos.

Essa regra de idade máxima visa a atender a congruência do sistema, posto que ninguém pode se aposentar com as benesses do cargo se não contar com no mínimo cinco anos no cargo, conforme descrito pelo art. 40, § 1º, III, da Constituição Federal.

As promoções na carreira, ou seja, para os juízes de primeira instância acessar os cargos em tribunais regionais do trabalho, serão observadas promoções alternadas por critérios de antiguidade e merecimento. O art. 93 da Constituição Federal elucida as diretrizes de promoção.

Há uma discussão quanto aos números não inteiros para fins de divisão entre os membros do quinto constitucional e os membros de carreira. Se os números forem exatos, não há problema. Por exemplo, se o tribunal conta com 25 cadeiras, cinco serão destinadas ao quinto, e 20, para a carreira. Contudo, se nesse mesmo tribunal houver 26 cadeiras, o número seria não inteiro, pois um quinto seria 5,2 e restaria um número de 20,8 para a carreira.

Não há resposta pronta para essa questão, mas há teses a respeito.

A primeira, e que parece a mais correta, é dizer que os cargos de tribunal pertencem por natureza à carreira, ou seja, na dúvida, a fração beneficia os juízes de carreira. No exemplo acima, teríamos 21 membros da carreira e 5 do quinto. Outra tese é olhar para a fração e dizer: se ela é de até 0,5, o cargo fica para a carreira, pois estará mais próxima desta, mas se for acima de 0,5 fica para o quinto, pois se aproxima mais desse. Veja o exemplo: tribunais com 28 cadeiras teriam 5,6 para o quinto e 22,4 para a carreira, o quinto ganharia a vaga. Se fosse o primeiro exemplo, com 26 cadeiras, sendo 5,2 para quinto e 20,8 para a carreira, a carreira ganharia a vaga.

Há também a possibilidade de se interpretar diversamente a primeira premissa descrita, dizendo que sempre que houver fração haverá arredondamento para o quinto, assim na fração de 5,2 para o quinto e 20,8 para a careira, o correto seria 6 para o quinto e 20 para a carreira, como se dissesse que a regra é do quito, arredondando sempre em benefício deste.

Uma ou outra pode ser aplicada, a depender do entendimento e da importância que se dá para uma ou outra situação, sendo de qualquer forma essencial que o leitor conheça da celeuma e das possibilidades de resolução.

A questão está longe de solução pacífica e entre os próprios membros do quinto há dissonância, pois cinco cadeiras para dividir entre advocacia e Ministério Público do Trabalho já não proporcionam número exato. A solução que se tem adotado é alternar entre três de cada instituição por vez, ou seja, uma época fica três da advocacia e duas do Ministério Público do Trabalho e, quando alguém da advocacia se aposentar, em vez de repor pela própria advocacia, entra alguém do Ministério Público do Trabalho. E então teremos três do Ministério Público do Trabalho e duas da advocacia, até que a ordem se inverta novamente e assim sucessivamente.

Ainda quanto aos tribunais regionais do trabalho, estes deverão instalar justiça itinerante para alcançar comunidades distantes, com realização de audiências e demais atividades jurisdicionais. Para tanto, podem se servir de equipamentos públicos e comunitários. Essa última disposição foi feita em razão das dificuldades de transporte de material para certas localidades. Veja o § 1º do art. 115 da Constituição Federal.

Há previsão de descentralização de tribunais regionais do trabalho, podendo estes instituir câmaras regionais. São turmas destacadas para certas localidades em que se concentram muitas demandas e se situam demasiado distantes do local onde estão instalados os tribunais regionais do trabalho, mais uma vez vislumbrando o amplo e fácil acesso dos jurisdicionados a todas as instâncias da Justiça.

Já há notícia de que o Tribunal Regional do Trabalho da 3ª Região tenha descentralizado turma recursal para fora da capital do Estado, atendendo ao anseio de aproximar o jurisdicionado da segunda instância, sem grandes deslocamentos.

Comumente, os tribunais regionais do trabalho estão localizados em capitais de estados, sendo a única exceção o Tribunal Regional do Trabalho da 15ª Região, localizado na cidade de Campinas (SP).

Hoje, temos 24 tribunais regionais do trabalho espalhados pelo país, organizados em 24 regiões. Em homenagem aos que iniciam o estudo, sabemos que o número de entes da federação supera o número de tribunais regionais do trabalho, mas isso se dá justamente para atender a ideia acima descrita quanto à melhor distribuição organizacional e recursal, para mais bem atender e atingir aos anseios do jurisdicionado.

Já houve época, logo na promulgação da Constituição Federal, que a previsão era de que houvesse um tribunal regional do trabalho por ente da federação, como acontece com os tribunais de justiça, mas com a emenda que revisou tal distribuição, ficou clara a intenção de privilegiar, como dito, a melhor alocação de recursos de acordo com a demanda e a necessidade de cada região.

O art. 674 da Consolidação das Leis do Trabalho descreve a distribuição das regiões da seguinte forma:

1ª Região — Estado do Rio de Janeiro;

2ª Região — Estado de São Paulo;

3ª Região — Estado de Minas Gerais;

4ª Região — Estado do Rio Grande do Sul;

5ª Região — Estado da Bahia;

6ª Região — Estado de Pernambuco;

7ª Região — Estado do Ceará;

8ª Região — Estados do Pará e Amapá;

9ª Região — Estado do Paraná;

10ª Região — Distrito Federal e Tocantins;

11ª Região — Estados do Amazonas e Roraima;

12ª Região — Estado de Santa Catarina;

13ª Região — Estado da Paraíba;

14ª Região — Estados de Rondônia e Acre;

15ª Região — Campinas, Estado de São Paulo;

16ª Região — Estado do Maranhão;

17ª Região — Estado do Espírito Santo;

18ª Região — Estado de Goiás;

19ª Região — Estado de Alagoas;

20ª Região — Estado de Sergipe;

21ª Região — Estado do Rio Grande do Norte;

22ª Região — Estado do Piauí;

23ª Região — Estado do Mato Grosso;

24ª Região — Estado do Mato Grosso do Sul.

Os tribunais regionais do trabalho têm competência originária e recursal na organização da Justiça do Trabalho, isso se considerar somente as competências jurisdicionais, pois ainda há outras de ordem administrativa.

2.3 Varas do trabalho

O art. 111 da Constituição Federal, em seu inciso III, usa a expressão "juízes do trabalho", contudo há discordância sobre tal nomenclatura, pois não se refere a quem preenche o cargo, mas ao órgão em si.

De resto, a vara é composta por um juiz titular e um juiz substituto e, nos dias de hoje, são mais de mil varas do trabalho espalhadas por todo o país.

Quem define a criação de varas é a lei, conforme dispõe o art. 112 da Constituição Federal.

Há a Lei n. 6.947, de 18 de setembro de 1981, que estabelece alguns critérios para criação de varas, seja a primeira de um município, seja a ampliação para a segunda, terceira ou mais varas.

Os critérios são os seguintes: pelo art. 1º da lei, será necessário que a base territorial tenha mais de 24.000 trabalhadores ou que tenha tido, nos últimos três anos, uma média mínima de 240 reclamações por ano; para a criação das demais varas, será necessário que se constate uma distribuição que ultrapasse 1500 processos por ano por vara já existente, segundo o § 1º do mesmo artigo.

O art. 2º da lei estabelece raio de 100 quilômetros para extensão da jurisdição da vara, ou seja, uma vara pode abarcar mais de um município, o que de fato ocorre no dia a dia.

Como órgãos da Justiça do Trabalho, as varas têm competência originária para dissídios individuais.

O juiz da Vara é também o administrador desta, e nas circunscrições em que houver mais de uma vara haverá um juiz diretor do fórum, que fará as vezes da administração do fórum como um todo.

Como órgão de primeira instância é o grande portão de entrada da vasta maioria dos processos da Justiça do Trabalho, com uma missão nada fácil de pacificar, em seu âmbito de competência os conflitos sociais que lhe são postos.

Como membros do Poder Judiciário Trabalhista estão sujeitas a hierarquia dos Tribunais Regionais do Trabalho, que através de um corpo de administradores fará, numa escala superior de poder, a administração das varas ligadas ao regional.

2.4 Juízes de direito

A Consolidação das Leis do Trabalho tem regra expressa para a atuação dos juízes de direito em jurisdição trabalhista, trata-se do Capítulo III, do Título VIII. Da mesma forma, a Constituição Federal em seu art. 112.

Parece difícil que em pleno século XXI ainda haja localidade sem circunscrição de competência da Justiça do Trabalho, mas como isso depende essencialmente de previsão em lei, é possível sim ainda encontrar tal circunstância nesse país de dimensões continentais.

Resta claro tratar-se de uma competência residual, ou seja, somente na ausência de competência expressa estabelecida aos juízes do trabalho haverá atuação do juiz de direito, conforme art. 668 da Consolidação das Leis do Trabalho.

O art. 669 da Consolidação das Leis do Trabalho determina que nesses casos a administração da justiça pelos juízes de direito será a mesma das varas do trabalho.

Já houve época em que havia dicotomia quanto ao recurso das sentenças proferidas pelo juiz de direito, pois alguns defendiam que deveria ser dirigida ao Tribunal de Justiça. Com a Emenda Constitucional n. 45/2004, a dúvida foi extirpada, já que o art. 112 da Constituição Federal ganhou nova redação para estabelecer a competência residual dos juízes de direito, mas foi claro ao especificar o direito de recurso para o respectivo Tribunal Regional do Trabalho.

Por fim, quanto à organização entre os juízes de direito, as regras dos parágrafos do art. 669 da Consolidação das Leis do Trabalho resolvem o problema quanto à competência nas localidades em que há mais de uma vara, sendo por distribuição ou, a depender da lei de organização, para o juiz mais antigo.

2.5 *Garantias e vedações aos juízes*

Para que se exerça a jurisdição com completo comprometimento e sem qualquer interferência externa, a Constituição Federal resguardou aos juízes algumas garantias para o exercício da judicatura. Elas estão descritas no art. 95 e incisos da Constituição Federal, a saber: vitaliciedade, inamovibilidade e irredutibilidade de vencimentos.

Por outro lado, algumas vedações são impostas aos juízes como meio de garantia de uma atuação imparcial e hígida da mesma judicatura. Elas estão descritas nos incisos do parágrafo único do art. 95 da Constituição Federal e são elas: proibição de exercício de outro cargo ou função, salvo uma de magistério; de receber prêmios, custas ou participação em processos; de receber auxílios ou contribuições de pessoas físicas, entidades públicas ou privadas, a qualquer pretexto, salvo exceção legal; de dedicar-se a atividade político-partidária; de exercer a advocacia no juízo ou tribunal do qual se afastou nos três anos seguintes à saída do Judiciário.

Cada uma dessas garantias e vedações têm particularidades a serem exploradas, mas trata-se mais de um assunto de direito constitucional, razão pela qual não serão debatidas nesta obra, chamando mais uma vez a atenção do leitor para a busca dessa leitura complementar.

2.5 *Serviços auxiliares*

Nenhuma organização jurisdicional sobreviveria somente com a presença de juízes — aqui entendida toda a organização, passando por juízes substitutos, titulares, desembargadores e ministros — posto que a complexidade e extensão do trabalho dentro da Justiça do Trabalho estão muito além da possibilidade de resolução pelo pouco número de juízes por habitantes.

Dessa forma, temos os serviços auxiliares, resumidamente descritos: distribuidor; diretor de secretaria; oficial de justiça avaliador; perito; depositário; administrador; intérprete e contador. Além deles, há o infinito número de servidores que desempenham outras atividades com muita honradez e sabedoria.

Essa é, em linhas gerais, a organização jurisdicional da Justiça do Trabalho, sem se descurar das minúcias, que não são típicas deste trabalho, mas que não eximem o leitor atento das leituras complementares necessárias.

2.6 *Corregedoria*

Embora o assunto possa ter tratamento diferente a depender do regimento interno de cada Tribunal Regional do Trabalho, além das normas descritas pelo Tribunal Superior do Trabalho, algumas considerações podem ser tecidas de forma ampla quanto à Corregedoria.

Há um corregedor nacional na pessoa de um ministro do Tribunal Superior do Trabalho, que fará a supervisão dos demais órgãos e será eleito juntamente com o presidente do Tribunal Superior do Trabalho. Na Resolução n. 743, de 2000, por exemplo, consta expressamente como órgão da Justiça do Trabalho a Corregedoria-Geral, em seu inciso VII.

Em verdade, a atividade precípua do corregedor nacional é a de buscar, em última instância, o controle de atuação jurídica e administrativa dos tribunais regionais em especial, o que acaba por esbarrar na gestão das varas.

Ocorre que as varas são naturalmente sujeitas a correição do regional, sendo que este passará ao corregedor nacional as circunstâncias que implicarem na correição nacional. Nem sequer haveria tempo hábil para que o corregedor nacional fizesse correição em cada vara individualmente, papel este do corregedor regional.

Ademais, cada Tribunal Regional do Trabalho terá um corregedor regional com atribuições descritas em seus regimentos internos que tratará justamente dessas hipóteses de fiscalização e orientação das varas.

Frequentemente, o corregedor tem atribuição administrativa de fazer correição geral nos órgãos da Justiça do Trabalho, de forma ordinária ou extraordinária, gerando relatórios de avaliação e comparação quanto à produtividade do órgão, aumento ou diminuição de demandas e emitir comentários tanto para o órgão em correição quanto ao presidente do tribunal como meio de controle administrativo e financeiro.

Há uma parcela de competência jurisdicional quanto a representações contra atos dos juízes e correição parcial quanto a tumultos causados em processos, pode haver, inclusive, a aplicação de sanções aos juízes, como, por exemplo, advertência.

É de suma importância lembrar que correição e representação não são recursos voltados à matéria processual, mas sim ao controle da atuação do membro do poder.

Apesar disso se vê cotidianamente a utilização de correições e representações com intuito claro de conseguir alguma mudança no rumo do processo de cunho meritório. Tais tentativas devem ser rechaçadas ao máximo, sob pena de se criar um sucedâneo de recursos, dentro de um órgão do poder já tão combalido com excesso de recursos típicos e açoitado por uma morosidade desmedida.

Parte III
COMPETÊNCIA DA JUSTIÇA DO TRABALHO

1. COMPETÊNCIA

Intimamente ligada à ideia de jurisdição, com ela não se confunde, pois esta é mais ampla.

Jurisdição, em entendimento vocabular, significa dizer o direito, pois a palavra deriva do latim *iuris* (direito) *dictio* (dizer).

Dois grandes autores se debruçaram sobre o estudo da jurisdição com muito afinco e trouxeram um rico resultado desse trabalho.

Carnelluti *apud* Bezerra Leite[8] entende a jurisdição como meio utilizado pelo Estado para uma composição justa da lide, que, para ele, significa uma pretensão qualificada pela resistência.

O mesmo autor entende como função estatal que tem por escopo a atuação da vontade da lei, mediante a substituição da vontade das partes pela vontade do Estado, quer para afirmar a vontade da lei, quer para torná-la praticamente efetiva.

Já houve tempo em que vigia a lei do mais forte, "olho por olho, dente por dente". Isso há muito foi abandonado, sendo avocada pelo Estado a função de dirimir os conflitos. Importante salientar que a jurisdição não é somente poder do Estado, mas também um dever deste.

Poder no sentido da divisão clássica de poderes em Executivo, Legislativo e Judiciário. Dever no sentido de que uma demanda, quando submetida ao crivo da análise estatal, não pode ser negada.

Hoje já não é mais monopólio do Estado dizer o direito, visto a crescente busca de solução extrajudicial de conflitos. A própria Constituição Federal faz uma previsão quanto a isso quando fala dos tribunais desportivos como medida prévia à submissão do litígio ao Judiciário, o que pode ser conferido pela leitura do art. 217, § 1º, da Constituição Federal.

O Código de Processo Civil, em seu art. 301, IX, já estabelece como exceção à jurisdição estatal a convenção de arbitragem.

A Consolidação das Leis do Trabalho, como alternativa, tem a Comissão de Conciliação Prévia, arts. 625-A a 625-H, inscridos na Consolidação das Leis do Trabalho pela Lei n. 9.958 de 12 de janeiro de 2000.

Também não é exclusividade do Judiciário dizer o direito em todos os casos em que o Estado é chamado a fazê-lo, como, por exemplo, nos crimes de responsabilidade do presidente da República, em que será julgado pelo Senado Federal, portanto, órgão do Poder Legislativo, ainda que presidido pelo presidente do Supremo Tribunal Federal, conforme art. 52, I, e parágrafo único da Constituição Federal.

Só uma nota, a submissão de litígios individuais trabalhistas à arbitragem tem sido altamente contestada pelos juristas e estudiosos do direito processual do trabalho.

Para alguns não haveria possibilidade de aplicação de arbitragem a litígios individuais trabalhistas em razão de se tratar de direito indisponível, enquanto a lei da arbitragem se diz aplicável a direitos disponíveis de partes capazes.

Outra linha da doutrina, que parece mais correta, diz ser outro o motivo de se negar acesso à arbitragem nos dissídios individuais, já que em verdade os direitos trabalhistas não são indisponíveis, mas sim irrenunciáveis. Para essa parte da doutrina dois argumentos são importantes: o primeiro no sentido de que a

(8) LEITE, Carlos Henrique Bezerra. *Curso de Direito Processual do Trabalho.* São Paulo: LTr, 2005.

Consolidação das Leis do Trabalho não é omissa na previsão de meios extrajudiciais de solução de conflitos, pois previu a comissão de conciliação prévia; a segunda e mais incisiva é dizer que quando o legislador quis aplicar a arbitragem aos litígios trabalhistas o fez de forma expressa, como no caso dos dissídios coletivos, previsto no art. 114, § 2º da Constituição Federal, sendo eloquente o silencio quanto aos dissídios individuais, pois em verdade não era para se aplicar a esses.

Ao nosso estudo, no entanto, interessa a análise da jurisdição à luz da atuação do Poder Judiciário, deixando para o leitor mais ávido por conhecimento o estudo complementar das demais formas de solução de litígios.

Costuma-se chamar a competência de "medida da jurisdição", expressão que alguns autores criticam, mas para fins de estudo ajuda na compreensão do instituto, pois, na verdade, a competência é a divisão de atribuições da jurisdição.

Todo juiz tem jurisdição, mas nem todos têm competência para determinadas lides. Por isso costume-se dizer que a competência é a medida da jurisdição, pois, na divisão para organização interna, cada ramo do Judiciário ficou com uma parcela da jurisdição, digamos assim.

Assim, podemos dizer que a jurisdição foi organizada internamente, dividindo-se a competência por critérios previamente adotados, os quais serão objeto de uma rápida análise.

Podemos dividir a competência de forma geral nas seguintes partes: em razão da matéria; em razão da localidade; em razão do valor; em razão das pessoas; em razão da hierarquia. A nenhum dos juízes falta jurisdição, mas cada qual exercerá uma parcela desta na organização judiciária.

Algumas delas interessam mais de perto a nossa especializada Justiça do Trabalho, e serão assunto do item seguinte.

1.1 Competência em razão do lugar

Referida competência está ligada ao lugar onde a demanda deve ser aforada e prosseguir até decisão final do processo.

A Consolidação das Leis do Trabalho tem uma disposição expressa a esse respeito no art. 651, que contém uma regra e algumas especificidades. Vejamo-las.

1.1.1 Local da prestação de serviços

O *caput* do art. 651 estabelece como regra que o local competente para processar a lide é o da prestação de serviços, mesmo que a contratação tenha ocorrido em outro lugar ou no estrangeiro.

Essa regra tem como norte privilegiar o local em que as coisas aconteceram no decorrer da relação de trabalho, onde provavelmente estará a maioria das testemunhas, uma possível perícia será de mais fácil acesso e até mesmo pelo fato das especificidades locais, conhecidas pelas partes e pelo Judiciário. Acresça-se ainda a facilidade na futura execução, pois os atos constritivos e expropriatórios terão maior facilidade por se tratar de mesma localidade de competência do juízo. Veja que a Consolidação das Leis do Trabalho prevê a competência para execução para o mesmo juízo do conhecimento, nos termos do art. 877.

Algumas pessoas podem jurar que está descrito no art. 651 da Consolidação das Leis do Trabalho que se considera como local competente o último local de trabalho, quando ocorreu qualquer mudança neste. Não está. Em verdade, essa disposição veio com um entendimento jurisprudencial e doutrinário do assunto; um entendimento muito salutar e que atende a todos os desígnios descritos anteriormente para o próprio estabelecimento da competência em razão do local, facilidade de acesso, de prova, afinidade das pessoas ao lugar e para a futura execução.

Nesse aspecto, o bom senso deve prevalecer, do último lugar deve ter sido aquele de um tempo razoável de prestação de serviços, pois, poucos dias no último lugar, frente a anos no penúltimo, tende a ter uma adaptação para atendimento dos anseios da legislação.

Acesso é a palavra-chave no assunto. Facilitar acesso ao Judiciário é o que deve ser levado em conta.

Com base nessa última descrição é que se tem até mesmo adotado posicionamento de flexibilização da regra do *caput* do art. 651, para se permitirem demandas em lugares onde o reclamante não trabalhou. São os casos de empregados aliciados para outros estados da federação e que ao final voltam as suas origens, a algumas dezenas ou centenas de quilômetros de distância do local da prestação de serviços.

Se a intenção era privilegiar o acesso e provas do trabalhador, mandá-lo de volta ao local da prestação pode significar exatamente o contrário do pretendido.

Veja a esse respeito a disposição estampada na Súmula n. 214, alínea *c* do Tribunal Superior do Trabalho.

Mas essa é só uma casuística, pois, em regra, teremos o local da prestação de serviços como competente. Em tendo mais de um lugar, o último.

1.1.2 Trabalhos itinerantes

O § 1º do art. 651 da Consolidação das Leis do Trabalho enuncia a primeira exceção à regra da cabeça do artigo. Veja que a redação do art. 651 data de longo período, época em que as relações eram mais românticas e previsíveis. Nos dias atuais, as adequações são mais do que necessárias.

O próprio § 1º é uma prova do início da evolução das relações de trabalho. Estabeleceu a competência em razão do local para aqueles que exercem suas atividades de forma itinerante, chamados agentes ou viajantes comerciais, mas que se ajusta a todos que prestam serviços itinerantes.

Nesse caso, temos uma regra em que o empregado tem diversas localidades de prestação de serviço ao mesmo tempo, não havendo um local fixo, nem como primeiro lugar, nem como último lugar.

Uma distinção se faz necessária, pois pode parecer que a ideia de último lugar em algum momento se confunda com o presente estudo. Não há mistura, o estudo da cabeça do artigo leva em conta o trabalhador fixo, mas que em algum momento passou a exercer seu trabalho em local diverso, foi transferido, por exemplo, de uma filial para outra, mas continua fixo, ainda que em outra filial.

Apesar de estar em um novo local de trabalho, portanto, em uma nova localidade, seu trabalho é fixo, ou seja, em local fixo, por isso, local da prestação ou da última prestação. Não percamos de vista a ideia de que o que importa de fato é o amplo acesso e a facilitação na produção das provas.

No estudo da presente hipótese, o empregado está em diversas localidades ao mesmo tempo, às vezes no mesmo dia, não tendo localidade fixa de trabalho, nem primeira, nem última.

Para esses, desde que haja uma agência ou filial a que ele esteja vinculado, será no local destas a competência em razão do local. Assim, mesmo que um empregado atenda as cidades de São Paulo e Campinas, se a agência ou filial a que está vinculado encontra-se em São Paulo, esse será o lugar competente.

Pode ainda ser mais drástico, imaginando várias localidades, não somente duas, como o agente que anda por Guarulhos, Mogi das Cruzes, Suzano, Itaquaquecetuba, Poá, Ferraz de Vasconcelos, todas as cidades da grande São Paulo, cada qual com suas próprias varas.

No caso de a empregadora não ter agência ou filial ou de o empregado não estar ligado a nenhuma delas, então será competente o local do domicílio do empregado ou da localidade mais próxima.

Aqui uma nota: se o local em que o reclamante tem domicílio não for circunscrição de competência trabalhista, ele pode se dirigir ao lugar mais próximo onde haja uma vara do trabalho instalada. Claro está a busca as facilitação de acesso e meios de prova.

1.1.3 Empregado no estrangeiro

A regra descrita no § 2º do art. 651 da Consolidação das Leis do Trabalho mais se aproxima de uma regra de jurisdição do que de competência. Veja que o parágrafo trata da competência territorial nacional, estabelecendo uma regra de que as varas do Trabalho deste artigo, ou seja, todas as regras de competência em razão do local vinculam os contratos com brasileiros, desde que não haja convenção internacional, para os dissídios ocorridos em agência ou filial no estrangeiro.

Não importa a origem da empresa, mas a do empregado. Se brasileiro, a competência, ou melhor, a jurisdição será a brasileira, com competência de uma das varas do Trabalho, seguindo as regras do art. 651 da Consolidação das Leis do Trabalho.

A legislação estabeleceu uma regra sob duplo aspecto, tanto em regra processual quanto em regra material. A jurisprudência caminha no sentido de estabelecer a regra da cabeça do artigo quanto ao local da prestação de serviços, com o cancelamento da Súmula n. 207 do Tribunal Superior do Trabalho.

Agora, pela ideia do cancelamento, pode o empregado do estrangeiro, qualquer um e não apenas da construção civil, escolher a melhor legislação, a nacional ou a estrangeira. Antes, essa hipótese somente se aplicava ao trabalhador da construção civil, aos demais, somente a lei do local da prestação de serviços. Isso tudo em relação a aplicação de direito material.

Um avanço importante ocorreu quanto à mudança da Lei n. 7.064, de 6 de dezembro de 1982, alterada pela Lei n. 11.962, de 6 de julho de 2009, estendendo seus desígnios a todos os trabalhadores transferidos para o estrangeiro.

Referida lei é conhecida informalmente por "Lei Mendes Junior", pois nos primórdios de sua criação visou atender aos empregados dessa empresa, que vinham sendo sistematicamente transferidos para o estrangeiro.

O importante é que a lei de 1982 e a Súmula n. 207 caminham no mesmo sentido, estabelecendo a regra da lei material do local da prestação de serviços, com uma exceção, quando o próprio empregado resolva optar pela mais benéfica. Ou seja, no confronto entre a lei material estrangeira, do local da prestação de serviços e da lei da origem da contratação, o empregado opta pela que lhe for mais benéfica, conforme art. 3º, II, da lei.

Mas isso é assunto mais voltado ao estudo do direito material, explanado aqui só como ilustração. Tudo isso, observando que o § 2º do art. 651 da Consolidação das Leis do Trabalho estabeleceu a regra da jurisdição nacional.

O que pouco se debate na doutrina é o fato de que referida jurisdição se destina àqueles ao menos contratados no Brasil. Não se imagina que um brasileiro que vive no estrangeiro e, por consequência, lá contratado e prestando seus serviços poderá demandar o empregador no Brasil. Não me parece haver qualquer coerência no raciocínio.

Ademais, ao se fazer a sistematização com a antiga Súmula n. 207 do Tribunal Superior do Trabalho, resta claro que esta trata da contratação no Brasil, pois explicava a regra do local da prestação de serviços e não da contratação, o que deixa clara a vertente de ter de haver, no mínimo, a contratação no Brasil.

Por fim, alguns sustentam que não se pode demandar empresa estrangeira por absoluta impossibilidade.

A premissa estabelecida por alguns doutrinadores que se filiam a essa tese não merece censura imediata como, parte da doutrina vem sustentando.

Tudo dependerá de se saber onde ocorreu a contratação.

Se no Brasil, a jurisdição será nossa, ainda que a prestação tenha sido no estrangeiro e desde que não haja tratado em contrário e o empregado seja brasileiro. Mesmo a empresa não mantendo mais sede ou filial no Brasil, pode ser expedida carta rogatória para os atos respectivos, bem como usada a regra do domicílio do empregado, tão difundida pelo Código de Processo Civil em diversas oportunidades, como no art. 94, § 3º, regra esta que combina muito bem com as premissas do art. 651, § 1º, da Consolidação das Leis do Trabalho.

Se, contudo, embora o empregado seja brasileiro prestando serviços no estrangeiro, ainda que não haja tratado internacional e nessa localidade ele reside e foi contratado, parece um contrassenso estabelecer a possibilidade de demanda no Brasil, sob a égide da nossa jurisdição. Aqui, sim, a tese do professor Sérgio Pinto Martins pode ter ampla aplicação.

Assim, não custa reforçar o fato de que o § 2º mais tratou de uma regra de jurisdição de que de competência em razão do local propriamente dita.

1.1.4 Empregado e empregador Itinerantes

A regra do § 3º do art. 651 da Consolidação das Leis do Trabalho leva em conta uma vertente mais incerta quanto à prestação de serviços. É a hipótese em que o empreendimento é tão itinerante quanto o empregado.

Nessa situação, o empregado pode optar pelo foro da contratação ou pelo da prestação dos respectivos serviços.

Veja que resta estabelecida uma opção ao empregado, mais uma vez vislumbrando o acesso e facilitação da produção das provas.

Observe a diferença em relação ao § 1º para presente parágrafo, já que aquele estabelece um empregado itinerante, mas um empreendimento fixo; ainda que não haja uma agência ou filial à qual o empregado esteja vinculado, o empreendimento não muda de tempos em tempos. Neste, ao contrário, o trabalho do empregado na localidade dura o mesmo tempo que o empreendimento naquela localidade.

Tome-se como exemplo o circo, que é itinerante por natureza e, talvez, o exemplo mais elucidativo desta hipótese. Outras atividades podem ter o mesmo destino, como as modernas feiras de mostras de tecnologia, de automóveis, de construção que se movimentam interna e externamente, fazendo mostras de lançamentos em outros estados da federação e até no estrangeiro.

Como houve trabalho em diversas localidades em que passaram empregado e empregador, por serem itinerantes, todos eles se mostram aptos a receber a demanda, assim como o local da contratação, numa clara renovação da ideia de facilitação de acesso e de ampla produção de provas.

1.1.5 Conclusão

Podemos concluir, após esse rápido estudo, que a competência em razão do local terá a seguinte ordem de apreciação:

Em primeiro lugar o local da prestação de serviços, sendo a preferência pelo último lugar.

Em seguida, se o empregado é itinerante e estiver vinculado a uma agência ou filial do empregador, será da localidade da vinculação com uma destas a competência. Se, contudo, embora o empregador tenha referida agência ou filial, e o empregado não esteja vinculado a ela, ou não a tendo, a competência será da localidade do domicílio do empregado ou o local mais próximo.

Se o empregador for tão itinerante quanto o empregado, este pode optar pela competência local da contratação ou da prestação de serviços.

Por último, vale lembrar de que mesmo no estrangeiro o empregado brasileiro pode optar pela jurisdição brasileira, seguindo a regra de competência conforme descrita na Consolidação das Leis do Trabalho, ou a do Código de Processo Civil, como descrito acima, desde que ao menos tenha sido contratado no Brasil.

A observação de que a competência em razão do local vislumbra a facilidade de acesso e produção de provas ao empregado pode ser um bom norte para guiar as dúvidas numa resposta de prova ou estabelecer exceções às regras acima.

1.2 *Competência em razão das pessoas*

Para a Justiça do Trabalho, essa discussão tinha campo muito mais fértil antes da Emenda Constitucional n. 45, de 30 de dezembro de 2004, pois a leitura do art. 114 da Constituição Federal destacava justamente as pessoas que estavam aptas a demandar perante a Justiça do Trabalho.

Veja que a competência pode ser estabelecida originalmente pela Constituição Federal ou, de forma derivada, pela legislação infraconstitucional.

No caso da competência em razão da pessoa, antes da citada emenda, tínhamos uma competência em razão da pessoa como regra de competência originária, qual seja, o empregado e o empregador.

Dizia o art. 114 da Constituição Federal que a Justiça do Trabalho era competente para conciliar e julgar os dissídios entre trabalhadores e empregadores.

A expressão "trabalhadores" gerava uma discussão quanto à extensão dessa expressão. Para uma parte da doutrina isso já significava uma ampliação da competência da Justiça do Trabalho para além das relações de emprego.

Contudo, para a maioria da doutrina e da jurisprudência dominante, a palavra "trabalhadores" não poderia ser lida isoladamente, pois, em seguida, o próprio texto dizia "empregadores", deixando claro a que pessoas se dirigiam, pois só tem empregador quem é empregado.

Foi assim que prevaleceu, por mais de quinze anos, a competência em razão das pessoas para empregados e empregadores somente.

Com isso, tínhamos a competência trabalhista como regra delimitada em relação às pessoas a que se dirigia.

A lei infraconstitucional também fazia e ainda faz previsão de competência derivada para outras pessoas. Dois grandes exemplos dessa competência são os trabalhadores domésticos e temporários, que, embora subordinados, têm tutela específica legal.

Porém, a legislação regulamentadora do empregado doméstico prevê expressamente a competência da Justiça do Trabalho, conforme art. 7º da Lei n. 5.859, de 11 de dezembro de 1973, ao remeter ao Decreto n. 71.885, de 9 de março de 1973, que em seu art. 2º, parágrafo único, faz referência à competência da Justiça do Trabalho.

Quanto ao trabalhador temporário, temos a Lei n. 6.019, de 3 de janeiro de 1974, que em seu art. 19 faz a mesma referência à competência da Justiça do Trabalho.

A própria Consolidação das Leis do Trabalho faz referência quanto à competência do trabalhador avulso, em seu art. 643. O mesmo artigo, em seu § 3º, acrescido pela Medida Provisória n. 2.164-41, de 24 de agosto de 2001, estabelece a competência da Justiça do Trabalho para o trabalhador portuário, o que já poderia até ser inferido pela chamada Lei de Modernização dos Portos, Lei n. 8.630, de 25 de fevereiro de 1993, em seu art. 26.

Ainda na Consolidação das Leis do Trabalho, o art. 652, III, estabelece mais uma competência em razão da pessoa quanto ao pequeno empreiteiro ou artífice.

Outras disposições legais podem prever ou vir a prever a competência derivada da Justiça do Trabalho para dirimir litígios, desde que não conflite com a Constituição Federal, esta que será agora análise de estudo, posto que alterada a regra.

A regra, hoje, do art. 114 da Constituição Federal não é mais da competência em razão das pessoas, passou a ser em razão da matéria.

A alteração que modificou o *caput* do art. 114 da Constituição Federal mudou a regra em análise ao retirar do seu texto a ideia de que os trabalhadores podem demandar contra seus empregadores, para dizer em seu inciso I que a competência se refere aos dissídios oriundos da relação de trabalho.

As considerações serão analisadas, nos itens abaixo, quanto à competência em razão da matéria. O importante é lembrar que a regra da competência era em razão das pessoas, e agora é em razão da matéria.

Importante também é destacar que as demais competências derivadas em razão das pessoas continuam intactas por não ter havido revogação expressa ou tácita, ou seja, nem disposição expressa retirando-as da competência da Justiça do Trabalho, nem incompatibilidade de tratamentos.

1.3 Competência em razão da hierarquia

Aqui, podemos iniciar o estudo pela distribuição da competência pelos órgãos da Justiça do Trabalho, o que nos permitirá resolver quase todas as hipóteses de distribuição da competência em razão da hierarquia e, ao mesmo tempo, entender a organização interna dessa especializada justiça.

A vara do trabalho tem como regra de competência a competência originária, ou seja, as varas são os órgãos que só conhecem de litígios que se iniciam. Isso se explica pelo fato de que não há um órgão judicial de instância inferior.

Comumente, são os litígios de natureza individual que não têm previsão expressa de competência de outros órgãos.

Observe a possibilidade de competência originária para alguns raros processos de jurisdição voluntária, como é o caso do pedido de demissão de empregado decenal, na forma do art. 500 da Consolidação das Leis do Trabalho, nas hipóteses de ausência de sindicato e do Ministério do Trabalho e Emprego.

Quanto aos tribunais regionais do trabalho, a competência pode ser originária, ou seja, os processos podem ser iniciados perante um tribunal regional do trabalho, como é o caso de ação rescisória, *habeas corpus* ou mandado de segurança e, especialmente, em sede de dissídio coletivo quanto aos acordos ou convenções de negociações frustradas.

Contudo, a mais importante e utilizada competência dos tribunais regionais do trabalho é de natureza recursal. Assim, as decisões proferidas pelas varas serão objeto de análise pelos tribunais regionais do trabalho através de sua competência recursal.

Quanto ao Tribunal Superior do Trabalho, temos uma competência originária para mandados de segurança, *habeas corpus*, ação rescisória e também para dissídios coletivos que transcendam a área de um tribunal regional do trabalho ou de âmbito nacional.

Temos a competência recursal quanto às ações de competência originária dos tribunais regionais do trabalho, ou seja, o Tribunal Superior do Trabalho atua como órgão recursal para os processos iniciados perante os tribunais regionais do trabalho, até por isso, nessas hipóteses, o recurso será o ordinário, que será explanado oportunamente.

Por fim, e mais importante, a competência uniformizadora. Esta, talvez, a razão principal da existência do Tribunal Superior do Trabalho, qual seja, uniformizar o entendimento da legislação aplicável nas relações de trabalho. Por isso, o recurso no caso será o de revista.

Muito simples a análise. São processos que iniciaram seu trâmite perante uma vara do trabalho, foram a um tribunal regional do trabalho através de recurso ordinário e, agora, chegam ao Tribunal Superior do Trabalho através de recurso de revista.

Por ser uma competência excepcional, com intuito de uniformização, a intenção não é de revisão, mas de controle e uniformização, o que justifica a impossibilidade de revisão de fatos e provas.

Assim, podemos fazer o seguinte resumo dessa distribuição interna de competência, ou seja, de competência hierárquica:

- Vara = competência originária;
- Tribunal Regional do Trabalho = competência originária e recursal;
- Tribunal Superior do Trabalho = competência originária, recursal e uniformizadora.

Com fins informativos, não há conflito de competência entre órgãos em grau de hierarquia dentro da mesma Justiça.

Entende-se que se um tribunal de hierarquia superior emana ordens a um tribunal de hierarquia inferior dentro da organização da mesma Justiça, não cabe ao de ordem inferior questionar ou deixar de cumprir o do superior.

1.4 Competência em razão do valor

Para a Justiça do Trabalho, o valor da causa não terá influência na distribuição da competência.

Referida matéria está mais afeta ao juízo comum, quanto aos chamados foros regionais, foros distribuídos internamente em grandes cidades, como ocorre em São Paulo, por exemplo, para as causas descritas na organização judiciária do Poder Judiciário estadual.

Para os processos que tramitam perante a Justiça do Trabalho, o valor terá importância singular quanto ao rito a ser seguido pelo processo.

Só para melhorar o entendimento dessa afirmação, o processo do trabalho tem três ritos básicos, o ordinário o sumário e o sumaríssimo, nessa ordem de existência mas não de importância ou e valores, senão vejamos.

O rito sumário se refere a ações de zero a dois salários mínimos, o ritos sumaríssimo para ações acima de dois e até quarenta salários mínimos e o tido ordinário para ações acima de quarenta salários mínimos ou para previsões expressas.

Por isso se diz que somente para o juízo estadual importa o valor da causa para fins de competência, no processo do trabalho trata-se de simples definição de rito.

Contudo, o tratamento dos ritos processuais terá momento oportuno de estudo.

1.5 Competência em razão da matéria

Com a novel redação do art. 114 da Constituição Federal, esta passou a ser regra de competência originária descrita para a Justiça do Trabalho e resta dividida em nove incisos ao longo do citado artigo, o que passaremos a analisar.

Inciso I — descreve a seguinte competência: as ações decorrentes da relação de trabalho, abrangidos os entes de direito público externo e da administração pública direta e indireta da União, dos Estados, do Distrito Federal e dos Municípios.

Pela redação inicial do inciso, percebe-se a mudança do tratamento para relação de trabalho, muito mais ampla que a anterior descrição quanto à relação de emprego.

Pelo que se tem difundido pela doutrina mais autorizada quanto ao que vem a ser relação de trabalho, tem-se que é a prestação pessoal de serviços com um mínimo de subordinação. Não chega a ser a subordinação típica da relação de emprego, aquela descrita como o fato de o empregado se submeter aos poderes de mando do empregador, como organizar, fiscalizar, sancionar e das ordens, mas sim uma mínima submissão a patamares organizacionais mínimos como critério a ser seguido.

A relação de emprego, aliás, é espécie da relação de trabalho, o que demonstra a amplitude de relações que se buscou alcançar pela descrição da nova competência da Justiça do Trabalho com Emenda Constitucional n. 45, de 30 de dezembro de 2004.

Como exemplo de algumas relações de trabalho, podem-se citar os pequenos empreiteiros, a parceria, o trabalhador autônomo, eventual, a representação comercial, dentre outras que se configurem como trabalho.

De plano uma anotação deve ser feita, quanto a ideia de aplicação da Consolidação das Leis do Trabalho para trabalhadores em sentido amplo. Não se trata disso, resta claro. Não é em razão da mudança de competência que os trabalhadores não celetistas passaram a ter direitos típicos da Consolidação das Leis do Trabalho, ao contrário, continuam regidos por leis próprias, mas com direito a demandar a parte adversa na Justiça do Trabalho, e só.

Portanto, muda-se a competência, o local em que deverá demandar o seu tomador de serviços, ou vice-versa, mas em verdade nada muda quanto ao direito material a ser aplicado.

Se bem visto, é só voltar no item da autonomia do processo em relação ao direito material e essa colocação seria redundante, já que as normas de processo são absolutamente autônomas em relação ao direito material, isso implicar dizer que a mudança de competência muda normas de processo e não de direito material.

O art. 594 do Código Civil estabelece que qualquer espécie de serviço ou trabalho lícito pode ocorrer mediante retribuição, o que estende a uma generalidade de relações.

A ADI n. 3.395-6, impetrada pela Associação dos juízes Federais do Brasil, foi acolhida pelo Supremo Tribunal Federal para dar uma leitura mais restritiva ao inciso em comento.

O Supremo Tribunal Federal limitou a competência no que tange a servidores públicos, de regime próprio, o que inclui servidores municipais, estaduais e federais. Retirou da competência da Justiça do Trabalho toda relação de ordem estatutária ou de caráter jurídico-administrativa.

Observação importante é que o chamado regime jurídico único não é mais a única forma de vinculação entre trabalhadores e entes públicos, pode haver contratação pelo regime da Consolidação das Leis do Trabalho. Nesse caso, não há dúvida quanto à competência da Justiça do Trabalho.

Quando a contratação é irregular a ponto de sequer ter qualquer formalidade, como anotação de carteira de trabalho e previdência social, assinatura de contrato ou algo que o valha, a competência também é da Justiça do Trabalho, em que pese os entraves jurisprudenciais para o reconhecimento dessa relação, como se constata pela criticada Súmula n. 363 do Tribunal Superior do Trabalho. O raciocínio da súmula referida decorre da proibição contida no art. 37, § 2º, da Constituição Federal.

Uma relação objeto de discórdia quanto à competência da Justiça do Trabalho são os contratos temporários firmados pelos órgãos públicos, mas claramente fraudulentos, pois não se enquadram nos critérios descritos pela Lei n. 8.745/1993, como em casos de surtos endêmicos, calamidades públicas, por tratar-se de contratos de muitos anos de duração e de sucessivas renovações.

Como nesses processos a causa de pedir tem sido de nulidade e reconhecimento de vínculo de emprego, e a competência para declarar vínculo é da Justiça do Trabalho, parece ser tranquila a competência dessa Justiça, até pela regra do art. 87 do Código de Processo Civil, dizendo que a competência se define pela inicial.

Ocorre que o Supremo Tribunal Federal tem tomado postura diferente, declarando que são contratos de vínculo jurídico-administrativo, enquadrados na hipótese da ADI n. 3.395-6, para excluir a competência da Justiça do Trabalho.

O que soa estranho nesse entendimento é que a pretensão é de vínculo de emprego, com declaração de nulidade da relação inicialmente firmada por contratos sucessivos. Como ficaria, nessa hipótese de causa de pedir, se o juiz comum estadual ou federal declarasse a nulidade do vínculo jurídico-administrativo? Eles teriam competência material para declarar a relação de emprego, a impossibilidade de reconhecimento de vínculo pelo impeditivo da Constituição Federal e aplicar os desígnios da Súmula n. 363 do Tribunal Superior do Trabalho?

Parece que a resposta negativa a todas as perguntas é o melhor caminho. A Justiça do Trabalho seria aquela competente para julgar um processo em que se pede vínculo, ainda que fosse para dizer que o reclamante não tem razão e julgar improcedente o pleito. Vejamos dois fatos importantes: a) a competência não se define pela possível solução de mérito, mas pela causa de pedir e pedido; b) o limite da lide também é estabelecido pela causa de pedir e pedido, assim, o processo que tem como objeto a nulidade e reconhecimento de vínculo teria de ser analisado nesses limites, o que denota que, se afastado o vínculo, não haveria campo para discutir os direitos decorrentes do contrato com a administração pública e, ainda que houvesse um pedido dessa natureza, de forma sucessiva, essa parte do pleito deveria ser extinta sem resolução do mérito por incompetência.

Agora, daí a se passar a competência para declarar ou não vínculo de emprego para outra Justiça que não a do Trabalho parece algo absolutamente invasivo das melhores regras de competência.

Discussões à parte, o leitor deve estar atento para as decisões do Supremo Tribunal Federal a esse respeito, de forma a não ser surpreendido pela manutenção ou mudança de posicionamento.

A par de toda essa divergência que se instaura perante os tribunais superiores, o certo é que a Justiça do Trabalho tem competência para decidir lides entre entes públicos e trabalhadores quando se tratar de relação de trabalho, em especial de emprego, ainda que regras específicas de prazos, privilégios e execução devam ser aplicados.

A mesma sorte segue em relação aos entes públicos estrangeiros, desde que sejam tomadores de serviços prestados por trabalhadores ou empregados.

Houve um tempo em que se achava que os entes públicos internacionais gozavam de imunidade de jurisdição de forma absoluta quanto a demandas de seus trabalhadores, ou seja, sequer poderia se iniciar um processo judicial contra entes públicos externos.

Ocorre que referidos entes não gozam de tamanha isenção quando contratam trabalhadores e algumas discussões pontuais precisam ser feitas.

A primeira delas é distinguir atos de gestão de atos de império. Quando o órgão internacional pratica um ato de império, ou seja, ato típico pelo qual o órgão existe, como, por exemplo, quando um consulado de país estrangeiro não concede o visto pretendido por um brasileiro para visita ao país, nesse caso, não se pode processar o ente público estrangeiro, pois aqui sim parece que a imunidade de jurisdição é absoluta, em que pese algumas controvérsias.

Mas, no caso desse mesmo ente, quando contrata uma faxineira brasileira para manter limpo o consulado, não comete um ato de império, mas sim um ato de gestão, que não se insere dentre aqueles típicos para o qual o órgão existe. Aqui não há imunidade de jurisdição, pode a trabalhadora ingressar com demanda contra o contratante.

Outra distinção se refere à imunidade de jurisdição e de execução, pois alguns irão sustentar que, embora se possa processar o ente público internacional nos atos de gestão, não se pode executá-los. O regime não parece ser este, pois pode ser executado, iniciar cálculos, homologar cálculos e até expedir mandado de citação, penhora e avaliação. O que não ocorrerá é penhora de bens de ente estrangeiro de direito público.

Com isso, o que se tem em verdade é uma regra de impenhorabilidade de bens de ente público estrangeiro e não de imunidade de execução, visando a evitar um incidente internacional entre nações.

Todos os atos deverão ser feitos de forma especial via Ministério das Relações Exteriores, mas isso servirá tanto para citação inicial quanto para citação em execução, o que denota que esses entes não estão livres de serem processados e executados por atos de gestão.

Em Brasília, o abuso de alguns entes públicos internacionais tem levado o Judiciário a medidas mais extremas em relação a essa regra de impenhorabilidade, pois, se de um lado causa um incidente determinar a penhora de bens de entes públicos internacionais, causa mais incidente ainda o fato de esses entes contratarem brasileiros e sistematicamente sonegar-lhes os direitos mínimos. Afinal, o que tem preferência: o patrimônio ou a verba de natureza alimentar? Nessa colisão, o patrimônio sempre perderá.

Para mais detalhes desse último assunto, consultar a decisões do Tribunal Regional do Trabalho da 10ª Região.

Recentemente o Tribunal Superior do Trabalho editou a Orientação Jurisprudencial n. 416 da SDI-I que causou nova celeuma no mundo jurídico. Apesar de toda a construção acima, quanto a diferença de atos de império e gestão e regras de imunidade versus impenhorabilidade, a nova Súmula diz haver sim imunidade total de jurisdição quanto houver acordo internacional entre os entes externos, sem possibilidade de distinção de atos de gestão ou império, ou seja, agora sim estamos falando de imunidade de jurisdição em sua mais ampla forma, limitada aos casos de acordo internacional.

Outras relações ainda são objeto de discussão quanto à ampliação da competência. Veja-se como exemplo os honorários de advogados e as diversas discussões envolvendo relação de trabalho *versus* relação de consumo.

Uma coisa é certa, a competência não está afeta a pessoas jurídicas, pois entre estas não há relação de trabalho.

Por fim, leve-se em conta sempre o espírito da Emenda Constitucional n. 45, de 30 de dezembro de 2004, que foi o de ampliar a competência da Justiça do Trabalho pela afinidade de matéria, o que denota que a exclusão de competência em relações limítrofes pode não ser o que melhor atende aos anseios do legislador constitucional derivado.

Aguardemos as decisões dos tribunais superiores, em especial do Supremo Tribunal Federal, que com o atual regramento pode colocar uma pá de cal no assunto, editando uma súmula vinculante, como já vem fazendo em diversos assuntos.

Inciso II — as ações que envolvam exercício do direito de greve.

O inciso abrange mais do que a simples redação pode sugerir. Em princípio, abrange todos os dissídios referentes à greve, como julgamento da legalidade ou abusividade da greve, preenchimento de requisitos para deflagrar e manter a greve, inclusive em matéria de atividades chamadas de essenciais.

A Lei n. 7.783, de 28 de junho de 1989, trata de aspectos gerais da greve, tanto que é conhecida como a Lei de Greve. Mesmo antes, a Constituição Federal de 1988, em seu art. 9º, já tratava do assunto, tanto no aspecto quanto à decisão sobre a deflagração da greve e interesse que devam, por meio dela, ser pretendido, quanto à ideia dos abusos e os serviços tidos como essenciais e manutenção, relegando à legislação infraconstitucional os desígnios a serem observados.

Talvez a discussão mais acirrada na doutrina e jurisprudência atuais seja a competência para julgar interdito proibitório.

Uma corrente da doutrina capitaneada por ninguém menos que o ilustre professor Teixeira Filho (2009, v. I)[9] considera que a competência continua a ser da Justiça Comum, pois se trata mais da defesa da posse e propriedade do que de direito de greve.

Outra corrente entende que a competência é da Justiça do Trabalho, em decorrência do litígio que inicia a discussão, que é o direito de greve.

Parece que a resposta no meio do caminho seja a melhor para o caso em tela, pois tudo depende dos atores sociais que ingressam com a medida em juízo, pretendendo proteger a posse e a propriedade e a relação que há entre as partes do processo.

O professor Teixeira Filho cita o exemplo em que um prédio com diversas empresas está sofrendo ameaça de turbação ou esbulho em decorrência de greve de empregados de outras empresas, que em nada se comunicam com as demais instaladas no mesmo prédio.

Nesse exemplo, a relação de fundo é que dirá sobre a competência, pois, sendo o empregador dos grevistas que ingressou com a medida, a relação de trabalho dita a competência para a Justiça do Trabalho.

Do contrário, se forem outras pessoas estranhas à relação de trabalho, então a competência será da Justiça Comum. Veja que, nesse exemplo, não haverá relação de trabalho para sustentar a competência trabalhista.

Assim, resta definida a competência em razão da matéria, pois, se o litígio de fundo é referente à greve, a competência deve ser da Justiça do Trabalho, se decorrente de puro esbulho ou turbação, sem qualquer relação de trabalho de fundo, então claramente a competência é da Justiça Comum.

Vale destacar que sempre que o instituto é tratado pelo Código de Processo Civil e, independente da competência, tem pressupostos a serem preenchidos, como ser proprietário ou possuidor direto, ser uma ofensa nova, ou seja, de menos de ano e dia, dentre outras.

Na prática, as empresas têm ingressado na Justiça do Trabalho pretendendo liminares em ocorrência ou iminência de greve, quando há preenchimento de requisitos legais.

Mais uma vez prevalece o espírito do legislador constituinte derivado, de ampliação de competência, o que parece estar sendo encampado pelos atores sociais destinatários da norma.

A casuística deve ser tratada caso a caso, por isso que a tese do ilustre professor Teixeira Filho, em que pese o sempre brilhantismo de suas teses, não pode tornar a exceção uma regra.

No mais, os assuntos são típicos de discussão sobre direitos coletivos, mais afetos ao tema e minúcias. A competência é nosso tema, não se perca de vista.

Só uma curiosidade final e como forma de aguçar a leitura continuada do assunto pelo leitor mais avido de conhecimento, a greve passou por diversos momentos, evoluindo de um delito, para um direito constitucionalmente garantido, sendo certo que passou pelo simples reconhecimento de um direito antes de ser constitucionalizado. Daí a importância de um assunto que movimenta verdadeiras paixões.

Inciso III — as ações sobre representação sindical, entre sindicatos, entre sindicatos e trabalhadores, e entre sindicatos e empregadores.

(9) FILHO, Manoel Antônio Teixeira. *Curso de Direito Processual do Trabalho*. São Paulo: LTr, 2009, vol. 1.

Mais uma vez a afinidade foi o elemento a definir o transporte dessa competência à Justiça do Trabalho. Resta claro que o Judiciário especializado está mais afeto a essas discussões.

Antes se fazia a mesa-redonda e, não havendo consenso, o Juízo Comum era chamado a resolver o litígio — litigio este que tem toda proximidade com as relações de trabalho, em especial as de emprego — por isso da afeição maior para o Judiciário Trabalhista e não para a Justiça Comum.

Hoje é pacífico que, se houver briga por base territorial, a competência para solução será da Justiça do Trabalho. Veja que até a divisão de território mínimo e unicidade sindical estão descritos no capítulo de direitos trabalhistas, como se infere no art. 8º da Constituição Federal.

Não restava dúvida de que a matéria era afeita a esta especializada justiça, tendo a Emenda Constitucional n. 45, de 30 de dezembro de 2004, corrigido essa distorção determinado a competência a quem de direito.

Hoje, seja a parte um sindicato contra o outro, por litígio de representação ou outro qualquer, a competência será da Justiça do Trabalho. Seja entre sindicato e sindicato, ou mesmo entre sindicato e empregadores, a competência será da Justiça do Trabalho.

Têm sido comuns os processos de ação de cumprimento para fazer cumprir as cláusulas de contribuição confederativa, assistencial e outras descritas em normas negociadas.

A par da discussão sobre a obrigatoriedade ou não de retenção e repasse desses valores, a competência para dirimir o litígio é da Justiça do Trabalho.

Aliás, em termos de direito material do trabalho, a autora portuguesa Maria do Rosário Palma Ramalho, em brilhante tese de doutoramento, colocou o sindicato com uma das três pernas de base do tripé de autonomia do direito do trabalho em seu livro que trata da autonomia dogmática do ramo trabalhista.

É claro que o estudo aqui é de direito processual, mas que é um instrumento de solução dos litígios materiais, os quais podem ser de ordem individual ou coletiva, aqui incluído sem dúvidas as questões sindicais.

Esse é mais um elemento para que o juiz do trabalho, afeto às questões materiais e processuais do mundo do trabalho, torne-se competente para dirimir conflitos sindicais, seja interno seja externo.(10)

Inciso IV — os mandados de segurança, *habeas corpus* e *habeas data*, quando o ato questionado envolver matéria sujeita à sua jurisdição.

As ações descritas têm natureza constitucional e tratamento bem restrito, sendo assunto de tratamento em medidas especiais, principalmente em matéria de estudo de direito constitucional.

Contudo, como explicações sobre a competência, podem ser tecidos os seguintes comentários.

O mandado de segurança, historicamente, tinha sede em grau de tribunal regional do trabalho, contra atos de juiz de vara, ou para o Tribunal Superior do Trabalho, por ato de tribunal regional do trabalho.

Não se falava em mandado de segurança em competência originária das varas. Contudo, com a alteração de competência, se houver lesão ou ameaça de lesão a direito líquido e certo, por ato de autoridade em matéria trabalhista, a competência será da vara do trabalho.

Tome-se como exemplo os atos dos fiscais do trabalho, quando houver preenchimento dos requisitos acima, a competência para análise do *writ* será da Justiça do Trabalho. Imagine-se que o Ministério do Trabalho não admita recurso administrativo sem depósito prévio — o que afronta entendimento constitucional — caberá ao juiz do trabalho dirimir o mandado de segurança que visa a garantir tal direito, de recurso administrativo, sem depósito prévio.

(10) RAMALHO, Maria do Rosário Palma. *Da Autonomia Dogmática do Direito do Trabalho*. Coimbra: Almedina, 2000.

Mesma coisa quando se pretender conhecer ou alterar informações em bancos de dados de órgãos públicos ou de natureza pública, o *habeas data* será de competência das varas. Imagine-se um dado de um trabalhador constante de banco de dados do Ministério do Trabalho.

Por fim, os atos que atentem contra a liberdade serão objeto de análise pela Justiça do Trabalho, quando decorrentes de relação de trabalho. Como exemplo, um juiz do trabalho que mande prender uma testemunha por desacato a autoridade.

São também conhecidas como ações constitucionais processuais, pois a aplicação dessas via, em última análise, a proteção dos próprios direitos constitucionais, inseridos aqui na lógica do processo do trabalho.

Inciso V — os conflitos de competência entre órgãos com jurisdição trabalhista, ressalvado o disposto no art. 102, I, *o*.

O que se busca estabelecer por esse inciso na verdade é uma lógica do próprio sistema, ou seja, quando houver conflito de competência entre os órgãos da Justiça do Trabalho, esta será a competente para dirimi-los.

Os exemplos são quase autoexplicativos como o de duas varas que se consideram competentes, ou duas varas que se consideram incompetentes para análise de um mesmo pleito. Essa discussão pode se dar tanto em razão do local como pela prevenção.

Aqui está aquilo que conhecemos como conflitos positivos e negativos de competência entre juízes vinculados a mesma Justiça.

Pode ocorrer também um conflito entre vara do trabalho e juízo cível investido de jurisdição trabalhista. A mesma coisa ocorre entre tribunais regionais do trabalho, os quais podem se declarar competentes ou incompetentes para determinado processo.

A Consolidação das Leis do Trabalho tem disposição tratando do assunto em seu art. 804, onde estabelece o conflito positivo na alínea *a* ou negativo na alínea *b*.

O Código de Processo Civil tem norma parecida em seu art. 115, repetindo as hipóteses de conflito positivo no inciso I, conflito negativo no inciso II e a terceira hipótese se refere à reunião ou separação de processos no inciso III. São os casos de desmembramento, conexão, continência, prevenção, dentre outros.

É importante lembrar que entre órgãos de hierarquia diferente não há conflito, o mais alto no grau de hierarquia manda, e o inferior cumpre. A esse respeito, consultar a Súmula n. 420 do Tribunal Superior do Trabalho.

O art. 102, I, *o* da Constituição Federal, estabelece a competência originária do Supremo Tribunal Federal para conflitos envolvendo o Superior Tribunal de Justiça e quaisquer outros tribunais, entre tribunais superiores, ou entre estes e qualquer outro tribunal.

Esse último seria o exemplo de conflito entre o Superior Tribunal de Justiça e o Tribunal Superior do Trabalho, o qual seria resolvido pelo Supremo Tribunal Federal.

Acresça-se, somente a título de informação, a competência do Superior Tribunal de Justiça para dirimir conflitos de competência entre juízes vinculados a tribunais de justiças diversas, como seria o caso de discussão de competência para processar e julgar honorários de advogado, entre o juiz do trabalho e o juiz comum. Trata-se da regra estampada no art. 105, I, *d* da Constituição Federal.

Inciso VI — as ações de indenização por dano moral ou patrimonial, decorrentes da relação de trabalho.

Hoje, as discussões já estão pacificadas quanto a essa competência, mas nem sempre foi assim.

As pessoas se impressionavam com o direito a ser aplicado, em vez de analisar a relação de fundo que deu causa ao dano.

Não importa se o direito a ser aplicado ao caso é o do Código Civil, do Código de Processo Civil, do Código de Defesa do Consumidor ou qualquer outro, mas sim a relação-base que deu origem ao litígio.

Se a relação é de trabalho, a competência é da Justiça do Trabalho, afinal a última parte do inciso deixa claro esse aspecto, pois registra expressamente [...] decorrentes da relação de trabalho.

O próprio art. 8º, parágrafo único, da Consolidação das Leis do Trabalho, prevê a aplicação do direito comum nos casos de omissão da lei especial, o que também ocorre em sede de processo nos termos do art. 769 do mesmo diploma legal e também em termos de processo de execução nos termos do art. 889 — remete à Lei de Executivos Fiscais, que por sua vez no art. 1º faz referência ao Código de Processo Civil.

Assim, o Supremo Tribunal Federal, em seguida à vigência da Emenda Constitucional n. 45/2004, decidiu que as ações de danos decorrentes de acidente do trabalho eram de competência do juízo comum. Posteriormente realizou magistral trabalho o ilustre professor Sebastião Geraldo de Oliveira — que pessoalmente foi de gabinete em gabinete, no Supremo Tribunal Federal — com um trabalho de convencimento de que a competência poderia e deveria ser cometida à Justiça do Trabalho.

Venceu a razão, a lógica, o espírito do legislador constituinte derivado; a afinidade de matéria é inegável, a relação de origem do dano é indissociável e a vocação do juiz do trabalho para a análise desse tipo de demanda é incomparável.

Foi assim que o Supremo Tribunal Federal fixou a competência da Justiça do Trabalho para ações de danos, mesmo os decorrentes de acidente do trabalho.

Nesse sentido, editou-se a Súmula n. 392 do Tribunal Superior do Trabalho, ajustada como uma luva ao caso, inclusive por ter se tornado Súmula após a Emenda n. 45/2004, através da Resolução n. 129, de 20 de abril de 2005.

A exceção ficou por conta dos processos já sentenciados pela Justiça Estadual. Pela ideia de estabilização da lide, mantiveram-se os processos naquela justiça, o que está descrito expressamente na Súmula n. 367 do Superior Tribunal de Justiça. Essa Súmula, em que pese seu conteúdo contrário à competência da Justiça do Trabalho, se refere somente a processos já sentenciados, permitindo que se faça uma leitura a partir dela mesma, para dizer que os que ainda não foram aforados ou sentenciados devem correr perante a Justiça Especializada.

A data da súmula do Superior Tribunal de Justiça, de 26 de novembro de 2008, permite dimensionar o assunto, no sentido de que após a fixação da competência da Justiça do Trabalho houve discórdia sobre processos em andamento, tendo a súmula estabelecido o divisor de águas na sentença, o que se coaduna com a ideia de estabilização da lide.

Aqui o Superior Tribunal de Justiça foi chamado para dirimir o conflito, como dito no comentário do inciso anterior.

Inciso VII — as ações relativas às penalidades administrativas impostas aos empregadores pelos órgãos de fiscalização das relações de trabalho.

As penalidades aplicáveis aos empregadores, via de regra, estão descritas na própria Consolidação das Leis do Trabalho, no final de cada capítulo há o estabelecimento de multas pelo descumprimento.

Só por isso já era suficientemente possível se atribuir a maior afinidade de matéria, vocação e interligação de assuntos.

A Emenda Constitucional n. 45, de 30 de dezembro de 2004, veio em boa hora e confirmou essa tendência. Hoje, se for preciso discutir o auto de infração, requerer a nulidade, mandado de segurança contra ato de fiscalização e até um tema pouco difundido, que é a execução do auto de infração, a competência será da Justiça do Trabalho.

A respeito da execução, teremos o momento oportuno para dirimir as dúvidas, contudo, aos leitores mais ávidos, uma breve consulta na obra de um dos maiores expoentes do direito do trabalho moderno pode ser suficiente para espancar qualquer dúvida, a do professor Homero Batista Mateus da Silva, *Curso de Direito do Trabalho Aplicado* (2009, v. 10).

Inciso VIII — a execução, de ofício, das contribuições sociais previstas no art. 195, I, *a*, e II, e seus acréscimos legais, decorrentes da sentença que proferir.

Talvez essa seja a grande figura da reforma do Judiciário de 2004, pois do furor arrecadatório surgiu a competência da Justiça do Trabalho para execução de ofício das parcelas previdenciárias. Dessa competência, com grandes somas em dinheiro para os cofres públicos, surgiu a força da chamada jurisdicionalização da Justiça do Trabalho, o que, por um lado, é uma pena, pois uma justiça com viés de ampla proteção de direitos sociais foi vista somente com uma fonte de arrecadação. Mas, por outro lado, acabou sendo privilegiada com tamanha ampliação de competência, o que lhe permite continuar e ampliar seu campo de proteção aos direitos sociais e coletivos tão aviltados pelo poder econômico e seus exploradores.

Algumas divergências haverá nesse campo, a maioria delas será dirimida pela parte do processo de execução, mas, de plano, podemos adiantar alguns aspectos.

A competência se limitou à das parcelas constantes em sentença, não podendo ser executada previdência de época de prestação de serviço, ainda que decorrente de sentença, pois não será de parcela da sentença, de salário condenado em sentença.

A Súmula n. 368 do Tribunal Superior do Trabalho também é no mesmo sentido, ao dizer que o limite são as sentenças condenatórias em pecúnia. Tamanha especificidade deixou clara a situação, condenatória em pecúnia, nada mais precisava ser dito.

Uma pena, pois são muitos os vínculos reconhecidos em sentenças, sem que se possa determinar a execução da previdência do período respectivo, o que coloca o trabalhador numa situação de perigo ante a possibilidade iminente de o INSS não reconhecer a condição de segurado, negando-lhe benefícios.

Outra discussão se trava quanto ao imposto de renda, pois numa leitura caprichosa da Constituição Federal não há a descrição expressa dessa parcela como competência da Justiça do Trabalho.

Uma leitura mais rebuscada pode levar a esse raciocínio, mas com um grande esforço hermenêutico, pois o inciso em comento descreve a contribuição social e seus acréscimos, podendo aqui entender como inserido o imposto de renda. Referido assunto voltará ao palco no momento oportuno.

O certo é que a Justiça do Trabalho tem de fazer a arrecadação das parcelas devidas à previdência de ofício, independente de atos dos procuradores ou de qualquer outro.

Inciso IX — outras controvérsias decorrentes da relação de trabalho.

Aqui, a amplitude de possibilidades é infinita, pois tudo que se imaginar que decorre de uma relação de trabalho será de competência da Justiça do Trabalho, o que mais uma vez está de acordo com a intenção da reforma.

Se a matéria de fundo é de relação de trabalho, natural que a competência esteja com quem mais se afeiçoa ao tema, a Justiça do Trabalho.

Os parágrafos do art. 114 da Constituição Federal estão mais afetos ao estudo do direito coletivo do que ao processo em geral, por isso, aos leitores a recomendação dos demais livros da coleção.

2. TEMAS CONTROVERTIDOS

Algumas demandas ainda estão aguardando uma discussão mais acalorada e um assentamento da doutrina e da jurisprudência, como ocorre nas discussões acerca de relação de consumo e relação de trabalho, nelas envolvida uma questão muito importante que se refere à cobrança de honorários advocatícios.

O Superior Tribunal de Justiça tem a Súmula n. 363 estabelecendo a competência da Justiça Comum para referidas ações.

Referido entendimento ainda não é final, pois devemos aguardar uma decisão do nosso tribunal maior, que é o Tribunal Superior do Trabalho. Caso este concorde com a súmula do Superior Tribunal de Justiça, a questão estará próxima de solução. Mas, do contrário, em estabelecendo a competência da Justiça do Trabalho, um conflito de competência poderá ser suscitado e, então, o Supremo Tribunal Federal será chamado a dar a palavra final.

Isso já ocorreu quanto ao dano de parentes de empregado morto em acidente do trabalho. O Superior Tribunal de Justiça tinha a Súmula n. 366 estabelecendo a competência da Justiça Comum, mas, depois, houve cancelamento, para se estabelecer a competência da Justiça do Trabalho.

Aguardemos ansiosos pelo resultado dessa discussão que em muito nos interessa.

Outra disposição de muita importância após a ampliação da competência, para relação de trabalho, tem sido a Instrução Normativa n. 27, de 16 de fevereiro de 2005.

A referida instrução, logo no art. 1º, privilegia os procedimentos especiais que estão sujeitos a ritos próprios, como o mandado de segurança, o *habeas corpus*, dentre outros. Mas, em seguida, no art. 2º, já determina a aplicação do sistema recursal da Consolidação das Leis do Trabalho.

Para as demais demandas envolvendo relação de trabalho, os ritos serão os típicos da Consolidação das Leis do Trabalho.

Outra questão importante é a referente a honorários, pois, em se tratando de demanda que não discuta relação de emprego, aplicam-se os honorários de mera sucumbência, nos termos do art. 5º da Instrução Normativa n. 27 de 2005 do Tribunal Superior do Trabalho.

DIREITO COLETIVO DO TRABALHO

I

VERA LUCIA CARLOS

1. Direito Coletivo do Trabalho: definição, denominação, conteúdo, função. Os conflitos coletivos de trabalho e mecanismos para sua solução. Direito Coletivo: o problema das fontes normativas e dos princípios jurídicos. 2. Liberdade sindical. Convenção n. 87 da OIT. Organização sindical. Modelo sindical brasileiro. Conceito de categoria. Categoria profissional diferenciada. Dissociação de categorias. Membros da categoria e sócios do sindicato.

1. DIREITO COLETIVO DO TRABALHO: DEFINIÇÃO, DENOMINAÇÃO, CONTEÚDO, FUNÇÃO. OS CONFLITOS COLETIVOS DE TRABALHO E MECANISMOS PARA SUA SOLUÇÃO. DIREITO COLETIVO: O PROBLEMA DAS FONTES NORMATIVAS E DOS PRINCÍPIOS JURÍDICOS.

No decorrer do século XVIII, os trabalhadores perceberam que o empregador era um ser coletivo, pois sua vontade atingia um grande número de trabalhadores, e as manifestações individuais de descontentamento em face da exploração de sua mão de obra não tinha aptidão para produzir efeitos, concluindo, assim, que deveriam agir coletivamente, **dando origem ao ser coletivo obreiro passando a agir através das entidades associativas sindicais.** O sindicalismo foi uma maneira encontrada pelo trabalhador para enfrentar os efeitos da ordem social liberal decorrente da Revolução Francesa e do modelo de produção capitalista

O direito coletivo nasce com o reconhecimento do direito de associação dos trabalhadores após a Revolução Francesa, quando os trabalhadores perceberam a necessidade de união para que pudessem defender, em conjunto, as suas reivindicações diante do sistema liberal existente.

1.1 Definição

Para Octávio Bueno Magano,[1] "direito coletivo é a parte do direito do trabalho que trata da organização sindical, da negociação e da convenção coletiva do trabalho, dos conflitos coletivos do trabalho e dos mecanismos de solução dos mesmos conflitos". De forma mais objetiva é a definição de Antonio Ojeda Avilés[2]: *el derecho sindical comprende al análisis jurídico de las relaciones colectivas de trabajo.*

Para nós, é o ramo do direito do trabalho formado por um conjunto de normas, princípios e institutos que tem por fim regular as relações coletivas de trabalho, ou seja, a organização sindical; a negociação coletiva de trabalho os instrumentos normativos negociados (convenções e acordos coletivos); os conflitos coletivos de trabalho (greve, *lockout*); e as formas de solução desses conflitos (conciliação, mediação, arbitragem).

1.2 Denominação

Este ramo do direito do trabalho tem recebido da doutrina distintas denominações, tais como, direito corporativo, direito operário, direito social entre outras. Há ainda alguns autores, entre estes, Russomano, que utilizam indistintamente as denominações direito coletivo e direito sindical, como sinônimos, apesar de reconhecerem a maior precisão científica da denominação direito coletivo do trabalho.[3]

Durante muito tempo, prevaleceu na doutrina a denominação direito sindical, de caráter marcadamente subjetivista, eis que enfatiza a presença das entidades sindicais como representante dos interesses coletivos e individuais das categorias profissionais e econômicas. Ressalte-se também que a denominação Direito Sindical é a utilizada pela Organização Internacional do Trabalho.

No entanto, hoje, a denominação mais aceita pela doutrina é direito coletivo do trabalho, de caráter objetivista, uma vez que leva em conta o conteúdo deste segmento jurídico e as relações sociojurídicas grupais, coletivas de trabalho. A justificativa para adoção da nova denominação tem sido no sentido de que, ainda que as entidades sindicais tenham grande relevância neste segmento do direito do trabalho, na atualidade, outras instituições também têm se destacado na defesa dos interesses individuais e coletivos dos trabalhadores, e há também relações coletivas das quais os sindicatos não participam.

---

(1) MAGANO, Octavio Bueno, *Manual de direito do trabalho:* direito coletivo do trabalho. 2. ed. São Paulo: LTr, 1990. p. 11.
(2) OJEDA AVILÉS, Antonio. *Derecho sindical.* Madrid: Tecnos, 2003.
(3)RUSSOMANO-Mozart Victor. *Princípios gerais de direito sindical.* 2. ed. Rio de Janeiro: Forense, 1997. p. 47.

1.3 Autonomia

Para se afirmar a autonomia de uma disciplina, faz-se necessário, a análise nos aspectos científico, doutrinário, didático, legislativo, jurisdicional, e no caso do direito coletivo, a doutrina tem afirmado que ainda não se pode afirmar sua autonomia, pois a disciplina costuma ser inserida como um apêndice do Direito do Trabalho.

É certo, no entanto, que alguns doutrinadores já vêm afirmando a existência da autonomia, ou seja, este é o entendimento de José Cláudio Monteiro de Brito, Antonio Álvares da Silva, Antonio Ojeda Avilés.

Ao tratar do assunto, Amauri Mascaro Nascimento afirma que "é possível que, no futuro, possa destacar-se do Direito do Trabalho. Não seria a primeira vez que um ramo conexo ao Direito do Trabalho dele se destacaria. É o que ocorreu com o Direito da Previdência Social, hoje denominado direito da seguridade social"[(4)].

1.4 Conteúdo

No que se refere ao conteúdo do direito coletivo, Amauri Mascaro Nascimento,[(5)] nos ensina que a disciplina se compõe de três partes: a) o estudo da organização sindical, precedido da história e da introdução; b) o estudo da atividade ou das funções sindicais, em especial as negociações coletivas das quais resultam as convenções coletivas de trabalho; e c) o estudo dos conflitos coletivos de trabalho e suas formas de composição.

1.5 Função

O direito coletivo desempenha várias funções, sendo as mais importantes:

a) função de proteção do trabalhador — Tanto quanto o direito individual do trabalho, o direito coletivo tem como preocupação não somente a melhoria das condições de trabalho como também a melhoria das condições sociais do trabalhador, ou seja, proteger o trabalhador, a parte mais fraca da relação contratual.

A efetivação desse modelo protetivo em sede de direito coletivo se verifica de forma diferente. Enquanto no Direito Individual a proteção é direta, o titular do direito e seu destinatário, é o trabalhador individualmente considerado, no Direito Coletivo, a proteção legal é apenas indireta, porque não se dirige ao trabalhador, mais sim à categoria, verdadeira titular do interesse a ser tutelado, e se faz de regra na figura institucional do Sindicato, representante do grupo de trabalhadores e empregadores, e, portanto, uma figura instrumental muito importante do direito coletivo.

b) função pacificadora de conflitos — através da negociação coletiva, mediação, e arbitragem, e dissídio coletivo, institutos do Direito Coletivo, na maioria das vezes são solucionados os conflitos de interesses trabalhistas

c) função social — o Direito Coletivo constitui-se em um dos importantes instrumentos de distribuição de rendas e riquezas.

d) função econômica — está presente em sua aptidão para produzir a adequação dos preceitos de direito individual a setores ou momentos específicos, conferindo dinamismo econômico ao direito do trabalho.

e) função política — trata-se de um instrumento democrático poder. Os regimes autoritários não admitem a negociação coletiva e a reunião de trabalhadores.

(4) MASCARO NASCIMENTO, Amauri. *Compêndio de direito sindical.* 2. ed. São Paulo: LTr, 2000. p. 27.

(5) *Idem*, p. 4.

1.6 Fontes Normativas e Princípios de Direito Coletivo do Trabalho

Conforme as lições de Mauricio Godinho Delgado,[6] "a estrutura normativa do direito individual do trabalho constrói-se a partir da constatação fatica da diferenciação social econômica e política básica entre os dois sujeitos da relação jurídica central desse ramo jurídico específico — a relação de emprego". Daí a razão do caráter eminentemente protecionista das respectivas normas, com vistas a assegurar a autêntica igualdade entre os contratantes.

O direito coletivos por sua vez, regulamenta as relações jurídicas entre seres coletivos, e é através deste ramo da ciência jurídica que se faz presente o pluralismo jurídico do direito do trabalho, ou seja, ao lado das fontes de origem estatais elaboradas com a finalidade de assegurar os mínimos direitos aos trabalhadores, convivem harmoniosamente as fontes de origem profissional, institutos de direito coletivo, com vistas a assegurar a melhoria das condições sociais do homem que trabalha, reafirmando um dos princípios basilares do estado democrático de Direito, que é a dignidade da pessoa humana.

Em seguida vamos abordar a classificação das principais fontes, bem como os mais importantes princípios do direito coletivo do trabalho.

a) Fontes formais e materiais

São Fontes Formais do Direito Coletivo do Trabalho: a Constituição Federal; a Lei; A Convenção Coletiva; o Acordo Coletivo, as Sentenças Normativas, Jurisprudência; atos internacionais; e Pactos Laborais.

A Constituição Federal é a principal fonte formal do Direito Coletivo, os dispositivos constantes dos arts. 8º; 9º; 10; 11; 7º, inciso XXVI; 37, VII e 114 da referida norma, traçam os princípios constitucionais aplicáveis no Direito Coletivo, traçando ainda as diretrizes fundamentais da estrutura sindical brasileira, dos meios que podem ser utilizados como forma de solucionar os conflitos coletivos de trabalho, da negociação coletiva e dos demais pontos relevantes da disciplina.

As leis são importantes fontes do direito coletivo, pois apesar do reconhecimento da autonomia privada coletiva, bem como da existência da liberdade sindical, ainda há espaço para as disposições legais dentro do ordenamento jurídico vigente, e por essa razão existem leis que foram editadas com a finalidade de disciplinar temas relacionados diretamente com o Direito Coletivo, como a Lei n. 7.783/1989 que regulamenta o exercício do direito de greve, ressalte-se também a importância das normas inseridas na Consolidação das Leis do Trabalho.

As Normas Internacionais também se destacam com fontes formais de direito coletivo, e podemos citar as convenções da Organização Internacional do Trabalho, por exemplo, as Convenções de n. 87, 98, 135 e 151 (Convenção n. 87 que trata da liberdade sindical e proteção ao direito de sindicalização, a de n. 98, relativa a negociação coletiva, a de n. 135, sobre representação dos trabalhadores na empresa; a de n. 151, sobre sindicalização no serviço público). Também importante mencionar as declarações internacionais, como a Declaração Universal dos Direitos do Homem, de 1948; A Convenção de Direitos Humanos, de 1950, a Carta Social Europeia, de 1961; O Pacto Internacional sobre Direitos Civis e Políticos, de 1966; o Pacto Internacional sobre Direitos Econômicos, Sociais e Culturais, de 1966; a Convenção Americana sobre Direitos Humanos.

Também é fonte formal de direito coletivo a sentença normativa, uma vez que quando se tem a solução jurisdicional dos conflitos, a decisão proferida pelos Tribunais do Trabalho estabelecem normas que deverão ser cumpridas por todos os integrantes da categoria e inclusive pelos próprios sindicatos na condição de representante das categorias econômicas e profissionais.

---

(6) DELGADO, Mauricio Godinho. *Curso de Direito do Trabalho.* 2. ed. São Paulo: LTr, 2003. p. 1291.

A autonomia privada coletiva vem exteriorizada através das Convenções e Acordos Coletivos de Trabalho, que constituem as principais fontes formais autônomas (não estatal) do Direito Coletivo.

Não há uniformidade na doutrina a respeito da jurisprudência ser fonte formal de direito, porque o nosso sistema jurídico adota o modelo romano-germânico, no qual as normas e as regras de conduta devem ter sua origem nas leis ou nos contratos, e a jurisprudência tem a função de interpretar as normas já existentes, mas não de criá-las. (No sistema da *Common Law*, a jurisprudência consolida o costume e cria o precedente, ou seja, ela cria norma.)

Outros, no entanto, afirmam que a jurisprudência dos tribunais tem sido amplamente utilizada como fonte de Direito Coletivo do Trabalho, notadamente após a Emenda Constitucional n. 45/2004, que no art. 103-A, da Constituição Federal, trata da Súmula com efeito vinculante.

Importante ressaltar que analisando as disposições do art. 8º da CLT verificamos que a jurisprudência trata-se de um critério de interpretação da lei.

A arbitragem como forma de solução extrajudicial de conflitos coletivos de natureza heterônoma está assegurada no art. 114, parágrafo primeiro da Constituição Federal, sendo a sentença ou laudo arbitral fonte formal do Direito Coletivo.

Além das fontes mencionadas, existem outras fontes do Direito coletivo, como, por exemplo, regulamento de empresa, usos e costumes, e outras mais, de maneira que o rol apresentado não é taxativo.

Princípios de Direito Coletivo do Trabalho

Princípios são os fundamentos básicos da ciência, são proposições que não estão, expressamente, inseridos no ordenamento, mas vêm inseridos neste ordenamento como modelos que encerram os valores de cada sociedade, e por essa razão exercem papel fundamental, para a adequada regulação da disciplina.

Plá Rodriguez, nos ensina que os princípios de direito do trabalho também são validos para o direito coletivo, uma vez que este é parte integrante do direito do trabalho. Segundo o referido autor, direito individual e direito coletivo são apenas caminho para se percorrer o mesmo itinerário, que é a união dos trabalhadores e a melhoria das suas condições sociais. No entanto, o Direito Coletivo possui alguns princípios próprios e que segundo o autor são mais princípios políticos do que jurídicos, isto porque os princípios jurídicos têm aplicação plena em todos os países que adotam as normas de direito do trabalho, e os princípios políticos em alguns países ainda aparecem como conquistas a serem alcançadas.[7]

Não há uniformidade na doutrina na forma de enumerar e identificar os princípios de direito coletivo. Mauricio Godinho Delgado, ao enumerar os princípios do Direito Coletivo, divide-os em três grupos: no primeiro grupo estão os princípios que têm por finalidade assegurar a existência do ser coletivo, ou seja, das associações sindicais e são Princípio da Liberdade de Associação e da Autonomia Sindical; no segundo grupo, trata dos princípios que dizem respeito às relações entre os sujeitos coletivos e que seriam representados pelos princípios da Equivalência dos Contratantes Coletivos, da Lealdade e da Transparência nas Negociações Coletivas; e no terceiro grupo elenca os princípios que se dirigem às relações e efeitos perante a comunidade objetivada, apontando os princípios da Interveniência Sindical na Normatização Coletiva; da Criatividade Jurídica da Negociação Coletiva; e da Adequação Setorial Negociada.[8]

---

(7) RODRIGUEZ, Americo de Plá. *Los Princípios del Derecho del Trabajo.* Montevideo.

Art. 8º — As autoridades administrativas e a Justiça do Trabalho, na falta de disposições legais ou contratuais, decidirão, conforme o caso, pela jurisprudência, por analogia, por equidade e outros princípios e normas gerais de direito, principalmente do direito do trabalho, e, ainda, de acordo com os usos e costumes, o direito comparado, mas sempre de maneira que nenhum interesse de classe ou particular prevaleça sobre o interesse público. **Parágrafo único** — O direito comum será fonte subsidiária do direito do trabalho, naquilo em que não for incompatível com os princípios fundamentais deste.

(8) DELGADO, Mauricio Godinho. *Curso de Direito do Trabalho.* 4 ed. São Paulo: LTr, 2005. p. 1299-1321.

Diante da falta de uniformidade entre os doutrinadores, optamos por elencar os seguintes princípios de Direito Coletivo:

a) Princípio de Liberdade Sindical

A Convenção n. 87 da Organização Internacional do Trabalho aprovada em 1948 e em vigor desde 4 de julho de 1950, ainda não ratificada pelo Brasil, é considerada a norma mais importante na afirmação do princípio da liberdade sindical. A referida Convenção Internacional trata da Liberdade Sindical no plano Coletivo, tendo como sujeito o ser coletivo (sindicato) e no plano individual, onde o sujeito é o trabalhador. No plano coletivo, a liberdade sindical consiste na liberdade de associação (criação de sindicatos), liberdade de organização, liberdade de administração e liberdade de exercício das funções sindicais. No plano individual, a liberdade sindical consiste na liberdade de filiação em sindicato e de pagar contribuições sindicais.

b) Princípio da Autonomia Sindical

Autonomia sindical é a possibilidade de atuação do grupo organizado em sindicato.[9] Este princípio consiste em assegurar a livre estruturação interna do sindicato, ou seja, os órgãos do sindicato deverão ser estabelecidos em seus estatutos, na garantia da autogestão, liberdade para elaborar seus estatutos, de eleger livremente seus representantes, de filiar-se a outras organizações, inclusive internacionais, sem qualquer controle do Estado.

c) Princípio da Interveniência obrigatória dos sindicatos nas negociações normatizações coletivas

O Princípio da Interveniência obrigatória dos sindicatos nas negociações normatizações coletivas vem previsto no art. 8º, III e IV da Constituição Federal e tem por finalidade garantir a igualdade jurídica dos contratantes na negociação coletiva. Por força deste princípio, a validade do processo negocial submete-se à necessária intervenção do sindicato da categoria profissional. O ajuste celebrado diretamente entre empregador e empregado sem a participação do sindicato da categoria profissional terá caráter de simples cláusula contratual, e submete-se a todas as restrições constante do art. 468 e seguintes, ou seja, a proibição de alteração contratual lesiva ao empregado.

d) Princípio da criatividade jurídica da negociação coletiva

Autonomia privada coletiva consiste no poder conferido aos grupos sociais para criar normas jurídicas com a finalidade de tutelar interesses de uma coletividade de pessoas, ou seja, interesses abstratos do grupo ou categoria.

Trata-se de um poder função, ou seja, poder conferido aos sindicatos para a defesa dos interesses da categoria.

No entanto, a existência da autonomia privada coletiva não excluiu do direito do trabalho a regulação heterônoma, pois nosso país adota a tradição romano-germânica. Em sede de direito do trabalho, a legislação passou a ter outras funções: estabelecer as garantias mínimas de proteção, inderrogáveis na contratação individual; estabelecer condições para a atuação livre dos sindicatos; estimular a negociação coletiva, como forma de se obter melhores condições de trabalho

No entanto, a Constituição Federal de 1988 permitiu, sempre através da negociação coletiva, a quebra da garantia de irredutibilidade salarial (art. 7º, VI), a modificação do limite de seis horas para o labor em turnos ininterruptos de revezamento (art. 7º, XIV) e a compensação de jornada (art. 7º, XIII).

Algumas normas infraconstitucionais também permitem a flexibilização de alguns direitos trabalhistas mediante acordo ou convenção coletiva.

(9) MARTINS, Sergio Pinto. *Direito do Trabalho.* 22. ed. São Paulo: Atlas, 2006. p. 687.

Exemplo: a Lei n. 9.601/1998 autorizou, mediante convenção ou acordo coletivo de trabalho, a instituição de contrato por prazo determinado independentemente de motivação específica, ampliou o período de compensação de jornada para um ano. Instituiu o denominado "trabalho em regime de tempo parcial", autorizando a sua adoção, mediante negociação coletiva, para os empregados já contratados. Isto sem considerar a tentativa de introduzir, na legislação, com a modificação do art. 618 da CLT, expressa autorização para a negociação coletiva derrogar garantias legais mínimas de proteção ao trabalhador.

e) Princípio da Proibição do Retrocesso Social — limitação a autonomia privada coletiva

O princípio do não retrocesso social consiste no direito do cidadão de impedir todas as ações políticas contrárias às garantias sociais, já asseguradas pelo legislador constituinte originário. Trata-se de uma grande conquista civilizatória, pois serve de subsídio para se aferir o controle de constitucionalidade de preceitos que enfraquecem os direitos fundamentais, o que significa a impossibilidade de ser conferida uma interpretação extensiva à flexibilização de direitos, de maneira a afrontar a regra constitucional proibitiva do retrocesso social e macular os fundamentos constitucionais, notadamente da valorização do trabalho e da solidariedade relacionados com o direito do trabalho

O Brasil é signatário da Convenção Americana de Direitos Humanos (Pacto de San José, da Costa Rica), (Decreto Legislativo n. 27, promulgado pelo Decreto n. 678 de 6.11.1992); comprometendo-se a adotar todas as medidas necessárias a fim de conseguir progressivamente e de acordo com a legislação interna a plena efetividade dos Direitos Sociais.

Em consonância com o referido compromisso, o legislador constituinte deu especial relevância aos direitos fundamentais sociais, ou seja, aos direitos fundamentais do trabalhador ao dispor que a República Federativa do Brasil constitui-se de em Estado Democrático de Direito, e que tem como fundamentos "*dignidade da pessoa humana*" (inciso III do art. 1º), "*os valores sociais do trabalho*" e por objetivos fundamentais a construção de "*uma sociedade livre, justa e solidária*" (inciso I do art. 3º) e "*erradicar a pobreza e a marginalização e reduzir as desigualdades sociais e regionais*" (inciso III do art. 3º), e ainda que *A ordem econômica, fundada na valorização do trabalho humano e na livre iniciativa, tem por fim assegurar a todos existência digna, conforme os ditames da justiça social, observados entre seus s princípios: — função social da propriedade; (...)*

VII — redução das desigualdades regionais e sociais; VIII — busca do pleno emprego (...)".

Assim, desde 1988 vigora em nosso país uma nova ordem constitucional, fundada nos princípios do Estado Democrático de Direito, comprometido com a efetividade da igualdade material, e por esta razão a autonomia privada coletiva não pode servir de instrumento para a simples supressão ou redução de garantias legais e constitucionais mas, sim, substituída por outra vantagem equivalente que tenha por finalidade assegurar a melhoria da condição social do trabalhador.

O legislador Constituinte, no art. 7º, impõe os limites à flexibilização ao estabelecer: ... são direitos dos Trabalhadores urbanos e rurais, além de outros que visem a melhoria de sua condição social, ou seja, podem ser editadas normas legais ou negociais que respeitem a exigência de assegurar melhores condições sociais ao trabalhador.

De acordo com a linha aqui sustentada, mesmo as hipóteses contempladas nos incisos VI, XIII e XIV, do art. 7º, da Constituição Federal, não poderiam autorizar simples supressão da proteção constitucional assegurada nos mesmos preceitos. De acordo com o princípio consagrado pelo *caput* do art. 7º da Constituição Federal ("*são direitos dos trabalhadores urbanos e rurais, além de outros que visem à melhoria de sua condição social*"), os seus incisos VI, XIII e XIV estabelecem garantias mínimas aos trabalhadores. A título de exemplo da aplicação deste princípio colacionamos ementa de acórdão proferido pelo TST.

"EMENTA: CLÁUSULA DE ACORDO COLETIVO INCOMPATÍVEL COM O ART. 7º, INCISO XVI, DA CONSTITUIÇÃO FEDERAL. HORAS EXTRAS. As normas da Constituição devem ser interpretadas de modo a evitar o sacrifício total de umas em relação a outras, não se estabelecendo entre elas nível de hierarquia. Nesse contexto, para se acolher a tese recursal no sentido de que deve ser respeitada a cláusula de compensação de horários estabelecida em Acordo Coletivo, que prevê o não pagamento do saldo de horas extras acima da décima mensal, seria necessário atribuir eficácia absoluta, que não possuem, aos preceitos insculpidos nos incisos XIII e XXVI do art. 7º da Constituição Federal. E, ao mesmo tempo, pôr em nível inferior o inciso XVI do mesmo dispositivo constitucional, que determina a remuneração do serviço extraordinário, mesmo que exceda a limitação legal (CLT, art. 59). O prestígio à negociação coletiva, em um Estado democrático de direito, deve harmonizar-se com os princípios constitucionais que dão estrutura ao sistema, como a dignidade da pessoa humana do trabalhador, os valores sociais do trabalho e a livre iniciativa (CF, art. 1º, III e IV), ficando os atos negociais sujeitos ao controle de legalidade pelo Poder Judiciário. Agravo de Instrumento a que se nega provimento. PROCESSO: TST — AIRR n. 690.277 ANO: 2000 PUBLICAÇÃO: DJ — 10.8.2001".

f) Princípio da Equivalência dos Contratantes

Os sujeitos do direito coletivo têm a mesma natureza, são entes coletivos, por esta razão, no direito coletivo, ao contrário do direito individual, as partes encontram-se no mesmo plano de igualdade. É que os trabalhadores representados por seus sindicatos possuem a mesma força negocial para deliberarem nas negociações coletivas. Os instrumentos colocados à disposição do ente coletivo representante dos trabalhadores tais como, estabilidade, prerrogativas de atuação, possibilidade de mobilização e pressão etc., acabam com a desigualdade social que se tem no plano do direito individual.

g) Princípio da Lealdade e Transparência na Negociação Coletiva

Segundo este princípio, a lealdade, a lisura e a boa-fé deverão estar presentes no processo de negociação coletiva, por essa razão, de regra, seria abusiva a greve na vigência de instrumento normativo negociado, salvo havendo mudança substancial nas condições negociadas (clausula *rebus sic stantibus*) que justifiquem o descumprimento do ajuste.

1.7 Os conflitos coletivos de trabalho e mecanismos para sua solução

O direito do trabalho compreende dois tipos fundamentais de relações jurídicas: relações individuais e relações coletivas, que se distinguem entre si pelos sujeitos, interesses a serem tutelados.

Nas relações individuais, os sujeitos são pessoas concretamente determinadas, e os interesses são interesses individuais, autônomos, isolados e das relações individuais resultam cláusulas de contratos de trabalho.

Relações coletivas são relações jurídicas que têm como sujeitos grupos de trabalhadores e empregadores, muitas vezes representados por seus sindicatos, e que têm como causa a defesa dos interesses coletivos dos integrantes da categoria, ou seja, interesses grupais, indivisíveis, comum a todos os seus membros.

Por esta razão, os conflitos trabalhistas podem ser individuais ou coletivos. Os conflitos individuais são aqueles que ocorrem entre um ou diversos trabalhadores individualmente considerados e o empregador, e decorrem geralmente pelo descumprimento do contrato individual de trabalho. Os conflitos coletivos são decorrentes da divergência de interesses entre grupo de trabalhadores abstratamente considerados e o empregador ou grupo de empregadores normalmente representados pelo sindicato da categoria econômica ou profissional.

A solução dos conflitos coletivos se obtém através da autodefesa, autocomposição ou heterocomposição. Em seguida, vamos abordar separadamente cada uma delas:

a) Autodefesa

A autodefesa também denominada autotutela consiste no ato pelo qual alguém faz sua defesa por si mesmo, ou seja, quando as partes tentam impor pela força seus direitos ou suas reivindicações. No Direito do Trabalho são consideradas como formas de autodefesa a greve (paralisação do trabalho pelos empregados) e o *lockout*, (paralisação das atividades da empresa por ato do empregador), sendo certo que este último, por força do ordenamento jurídico brasileiro (Lei n. 7.783/1989), é proibido.

b) Autocomposição

Na autocomposição, as próprias partes chegam à solução pacífica de suas controvérsias, unilateral ou bilateralmente, ou seja, há a solução do conflito sem interferência de terceiros. São exemplos de autocomposição unilateral a desistência, a renúncia, o reconhecimento e a transação, e bilateral a que se verifica através da negociação coletiva, da conciliação, da mediação.

A renúncia configura meio de solução de conflitos coletivos, à medida que efetiva a pacificação do litígio. É ato unilateral e implica em alguém abrir mão de um direito, dotado de certeza jurídica que lhe pertença. Em regra, os direitos trabalhistas são irrenunciáveis tanto no plano individual quanto no plano coletivo.

A conciliação constitui negócio jurídico por meio do qual se extingue um conflito entre as partes com o auxílio de um conciliador que aproxima as partes, coordena as tratativas, mas não faz propostas. As próprias partes chegam à conciliação. Também é certo que a conciliação pode ocorrer de forma judicial ou extrajudicial. No Brasil, a CLT, em seu art. 764, trata da conciliação judicial e esclarece que os dissídios individuais ou coletivos submetidos à apreciação da Justiça do Trabalho serão sempre sujeitos à conciliação. Juízes e tribunais empregarão seus bons ofícios e persuasão no sentido de alvo conciliatório dos conflitos (art. 764, § 1º da CLT). Inexistindo acordo, o juízo conciliatório transforma-se em arbitral (§ 2º do art. 764 da CLT). Mesmo após encerrado o juízo conciliador, as partes celebrarão o acordo para finalizar o processo (§ 3º do art. 764 da CLT). A conciliação é obrigatória, antes da contestação (art. 846 da CLT) e após as razões finais (art. 850 da CLT). Na conciliação, o conciliador busca uma solução equitativa para o conflito.

A negociação coletiva, prevista no art. 114, § 1º da Constituição Federal de 1988, é o procedimento em que as partes discutem seus interesses com a finalidade de obterem um entendimento na solução pacífica do conflito. Em nosso ordenamento jurídico, os sindicatos são os legitimados para representar os interesses das partes na negociação. De acordo com a Constituição vigente, sempre que existir conflito coletivo, deve ser tentada a negociação coletiva. A comprovação da tentativa de negociação é condição específica para o ajuizamento do dissídio coletivo. Por fim, deve ser ressaltado que a nossa ordem jurídica encontra-se em consonância com os termos do disposto nas Convenções ns. 98 e 154 da OIT, que enfatizam a importância da solução negociada dos conflitos

A Mediação, por sua vez, é meio autocompositivo, em que terceiro intervém para coordenar diálogo entre as partes, propondo soluções, sempre com a finalidade de obter o fim do conflito.

Através dela, um terceiro estranho formula propostas na busca de consenso, tentando convencer as partes, com a recomendação de sugestões.

Trata-se de meio flexível, não sendo imposta qualquer solução, mesmo porque o mediador não tem o poder decisório, somente estimula a criatividade das partes na procura de posições e opiniões para restaurar a harmonia entre elas, sendo sua escolha da absoluta confiança das partes. Permite a mediação, o diálogo mais franco entre as partes, o que facilita o encontro de solução satisfatória para ambas"[(10)]. O mediador é escolhido dentre pessoas imparciais, com conhecimentos técnicos e de confiança das partes.

Classifica-se a mediação em voluntária e obrigatória, na medida em que as partes possam ou não a ela se submeter ou tenham necessariamente de o fazer antes de adotar qualquer outro meio de ação.

Há países em que a mediação é institucionalizada, como nos Estados Unidos. No Brasil, é usada através das mesas-redondas nas Delegacias Regionais do Trabalho, ou perante o Ministério Público do trabalho, sempre de forma facultativa.

(10) *A Nova Lei de Arbitragem e as Relações de Trabalho.* São Paulo: LTr, 1997. p. 12.

Na anterior lei de greve, a mediação era obrigatória e deveria ser realizada pela DRT (arts. 11 e 17 da Lei n. 4.330/1964). Atualmente a lei que regulamenta a participação nos lucros e nos resultados prevê a mediação como forma de solucionar divergências na sua estipulação.

A mediação se parece muito com a conciliação, no entanto, em doutrina encontramos autores que distinguem a mediação da Conciliação, afirmando que o conciliador orienta sua atividade para a composição equitativa do conflito, enquanto o mediador trata de conseguir um acordo, segundo seu melhor critério, e buscando evitar o conflito aberto, o que significa que procura obter tal acordo pelo que este significa em si mesmo, independentemente do grau e justiça ou equidade que promova.

c) Heterocomposição

A heterocomposição ocorre quando a solução dos conflitos de interesses é imposta às partes por meio de um poder *supra partes*, por estas, admitido ou imposto pela ordem jurídica.

São formas heterocompositivas a arbitragem e a jurisdição, sendo que diante da relevância do tema vamos tratar especificadamente de cada uma destas modalidades nos seguintes termos:

C1 arbitragem

É o meio heterocompositivo de solução de conflitos, em que as partes resolvem outorgar a um terceiro, de sua confiança, o poder de solucionar o conflito em substituição à vontade delas. Trata-se de um dos mais antigos meios de solução de conflitos.

A arbitragem, ao contrário da mediação, não se caracteriza como mera intervenção de terceiros, na solução de um conflito. É particularizada como intervenção qualificada, na qual o terceiro, eleito pelas partes, decide conflito segundo a sua vontade, através de uma decisão arbitral que deverá ser cumprida pelas partes. É particularizada como intervenção qualificada, pois o terceiro, ao invés de se colocar *inter partes*, se situa *supra partes*, pois dirime o conflito segundo a sua vontade.

O procedimento arbitral é instaurado mediante a convenção arbitragem que compreende: a) a cláusula compromissória prevista no art. 4º da Lei n. 9.307/1996, que é o negócio jurídico por meio do qual as partes se comprometem a submeter a via arbitral qualquer litígio que possa surgir em relação a um contrato, e b) o compromisso arbitral, previsto no art. 9º da Lei n. 9.307/1996, que corresponde ao instrumento arbitral expresso, ou seja, o instrumento pelo qual as partes submetem à arbitragem a solução do litígio já existente.

Há diferença entre **compromisso** e **juízo arbitral**: enquanto o primeiro é matéria de direito civil — ato jurídico bilateral —, o juízo arbitral traduz o meio procedimental da arbitragem, matéria de direito processual civil.

O árbitro é a pessoa que decide, através de decisão arbitral, o conflito de interesses entre as partes contratantes, que nele confiam, e exercerá seu ofício, de acordo com as normas estabelecias na Lei da Arbitragem e o pactuado no contrato entre os interessados. Conforme dispõe o art. 13 da Lei n. 9.307/1996, qualquer pessoa capaz pode ser árbitro. Havendo pluralidade de árbitros, devem eles ser nomeados em número ímpar, bem como seus suplentes. Todavia, se a nomeação for em número par, os árbitros estão autorizados, conforme o disposto no § 2º do art. 13, a nomear mais um.

No exercício da função ou quando atuam em razão dela, os árbitros equiparam-se aos funcionários públicos, sujeitando-se aos efeitos da legislação penal (art. 17 da Lei n. 9.307/1996).

A independência, imparcialidade, competência, diligência e discrição são requisitos previstos no § 6º do art. 13. Segundo o disposto nos arts. 14 e 15, as pessoas impedidas e suspeitas não podem exercer a função arbitral (arts. 134 e 135 do Código de Processo Civil). Os árbitros, em princípio, têm os mesmos deveres e responsabilidades dos juízes de direito.

No caso de falecimento, recusa, escusa ou na impossibilidade para o exercício das funções, as partes deverão se valer das regras estabelecidas no compromisso ou na convenção, ou então, se as partes chegarem a um acordo, conforme disposto no art. 7º da Lei da Arbitragem, buscarão a nomeação do substituto pelo Poder Judiciário.

O art. 18 da Lei n. 9.307/1996 menciona expressamente que a decisão arbitral é irrecorrível, ou seja, não existe recurso para reformar o mérito da decisão prolatada pelo árbitro. Uma vez expedido, o laudo arbitral é irrecorrível, faz coisa julgada com relação às partes e à matéria decidida, conforme disposto no art. 19 da lei, não obstante pode ser impugnada judicialmente em caso de ser arguida uma das hipóteses de nulidade, previstas no art. 32 da lei arbitral. No caso de uma das hipóteses de nulidade, a parte interessada poderá pleitear no prazo de noventa dias, contados da notificação da decisão final dos árbitros, a anulação da sentença ao poder judiciário

A arbitragem está regulada pela a Lei n. 9.307/1996, podendo se apontar as seguintes características:

— Trata-se de meio alternativo de solução de conflitos, sendo certo que há doutrinadores que afirmam tratar-se de ato de jurisdição privada.

— Tem cabimento quando se tratar de direito patrimonial e disponível; nem todos os direitos são patrimoniais ou disponíveis e, portanto, passíveis de solução pela arbitragem. Entender-se-á nessa classificação os direitos que possam ser negociados, admitam renúncia, permitam a troca por outro ou quando haja possibilidade de ser submetido à compensação etc.

— Decorre da vontade das partes celebrar o compromisso arbitral onde se define quem será o árbitro, o objeto do litígio e o direito aplicável, desde que não viole os bons costumes e a ordem pública podem optar entre: a) normas de direito — significa o recurso à aplicação do direito positivo ao caso concreto, limitando-se o emprego de outros meios de integração normativa (analogia, princípios gerais de direito); b) equidade — não há vinculação ao regramento legal vigente para a solução dos litígios, podendo-se adotar preceitos de ordem técnica, econômica ou financeira.

— A decisão arbitral é irrecorrível e independe de homologação pelo Poder Judiciário, e sendo condenatória, constitui título executivo com força de título judicial.

— As partes poderão estabelecer procedimento sigiloso e prazo para o laudo arbitral. No silêncio, o prazo será de seis meses, podendo ser dilatado ou diminuído.

Natureza jurídica da arbitragem

Várias teorias foram desenvolvidas sobre a natureza jurídica da arbitragem, destacando-se como principais: a teoria contratualista (privatista), a teoria jurisdicionalista (publicista) e a teoria intermediária ou mista do juízo arbitral.

a. Teoria Contratualista ou privatista

Para os seguidores desta teoria, a arbitragem possui natureza jurídica contratual e fundamentam sua posição em razão da cláusula compromissória, que é firmada de forma contratual entre as partes antes mesmo de qualquer litígio.

b. Teoria Jurisdicionalista ou publicista

Para esta teoria, ao árbitro eleito é consagrado o poder de aplicar o direito ao caso concreto, em lugar dos juízes estatais, decidindo os conflitos. No desempenho de sua função, o árbitro deve proceder com imparcialidade e independência (art. 13, § 6º da Lei n. 9.307/1996), impossibilitado de atuar em várias hipóteses de impedimento aplicáveis aos magistrados em geral e no que couber será regido pelos mesmos deveres e responsabilidades destes (art. 14 da Lei n. 9.307/1996).

A Lei n. 9.307/1996 conferiu à decisão arbitral a denominação de sentença e a força de coisa julgada, bem como do título executivo judicial, sem qualquer interferência da justiça oficial (art. 31).

Além do mais, o art. 17 declara que o árbitro, no exercício de suas funções, se equipara ao funcionário público para efeito da legislação penal e fins processuais. É ele "juiz de fato e direito". Sua sentença "não fica sujeita a recurso ou à homologação pelo Poder Judiciário" (art. 18).

Conclui-se que o legislador optou pela atribuição do caráter publicístico ao juízo arbitral. Deu-lhe perfil completo e equivalente jurisdicional por escolha das partes.

Se a justificação de seu cabimento radica-se em uma relação negocial privada — a convenção arbitral —, o certo é que, uma vez instituído o juízo arbitral, sua natureza passa a ser tão jurisdicional como a dos órgãos integrantes do Poder Judiciário

A obrigatoriedade de cumprimento pelas partes litigantes do que restar decidido pela sentença arbitral independe de homologação pelo juiz estatal (art. 18 da Lei n. 9.307/1996), importando na demonstração de soberania da arbitragem.

Se a parte não cumprir o compromisso arbitral e resolver propor diretamente a ação junto ao Poder Judiciário, poderá a outra parte arguir a exceção de compromisso arbitral com a consequente extinção do processo sem julgamento de mérito, de acordo com as regras processuais contidas nos arts. 267, VII, § 3º e 301, IX, § 4º do CPC

c. Teoria Intermediária híbrida ou mista (Privatista ou Publicista)

Afirmam que a natureza jurídica é híbrida, pois suas bases assentam-se em um contrato privado onde são fixadas desde as regras para a sua criação, até as restrições dos poderes conferidos aos árbitros. A natureza jurisdicional e contratual encontram-se em um processo de fusão. O poder conferido ao árbitro é o resultado da combinação das duas naturezas, criando um processo com origem em um contrato, cujos reflexos permeiam muitas das características do processo judicial público.

Com a publicação da lei, houve algumas manifestações no sentido da sua inconstitucionalidade, posto que violaria: a) — o princípio do juiz natural; b) o princípio da efetividade; e c) o princípio constitucional da inafastabilidade da jurisdição (artº 5º, inciso XXXV, da CF).

No entanto, tais colocações vêm sendo repelidas sob os seguintes argumentos: com a celebração do compromisso, as partes não estão renunciando ao direito de ação nem ao juiz natural. Apenas estão transferindo, deslocando a jurisdição que, de ordinário, é exercida por órgão estatal, para um destinatário privado. Como o compromisso só pode versar sobre matéria de direito disponível, é lícito às partes assim proceder. O que não se pode tolerar por flagrante inconstitucionalidade é a exclusão, pela lei, da apreciação de lesão a direito pelo Poder Judiciário, que não é o caso do Juízo Arbitral.

Além do mais, ainda que exista convenção de arbitragem, as partes podem se dirigir ao Judiciário, para anular a sentença arbitral, conforme estatui a própria lei em comento.

A possibilidade da utilização da arbitragem para solução de conflitos coletivos de trabalho decorre de expressa autorização, no art. 114, § 2º da Constituição Federal, assim como pela legislação infraconstitucional. Ou seja, Lei n. 7.783 (lei de greve), de 26 de junho de 1989, faz duas referências à arbitragem: no art. 3º, exige como condição para a paralisação do trabalho que "tenha sido frustrada a negociação ou verificada a impossibilidade de recurso via arbitral" e no art. 7º remete à regulamentação das relações obrigacionais no curso da greve ao que for determinado pelo acordo, convenção, laudo arbitral ou decisão da Justiça do Trabalho.

A doutrina não é unânime na aplicabilidade da Lei n. 9.307/1996 às questões de direito individual submetidas à Justiça do Trabalho. Existem doutrinadores favoráveis e outros não. Os que sustentam a incompatibilidade da arbitragem com o processo trabalhista fundamentam o seu entendimento no fato de serem indisponíveis e, portanto, irrenunciáveis os direitos do trabalhador, dado o caráter tutelar do Direito do Trabalho; aduzem também que a lei é omissa a respeito; que os custos onerariam em demasia os trabalhadores. Há quem fale até em esvaziamento da Justiça do Trabalho.

A hipótese de instituição do juízo arbitral por instrumento de negociação coletiva não afasta o vício de inconstitucionalidade, pois a delegação constitucional e legal recebida pelo sindicato não pode extravasar a esfera de interesses do trabalhador para atingir suas prerrogativas como cidadão. Ademais, sua estrutura é incompatível com os princípios e normas trabalhistas, sendo inconveniente a sua adoção como método alternativo de solução de dissídios individuais trabalhistas.

Outros, no entanto, admitem a arbitragem como forma de solução de conflitos individuais, ao fundamento de que: "Conquanto a Lei n. 9.307 abranja somente a arbitragem de questões que envolvam direitos patrimoniais disponíveis, poderá ser utilizada em larga escala, no universo das relações do trabalho"[11]. "A omissão da lei no tocante à regulamentação do instituto da arbitragem nos dissídios individuais em nada afasta a sua aplicação, pois o art. 769 da CLT autoriza a incidência dos preceitos processuais comuns se omissa a norma processual trabalhista. Por outro lado, a arbitragem guarda inteiramente consonância com os princípios e disposições de Direito Material e Direito Processual do Trabalho, permitindo maior celeridade e economia, mediante o afastamento das formalidades danosas à pronta satisfação dos direitos dos trabalhadores. Os prazos dilatados, a variedade de recursos e atos processuais importam frequentemente em agressão aos norteadores do processo especializado"[12].[13] A jurisprudência é pacífica no sentido da impossibilidade da fixação da cláusula compromissória por ocasião da contratação, mas tem oscilado quando vier inserida em acordo ou convenção coletiva de trabalho.

Na prática, ainda há muita resistência da instituição da arbitragem como forma de solução de conflitos trabalhistas. As razões apontadas são: a ausência de confiança, pois dificilmente se encontra pessoa que detenha a confiança das duas partes em conflito para funcionar como árbitro, ademais, há ainda, o problema dos custos, uma vez que os sindicatos não possuem condições para suportar as despesas decorrentes.

Termo de Ajustamento de Conduta

A doutrina mais moderna aponta o termo de Ajustamento de Conduta como instrumento capaz de solucionar os conflitos coletivos de trabalho, previsto na Lei n. 7.347/1985, art. 5º, § 6º, a ser firmado perante o Ministério Público do Trabalho. Trata-se de um mecanismo simples, rápido, sem custos para as partes, com força de título executivo extrajudicial, capaz de solucionar conflitos de trabalho.

Quando as partes não conseguem solucionar os conflitos coletivos através dos métodos extrajudiciais, ou seja, pela negociação coletiva, mediação ou arbitragem a elas, é facultado, desde que de comum acordo, suscitar o dissídio coletivo, passando a solução do conflito para a esfera jurisdicional, cuja matéria será tratada oportunamente, quando estivermos tratando do processo coletivo do trabalho.

2. LIBERDADE SINDICAL. CONVENÇÃO N. 87 DA OIT. ORGANIZAÇÃO SINDICAL. MODELO SINDICAL BRASILEIRO. CONCEITO DE CATEGORIA. CATEGORIA PROFISSIONAL DIFERENCIADA. DISSOCIAÇÃO DE CATEGORIAS. MEMBROS DA CATEGORIA E SÓCIOS DO SINDICATO.

2.1 Convenção n. 87 da OIT. Liberdade sindical no plano individual e coletivo

O Brasil adota um sistema sindical híbrido: de um lado, com liberdade sindical assegurada pelo texto constitucional vigente, e, de outro, com a manutenção da estrutura do corporativismo, adotado a partir da década de 1930.

(11) YOSHIDA, Marcio. *A Arbitragem no Âmbito do Direito do Trabalho*, LTr, Suplemento Trabalhista n. 48/1997.

(12) MENEZES, Claudio Armando Couce de e BORGES, Leonardo Dias. Juízo Arbitral nos Dissídios do Trabalho (Individuais e Coletivos), *Revista LTr* n. 61-03/331.

(13) Arbitragem e Justiça do Trabalho — Análise da Lei n. 9.307/1996, *in Revista Teia Jurídica*, n. 37, novembro de 1996.

2.2 *Organização Sindical. Modelo Sindical Brasileiro*

Analisando as disposições do art. 8º da Constituição que traça as base do nosso modelo sindical de forma comparativa com as regras estabelecidas na Convenção n. 87 da OIT apontada como o principal instrumento de afirmação do princípio da liberdade sindical, verificamos que esta convenção trata da liberdade sindical no plano individual e no plano coletivo.

No plano individual, ela tem como titular o trabalhador e o empregador, que consiste na liberdade: de filiação, de desfiliação e liberdade de exercício ou não das funções sindicais e liberdade de contribuir ou não para as entidades sindicais.

No art. 8º, inciso V da Constituição Federal[14], verificamos que o legislador assegurou esta modalidade de liberdade, de maneira que não possui validade jurídica qualquer norma que imponha a associação ou filiação como condição de emprego ou de aquisição de qualquer direito.

É certo que há países que adotam sistemas de sindicalização forçada e admitem a existência de normas ou cláusulas negociadas, conhecidas como "***close shop***", que consistem na obrigatoriedade do empregador contratar somente trabalhadores filiados ao sindicato da categoria.

Há também aqueles que adotam a existência de normas impondo a sindicalização do tipo "***union shop***" (empresa sindicalizada). Neste sistema, o empregador se compromete perante o sindicato a só manter no emprego os trabalhadores que se filiarem ao sindicato da categoria.

Há ainda, países que admitem normas do tipo "***preferencial shop***", onde a empresa se compromete a favorecer o trabalhador sindicalizado.

Em nosso ordenamento jurídico, a liberdade de filiação e desfiliação, apesar de estar assegurada na Constituição Federal, sofre uma mitigação a partir do momento em que se admite a imposição de pagamento de contribuições de forma obrigatória.

No plano **coletivo**, a liberdade sindical tem como destinatário o grupo organizado que atua através de representação e consiste:

a) Liberdade de associação ou liberdade para criar ou fundar sindicatos

Analisando o inciso I e o *caput* do art. 8º da Constituição Federal[15], verificamos que o constituinte deixa bem claro que não poderá a norma infraconstitucional exigir a autorização do Estado para se criar ou fundar sindicatos, de maneira que esta modalidade de liberdade existe em nosso ordenamento jurídico. No entanto, é fruto da Constituição de 1988, pois sob a égide da legislação anterior, era necessária a autorização do Estado e a obtenção da Carta Sindical para que a entidade sindical fosse reconhecida.

A liberdade de associação não se restringe na liberdade de criação de entidades sindicais, mas também está relacionada com a liberdade de desmembramento, fusão, incorporação ou até mesmo extinção da respectiva associação,

Da análise do disposto no art. 571 da CLT, que estabelece: "**Qualquer das atividades ou profissões concentradas na forma do parágrafo único do artigo anterior poderá dissociar-se do sindicato principal, formando um sindicato específico, desde que o novo sindicato, ajuízo da Comissão de Enquadramento Sindical, ofereça a possibilidade de vida associativa regular de ação sindical eficiente**", podemos afirmar que dissociação ou desmembramento consiste na divisão de uma entidade sindical que agrupa setores similares ou conexos, para a formação uma nova entidade sindical.

---

(14) Art. 8º É livre a associação profissional ou sindical, observado o seguinte:
V — ninguém será obrigado a filiar-se ou a manter-se filiado a sindicato;

(15) I — a lei não poderá exigir autorização do Estado para a fundação de sindicato, ressalvado o registro no órgão competente, vedadas ao Poder Público a interferência e a intervenção na organização sindical;

b) Liberdade de Organização

A segunda liberdade coletiva, ou seja, a liberdade de organização, não foi contemplada em nossa estrutura sindical. O nosso país adota um sistema híbrido de liberdade sindical, às vezes afirma-se a sua existência, mas ainda contém preceitos que se originaram a na década de 1930, quando vivíamos em um sistema sindical corporativista.

b.1) Unicidade Sindical — de acordo com o inciso II do art. 8º da Constituição Federal(16), é proibida a criação de mais de uma organização sindical, em qualquer grau, na mesma base territorial, ou seja, só pode haver um sindicato como legítimo representante da categoria na base territorial.

O Pluralismo Sindical é um modelo oposto à unicidade, e há muitos países que o adotam. Coexiste com a pluralidade sindical outro modelo de estruturação denominado a Unidade Sindical, que consiste na existência de uma única entidade representando o grupo em uma mesma base, mas não por imposição do Estado, e sim por vontade dos interessados.

A Convenção n. 87 da OIT não exige ou estimula o pluralismo, apenas flexibiliza as possibilidades para que os próprios agentes interessados escolham livremente a forma de se autorregulamentarem.

b.2) A Imposição de Base Territorial Mínima — também se substancia a uma violação ao princípio da unidade de organização. Em nosso texto constitucional de início se observa a liberdade de organização, mas logo em seguida já vem imposta a observância da base territorial mínima que, conforme disposto no art. 8º, inciso II, passou a ser de um município. Desta forma, não foi recepcionada a regra do art. 516 da CLT, que permitia a formação de sindicato distrital (por Distrito Administrativo), bastante comum em cidades de grandes extensões territoriais que possuem distritos ainda não emancipados em municípios, ex. a fábrica da Volkswagen de Taubaté fica na realidade no distrito de Quiririm, Distrito Barão Geraldo em Campinas etc.

Também é certo que, de acordo com as regras constitucionais vigentes, apenas se tem a fixação da base territorial mínima, não havendo impedimento legal expresso admitindo a criação de sindicato de âmbito nacional. Pelas regras do art. 517 da CLT, somente em casos excepcionais é que poderia existir sindicatos nacionais.

Conforme dispõe o art. 517 no § 2º — Dentro da base territorial que lhe for determinada é facultado ao Sindicato instituir delegacias ou seções para melhor proteção dos associados e da categoria econômica ou profissional ou profissão liberal representada. Este dispositivo legal foi recepcionado pela nossa ordem jurídica sindical, e no momento, se apresenta de grande valia, uma vez que na impossibilidade de ser reconhecida a existência de sindicato Distrital a saída encontrada por muitas entidades sindicais foi descentralizar a sede, com a finalidade de facilitar a representação sindical nas grande cidades.

De acordo com o disposto no art. 523 da CLT, os Delegados Sindicais destinados à direção das delegacias ou seções instituídas na forma estabelecida no § 2º do art. 517 serão designados pela diretoria dentre os associados radicados no território da correspondente delegacia, e por esta razão estes trabalhadores não são titulares de estabilidade no emprego.

Importante lembrar que existem entendimentos doutrinários no sentido de que se os delegados sindicais foram eleitos pelos trabalhadores da região onde se localiza a Delegacia ou subsede, terão estabilidade no emprego com fundamento na Convenção n. 135 da OIT, mais este entendimento não foi acolhido pelo TST conforme Súmula n. 369, onde se tem que:

O delegado sindical não e beneficiário da estabilidade provisória prevista no art. 8º, VIII da CF, a qual é dirigida exclusivamente àqueles que exerçam ou ocupem cargos de direção.

(16) II — é vedada a criação de mais de uma organização sindical, em qualquer grau, representativa de categoria profissional ou econômica, na mesma base territorial, que será definida pelos trabalhadores ou empregadores interessados, não podendo ser inferior à área de um Município;

b.3) A Representação por Categoria — analisando as disposições do art. 8º, incisos II, III e IV[17] da CF/88 verificamos que o nosso modelo sindical deve ser a sindicalização por categorias mitigada, no entanto, com a sindicalização por profissão, conhecida como categoria profissional diferenciada.

É sabido que existem várias formas de representação dos grupos em sindicatos, exemplo: sindicato por empresas, ou sindicato por profissão, sindicato por categoria etc.

O modelo de sindicalização por empresa é adotado por vários países, e aqueles que defendem esta modalidade de estruturação afirmam que a grande vantagem é que as partes ao negociarem possuem amplo conhecimento da realidade econômica de cada empresa.

b.3.1 Conceito de categoria

Categoria é a expressão utilizada para designar o grupo de pessoas que, por força do seu trabalho ou da sua atividade, possuem interesses comuns, condições de vida similares, formando um vínculo social básico.

b.3.2 Categorias no setor privado brasileiro

A categorias no setor privado brasileiro se formam pelos critérios da homogeneidade, identidade, ou seja, atividades idênticas, similaridade, isto é, atividades similares aquelas que se parecem ou por conexidade ou conexas (são aquelas atividades que mesmo não sendo semelhantes se completam, por exemplo, algumas atividades da construção civil).

O art. 511, da CLT, § 1º[18] conceitua **categoria econômica**, que é aquela que se forma quando há uma solidariedade de interesses econômicos por parte daqueles que empreendem a mesma atividade econômica ou uma atividade similar ou conexa.

O conceito de categoria profissional vem estabelecido no § 2º, do art. 511, da CLT[19], onde o fato de se trabalhar para determinada empresa que explora determinada atividade econômica faz com que o trabalhador integre a expressão social denominada categoria profissional.

O § 3º, do art. 511[20] da CLT define categoria profissional diferenciada, assim entendida aquela que se forma por empregados que exercem profissões ou funções diferenciadas por força de estatuto profissional especial e, em consequência, por força do exercício da mesma profissão, tem a mesma condição de vida, por exemplo, motoristas, advogados etc.

Um vasto rol das categorias diferenciadas está previsto no art. 577 da CLT, no entanto, para alguns este dispositivo legal está revogado, mas as categorias prevalecem. Outros afirmam que foi extinta a Comissão de Enquadramento sindical, mas o quadro de atividades existentes prevalece como modelo a ser seguido pelos sindicatos. Se o referido quadro de atividades sindical foi extinto, ou também se não existe mais a comissão de enquadramento sindical, e por esta razão não foi o referido quadro complementado por novas categorias resultantes da evolução tecnológica e socioeconômica, os grupos de trabalhadores

(17) Art. 8º É livre a associação profissional ou sindical, observado o seguinte:
(...)
II — é vedada a criação de mais de uma organização sindical, em qualquer grau, representativa de categoria profissional ou econômica, na mesma base territorial, que será definida pelos trabalhadores ou empregadores interessados, não podendo ser inferior à área de um Município;
III — ao sindicato cabe a defesa dos direitos e interesses coletivos ou individuais da categoria, inclusive em questões judiciais ou administrativas;
IV — a assembleia geral fixará a contribuição que, em se tratando de categoria profissional, será descontada em folha, para custeio do sistema confederativo da representação sindical respectiva, independentemente da contribuição prevista em lei;

(18) Art. 511. É lícita a associação para fins de estudo, defesa e coordenação dos seus interesses econômicos ou profissionais de todos os que, como empregadores, empregados, agentes ou trabalhadores autônomos ou profissionais liberais exerçam, respectivamente, a mesma atividade ou profissão ou atividades ou profissões similares ou conexas.
§ 1º A solidariedade de interesses econômicos dos que empreendem atividades idênticas, similares ou conexas, constitui o vínculo social básico que se denomina categoria econômica.

(19) § 2º A similitude de condições de vida oriunda da profissão ou trabalho em comum, em situação de emprego na mesma atividade econômica ou em atividades econômicas similares ou conexas, compõe a expressão social elementar compreendida como categoria profissional.

(20) § 3º Categoria profissional diferenciada é a que se forma dos empregados que exerçam profissões ou funções diferenciadas por força de estatuto profissional especial ou em consequência de condições de vida singulares.

que pretendem constituir sindicatos terão de observar os conceitos de categoria econômica, profissional e diferenciada a que se refere o art. 511 da CLT.

Importante mencionar que não compete aos trabalhadores decidirem quais são as categorias profissionais diferenciadas. O § 3 do art. 511 deixa certo que categoria profissional diferenciada é que se forma por empregados que por força de estatuto profissional próprio e, em consequência, por força do exercício da mesma profissão, tem a mesma condição de vida, como, motoristas, advogados etc.

Verifica-se, portanto, que não se pode confundir profissional liberal e trabalhador de categoria profissional diferenciada, em regra, todo profissional liberal está apto a compor uma categoria profissional diferenciada, pois preenche o requisito de exercer uma atividade que possui estatuto ou regulamento próprio, como médicos, dentistas, advogados etc. No entanto, nem toda categoria profissional diferenciada é obrigatoriamente composta por profissionais liberais, podendo abranger aqueles que por força do exercício de uma função específica possuem um conjunto de características, anseios preocupações que justificam a criação da associação por categoria profissional diferenciada para a defesa de seus interesses.

Neste sentido já decidiu o STF.

> "Mostra-se contrária ao princípio da unicidade sindical a criação de ente que implique desdobramento de categoria disciplinada em lei como única. Em vista da existência do Sindicato Nacional dos Aeronautas, a criação do Sindicato Nacional dos Pilotos da Aviação Civil não subsiste, em face da ilicitude do objeto." (RMS n. 21.305, rel. min. Marco Aurélio, julgamento em 17.10.1991, Plenário, DJ de 29.11.1991.) Vide: AI n. 609.989-AgR, rel. min. Ayres Britto, julgamento em 30.8.2011, Segunda Turma, DJE de 17.10.2011.

No que se refere à denominação que deve ser adotada pelos sindicatos, observar as regras contidas no art. 572[21].

Cada Sindicato está legitimado a representar sua categoria dentro de sua base sindical, e por esta razão, consoante Súmula n. 374 do TST:

> SÚMULA n. 374. NORMA COLETIVA. CATEGORIA DIFERENCIADA. ABRANGÊNCIA. Empregado integrante de categoria profissional diferenciada não tem o direito de haver de seu empregador vantagens previstas em instrumento coletivo no qual a empresa não foi representada por órgão de classe de sua categoria. (ex-OJ n. 55 — Inserida em 25.11.1996).

Para a doutrina, a estruturação por categoria imposta por lei tem sua origem no regime corporativista e constitui mais uma forma de restringir a liberdade sindical, pois não se admite que os interessados se reúnam em formas distintas, por exemplo: sindicato por empresa, por profissão. A sindicalização por categoria era típica de um momento político caracterizado pela proibição de negociar. Atualmente, a negociação coletiva está na ordem do dia e a Constituição Federal a estimula. Se há liberdade sindical e se há incentivo à negociação coletiva, não pode haver sindicalização por categoria.

Sindicato por profissão, também conhecido por Sindicatos Horizontais, em que o sindicato representa todos os trabalhadores que exercem o mesmo ofício ou profissão sem levar em conta setor da atividade eco-

(21) Art. 572 — Os Sindicatos que se constituírem por categorias similares ou conexas, nos termos do parágrafo único do art. 570, adotarão denominação em que fiquem, tanto quanto possível, explicitamente mencionadas as atividades ou profissões concentradas, de conformidade com o Quadro de Atividades e Profissões, ou se se tratar de subdivisões, de acordo com o que determinar a Comissão do Enquadramento Sindical.
Parágrafo único — Ocorrendo a hipótese do artigo anterior, o Sindicato principal terá a denominação alterada, eliminando-se-lhe a designação relativa à atividade ou profissão dissociada.

nômica em que esses trabalhadores prestam serviços. É a hipótese tratada no § 3º do art. 511 da Consolidação das Leis do Trabalho, denominada no direito brasileiro: sindicato da categoria profissional diferenciada.

A sindicalização por categoria ou ramo de atividade também é conhecida como sindicato vertical, em que prevalece o agrupamento levando em conta a principal atividade econômica, similar ou conexa explorada pelo empregador. Chamado vertical porque dá uma ideia de uma linha que se ergue de cima para baixo, no mesmo setor econômico trabalham todos, ou seja, é o mesmo setor produtivo.

Analisando as disposições do art. 8º, incisos II, III e IV[22] da CF/88 verificamos que o nosso modelo sindical deve ser a sindicalização por categorias mitigada, no entanto, com a sindicalização por profissão, conhecida como categoria profissional diferenciada.

Se uma empresa dedica-se a mais de uma atividade econômica a que correspondam categorias distintas, tanto ela quanto seus empregados serão representados pelos sindicatos dos empregadores e trabalhadores referentes a sua atividade preponderante. (art. 581 da CLT)

b.3.3 Sindicato rural e Colônia de pescadores

Conforme se verifica da CF/88, no parágrafo único, do art. 8º, aplicam-se as mesmas disposições adotadas para os sindicatos urbanos aos sindicatos rurais e colônias de pescadores. No entanto, é sabido que o sindicato rural pode ser constituído por trabalhadores de vários ofícios, ou seja, sua estruturação é feita de modo vertical, capaz de abranger todos os empregados daquele setor econômico, qualquer que seja o seu nível profissional, por exemplo: pode abarcar pecuarista, motorista, veterinário e demais ofícios do campo, conforme dispõe o Decreto-lei n. 1.166/71.

Assim, não se aplicam no campo os conceitos de categoria econômica e profissional ou profissional diferenciada. Há ainda a possibilidade de empregados e pequenos empregadores conviverem na mesma entidade sindical, pois o art. 1º do referido decreto oferece um conceito muito amplo de empregado, abrangendo o parceiro, meeiro. É certo que a Lei n. 9.701/1998 modificou o *caput* do decreto de forma que, em lugar de constar para fins de enquadramento sindical, passou a constar para fins de contribuição sindical o que possibilita o enquadramento de outra forma.

Também as colônias de pescadores têm as mesmas prerrogativas e devem obedecer às mesmas regras do art. 8º da Constituição Federal, ainda que não sejam denominadas sindicatos.

b.3.4 Representação Sindical da micro e pequena empresa

No Brasil, a representação dos empresários em Micro e Pequenas Empresas deve observar representação por categoria econômica. Ou seja, os empresários em micro e pequenas unidades produtivas de um determinado setor, em geral, são representados por entidades patronais gerais desse setor[23].

É que os micro e pequenos negócios estão dispersos entre os diferentes grupos econômicos, e por esta razão não há como se reconhecer a existência de uma organização sindical que represente especificamente o segmento das MPE.

Embora haja movimentos, de âmbito nacional, que congregam entidades representantes de MPE e promovem debates em torno de suas demandas específicas, isto não significa a possibilidade de criação de sindicato que represente as Micro e Pequenas Empresas.

(22) Art. 8º É livre a associação profissional ou sindical, observado o seguinte:
(...)
II — é vedada a criação de mais de uma organização sindical, em qualquer grau, representativa de categoria profissional ou econômica, na mesma base territorial, que será definida pelos trabalhadores ou empregadores interessados, não podendo ser inferior à área de um Município;
III — ao sindicato cabe a defesa dos direitos e interesses coletivos ou individuais da categoria, inclusive em questões judiciais ou administrativas;
IV — a assembleia geral fixará a contribuição que, em se tratando de categoria profissional, será descontada em folha, para custeio do sistema confederativo da representação sindical respectiva, independentemente da contribuição prevista em lei.

(23) Por exemplo, os empresários em MPE do setor de comércio muitas vezes são representados, para fins de negociação coletiva, por sindicatos ou federações, nos distintos Estados.

Neste sentido, a OJ n. 23 da SDC do TST:

OJ-SDC-23 LEGITIMIDADE AD CAUSAM. SINDICATO REPRESENTATIVO DE SEGMENTO PROFISSIONAL OU PATRONAL. IMPOSSIBILIDADE. inserida em 25.5.1998 A representação sindical abrange toda a categoria, não comportando separação fundada na maior ou menor dimensão de cada ramo ou empresa.

É certo que curiosamente existe um sindicato que obteve o registro no Ministério do Trabalho e Emprego para representar as empresas industriais com até 50 empregados no Estado de São Paulo, independentemente da forma de produção ou da natureza da atividade desenvolvida.

O Tribunal Regional do Trabalho da 2ª Região e o TST, no entanto, mantiveram, ao analisar ação que versava sobre cobrança de contribuição sindical, a decisão de primeira instância com base no princípio da unicidade sindical (art. 8º, inciso II, da Constituição), que veda a criação de mais de uma organização sindical representante de determinada categoria profissional ou econômica, na mesma base territorial, decisão que foi mantida pelo TST.

No STF, está sendo questionado o acórdão do Tribunal Superior do Trabalho (TST), ao fundamento de que desde 1994 a entidade possui registro no Ministério do Trabalho e Emprego como representante das empresas industriais com até 50 empregados no Estado, independentemente da forma de produção ou da natureza da atividade desenvolvida.

b.3.5 Membros da categoria e Sócios do Sindicato

Não há que se confundir categoria com profissão. Profissão é a atividade que o trabalhador escolhe para exercer e prover a sua subsistência; categoria é o setor em que esta pessoa exerce a profissão. Ex.: um químico por profissão pode integrar a categoria profissional dos Comerciários se trabalhar no comércio.

Também não se podem confundir os membros de uma categoria com os sócios dos Sindicatos. O simples fato de trabalhar para uma empresa que explora determinada categoria econômica, faz com que o trabalhador se insira em uma categoria profissional, assegurando o direito de ser representado nas negociações coletivas pelo Sindicato, independentemente de ser associado. Agora, se o trabalhador tem o interesse de ter uma vida sindical mais intensa, será sócio do Sindicato.

b.4 Sistema Confederativo por imposição legal

Outra limitação à liberdade de organização que acaba violando o princípio da liberdade sindical na forma prevista na Convenção n. 87 é a imposição constitucional da observância do **sistema confederativo** de organização sindical, que significa uma estrutura sindical que tem na base o sindicato, no centro as federações e na cúpula as confederações, respeitando o critério de unicidade sindical e sindicalização por categoria. Nos termos da Convenção n. 87 em seu art. 5º e conforme decisões do comitê de liberdade sindical, os trabalhadores organizados devem ter liberdade de escolher os sindicatos e estes de integrarem as federações e confederações de sua preferência de diferentes atividades.

Ou seja, o sindicato pode optar em não se associar formalmente a uma Federação, e a Federação também poderá optar ou não em se associar formalmente a uma Federação, assim como o trabalhador pode se associar ou não em sindicato, mas ainda assim, a entidade sindical ficará vinculada à referida Federação e esta à respectiva Confederação, e deverá fazer o repasse obrigatório da parcela da contribuição sindical que se destina a estes organismos na forma da lei.

c) Liberdade de Administração

Consiste na liberdade de elaborar os estatutos, fixar o número de dirigentes, estabelecer a forma de organização. De acordo com a Convenção n. 87 da OIT, esta liberdade consiste em retirar do Estado o poder de intervir na administração dos Sindicatos.

A nossa Carta Constitucional assegura a liberdade de administração quando deixa certa a proibição de qualquer tipo de intervenção do Estado na vida sindical.

No entanto, o entendimento do TRT é que as disposições do art. 522 da CLT[24] que limita ao número de sete, sendo o máximo de dirigentes, sendo recepcionado pela constituição.

Também vem entendendo que os membros do conselho fiscal, ainda que eleitos, não possuem estabilidade no emprego. Este entendimento é muito criticado, pois num sistema de liberdade sindical deve haver a liberdade da entidade em estabelecer o número de seus dirigentes, pois é sabido que não se pode estabelecer o número fixo de dirigentes para todas as entidades sindicais, uma vez que existem sindicatos que possuem uma vasta base territorial ou detêm a representatividade de uma grande categoria.

Neste contexto, fixar o número máximo de dirigentes em sete é totalmente desproporcional. A alegação de limitação se impõe para evitar abusos cometidos pelos sindicatos com a finalidade de obter estabilidade no emprego deveria ser coibida e analisada em cada caso, e uma vez evidenciado o abuso, declarar a nulidade da garantida de emprego.

d) Liberdade de atuação

Por liberdade de atuação referida na mencionada convenção deve ser entendida a garantia contra a extinção ou suspensão das atividades sindicais pelo Estado, e tem por finalidade resguardar as entidades sindicais do controle arbitrário das atividades sindicais por parte da autoridade pública. A liberdade de exercício das funções sindicais sofre duas limitações no direito brasileiro: 1 — Obrigatoriedade dos sindicatos participarem de negociações coletivas e a manutenção do poder normativo da Justiça do Trabalho. Importante observar que nas legislações mais evoluídas existem outros órgãos que são partes legítimas para negociarem e firmarem instrumentos normativos.

e) Liberdade de filiação das associações à Organização Internacional e de criar Federações e Confederações

A última garantia é a liberdade de filiação, assegurando às associações sindicais o direito de se filiarem à Organização Internacional e de criar Federações e Confederações, assegurando-se o relacionamento internacional e também entre as organizações sindicais internas de cada país, com as organizações sindicais internacionais

Em nossa ordem jurídica, o art. 565 da CLT proíbe expressamente as entidades sindicais de manter relações com entidades sindicais internacionais, o que acaba violando o princípio da liberdade de liberdade sindical.

Conclusão

O Brasil não ratificou a Convenção n. 87 da OIT, uma vez que a nossa ordem constitucional tem alguns dispositivos que são incompatíveis com o modelo de liberdade sindical assegurado na referida convenção. No entanto, é certo que em junho de 1998 foi aprovada a Declaração Internacional da OIT sobre princípios e direitos fundamentais dos trabalhadores, e esta declaração no art. 2º declara que

(24) Art. 522. A administração do sindicato será exercida por uma diretoria constituída no máximo de sete e no mínimo de três membros e de um Conselho Fiscal composto de três membros, eleitos esses órgãos pela Assembleia Geral.
§ 1º A diretoria elegerá, dentre os seus membros, o presidente do sindicato.
§ 2º A competência do Conselho Fiscal é limitada à fiscalização da gestão financeira do sindicato.
§ 3º Constituirão atribuição exclusiva da Diretoria do Sindicato e dos Delegados Sindicais, a que se refere o art. 523, a representação e a defesa dos interesses da entidade perante os poderes públicos e as empresas, salvo mandatário com poderes outorgados por procuração da Diretoria, ou associado investido em representação prevista em lei.

todos os membros da OIT, ainda que não tenham ratificado as referidas convenções, têm como compromisso, pelo fato de pertencerem à OIT, respeitar, promover e tornar realidade os princípios relativos aos direitos fundamentais que são objetos dessas convenções: a) a liberdade sindical e o reconhecimento das negociações coletivas; b) abolição do trabalho forçado e obrigatório; c) abolição do trabalho infantil; d) eliminação de todas as formas de discriminação.

Tem-se, portanto, que desde junho de 1998 o Brasil tem a obrigação de adequar o seu ordenamento jurídico interno ao tema liberdade sindical para respeitar o compromisso internacional que lhe foi imposto, pois, conforme consagrado pela OIT, a liberdade sindical não é apenas um objetivo a ser alcançado, mas também um meio de ação para promover os direitos fundamentais.

I

Direito Constitucional

Ivani Contini Bramante

Parte I: 1. Constituição. 2. Conceito de Constituição. 3. Objeto do Direito Constitucional. 4. Elementos da Constituição. 5. Supremacia da Constituição. 6. Classificação das Constituições. 7. Poder Constituinte. 8. Emenda Constitucional. 9. Reforma constitucional. 10. Revisão Constitucional. 11. Princípio da recepção (princípio da continuidade da ordem jurídica). 12. Inconstitucionalidade superveniente. 13. Inconstitucionalidade progressiva e a lei ainda constitucional. 14. Da desconstitucionalização. 15. Validade, eficácia e aplicabilidade das normas constitucionais. 16. Aplicabilidade das normas constitucionais. 17. Normas constitucionais de princípio programático — Parte II: 1. Hermenêutica constitucional.

1. CONSTITUIÇÃO

Importância do Direito Constitucional: a noção de Estado de Direito compreende a ideia de uma sociedade política e juridicamente organizada, sob o império de um documento, que a todos submete governantes e governados.

O alargamento do âmbito do Estado aumentou a importância do Direito Constitucional.

2. CONCEITO DE CONSTITUIÇÃO

O termo "constituição" possui os vários sentidos, de acordo com o enfoque adotado: **histórico; moderno (constitucionalismo positivista); contemporâneo (constitucionalismo pós-positivista), sociológico, político, jurídico, econômico.** Ainda, há **conceitos analíticos**, que consideram todos os elementos do objeto conceituado, e **conceitos sintéticos** e genéricos. Fala-se, ainda, em **conceito formal e conceito material.**

Conceito histórico: A Constituição para Aristóteles e os filósofos gregos representava a unidade política e do ordenamento social, uma vez que toda sociedade política é "constituída", de uma forma ou de outra, e tem a sua maneira de ser, a sua "constituição" (*Dicionário de Política*, José Pedro Galvão de Souza, 1998, p. 125).

Conceito moderno ou constitucionalismo: O termo constituição no sentido de **"lei fundamental do Estado"** decorre do **constitucionalismo,** movimento ideológico-filosófico revolucionário, que teve seu apogeu nos meados do século XVIII, secundado pelo Renascimento e o Iluminismo, que impulsionaram a ruptura dos regimes absolutistas e opressores, fundados na exigência de **garantia dos direitos dos cidadãos e a separação de poderes**, por meio de uma constituição escrita, para salvaguarda das liberdades individuais frente ao arbítrio do poder, já que este é mera delegação do povo soberano.

Assim, o sentido de Constituição como lei fundamental maior, com o desiderato de limitar o poder, passou a ser empregada após a independência das treze colônias inglesas na América, com a formação dos Estados Unidos (1787) e, com Revolução Francesa, difundida com a Assembleia Constituinte do povo francês que aprovou a **Declaração dos Direitos do Homem e do Cidadão** (1789) que, em seu art. 16, proclamou:

> **"Toda sociedade na qual não está assegurada a garantia dos direitos nem determinada a separação de poderes, não tem Constituição."**

Conceito contemporâneo, pós-moderno, pós-positivista ou neoconstitucionalismo: Não se pode falar, atualmente, em Constituição, sem trazer, ainda de perfunctoriamente, o conceito de neoconstitucionalismo, que possui pontos marcantes.

O Positivismo Jurídico concebido por Hans Kelsen, fundado na abstração da norma desvinculada dos valores morais e éticos, na consideração da perfeição da norma e aplicação cartesiana, matemática, revelou uma Constituição normativa divorciada da constituição real, sendo *mera folha de papel,* pois conforme lições de Ferdinand Lassalle, "*de nada serve o que se escreve numa folha de papel se não se ajusta à realidade, aos fatores reais e efetivos do poder*" (*O que é uma Constituição*, p. 48).

No plano da aplicabilidade, as normas constitucionais eram consideradas meros programas e promessas, elaboradas pelo legislador constituinte sem qualquer efetividade. Logo se percebeu que os valores e princípios constitucionais careciam de **força normativa,** atributo diferenciador da norma e do um simples conselho, fenômeno que deu azo à prática de atrocidades e abusos sob o manto da legalidade (guerras, golpes, escravidão, holocausto), denominada de fase da **banalização do mal.**

A partir da segunda metade do século XX, Konrad Hesse, em sua obra *A Força Normativa da Constituição,* escrita em 1959, impulsionou o importante movimento nominado de *pós-positivismo,* de reivindicação de efetividade dos valores, princípios e direitos constitucionais, bem como de uma real democratização do seu conteúdo e desenvolvimento do *sentimento constitucional* (Pablo Verdu), de uma *'Vontade de Constituição'* em toda a sociedade.

Inspirados em Honrad Hesse, o alemão Robert Alexy editou a obra *Teoria dos Direitos Fundamentais* e o americano Ronald Dworkin, nova dogmática da estrutura da norma, considerando a norma jurídica gênero, tendo como espécies as regras e os princípios, ambos dotados de força normativa.

Nesse contexto, a Constituição passa por importante releitura e sua *carga valorativa ética e principiológica adquire* status *de norma jurídica* e, torna-se o epicentro e o ápice de todo o sistema normativo, na consideração do "*homem e suas circunstâncias*" rumo à *justiça do caso concreto.*

Entre nós, o expoente Luís Roberto Barroso cunhou a expressão *neoconstitucionalismo* para assinalar o perfil do Direito Constitucional contemporâneo, de aproximação entre o Direito e a Ética, a Moral, a Filosofia em que os valores fundamentais ganham *status* de norma jurídica. Na mesma senda, **Paulo Bonavides, Eros Grau, Ana Virginia Gomes, Ana Paula Barcelos, Daniel Sarmento, Wilson Steimtz.**

Em síntese, na concepção histórica de Constituição o papel do governante sobressaia; no positivismo jurídico de Kelsen exortou-se a figura do legislador; na realidade pós-positivista, o juiz ocupa posição proeminente de defesa da Constituição e protagonista da efetividade dos Direitos Fundamentais.

O **constitucionalismo positivista** sofreu uma transição conceitual para o **constitucionalismo pós-positivismo ou neopositivismo** com as seguintes características: a) ascensão científica do direito constitucional b) a passagem de um Estado de Direito assentado na lei para a perspectiva da prevalência dos mandamentos constitucionais; c) ascensão dos princípios e novo conceito de princípios como expressões de contextos culturais, imbricados com os valores sociais consagrados em dada sociedade. A dogmática da função dos princípios passou por duas fases: na primeira, o princípio dotado de força genérica, com pretensão de universalidade, situado antes da norma servindo-lhe de base (caráter material indefinido, função subsidiária); na segunda a norma deve ser considerada gênero e as regras e os princípios são espécies.

A Carta Federal brasileira, de 1988, no Título Dos Direitos e Garantias Fundamentais, em seu art. 5º, traz o elenco dos direitos fundamentais, individuais e coletivos. A literalidade da norma indica que os destinatários dos direitos fundamentais são os membros da Comunidade.

A premissa de que a Constituição é uma norma fundamental da Comunidade, de *força normativa vinculante,* que a todos subordina, engendrou a doutrina que constata que o maior desafio do constitucionalismo moderno é a concretização da Constituição e a consequente efetivação da ordem de princípios e valores nela plasmados. Daí a elaboração de regras de hermenêutica constitucional exortando o *princípio da efetividade máxima dos princípios constitucionais.*

O STF já teve oportunidade de se pronunciar acerca do conceito contemporâneo de Constituição, no sentido que a Constituição é fruto dos fatores reais de poder, funciona como salvaguarda da manutenção e desenvolvimento do sistema sociopolítico e garante dos direitos e liberdades dos cidadãos, sendo que as valorações políticas, sociais, econômicas, morais, éticas, desempenham importante papel na justificação das decisões interpretativas e nos processos de tomada de decisões (STF, Pleno, RE n. 166.772, min. Marco Aurélio, DJU 16.12.1994, p. 34896), a exemplo *impeachment* do Presidente Collor.

Transição do Estado de Direito para o Estado Constitucional

Estado de Direito e Constitucionalismo

A origem formal do constitucionalismo está ligada às Constituições escritas e rígidas. Surgiram com as novas declarações de Direitos: a Declaração de Direitos da Virgínia, de 16 de junho de 1776, a Declaração de Independência dos Estados Unidos da América, de 4 de julho de 1776, e a Constituição dos Estados Unidos, de 17 de setembro de 1787, com suas dez primeiras emendas aprovadas em 25 de setembro de 1789 e ratificadas em 15 de dezembro de 1791.

O Estado de Direito é consagrado com o constitucionalismo liberal do século XIX, destacou-se com a Constituição de Cabes, de 19 de março de 1812, a Constituição Portuguesa, de 23 de setembro de 1822, a Constituição Brasileira, de 25 de março de 1824 e a Constituição Belga, de 7 de fevereiro de 1831.

A necessidade de *racionalização* e *humanização* trouxe a necessidade de textos escritos para regular o poder estatal. A Declaração de Direitos da Constituição Francesa de 4 de novembro de 1848 deu sequência a essa série de documentos escritos caracterizadores do constitucionalismo moderno, uma vez que a República Francesa tinha por princípios a liberdade, a igualdade e a fraternidade, tendo por base a família, o trabalho, a propriedade e a ordem pública e estabelecendo competir à República a proteção do cidadão, inclusive no tocante a seu trabalho.

No século XIX, o Manifesto Comunista de Karl Marx passou a embasar teoricamente o movimento dos trabalhadores, e, juntamente, com os reflexos do cartismo na Inglaterra e à Comuna de 1871, na França, passam a minar as até então sólidas bases do Estado Liberal. A Constituição de Weimar (1919) passou a servir de modelo para inúmeras outras constituições do primeiro pós-guerra. Nasce a constitucionalização do Estado Social de Direito. Assim, as Constituições passam a consagrar os direitos sociais e econômicos.

Nesse contexto histórico, o constitucionalismo escrito surge com o Estado, também com a função de *racionalização* e *humanização,* trazendo consigo a necessidade da proclamação de declarações de direitos. Os traços marcantes dos sistemas de Direito Constitucional escrito: *organização* do *Estado* e *limitação* do *poder estatal, por meio* da *previsão* de *direitos* e *garantias fundamentais.* O Direito Constitucional é um ramo do Direito Público, destacado por ser *fundamental* à organização e funcionamento do Estado.

O Direito Constitucional tem por *objeto* a constituição política do Estado em sentido amplo: estabelece a sua estrutura, a organização de suas instituições e órgãos, o modo de aquisição e limitação do poder, através, inclusive, da previsão de diversos direitos e garantias fundamentais.

Estado Constitucional: Estado de Direito e Estado Democrático

O Estado Constitucional configura-se como uma das grandes conquistas da humanidade. Duas são as "grandes qualidades" do Estado Constitucional: *Estado de Direito* e *Estado democrático.*

O *Estado de Direito* caracteriza-se por apresentar as seguintes premissas: (1) primazia da lei; (2) sistema hierárquico de normas que preserva a segurança jurídica e que se concretiza na diferente natureza das distintas normas e em seu correspondente âmbito de validade; (3) observância obrigatória da legalidade pela administração pública; (4) separação de poderes como garantia da liberdade ou controle de possíveis abusos; (5) reconhecimento da personalidade jurídica do Estado, que mantém relações jurídicas com os cidadãos; (6) reconhecimento e garantia dos direitos fundamentais incorporados à ordem constitucional; (7) em alguns casos, a existência de controle de constitucionalidade das leis como garantia ante o despotismo do Legislativo. Assim existe o *Estado de Direito,* onde há a supremacia da legalidade.

O Estado Democrático de Direito, caracterizador do *Estado Constitucional,* significa que o Estado é regido por normas democráticas, com eleições livres, periódicas e pelo povo; e há o respeito das autoridades públicas aos direitos e garantias fundamentais.

Supera-se a ideia de Estado Legislativo de Direito, passando a Constituição a ser o centro do sistema, marcada por grande carga valorativa. A lei e os Poderes Públicos devem não apenas observar as regras constitucionais, mas devem se ajustar com o espírito constitucional, com seu caráter axiológico e valores. Com isso, a Constituição adquire o caráter de norma jurídica, dotada de **imperatividade**, **superioridade** (no sistema) e **centralidade, ou seja, tudo deve ser interpretado de acordo com a Constituição.**

Sinale-se, ainda, a importância do conteúdo axiológico da Constituição. Para Ana Paula Barcellos, do ponto de vista material, destaca-se o seguinte elemento dentro da ideia de constitucionalismo: "*(i) incorporação explícita de valores e opções políticas nos textos constitucionais, sobretudo no que diz respeito à promoção da dignidade humana e dos direitos fundamentais*" *(Neoconstitucionalismo, direitos e fundamentais e controle das políticas públicas, p. 4* — <http: //www.mundojuridico.adv.br/cgi-bin/upload/texto85>.

Como importante marca das Constituições contemporâneas, além de seus valores (especialmente após a Segunda Guerra Mundial) associados particularmente à ideia de dignidade da pessoa humana e direitos fundamentais, Barcellos identifica a previsão de **opções jurídicas gerais** (como a redução de desigualdades sociais — art. 3º, III, CF/88) e **específicas** (como a prestação pelo Estado, de serviços de educação — arts. 23, V e 205, CF/88). Quanto os valores constitucionalizados, o grande desafio do neoconstitucionalismo passa a ser encontrar mecanismos para sua efetivação.

No que tange à concretização dos valores constitucionais e garantia de condições dignas mínimas, segundo Barcellos, do ponto de vista material, destaca-se um outro elemento na ideia de constitucionalismo: "*(ii) a expansão de conflitos específicos e gerais entre as opções normativas e filosóficas existentes dentro do próprio sistema constitucional*" (p. 4). Os valores constitucionalizados podem entrar em choque de forma específica (como a liberdade de informação e de expressão e a intimidade, honra e vida privada) seja de modo geral.

Em uma visão **substancialista**, a constituição deveria impor *"um conjunto de decisões valorativas que se consideram essenciais ou consensuais"* ou mesmo designada de **procedimentalista**, a constituição deve *"garantir o funcionamento adequado do sistema de participação democrático, ficando a cargo da maioria, em cada momento histórico, a definição de seus valores e de suas próprias convicções materiais"*. Em qualquer das posições, mesmo no procedimentalismo, deverão ser resguardadas as condições de dignidade e dos direitos dentro, ao menos, de patamares mínimos.

O princípio democrático é consagrado na nossa Carta Federal de 1988 ao afirmar que: *"todo o poder emana do povo, que o exerce por meio de representantes eleitos ou diretamente, nos termos desta Constituição"*.

E, ainda proclama, no art. 14: *"a soberania popular será exercida pelo sufrágio universal e pelo voto direto e secreto, com valor igual para todos, e, nos termos da lei, mediante: I — plebiscito; II referendo; III — iniciativa popular"*.

O princípio democrático exprime a exigência da integral participação de todos e de cada uma das pessoas na vida política do país, a fim de garantir o respeito à soberania popular. O *Estado Constitucional*, portanto, é mais do que o *Estado* de *Direito*, é também o *Estado Democrático*, introduzido no constitucionalismo como garantia de legitimação e de limitação do poder.

Conceito Sociológico: de Ferdinand Lassalle, em conferência no ano de 1863, e na sua obra clássica *Essência da Constituição*, considerou a Constituição como fato social, resultado das forças sociais em dado momento histórico, da ***soma dos fatores reais de poder***. A Constituição escrita, formal (folha de papel) só tem validade se corresponder à Constituição real. Em caso de conflito deve prevalecer a Constituição real. (*O que é uma Constituição*, Trad. Hitomar Martins Oliveira. Belo Horizonte: Líder, 2002, p. 48)

Conceito Político: Carl Schimitt (1888-1985), em sua obra clássica *Teoria da Constituição*, a vê como uma **decisão política fundamental do titular do Poder constituinte,** sobre matérias de grande relevância. Sua validade não se apoia na justiça das normas, mas na decisão política que lhe dá existência, ou seja, a

Constituição não vale em virtude da sua justiça normativa ou de sua sistemática hermenêutica considerada, senão por decorrência da vontade política existência daquele que a concebe.

Conceito jurídico: — Hans Kelsen (*Teoria Pura do Direito*) desenvolveu dois sentidos jurídicos: **lógico-jurídico e jurídico-positivo:**

No sentido **lógico-jurídico** a Constituição é a norma jurídica fundamental, hipotética, não escrita, não positivada, pressuposta, com comando: **"todos devem obedecer à constituição escrita"**

No sentido **jurídico-positivo** a Constituição é a norma jurídica positiva fundamental do Estado, que regula o processo de criação de normas, dotada de supremacia e paradigma de validade de todas as normas que compõem o ordenamento jurídico de dada sociedade. A Teoria Pura do Direito desvincula a ciência jurídica dos valores políticos, sociais, econômicos, filosóficos, éticos e morais.

Para Kelsen, a norma jurídica não deriva da realidade social, política ou filosófica. O fundamento de validade das normas não está na realidade social do Estado, mas sim na relação de hierarquia existente entre elas. Uma norma inferior tem fundamento na norma superior, e esta tem fundamento na Constituição positiva. Esta, por sua vez, se apóia na norma fundamental hipotética, que não é uma norma positiva (posta), mas uma norma imaginada, pressuposta, pensada.

Conceito sociológico-econômico: Karl Marx, com seu materialismo histórico, aponta que a Constituição decorre das **relações de produção e visa a assegurar interesses da classe dominante.** Assim, a Constituição, norma fundamental da organização estatal, seria um mero instrumento nas mãos da classe dominante, com o fim de assegurar a manutenção de seus interesses, dentro de um dado tipo de relações de produção.

Conceito Sintético: na visão de Konrad Hesse, a Constituição é o estatuto fundamental da Comunidade Jurídica (Estado e Sociedade).

Conceito Analítico: leva em conta todos os elementos do objeto conceituado. Assim, Constituição é o conjunto de normas (regras e princípios) reunidas ou não em um texto escrito, que asseguram os direitos e as liberdades fundamentais do homem; e estabelecem a estrutura básica do Estado, as instâncias, repartição, exercício e transmissão do poder; e os fins da atuação estatal.

José Afonso da Silva (*Comentário Contextual à Constituição*, São Paulo: Malheiros (2009, p. 27), dá o seu conceito de Constituição como **"um conjunto de normas e princípio consubstanciados num documento solene estabelecido pelo poder constituinte e somente modificável por processos especiais previstos em seu texto, o que confere supremacia a essas normas e princípios"**.

José Pedro Galvão de Sousa (1998, p. 127) conceitua a Constituição como **"um conjunto de normas jurídico-políticas que caracterizam a forma de Estado e a de governo, o processo de aquisição exercício do poder, a estruturação dos seus órgãos e a delimitação das suas competências, dispondo também acerca dos direitos fundamentais e suas garantias"**.

Conceito formal: considera a Constituição apenas como um conjunto de normas escritas e superior, produzidas por um poder soberano, mediante um processo diferenciado, em cotejo com os demais processos de produção de normas jurídicas, que serve de fundamento para todo ordenamento jurídico. Nesse conceito, só são consideradas normas constitucionais aquelas que estão no texto formal, independentemente do seu conteúdo ou natureza.

Conceito material: leva com conta o conteúdo e a natureza da norma. Assim, nem todas as normas materialmente constitucionais se acham no texto formal da Constituição. Existem normas constitucionais catalogadas no texto da Constituição e **normas constitucionais *extra* catálogo.**

Em suma: a) existem normas formal e materialmente constitucionais (ex.: CF, arts. 5º, incisos e § 3º a 17 — os direitos fundamentais); b) existem normas formalmente constitucionais que não dizem respeito à estrutura do Estado (ex: CF, art. 217, (Justiça desportiva) e art. 242 (Colégio Dom Pedro II); c) existem normas materialmente constitucionais que não estão no texto da Constituição, mas na lei (Ex.: hipóteses de inelegibilidade — LC n. 64/1990) ou decorrem de Tratados e Convenções Internacionais ratificados pelo processo comum de internalização das normas internacionais (art. 5º, § 2º, CF).

Outros Conceitos de Constituição (Gilmar Mendes — *Curso de Direito Constitucional*, São Paulo: Saraiva, 2007, p. 4 *usque* 14)

Constituição como garantia do estatus que econômico e social (Ernst Forshoff)

Constituição como instrumento de governo (Hennis)

Constituição como processo público (Peter Häberle)

Constituição como ordem fundamental e programa de ação identificadora da ordem político-social e seu processo de realização (Bäulin)

Constituição como programa de integração e representação nacionais (Krüger)

Constituição como legitimação do poder Soberano, segundo a ideia de Direito (Burdeau)

Constituição como ordem fundamental, material e aberta, de determinada comunidade (Konrad Hesse)

3. OBJETO DO DIREITO CONSTITUCIONAL

O objeto de estudo do Direito Constitucional é o conjunto de normas (regras e princípios), institutos (ex: plebiscito, referendo etc.), instituições (Poderes Executivo, Judiciário, Legislativo, Ministério Público. Forças Armadas etc.) fundantes e estruturantes da Sociedade política-juridicamente organizada que conformam a Comunidade Jurídica (Estado e Sociedade).

O estudo da Constituição é fundamental na medida em que se trata de um documento que fundamenta a validade de toda ordem jurídica de dada Sociedade.

4. ELEMENTOS DA CONSTITUIÇÃO

Há, hodiernamente, tendência de elaboração de Constituições analíticas ou prolixas, com normas pormenorizadas, sobre as mais diversas matérias, o que levou a doutrina a estabelecer uma distinção entre tais normas constitucionais, dividindo-as em diferentes categorias, levando-se em conta a sua estrutura normativa.

A melhor classificação dos elementos da Constituição foi elaborada por José Afonso da Silva, que divide os elementos da Constituição Federal de 1988 em cinco categorias, quais sejam: **orgânicos, limitativos, socioideológico, de estabilização, de aplicabilidade.**

a) **elementos orgânicos** — normas que regulam a estrutura do Estado e do poder, que se concentram, predominantemente, nos Títulos III (Da Organização do Estado), IV (Da Organização dos Poderes e do Sistema de Governo), Capítulos II e III do Título V (Das Forças Armadas e da Segurança Pública) e VI (Da Tributação e do Orçamento);

b) **elementos limitativos** — nas normas que consagram o elenco dos direitos e garantias fundamentais (Título II da Constituição — Dos Direitos e Garantias Fundamentais, excetuando-se os Direitos Sociais, que entram na categoria seguinte — elementos socioideológicos)

c) **elementos socioideológicos** — nas normas que revelam o caráter de compromisso das Constituições modernas entre o Estado individualista e o Estado social, intervencionista, como as do Capítulo II do Título II (Direitos Sociais) e as dos Títulos VII (Da Ordem Econômica e Financeira) e VIII (Da Ordem Social);

d) **elementos de estabilização constitucional** — consagrados nas normas destinadas a assegurar a solução de conflitos constitucionais, a defesa da Constituição, do Estado e das instituições democráticas, como os encontrados nos arts. 34 a 36 (Da Intervenção), 59, I, 60 (processo de emendas à Constituição), 102, I, *a* (ação direta de inconstitucionalidade e ação declaratória de constitucionalidade), 102 e 103 (jurisdição constitucional) e no Título V (Da Defesa do Estado e das Instituições Democráticas, especialmente o Capítulo I, pois os Capítulos II e III, que integram os elementos orgânicos);

e) **elementos formais de aplicabilidade** — nas normas que estabelecem regras e princípios de aplicação das normas constitucionais, tais como, arts. 1º, 3º, 4º e, o art. 5º, que determina que *as normas definidoras dos direitos e garantias fundamentais têm aplicação imediata;* a clausula de abertura à recepção de novos conteúdos (CF, art. 5º, § 2º) bem assim, o preâmbulo e o dispositivo que contém as cláusulas de promulgação e as disposições constitucionais transitórias.

5. SUPREMACIA DA CONSTITUIÇÃO

Não há dúvida de que Kelsen, de modo mais completo, formulou uma teoria acerca do escalonamento hierárquico das normas jurídicas. Todavia, a história ocidental, desde há muito tempo, reconhece a existência de leis superiores, embora só recentemente tenha atribuído consequências jurídicas a tal circunstância. A supremacia da Constituição decorre menos de postulados teóricos e mais de uma concepção, progressivamente incorporada à consciência jurídica da história ocidental.

Princípio da supremacia constitucional: supralegalidade e imutabilidade

Da rigidez constitucional emana, como principal consequência, o **princípio da supremacia constitucional**, que coloca a Constituição no vértice do sistema jurídico. Assim, todas as normas do ordenamento jurídico só são válidas se não contrariarem a Lei Maior. É o **princípio da compatibilidade vertical**, pelo qual as normas inferiores só valem se compatíveis com as superiores.

Supremacia, sob o ângulo político-jurídico, compreende dois aspectos diferentes: **a supralegalidade de suas regras e a imutabilidade relativa de seus preceitos.**

A compreensão da Constituição como Lei Fundamental implica não apenas o reconhecimento de sua supremacia na ordem jurídica, mas, igualmente, a existência de mecanismos suficientes para garantir juridicamente tal qualidade. A supremacia, diga-se logo, não exige apenas a compatibilidade formal do direito infraconstitucional com os comandos maiores, definidores do modo de produção das normas jurídicas, mas também a observância de uma dimensão material.

Só é possível falar em rigidez e supremacia se houver a previsão de mecanismos de controle de constitucionalidade. Assim, pode-se dizer que a Constituição é um complexo normativo ao qual deve ser assinalada a função de verdadeira lei superior do Estado, que a todos os órgãos vincula.

Supremacia material e formal

José Afonso da Silva informa, ainda, a distinção da doutrina entre **supremacia material e formal.**

A **supremacia formal** decorre da rigidez constitucional. A doutrina aceita a supremacia formal nas Constituições flexíveis e não escritas mas, evidentemente, sua supremacia e tão somente no aspecto sociopolítico, não no sentido jurídico.

Portanto, a supremacia da Constituição corresponde à vinculação irrestrita de todos os Poderes do Estado a suas normas, ou como denominado por Canotilho, **"a função promocional da constituição, radicalmente antagônica da tese da eficácia zero do direito constitucional"**.

A ordem jurídica fundamental decorre de um pressuposto axiológico que alicerça o ordenamento jurídico, que segundo Hesse consubstanciam *valores fundamentais prévios ao ordenamento jurídico positivo*[(1)], que reunidos, por obra das decisões do constituinte originário, em uma *ordem de valores,* passa a ser compreendida, na visão de Canotilho, como uma unidade, o que leva a uma noção de um sistema de normas e princípios.

Para Georges Burdeau[(2)], a Constituição é *"ato determinante da ideia de Direito*, e nesse diapasão, *a superioridade da Constituição decorre de ser ela que funda juridicamente a ideia de Direito dominante, enunciando e sancionando o finalismo da instituição estatal."*

Nossa ordem jurídica, como tantas outras, se apresenta como uma estrutura escalonada, em forma piramidal, em cujo ápice se encontra a Constituição da República, hierarquicamente suprema, como ordem jurídica fundamental da Comunidade.[(3)] Essa posição de supremacia da Constituição decorre, não só do fato de tratar-se de uma Constituição no sentido formal e dotada de rigidez, mas, também do seu conteúdo material, qualificado, frequentemente, como *valores fundamentais, prévios ao ordenamento jurídico positivo.* A ordem constitucional é, assim, uma *ordem de valores* que a todos subordina.[(4)]

Consoante pensamento de Luiz Roberto Barroso (*Interpretação e Aplicação da Constituição*, Saraiva, 1998) a norma constitucional possui peculiaridades próprias, pois dotada de:

a) **vagueidade**: seus enunciados são de grande abertura e amplitude;

b) **supremacia ou superioridade hierárquica material e formal**;

c) **caráter valorativo de seus termos**: conteúdo específico e marcadamente político;

d) **sentido popular do seu enunciado**: porque fruto de pacto social;

e) **existência de sobreprincípios:** que servem de elementos sistematizadores do "todo" constitucional ex: dignidade da pessoa humana.

6. CLASSIFICAÇÃO DAS CONSTITUIÇÕES

Varias são as classificações, de acordo com o critério adotado. Classificação das Constituições: Quanto ao conteúdo: **Materiais, Formais.** Quanto à forma: **Escritas, Não escritas.** Quanto ao modo de elaboração: **Dogmáticas, Históricas (costumeiras, consuetudinárias).** Quanto à origem: **Promulgadas, Outorgadas, Cesaristas, Pactuadas.** Quanto à estabilidade: **Imutáveis, Rígidas, Flexíveis, Semirrígidas.** Quanto à extensão e finalidade: **Analíticas, Sintéticas**

(1) HESSE, Konrad. *Escritos de Derecho Constitucional.* p. 5.

(2) *Apud*, MIRANDA, Jorge. *Manual de Direito Constitucional*, tomo II. p. 51.

(3) HESSE, Konrad. *Escritos de Derecho Constitucional.* p. 16. Para o autor, o Estado é parte da Sociedade, pois, está superada a concepção tradicional, de raízes liberais, que separa Estado e Sociedade e, situa o Estado como uma unidade dada e a Sociedade como uma pluralidade dada, uma frente a outra, sem qualquer relação. A hodierna visão da Comunidade Política como uma associação global, abarca "o estatal e o não estatal" Assim, o Estado é parte da Sociedade e, a Constituição é uma *ordem jurídica fundamental da Comunidade.*

(4) HESSE, Konrad. *op. cit.*, p. 5.

6.1 Quanto ao conteúdo se dividem: materiais, ou substanciais, e formais. *Constituição material* é o conjunto de regras materialmente constitucionais, escritas ou não (consuetudinárias). *Constituição formal* é aquela consubstanciada de forma escrita, por meio de um documento solene estabelecido pelo Poder Constituinte originário.

6.2 Quanto à forma podem ser: escritas e não escritas. *Constituição escrita:* é o conjunto de regras codificado e sistematizado em um único documento, considerado fundamental, é o mais alto estatuto jurídico de determinada Comunidade Jurídica, colocada no ápice da pirâmide normativa e dotada de coercibilidade. *Constituição não escrita* é o conjunto de regras não aglutinado em um texto solene, mas baseado em declarações de direitos, leis esparsas, costumes, jurisprudência e convenções (exemplo: Constituição inglesa).

6.3 Quanto ao modo de elaboração: dogmáticas e históricas ou costumeiras, consuetudinárias. A *constituição dogmática* apresenta como produto escrito e sistematizado por um órgão constituinte, a partir de princípios e ideias fundamentais da teoria política e do direito dominante. A *constituição histórica* é fruto da lenta e contínua síntese da História e tradições de um determinado povo (exemplo: Constituição inglesa).

6.4 Quanto à origem: promulgadas (democráticas, populares) e outorgadas, cesaristas, pactuadas. São Constituições *promulgadas,* também denominadas *democráticas* ou *populares,* as Constituições que derivam do trabalho de uma Assembleia Nacional Constituinte composta de representantes do povo, eleitos com a finalidade de sua elaboração (exemplo: Constituições brasileiras de 1891, 1934, 1946 e 1988). São Constituições *outorgadas* as elaboradas sem a participação popular, através de imposição do poder da época (exemplo: Constituições brasileiras de 1824, 1937, 1967 e EC n. 1/1969). Existem, ainda, as chamadas Constituições *cesaristas,* que no momento da elaboração não há representante do povo, não obstante outorgadas, dependem da ratificação popular por meio de referendo, como forma de legitimação do detentor do poder. As Constituições *pactuadas são próprias da monarquia debilitada que pactua com a burguesia limitações do poder, decorrem de dado momento histórico*

6.5 Quanto à estabilidade: *imutáveis, rígidas, flexíveis e semirrígidas.* São *imutáveis* as Constituições onde se veda qualquer alteração. Em regra a imutabilidade é relativa, pois sempre há previsão de reforma. *Rígidas* são as Constituições escritas que podem ser alteradas por um processo legislativo mais solene e dificultoso do que o existente para a edição das demais espécies normativas (por exemplo: CF/88 — art. 60).

As Constituições *flexíveis,* em regra são Constituições não escritas, e quando são escritas podem ser alteradas pelo processo legislativo ordinário. A constituição *semiflexível* ou *semirrígida* é *aquela* em que algumas regras podem ser alteradas pelo processo legislativo ordinário, enquanto outras somente por um processo legislativo especial e mais dificultoso.

A nossa Constituição Federal de 1988 pode ser considerada como *super-rígida,* uma vez que só poderá ser alterada por um processo legislativo diferenciado, e excepcionalmente, em alguns pontos, é imutável, tendo em conta as clausulas pétreas previstas no art. 60, § 4º.

6.6 Quanto à sua extensão e finalidade: *analíticas, dirigentes, garantistas e sintéticas, concisas, negativas pois preveem as liberdades negativas.* As Constituições *sintéticas* preveem somente os princípios e as normas gerais de estrutura do Estado, são normas de organização e de limitação de poder, por meio da estipulação de direitos e garantias fundamentais (por exemplo: Constituição Norte-americana).

Constituições *analíticas* examinam e regulamentam todos os assuntos relevantes à formação, destinação e funcionamento do Estado (por exemplo: Constituição brasileira de 1988). *Constituição-dirigente é aquela que* define fins e programa de ação futura, traça planos para legislador ordinário cumprir, dirige a evolução estatal e traz regras programáticas para o Estado cumprir na área da economia, saúde, educação etc. Canotilho aponta a que grande problema da *Constituição-dirigente é* saber o que deve (e pode) uma

Constituição ordenar aos órgãos legislativos e o que deve (como e quando deve) fazer o legislador para cumprir.

Outras classificações: dualista, nominalista, semântica

Doutrinariamente, podemos apontar outras classificações de Constituições.

Constituições dualistas: ou pactuadas são aquelas em que se efetiva um compromisso entre o rei e o Poder Legislativo, sujeitando-se o monarca aos esquemas constitucionais, e resultando a constituição de dois princípios: o monárquico e o democrático.

Constituição nominalista: é aquela cujo texto da Carta Constitucional já contém verdadeiros direcionamentos para os problemas concretos, a serem resolvidos mediante aplicação pura e simples das normas constitucionais. Ao intérprete caberia tão somente interpretá-la de forma gramatical-literal.

Constituição semântica: é aquela cuja interpretação de suas normas depende da averiguação de seu conteúdo significativo, da análise de seu conteúdo sociológico, ideológico, metodológico, possibilitando uma maior aplicabilidade político-normativa-social do texto constitucional.

6.7 Características da Constituição Federal de 1988

Nossa atual Constituição Federal apresenta a seguinte classificação: formal, escrita, legal, dogmática, promulgada (democrática, popular), rígida, analítica.

7. PODER CONSTITUINTE

7.1 Conceito e finalidade: O Poder Constituinte é a manifestação soberana da suprema vontade política de um povo, social e juridicamente organizado. A doutrina aponta a contemporaneidade da ideia de Poder Constituinte com a do surgimento de Constituições escritas, visando à limitação do poder estatal e a preservação dos direitos e garantias individuais.

7.2 Titularidade do Poder Constituinte: O titular do Poder Constituinte, segundo o precursor doutrinário abade Emmanuel Sieyès[5], é a **Nação**, pois a titularidade do poder liga-se à ideia de soberania do Estado. Assim, mediante o exercício do poder constituinte originário se estabelecerá a organização fundamental do Estado pela Constituição, documento superior aos poderes constituídos. De maneira que toda manifestação dos poderes constituídos somente alcança mediante a sujeição à Carta Magna.

Modernamente, predomina o **princípio da soberania popular**, conceito mais abrangente do que o de Nação. Assim, a vontade constituinte é a vontade do povo expressada por meio direto ou pelos seus representantes eleitos. A Constituição Federal 1988 traz no art. 1º, parágrafo único, que "o poder emana do povo e em seu nome será exercido".

Celso de Mello, corroborando essa perspectiva, ensina que as Assembleias Constituintes *"não titularizam o poder constituinte. São apenas órgãos aos quais se atribui, por delegação popular, o exercício dessa magna prerrogativa"*.

Manoel Gonçalves Ferreira Filho afirma que *"o povo pode ser reconhecido como o titular do Poder Constituinte mas não é jamais quem o exerce. É ele um titular passivo, ao qual se imputa uma vontade constituinte*

(5) Emmanuel Joseph Sieyès (1748-1836) é o autor do livro *Qu'est-ce que le tiers État?* (O que é o terceiro Estado?), verdadeiro manifesto da Revolução Francesa, onde expõe as reivindicações da burguesia, definindo-a como a nação e, consequentemente, titular do poder constituinte.

sempre manifestada por uma elite". Desta feita, distingue-se a titularidade e o exercício do Poder Constituinte, sendo o titular o povo e o exercente aquele que, em nome do povo, cria o Estado, e edita a nova Constituição.

7.3 Espécies de Poder Constituinte: O Poder Constituinte classifica-se em **Poder Constituinte Originário** ou de **primeiro grau** e **Poder Constituinte Derivado, constituído** ou de **segundo grau**.

Poder Constituinte Originário

O Poder Constituinte originário estabelece a Constituição de um novo Estado, organiza e cria os poderes destinados a reger os interesses de uma Comunidade Política. Tanto haverá Poder Constituinte no surgimento de uma primeira Constituição, quanto na elaboração de qualquer Constituição posterior.

A ideia da existência de um Poder Constituinte é o suporte lógico de uma Constituição superior ao restante do ordenamento jurídico e que, em regra, não poderá ser modificada pelos poderes constituídos. É, pois, esse Poder Constituinte, distinto, anterior e fonte da autoridade dos poderes constituídos, com eles não se confundindo.

Formas de expressão do Poder Constituinte Originário

Pela análise histórica da Constituição dos diversos países, porém, há possibilidade de apontar duas formas básicas de expressão do Poder Constituinte: **Movimento Revolucionário (outorga) ou Movimento Democrático fundado na vontade popular, e Assembleia Nacional Constituinte.** Inexiste forma prefixada pela qual se manifesta o poder constituinte originário, uma vez que apresenta as características de incondicionado e ilimitado.

Movimento Revolucionário ou Movimento Democrático fundado na vontade popular (outorga): Tradicionalmente, a primeira Constituição de um novo país, que conquiste em sua liberdade política, será fruto da primeira forma de expressão: o movimento revolucionário. Entretanto, as demais constituições desse mesmo país adotarão a segunda hipótese, ou seja, as assembleias nacionais constituintes. Assim, a **outorga** é o estabelecimento da Constituição por declaração unilateral do agente revolucionário, que autolimita seu poder. (Exemplos: Constituições de 1824, 1937 e Ato Institucional n. 1, de 9.4.1964.)

Assembleia Nacional Constituinte: também denominada convenção, nasce da deliberação da representação popular, devidamente convocada pelo agente revolucionário, para estabelecer o texto organizatório e limitativo de Poder. (Exemplo: Constituições de 1891, 1934, 1946, 1967 e 1988.)

Características do Poder Constituinte Originário

O Poder Constituinte caracteriza-se por ser **inicial, ilimitado, autônomo e incondicionado.**

Inicial: porque a sua obra, a Constituição, inaugura uma nova ordem jurídica, desatrelada da ordem jurídica anterior, e que passa a ser a base da ordem jurídica.

O STF já decidiu que *"Não há direito adquirido contra texto constitucional, resulte ele do Poder Constituinte Originário ou do Poder Constituinte Derivado."*(STF-Pleno-RE n. 94.414/SP, Moreira Alves. j. 13.2.1985. RTJ, vol. 114, p. 237, RDA, vol. 160. p. 144)

Ilimitado e autônomo: é ilimitado sob o ponto de vista político e jurídico, pois não se sujeita a limitações jurídicas, axiológica ou valorativas do direito ou do regime anterior. A autonomia vem revelada no fato de que não se subordina a qualquer outro Poder e, não necessita respeitar os limites postos pelo direito positivo antecessor.

Incondicionado: não se sujeita a qualquer forma ou procedimento prefixado para manifestar sua vontade; não necessita seguir qualquer procedimento determinado para realizar a obra Constitucional.

Canotilho sintetiza as características dizendo que:

"o poder constituinte, na teoria de Sieyès, seria um poder inicial, autónomo e omnipotente. É inicial porque não existe, antes dele, nem de facto nem de direito, qualquer outro poder. É nele que se situa, por excelência, a vontade do soberano (instância jurídico-política dotada de autoridade suprema). É um poder autónomo: a ele e só a ele compete decidir se, como e quando, deve 'dar-se' uma constituição à Nação. É um poder omnipotente, incondicionado: o poder constituinte não está subordinado a qualquer regra de forma ou de fundo".

Poder Constituinte Derivado: O Poder Constituinte derivado está inserido na própria Constituição. Decorre de uma regra jurídica de autenticidade constitucional. Portanto, conhece limitações constitucionais expressas e implícitas e é passível de controle de constitucionalidade.

Características do Poder Constituinte Derivado: derivado, subordinado, condicionado, limitado.

Derivado: porque retira sua força do Poder Constituinte originário.

Subordinado: porque se encontra limitado pelas normas expressas e implícitas do texto constitucional, às quais não poderá contrariar, sob pena de inconstitucionalidade.

Condicionado: porque seu exercício deve seguir as regras previamente estabelecidas no texto da Constituição Federal,

Limitado: porque certas materiais escapam do seu âmbito.

Espécies de Poder Constituinte Derivado: O Poder Constituinte derivado subdivide-se em **Poder Constituinte Reformador** e **Poder Constituinte Decorrente.**

Poder Constituinte Derivado Reformador: denominado de **competência reformadora**, consiste no poder de alterar o texto constitucional, respeitando-se a regulamentação especial prevista na própria Constituição Federal e, será exercitado por determinados órgãos com caráter representativo. No Brasil, é exercido pelo Congresso Nacional. Logicamente, só estará presente nas Constituições rígidas.

Poder Constituinte Derivado Decorrente: ínsito na organização do Estado Federal, consiste no poder dos Estados-membros da Federação, em virtude de sua autonomia político-administrativa, de se auto-organizarem por meio de suas respectivas Constituições Estaduais (art. 25, CF/88), sempre respeitando as regras limitativas estabelecidas pela Constituição Federal. Ainda, o Distrito Federal (art. 32, CF/88) e os Municípios (art. 29, CF/88) possuem o poder de auto-organização mediante Leis Orgânicas (art. 29, CF/88); bem como o Distrito Federal que devem obedecer as Constituições Estaduais e a Constituição Federal.

8. EMENDA CONSTITUCIONAL

O **Poder Constituinte Derivado Reformador** (de reforma, de emenda) é o poder de modificar a Constituição, desde que respeitadas as regras e limitações impostas pelo poder constituinte originário. O poder de modificação do texto constitucional baseia-se na ideia de que o povo tem sempre o direito de rever e reformar a Constituição.

No Brasil, na Constituição Federal de 1988, o exercício do poder constituinte derivado é atribuído ao Congresso Nacional, que pode alterar o texto constitucional, desde que respeitados os procedimentos e limitações especiais estabelecidos para que essa modificação seja formalizada.

Na Constituição Federal de 1988 podemos falar, ainda, mais especificamente, em **Poder Constituinte Derivado Reformador e Poder Constituinte Derivado Revisor,** haja vista que foram estabelecidos dois procedimentos distintos para modificação do texto constitucional.

9. REFORMA CONSTITUCIONAL

O Poder Constituinte Derivado Reformador deve seguir procedimento de reforma previsto no art. 60 da Constituição.

Limites expressos ao Poder Constituinte Derivado Reformador

O Poder Constituinte Originário pode impor limites à atuação do Poder Constituinte Derivado, na tarefa de modificação do texto constitucional, que são classificados, pela doutrina, em quatro grupos, a saber:

a) **limites temporais** — quando a Constituição estabelece um período durante o qual o seu texto não pode ser modificado, com a finalidade de consolidar e maturar a nova ordem jurídica. **A Constituição Federal de 1988 não trouxe limitação temporal ao Poder de Reforma**, tanto é que no prazo de cinco anos houve quatro Emendas a Constituição. Entretanto, **fixou prazo de cinco anos para o Poder de Revisão** no art. 3º, do ADCT.

b) **limites circunstanciais** — quando a Constituição veda a sua modificação durante certas circunstâncias excepcionais, de conturbação da vida do Estado. O art. 60, § 1º, da CF/88 enuncia que *"A Constituição não poderá ser emendada na vigência de intervenção federal, de estado de defesa ou de estado de sítio."*

c) **limites materiais:** denominadas de **cláusulas pétreas, cláusula de perenidade, cláusula de eternidade, núcleo duro constitucional, e núcleo imodificável, núcleo essencial, núcleo mínimo irredutível da Constituição,** quando a Constituição enumera certas matérias que não poderão ser abolidas do seu texto pelo reformador. Na Constituição de 1988, há cláusulas pétreas, pois o art. 60, § 4º, estabelece: *"Não será objeto de deliberação a proposta de emenda tendente a abolir: I — a forma federativa de Estado; II — o voto direto, secreto, universal e periódico; III — a separação dos Poderes; IV — os direitos e garantias individuais."*.

c.1)Alcance das cláusulas pétreas:

c1.1) não há qualquer vedação de alteração da *forma de governo*, ou de eliminação da *obrigatoriedade* do voto.

c1.2) no que tange ao direito adquirido, é assente *de quo* enunciado do art. 5º, XXXVI, CF/88 tem como destinatário o legislador ordinário, pois a "lei" não pode prejudicar direto adquirido. Assim, *"não há direito adquirido contra texto constitucional, resulte ele do Poder Constituinte originário ou do Poder Constituinte Derivado"* (STF-RE n. 94.414-SP. rel. min. Moreira Alves). De outro turno, o STF nas ADIn's ns. 3.128 e 3.105-8 (reunidas) declarou a constitucionalidade do art. 4º, da EC n. 41/2003 que fixa a contribuição previdenciária incidente sobre a proventos dos servidores inativos e pensionista.

c1.3) quanto ao alcance da cláusula pétrea acerca dos direitos fundamentais: o assunto é deveras polêmico, pois tanto a doutrina, quanto a jurisprudência do Supremo Tribunal Federal se inclinam em dois sentidos opostos.

A primeira, no sentido de que os direitos sociais e econômicos não estão imantados pelas cláusulas pétreas, por serem direitos de prestacionais que estão na dependência de condições variadas no tempo e dos recursos disponíveis, não poderiam ser afirmados como imodificáveis (a respeito ver Gilmar Ferreira Mendes. Inocêncio Mártires Coelho. Paulo Gustavo Gonet Branco. *Curso de Direito Constitucional,* São Paulo: Saraiva, 2007, p. 214).

A segunda, na esteira de que as cláusulas pétreas abarcam não só os direitos e garantias individuais, mas também os sociais, econômicos e culturais, tendo em conta os princípios da expansividade, indivisibilidade e interdependência dos direitos humanos fundamentais e direitos sociais, econômicos e culturais (Ver SARLET, Ingo Wolfgang. *Dignidade da Pessoa Humana e Direitos Fundamentais na Constituição Federal de 1988,* 7ª ed. Porto Alegre: Livraria do Advogado, 2009; *As Dimensões da Dignidade da Pessoa Humana,* Porto Alegre: Livraria do Advogado, 2009; ainda, do mesmo autor, Notas Sobre a Dignidade da Pessoa

Humana na Jurisprudência do Supremo Tribunal Federal, *in Direitos Fundamentais no Supremo Tribunal Federal: Balanço e Crítica,* Rio de Janeiro: Lumen Juris, 2011.

No voto proferido pelo ministro Carlos Velloso restou expressado:

> *"Direitos e garantias individuais não são apenas aqueles que estão inscritos nos incisos do art. 5º. Não. Esses direitos e essas garantias se espalham pela Constituição. O próprio art. 5º, § 2º, estabelece que os direitos e garantias expressos nesta Constituição não excluem outros decorrentes do regime e dos princípios por ela adotados, ou dos tratados internacionais em que a República do Brasil seja parte. É sabido, hoje, que a doutrina dos direitos fundamentais não compreende apenas, direitos e garantias individuais, mas também, direitos e garantias sociais, direitos inerentes a nacionalidade e direitos políticos. Este quadro todo compõe a teoria dos direitos fundamentais. Hoje não falamos, apenas, em direitos individuais, assim direitos de primeira geração. Já falamos em direitos de primeira, de segunda, de terceira e até de quarta geração."*

O Supremo Tribunal Federal vem agasalhando a **teoria expansionista do conteúdo das cláusulas pétreas,** no sentido abarcar não só os direitos e garantias individuais (de primeira geração ou dimensão), mas também os direitos e garantias sociais, econômicos e culturais (de segunda e terceira geração ou dimensão), firme na realização dos **princípios da expansividade, da indivisibilidade e da interdependência dos direitos humanos fundamentais (civis e políticos) e os direitos sociais, econômicos e culturais,**a saber:

(i) na ADIn n. 939-7, o STF considerou *clausula pétrea o direito a anterioridade tributária,* limitativo do poder impositivo do Estado, prevista no art. 150, III, *b,* CF/88 e declarou inconstitucional o art. 2º, § 2º, da EC n. 3/1993, que tratou do IPMF e suprimiu as regras da anterioridade tributária (art. 150, III,CF) e das imunidades (150, VI, CF);

(ii) na ADIn n. 3.685-8, o STF *considerou cláusula pétrea* o *princípio da anterioridade eleitoral, do art. 16 da CF/88 por constituir garantia individual do cidadão eleitor* e declarou inconstitucional o art. 2º, da EC n. 52/2006, que alterou a redação do art. 17, § 1º, da CF/88, sem com escopo de afastar a obrigatoriedade de vinculação entre as candidaturas em âmbito nacional, estadual, distrital e municipal, pondo fim a chamada *verticalização;*

(iii) na ADIn n. 1.946, o STF, *considerou clausula pétrea o direito social prestacional de licença gestante, sem prejuízo dos salários,* prevista no art. 7º, XVIII, e declarou inconstitucional o art. 14, da EC n. 20/1998, que impôs limite máximo para o valor do beneficio previdenciário de licença gestante fixando em R$ 1.200,00(mil e duzentos reais). O enfoque dado no julgado se reporta as consequências deletérias ao *princípio da não discriminação em razão do sexo* (art. 7º, XXX,CF), pois fixar o teto do valor da licença gestante, cargo da previdência e deixar a cargo do empregador pagar o restante, teria como consequência *"conclamar ao empregador oferecer a mulher trabalhadora, quaisquer que sejam a suas aptidões, salário nunca superior a R$ 1.200,00, para não ter que pagar a diferença."*

c.2) Cláusulas pétreas implícitas: ao lado da limitações expressas, contidas no art. 60, § 4º, CF/88, a doutrina e a jurisprudência apontam **outras matérias que não podem ser objeto de emenda constitucional:**

c.2.1) a soberania popular (art. 1º, parágrafo único, CF): não pode ser objeto de emenda a matéria atinente a titularidade do Poder Constituinte Originário.

c.2.2) a titularidade do Poder Reformador: a titularidade do Poder de Reforma é do Congresso Nacional, que não pode delegar tal tarefa a outro órgão ou Poder.

c.2.3) as cláusulas a pétreas: entre nós não se adota o **"princípio da dupla revisão"**, pois as normas que impedem a revisão constitucional são vinculantes. Se fosse dado ao Poder Constituinte derivado suprimir o próprio art. 60, da CF/88, num primeiro momento, seria aberto o caminho, para em seguida remover todos os direitos e garantias petrificados. Vale dizer, o próprio enunciado que traz as cláusulas pétreas não pode ser objeto de emenda, porque estas asseguram a imutabilidade da Constituição e preservam a identidade e o projeto do Poder Constituinte Originário, sob pena do Poder Constituinte Derivado arrogar-se na condição de Poder Constituinte Originário.

c.2.4) o processo legislativo de Emenda Constituição e suas limitações: ainda, não pode ser objeto de emenda a matéria atinente ao próprio processo legislativo de Emenda cujas regras estabelecem os limites temporais, formais e circunstâncias.

c.2.5) Controle de constitucionalidade das Emendas: por fim, outro limite é que "*o Poder Constituinte Reformador se submete ao controle da constitucionalidade*" (STF-Pleno — ADIn min. Sidney Sanches, j. 1º.9.1993, DJU de 6.5.1994, p. 10.484) e "*As mudanças na Constituição, decorrentes da 'Revisão' do art. 3º, do ADCT, estão sujeitas ao controle judicial*" (SFT, Pleno, ADIn MC n. 981/PR, Neri da Silveira, j. 17.12.1993, DJU 5.8.1994, p. 19.299). Assim, as regras de controle de constitucionalidade das Emendas Constitucionais não podem ser objeto de emenda tendente a sua abolição, pois "*Não há duvida que, em face do novo sistema constitucional é o STF competente para, em controle difuso ou concentrado, examinar a constitucionalidade ou não de Emenda Constitucional, no caso, a de n. 2, de 25 de agosto de 1992 — impugnada por violadora de cláusulas pétreas explícitas e implícitas.*" (STF ADI n. 829-3, j. 14.4.1993. DJ 16.9.1994 Rel. Moreira Alves)

d) Limites formais (processuais ou procedimentais) — quando a Constituição estabelece certas exigências no processo legislativo de aprovação de sua modificação, tornando este distinto e mais laborioso do que aquele estabelecido para a elaboração das demais leis do ordenamento. A existência de limitação formal é característica da Constituição rígida.

Entre nós, exige-se um processo legislativo diferenciado: **iniciativa; *quorum* qualificado de aprovação e votação nas duas Casas Legislativas; regras de promulgação; de rejeição do projeto de emenda.**

Iniciativa: O art. 60 estatui que Constituição poderá ser emendada mediante *proposta: I — de um terço, no mínimo, dos membros da Câmara dos Deputados ou do Senado Federal; II — do Presidente da República; III — de mais da metade das Assembleias Legislativas das unidades da Federação, manifestando-se, cada uma delas, pela maioria relativa de seus membros.*

***Quorum* qualificado e votação nas duas Casas Legislativas:** Ainda, o § 2º estabelece que "*A proposta será discutida e votada em cada Casa do Congresso Nacional, em dois turnos, considerando-se aprovada se obtiver, em ambos, três quintos dos votos dos respectivos membros*".

Promulgação: O art. 60, § 3º, completa "*A emenda à Constituição será promulgada pelas Mesas da Câmara dos Deputados e do Senado Federal, com o respectivo número de ordem.*"

Rejeição e repropositura do projeto de emenda: E, o art. 60, § 5º, arremata: "*A matéria constante de proposta de emenda rejeitada ou havida por prejudicada não pode ser objeto de nova proposta na mesma sessão legislativa.*

10. REVISÃO CONSTITUCIONAL

O Poder Constituinte Derivado Revisor deve seguir o procedimento de revisão, previsto no art. 3º do Ato das Disposições Constitucionais Transitórias — ADCT: "*A revisão constitucional será realizada após cinco anos, contados da promulgação da Constituição, pelo voto da maioria absoluta dos membros do Congresso Nacional, em sessão unicameral.*"

11. PRINCÍPIO DA RECEPÇÃO (PRINCÍPIO DA CONTINUIDADE DA ORDEM JURÍDICA)

Com a vigência de nova Constituição há que se verificar quais normas anteriores continuarão a produzir validamente seus efeitos.

As normas da Constituição anterior, em regra, são ab-rogadas pelo novo texto constitucional, salvo disposição contrária da nova Constituição (exemplo — art. 34 do ADCT, que manteve o sistema tributário da Constituição de 1967 com a EC n. 1/69, por 5 meses).

As normas infraconstitucionais anteriores à nova Constituição, que não se contrapuserem a ela, permanecerão vigentes, apenas com novo fundamento de validade, seja por expressa disposição constitucional (art. 35, § 5º ADCT), seja de modo tácito, para que se evite a ausência de normas no sistema jurídico vigente. Fundamenta a vigência das normas infraconstitucionais anteriores à nova Constituição e a ela não colidentes, o princípio da continuidade da ordem jurídica, conforme ensina José Afonso da Silva.

Eventual incompatibilidade formal não impede a recepção da norma. Por exemplo, o Código Penal, aprovado como Decreto-lei, passou a ganhar força de lei ordinária, em razão da extinção desta figura legislativa.

Isto se dá, pois, com a nova ordem constitucional as lei anteriores ganham novo suporte de validade e, como consequência, ganham a natureza que a novo Constituição atribuiu aos atos regentes destas matérias.

A norma anterior, colidente com a Constituição perde automaticamente sua eficácia. Há caducidade da lei anterior, não podendo dizer que há inconstitucionalidade.

Lenza entende que deve ser verificado se a lei era formal e materialmente constitucional em relação à Constituição vigente quando da sua edição. Nesse sentido, Paulo Branco afirma que "*...uma vez que vigora o princípio de que, em tese, a inconstitucionalidade gera nulidade — absoluta — da lei, uma norma na situação em tela já era nula desde quando editada, pouco importando a compatibilidade material com a nova Constituição, que não revigora diploma nulos*"[(6)].

12. INCONSTITUCIONALIDADE SUPERVENIENTE

"Esta se dará toda vez que uma lei constitucional, quando da sua provação, tornar-se, em virtude de emenda à Constituição, inconstitucional" (BASTOS, Celso Ribeiro. *Curso de Direito Constitucional*, p. 116).

O próprio autor critica a teoria da inconstitucionalidade superveniente, pois entende ser o vício sempre contemporâneo ao nascimento da lei.

Segundo Pedro Lenza, o STF tem posição clara contra a inconstitucionalidade superveniente, pois ou há recepção ou não da norma, sendo certo que vigora o princípio da contemporaneidade, pelo qual uma lei só é constitucional perante o paradigma de confronto em relação ao qual ela foi produzida.

13. INCONSTITUCIONALIDADE PROGRESSIVA E A LEI AINDA CONSTITUCIONAL

Fala-se em Inconstitucionalidade progressiva quando, por não terem sido instituídas as estruturas previstas na nova Constituição, subsiste a aplicabilidade das normas que regulamentam os meios até então existentes. À medida que vão sendo instaladas, as normas deixam de ter aplicabilidade.

(6) *Op. cit.*, p. 283.

Enquanto não forem instituídas as Defensorias Públicas, possui o Ministério Público legitimidade para propor ação civil *ex delicto.*

Considera-se, portanto, constitucional a norma anterior, até que, com a instituição progressiva da nova ordem Constitucional, a eficácia da norma se esvaia.

14. DA DESCONSTITUCIONALIZAÇÃO

Reputa-se desconstitucionalização o fenômeno pelo qual uma norma da Constituição revogada, por não contrariar o Texto Constitucional novo, estaria por ela recepcionada como norma infraconstitucional.

Não se a aplica no Brasil, salvo expressa disposição constitucional.

Alguns autores denominam desconstitucionalização a retirada de parte do texto constitucional para que a matéria seja regulada por norma infraconstitucional.

15. VALIDADE, EFICÁCIA E APLICABILIDADE DAS NORMAS CONSTITUCIONAIS

15.1 Introdução

Norma válida é aquela que cumpre o processo de formação ou produção normativa em conformidade com aquilo que determina o ordenamento jurídico.

Aceitando-se a teoria da construção escalonada do ordenamento jurídico de Kelsen, norma válida é aquela que se ajusta às normas hierarquicamente superiores.

Esta construção de Kelsen surge como uma teoria da validade das normas jurídicas.

15.2 Eficácia

Kelsen distingue a validade e eficácia das normas relacionando-as, respectivamente com o "dever-ser" e o "ser". "A vigência da norma pertence ao dever-ser, e não à ordem do ser, deve também distinguir-se a vigência da norma de sua eficácia, isto é, do fato real dela ser efetivamente aplicada e observada, da circunstância de uma conduta humana conforme à norma se verificar na ordem dos fatos. Dizer que uma norma vale (é vigente) traduz algo diferente do que se diz quando se afirma que ela é efetivamente aplicada e respeitada, se bem que entre vigência e eficácia possa existir uma certa conexão"(7).

A "certa conexão" a que faz menção Kelsen, entre vigência e eficácia, é justificada quando se afirma que a validade requer um mínimo de eficácia. Uma norma que nunca e em parte alguma é aplicada ou respeitada, isto é, uma norma que não é eficaz em certa medida, não será considerada norma válida (vigente). Um mínimo de eficácia é condição para sua vigência.

Para Kelsen, portanto, a eficácia corresponde ao fato real de a norma jurídica ser efetivamente aplicada, observada e respeitada.

(7) *Teoria Pura do Direito.* Tradução João Baptista Machado. 6. ed., São Paulo: Martins Fontes, 1998. p. 11.

Deve-se distinguir os dois tipos de eficácia:

A eficácia social, definida como um fenômeno da concreta observância da norma no meio social que pretende regular.

Por eficácia jurídica entende-se a qualidade de produzir, em maior ou menor grau, efeitos jurídicos, ao regular, desde logo, as situações, relações e comportamentos de que cogita; nesse sentido, a eficácia diz respeito à aplicabilidade, exigibilidade ou executoriedade da norma, como possibilidade de sua aplicação jurídica, ou seja, constitui a qualidade da norma que está apta a produzir efeitos nas relações concretas, nem que seja somente o efeito no sentido negativo, de retirar de vigor todas as normas anteriores que com ela conflitam.

José Eduardo Faria defende que as duas espécies de eficácia se justapõem, na medida em que uma norma não se torna eficaz pelo simples fato de ser oriunda de um Estado que a pode impor coercitivamente, mas também pela "internalização" de seu preceito, incorporado à consciência dos cidadãos a premissa de que as normas são invioláveis. Sem esta "internalização" "a eficácia de uma ordem legal acaba sendo seriamente comprometida, independentemente do poder repressivo do Estado que a impõe"[(8)].

Semelhante posição defende Maria Helena Diniz, para a qual "a eficácia diz respeito ao fato de se saber se os destinatários da norma ajustam, ou não, seu comportamento em maior ou menor grau, às prescrições normativas, ou seja, se cumprem, ou não, os comandos jurídicos, se os aplicam ou não — a eficácia implica na produção de efeitos normativos"[(9)].

As normas constitucionais, quer positivem princípios, quer regras, podem ser classificadas quanto à sua aplicabilidade e eficácia. Nesse estudo faz-se necessário, todavia, acompanhar a orientação mais moderna, que afirma que não há norma jurídica constitucional alguma despida de eficácia.

Toda norma constitucional é dotada de eficácia jurídica, segundo José Afonso da Silva.

Assim, toda norma constitucional possuirá nem que seja uma eficácia jurídica mínima, representada por duas forças distintas:

Pela força paralisante, volta-se ao passado, para retirar do ordenamento as disposições inferiores em vigor e que são contrárias ao mandamento da norma constitucional.

A força impeditiva que se dirige ao futuro, impedindo que normas inferiores em sentido contrário à Constituição venham a ingressar validamente no ordenamento jurídico.

Cada norma constitucional é sempre executável até onde seja suscetível de execução.

15.3 Eficácia do preâmbulo constitucional.

O preâmbulo constitucional consiste em normas que revelam o compromisso do Estado, o qual pode ser individualista, Estado social, subsidiário, monopolista ou intervencionista.

Trata-se de uma introdução da Carta Magna, que contém princípios fundamentais e indicam:

a) quem fez a Constituição — se investido de poderes emanados do povo;

b) com qual autoridade — distingue-se em promulgada ou outorgada; e

c) quais os princípios fundamentais que serviram de alicerce na sua elaboração.

(8) *Justiça e Conflito* — os juízes em face dos novos movimentos sociais. p. 106/107.

(9) *Normas Constitucionais e seus Efeitos*. 2. ed. São Paulo: Saraiva, 1997. p. 28.

A CF esta no topo da escala hierárquica, mas há uma ordem de valores que, além de dar coesão ao sistema constitucional, irradiam em todo o ordenamento jurídico.

Todas as Constituições brasileiras possuíram preâmbulo.

Somente duas não trouxeram o elemento teocrático, à invocação da proteção de Deus: as Constituições de 1891 (influência positivista da proclamação da República) e 1937 (formação pessoal de Getúlio Vargas).

O Poder Constituinte é político, social e ideológico e não jurídico, trazendo regras de vivência e compromissos.

Assim, o preâmbulo da constitucional traz valores supremos, como a democracia, liberdade, segurança, bem estar, igualdade, justiça, fraternidade, solidariedade, pluralismo (unidade na diversidade), sem discriminação, ações afirmativas, inclusão social das minorias, proteção do vulnerável, harmonia social, solução pacífica das controvérsias (arbitragem, negociação, mediação etc.).

O Estado brasileiro é laico, razão pela qual surge a questão relativa à previsão a "proteção de Deus" prevista no preâmbulo, se significa a adoção de uma religião oficial ou se vinculante o Poder Constituinte decorrente.

"EMENTA: CONSTITUCIONAL. CONSTITUIÇÃO: PREÂMBULO. NORMAS CENTRAIS. Constituição do Acre. I. — Normas centrais da Constituição Federal: essas normas são de reprodução obrigatória na Constituição do Estado-membro, mesmo porque, reproduzidas, ou não, incidirão sobre a ordem local. Reclamações ns. 370-MT e 383-SP (RTJ 147/404). II. — Preâmbulo da Constituição: não constitui norma central. Invocação da proteção de Deus: não se trata de norma de reprodução obrigatória na Constituição estadual, não tendo força normativa. III. — Ação direta de inconstitucionalidade julgada improcedente." (STF, ADI n. 2.076, relator(a): min. CARLOS VELLOSO, Tribunal Pleno, julgado em 15.8.2002, DJ 8.8.2003, PP. 00086 EMENT VOL-02118-01 PP-00218)

O preâmbulo está fora do texto constitucional e, por isso, pertence a uma plano ajurídico segundo o STF.

José Afonso entende que há várias correntes, para os que entendem que os princípios possuem força normativa, o preâmbulo tem força normativa, outros dizem que faz parte da Constituição porque é o nascedouro desta e afirma que esta discussão não leva a nada, pois todos os valores que estão no preâmbulo estão pulverizados nos artigos da Carta, foram positivados e assim passaram a ser jurídicos.

Efeitos do preâmbulo

- **Efeitos interpretativos:** serve de guia para a interpretação das normas constitucionais, por ter emanado do próprio poder constituinte originário, o mesmo que elaborou a Constituição;

"Devem ser postos em relevo os valores que norteiam a Constituição e que devem servir de orientação para a correta interpretação e aplicação das normas constitucionais e apreciação da subsunção, ou não, da Lei n. 8.899/1994 a elas. Vale, assim, uma palavra, ainda que brevíssima, ao Preâmbulo da Constituição, no qual se contém a <u>explicitação dos valores que dominam a obra constitucional de 1988</u> (...). Não apenas o Estado haverá de ser convocado para formular as políticas públicas que podem conduzir ao bem-estar, à igualdade e à justiça, mas <u>a sociedade haverá de se organizar segundo aqueles valores</u>, a fim de que se firme como uma comunidade fraterna, pluralista e sem preconceitos (...). E, referindo-se, expressamente, ao Preâmbulo da Constituição brasileira de 1988, escolia José Afonso da Silva que 'O Estado Democrático de Direito destina-se a assegurar o exercício de determinados valores supremos. 'Assegurar', tem, no contexto, função de garantia dogmático-constitucional; não, porém, de garantia dos valores abstratamente considerados, mas do seu 'exercício'. Este signo desempenha, aí, <u>função pragmática, porque, com o objetivo de 'assegurar', tem o efeito imediato de prescrever ao Estado uma ação em favor da efetiva realização dos ditos valores em direção (função diretiva) de destinatários das normas</u>

constitucionais que dão a esses valores conteúdo específico' (...). Na esteira destes valores supremos explicitados no Preâmbulo da Constituição brasileira de 1988 é que se afirma, nas normas constitucionais vigentes, o princípio jurídico da solidariedade." (STF, ADI n. 2.649, voto da rel. min. Cármen Lúcia, julgamento em 8.5.2008, Plenário, DJE de 17.10.2008.)

- **Efeitos normativos: a questão é polêmica**

Para Pinto Ferreira, o preâmbulo possui força normativa e efeito vinculante; violar os princípios do preâmbulo é violar a própria Constituição.

José Celso de Mello Filho entende que o preâmbulo não possui força vinculante; serve apenas como elemento de interpretação das normas constitucionais.

Segundo Jorge Miranda, o preâmbulo é parte da Constituição, mas seu conteúdo não tem a mesma eficácia jurídica de uma norma constitucional.

José Afonso da Silva, afirma o debate não tem importância prática na medida em que todos os princípios contidos no preâmbulo foram pulverizados e reproduzidos no Texto da Constituição.

16. APLICABILIDADE DAS NORMAS CONSTITUCIONAIS

O Conceito de aplicabilidade confunde-se com o de eficácia jurídica. José Afonso da Silva assim define: "Aplicabilidade significa qualidade do que é aplicável. No sentido jurídico diz-se da norma que tem possibilidade de ser aplicada, isto é, da norma que tem capacidade de produzir efeitos jurídicos. Não se cogita de saber se ela produz efetivamente esses efeitos. Isso já seria uma perspectiva sociológica, e diz respeito à sua eficácia social"[(10)].

Aplicabilidade, portanto, relaciona-se com a capacidade da norma de produzir efeitos jurídicos.

16.1 Teorias da aplicabilidade das normas constitucionais

Uma das primeiras doutrinas que classificaram as normas constitucionais quanto à aplicabilidade, foi a norte-americana, realizada por Cooley e aceita no Brasil por Rui Barbosa. Esta doutrina distinguia as normas em ***self executing provisions e not self executing provisions.***

Uma norma autoexecutável é aquela que fornece uma regra mediante a qual se possa fruir e resguardar o direito outorgado, ou executar um dever imposto; e não autoexecutável quando meramente indica princípios, sem estabelecer normas por cujo meio se logre a dar esses princípios vigor de lei.

Pontes de Miranda classificava as normas como "bastante em si mesmo" (*self executing, self acting, self enforcing)* e "não bastante em si mesmo". As normas "não bastante em si mesmas" seriam programáticas, traçando linhas diretoras pelas quais se hão de guiar os poderes públicos.

16.2 Teoria de José Afonso da Silva

Para José Afonso da Silva, as normas constitucionais podem ser:

a) eficácia plena (completas ou autoexecutáveis ou *self executing provisions*). São as normas que não necessitam de qualquer outra atividade legislativa para ter aplicabilidade. Produzem todos os efeitos imediatamente.

(10) *Aplicabilidade das Normas Constitucionais.* 7. ed. São Paulo: Malheiros, 2007. p. 13.

São normas fortes, que não podem ser enfraquecidas pelo legislador ordinário.

b) Eficácia contida (redutível ou de integração restringível). É a norma que o constituinte regulou suficientemente os interesses relativos a determinada matéria, mas deixou margem à atuação restritiva por parte da competência discricionária do poder público, nos termos que a lei estabelecer ou nos termos de conceitos gerais nelas enunciados".

O legislador, no entanto, não recebe uma autorização ilimitada de redução do **comando constitucional, devendo, sempre, preservar um** conteúdo mínimo do direito sob pena de descaracterizar a norma constitucional.

José Afonso da Silva afirma poder ocorrer a redução da eficácia, diante de termos vagos, como "ordem pública", "segurança nacional" etc. Nestes casos, a redução será realizada pelo Administrador, podendo o ato ser apreciado pelo Judiciário.

Estas normas podem ter sua eficácia restringida ou suspensa, ainda, por outras normas constitucionais, como a liberdade de reunião que ficará suspensa com o estado de sítio (arts. 136, § 1º, I, *a* e 139, IV da CF/88), segundo ensinam Capez, Chimenti, Elias Rosa e Marisa Santos(11).

José Afonso da Silva, portanto, afirma que a norma de eficácia contida pode ter a restrição criada por lei, mas existe uma segunda maneira de se instituir a restrição. Haveria uma segunda espécie de norma de eficácia contida, quais sejam, as normas constitucionais que possuam **conceitos jurídicos indeterminados.**

Conceitos jurídicos indeterminados — são expressões que possuem elasticidade de significado, abre-se maior espaço para interpretação (ex.: interesse público, reputação ilibada, notório saber jurídico etc.).

Quando a norma tem um conceito jurídico indeterminado, ela é de eficácia contida porque a eficácia da norma dependerá da interpretação ampla ou restrita que se der.

O STF, inicialmente, entendia que cabia ao Presidente da República a análise, discricionário, do que era relevante e urgente, razão pela qual não era passível de controle pelo Judiciário.

No entanto, um grupo de publicista, encabeçado por Celso Antônio Bandeira de Melo, editou um manifesto dizendo que a relevância e urgência que justificam a medida provisória são uma relevância e urgência qualificada, acima da urgência normal das leis, até porque na ordem jurídica brasileira tal medida seria uma exceção e não uma regra, como estava acontecendo.

O STF, no entanto, mudou o entendimento, para aceitar o controle dos critérios da relevância e urgência necessários à edição de medida provisória, conforme se observa no aresto abaixo:

> "EMENTA: AÇÃO DIRETA DE INCONSTITUCIONALIDADE — A QUESTÃO DO ABUSO PRESIDENCIAL NA EDIÇÃO DE MEDIDAS PROVISÓRIAS — POSSIBILIDADE DE CONTROLE JURISDICIONAL DOS PRESSUPOSTOS CONSTITUCIONAIS DA URGÊNCIA E DA RELEVÂNCIA (CF, ART. 62, *CAPUT*) — REFORMA AGRÁRIA — NECESSIDADE DE SUA IMPLEMENTAÇÃO — INVASÃO DE IMÓVEIS RURAIS PRIVADOS E DE PRÉDIOS PÚBLICOS — INADMISSIBILIDADE — ILICITUDE DO ESBULHO POSSESSÓRIO — LEGITIMIDADE DA REAÇÃO ESTATAL AOS ATOS DE VIOLAÇÃO POSSESSÓRIA — RECONHECIMENTO, EM JUÍZO DE DELIBAÇÃO, DA VALIDADE CONSTITUCIONAL DA MP n. 2.027-38/2000, REEDITADA, PELA ÚLTIMA VEZ, COMO MP n. 2.183-56/2001 — INOCORRÊNCIA DE NOVA HIPÓTESE DE INEXPROPRIABILIDADE DE IMÓVEIS RURAIS — MEDIDA PROVISÓRIA QUE SE DESTINA, TÃO SOMENTE, A INIBIR PRÁTICAS DE TRANSGRESSÃO À AUTORIDADE DAS LEIS E À INTEGRIDADE DA CONSTITUIÇÃO DA REPÚBLICA — ARGUIÇÃO DE INCONSTITUCIONALIDADE INSUFICIENTEMENTE FUNDAMENTADA QUANTO A UMA DAS NORMAS EM EXAME — INVIABILIDADE DA IMPUGNAÇÃO GENÉRICA — CONSEQUENTE INCOGNOSCIBILIDADE PARCIAL DA AÇÃO DIRETA — PEDIDO

(11) *Curso de Direito Constitucional.* 4. ed. São Paulo: Saraiva, 2007. p. 29.

DE MEDIDA CAUTELAR CONHECIDO EM PARTE E, NESSA PARTE, INDEFERIDO. POSSIBILIDADE DE CONTROLE JURISDICIONAL DOS PRESSUPOSTOS CONSTITUCIONAIS (URGÊNCIA E RELEVÂNCIA) QUE CONDICIONAM A EDIÇÃO DE MEDIDAS PROVISÓRIAS. — A edição de medidas provisórias, pelo Presidente da República, para legitimar-se juridicamente, depende, dentre outros requisitos, da estrita observância dos pressupostos constitucionais da urgência e da relevância (CF, art. 62, *caput*). — Os pressupostos da urgência e da relevância, embora conceitos jurídicos relativamente indeterminados e fluidos, mesmo expondo-se, inicialmente, à avaliação discricionária do Presidente da República, estão sujeitos, ainda que excepcionalmente, ao controle do Poder Judiciário, porque compõem a própria estrutura constitucional que disciplina as medidas provisórias, qualificando-se como requisitos legitimadores e juridicamente condicionantes do exercício, pelo Chefe do Poder Executivo, da competência normativa primária que lhe foi outorgada, extraordinariamente, pela Constituição da República. Doutrina. Precedentes. — A possibilidade de controle jurisdicional, mesmo sendo excepcional, apóia-se na necessidade de impedir que o Presidente da República, ao editar medidas provisórias, incida em excesso de poder ou em situação de manifesto abuso institucional, pois o sistema de limitação de poderes não permite que práticas governamentais abusivas venham a prevalecer sobre os postulados constitucionais que informam a concepção democrática de Poder e de Estado, especialmente naquelas hipóteses em que se registrar o exercício anômalo e arbitrário das funções estatais. UTILIZAÇÃO ABUSIVA DE MEDIDAS PROVISÓRIAS — INADMISSIBILIDADE — PRINCÍPIO DA SEPARAÇÃO DOS PODERES — COMPETÊNCIA EXTRAORDINÁRIA DO PRESIDENTE DA REPÚBLICA. — A crescente apropriação institucional do poder de legislar, por parte dos sucessivos Presidentes da República, tem despertado graves preocupações de ordem jurídica, em razão do fato de a utilização excessiva das medidas provisórias causar profundas distorções que se projetam no plano das relações políticas entre os Poderes Executivo e Legislativo. — Nada pode justificar a utilização abusiva de medidas provisórias, sob pena de o Executivo — quando ausentes razões constitucionais de urgência, necessidade e relevância material —, investir-se, ilegitimamente, na mais relevante função institucional que pertence ao Congresso Nacional, vindo a converter-se, no âmbito da comunidade estatal, em instância hegemônica de poder, afetando, desse modo, com grave prejuízo para o regime das liberdades públicas e sérios reflexos sobre o sistema de *checks and balances*, a relação de equilíbrio que necessariamente deve existir entre os Poderes da República. — Cabe, ao Poder Judiciário, no desempenho das funções que lhe são inerentes, impedir que o exercício compulsivo da competência extraordinária de editar medida provisória culmine por introduzir, no processo institucional brasileiro, em matéria legislativa, verdadeiro cesarismo governamental, provocando, assim, graves distorções no modelo político e gerando sérias disfunções comprometedoras da integridade do princípio constitucional da separação de poderes. — Configuração, na espécie, dos pressupostos constitucionais legitimadores das medidas provisórias ora impugnadas. Consequente reconhecimento da constitucionalidade formal dos atos presidenciais em questão. RELEVÂNCIA DA QUESTÃO FUNDIÁRIA — O CARÁTER RELATIVO DO DIREITO DE PROPRIEDADE — A FUNÇÃO SOCIAL DA PROPRIEDADE — IMPORTÂNCIA DO PROCESSO DE REFORMA AGRÁRIA — NECESSIDADE DE NEUTRALIZAR O ESBULHO POSSESSÓRIO PRATICADO CONTRA BENS PÚBLICOS E CONTRA A PROPRIEDADE PRIVADA — A PRIMAZIA DAS LEIS E DA CONSTITUIÇÃO DA REPÚBLICA NO ESTADO DEMOCRÁTICO DE DIREITO. — O direito de propriedade não se reveste de caráter absoluto, eis que, sobre ele, pesa grave hipoteca social, a significar que, descumprida a função social que lhe é inerente (CF, art. 5º, XXIII), legitimar-se-á a intervenção estatal na esfera dominial privada, observados, contudo, para esse efeito, os limites, as formas e os procedimentos fixados na própria Constituição da República. — O acesso à terra, a solução dos conflitos sociais, o aproveitamento racional e adequado do imóvel rural, a utilização apropriada dos recursos naturais disponíveis e a preservação do meio ambiente constituem elementos de realização da função social da propriedade. A desapropriação, nesse contexto — enquanto sanção constitucional imponível ao descumprimento da função social da propriedade — reflete importante instrumento destinado a dar consequência aos compromissos assumidos pelo Estado na ordem econômica e social. — Incumbe, ao proprietário da terra, o dever jurídico-social de cultivá-la e de explorá-la adequadamente, sob pena de incidir nas disposições constitucionais e legais que sancionam os senhores de imóveis ociosos, não cultivados e/ou improdutivos, pois só se tem por atendida a função social que condiciona o exercício do direito de propriedade, quando o titular do domínio cumprir a obrigação (1) de favorecer o bem-estar dos que na terra labutam; (2) de manter níveis satisfatórios de produtividade; (3) de assegurar a conservação dos recursos naturais; e (4) de observar as disposições legais que regulam as justas relações de trabalho entre os que possuem o domínio e aqueles que cultivam a propriedade. O ESBULHO POSSESSÓRIO — MESMO TRATANDO-SE DE PROPRIEDADES ALEGADAMENTE IMPRODUTIVAS — CONSTITUI ATO REVESTIDO DE ILICITUDE JURÍDICA. — Revela-se contrária ao Direito, porque constitui atividade à margem da lei, sem qualquer vinculação ao sistema jurídico, a conduta daqueles que — particulares, movimentos ou organizações sociais — visam, pelo emprego arbitrário da força e pela ocupação ilícita de prédios públicos e de imóveis rurais, a constranger, de modo autoritário, o Poder Público a promover ações expropriatórias, para efeito de execução do programa de reforma agrária. — O processo de reforma agrária, em uma sociedade estruturada em bases democráticas, não pode ser implementado pelo uso arbitrário da força e pela prática de atos ilícitos de violação possessória, ainda que se cuide de imóveis alegadamente improdutivos, notadamente porque a Constituição da República — ao amparar o proprietário com a cláusula de garantia do direito de propriedade (CF, art. 5º, XXII) — proclama que "ninguém será privado (...) de seus bens, sem o devido processo legal" (art. 5º, LIV). — O respeito à lei e à autoridade da Constituição da República representa condição indispensável e necessária ao exercício da liberdade e à prática responsável da cidadania, nada podendo legitimar a ruptura da ordem jurídica, quer por atuação de movimentos sociais (qualquer que seja o perfil ideológico que ostentem), quer por iniciativa do Estado, ainda que se trate da efetivação da reforma agrária, pois, mesmo esta, depende, para viabilizar-se constitucionalmente, da necessária observância dos princípios e diretrizes que estruturam o ordenamento positivo nacional. — O esbulho possessório, além de qualificar-se como ilícito civil, também pode configurar situação revestida de tipicidade penal, caracterizando-se, desse modo, como ato criminoso (CP, art. 161, § 1º, II; Lei n. 4.947/1966, art. 20). — Os atos configuradores de violação possessória, além de instaurarem situações impregnadas de inegável ilicitude civil e penal, traduzem hipóteses caracterizadoras de força maior, aptas, quando concretamente ocorrentes, a infirmar a própria eficácia da declaração expropriatória. Precedentes. O RESPEITO À LEI E A POSSIBILIDADE DE ACESSO À JURISDIÇÃO DO ESTADO (ATÉ MESMO PARA CONTESTAR A VALIDADE JURÍDICA DA PRÓPRIA LEI) CONSTITUEM VALORES ESSENCIAIS E NECESSÁRIOS À PRESERVAÇÃO DA ORDEM DEMOCRÁTICA. — A necessidade de respeito ao império da lei e a possibilidade de invocação da tutela jurisdicional do Estado — que constituem valores essenciais em uma sociedade democrática, estruturada sob a égide do princípio da liberdade — devem representar o sopro inspirador da harmonia social, além de significar um veto permanente a qualquer tipo de comportamento cuja motivação derive do intuito deliberado de praticar gestos inaceitáveis de violência e de ilicitude, como os atos de invasão da propriedade alheia e de desrespeito à autoridade das leis da República. RECONHECIMENTO, EM JUÍZO DE DELIBAÇÃO, DA LEGITIMIDADE CONSTITUCIONAL DA MP n. 2.027-38/2000, REEDITADA, PELA ÚLTIMA VEZ, COMO MP n. 2.183-56/2001. — Não é lícito ao Estado aceitar, passivamente, a imposição, por qualquer entidade ou movimento social organizado, de uma agenda político-social, quando caracterizada por práticas ilegítimas de invasão de propriedades rurais, em desafio inaceitável à integridade e à autoridade da ordem jurídica. — O Supremo Tribunal Federal não pode validar comportamentos ilícitos. Não deve chancelar, jurisdicionalmente, agressões inconstitucionais ao direito de propriedade e à posse de terceiros. Não pode considerar, nem deve reconhecer, por isso mesmo, invasões ilegais da propriedade alheia ou atos de esbulho possessório como instrumentos de legitimação da expropriação estatal de bens particulares, cuja submissão, a qualquer programa de reforma agrária, supõe, para regularmente efetivar-se, o estrito cumprimento das formas e dos requisitos previstos nas leis e na Constituição da República. — As prescrições constantes da MP n. 2.027-38/2000, reeditada, pela última vez, como MP n. 2.183-56/2001, precisamente porque têm por finalidade neutralizar abusos e atos de violação possessória, praticados contra proprietários de imóveis rurais, não se mostram eivadas de inconstitucionalidade (ao menos em juízo de estrita delibação), pois visam, em última análise, a resguardar a integridade de valores protegidos pela própria Constituição da República. O sistema constitucional não tolera a prática de atos, que, concretizadores de invasões fundiárias, culminam por gerar — considerada a própria ilicitude dessa conduta — grave situação de insegurança jurídica, de intranquilidade social e de instabilidade da ordem pública. AÇÃO DIRETA DE INCONSTITUCIONALIDADE E DEVER PROCESSUAL DE FUNDAMENTAR A IMPUGNAÇÃO. — O Supremo Tribunal Federal, no desempenho de sua atividade jurisdicional, não está condicionado às razões de ordem jurídica invocadas como suporte da pretensão de inconstitucionalidade deduzida pelo autor da ação direta. Tal circunstância, no entanto, não suprime, à parte, o dever processual de motivar o pedido e de identificar, na Constituição, em obséquio ao princípio da especificação das normas, os dispositivos alegadamente violados pelo ato normativo que pretende impugnar. Impõe-se, ao autor, no processo de controle concentrado de constitucionalidade, sob pena de não conhecimento (total ou parcial) da ação direta, indicar as normas de referência — que, inscritas na Constituição da República, revestem-se, por isso mesmo, de parametricidade —, em ordem a viabilizar a aferição da conformidade vertical dos atos normativos infraconstitucionais. Precedentes (RTJ 179/35-37, *v.g.*)." (STF, ADI n. 2.213 MC, relator(a): min. CELSO DE MELLO, Tribunal Pleno, julgado em 4.4.2002, DJ 23.4.2004, PP-00007 EMENT VOL-02148-02 PP-00296)

Então, quando se está diante de um conceito jurídico indeterminado, a norma acaba sendo de eficácia contida ou restringível, porque a maior eficácia ou menor eficácia da norma dependerá da interpretação que for adotada ao conceito jurídico indeterminado. Assim, José Afonso da Silva afirma que a norma às vezes tem eficácia contida porque uma lei pode vir para restringir, mas às vezes a restrição decorre da interpretação que se dá a um conceito jurídico indeterminado.

c) Eficácia limitada (*not — self executing provisions*). Possuem aplicabilidade indireta, mediata e reduzida, pois somente incidem totalmente sobre esses interesses, após uma normatividade ulterior que lhes desenvolva a aplicabilidade (exemplo — art. 37, VII, CF/88 — direito de greve — "o direito de greve será exercido nos termos e nos limites definidos em lei específica").

Assim, estas normas não produzem todos os seus efeitos imediatamente, necessitando lei posterior que lhe atribua plena eficácia.

Estas normas se subdividem em:

Normas constitucionais de princípio institutivo (princípio orgânico ou organizativo)

São as normas que contêm esquemas gerais, como um início de estruturação de instituições, órgãos ou entidades, ou seja, são aquelas que dependem de regulamentação, do advento de um ato normativo infraconstitucional, uma lei, que regulamente um assunto que foi tão somente iniciado pela Constituição. Ex: direito de greve do servidor público civil; art. 7º, XI, participação nos lucros.

Estas normas podem ser obrigatórias, quando — determinam ao legislador a edição de lei integradora (exemplos — art. 88, arts. 224, 33, 90, § 2º etc. CF/88) e facultativas, ou seja, aquelas que permitem ao legislador a edição da Lei (exemplo — art. 25, § 3º da CF/88 — os Estados poderão instituir, por lei, regiões metropolitanas).

A norma de princípio institutivo para ter eficácia **depende de regulamentação**, se a Constituição prevê algo, e a lei regulamenta, a norma de eficácia limitada de princípio institutivo passa a ser uma norma de eficácia plena, mas, mesmo que não venha essa regulamentação essa norma sozinha já tem alguma eficácia embora limitada. A norma de princípio institutivo, segundo José Afonso da Silva já nasce **produzindo uma eficácia negativa**, o art. 37, VI diz que o servidor público civil terá direito de greve na forma de lei específica. A Constituição já definiu que a greve é para o servidor público civil é um direito, logo não pode ser editada uma lei vedando o direito de greve para o servidor público civil, pois seria inconstitucional. Essa eficácia negativa é a proibição de que se legisle em sentido contrário, mas ainda, não podemos esquecer que faltando regulamentação nossa ordem jurídica prevê mandado de injunção.

17. NORMAS CONSTITUCIONAIS DE PRINCÍPIO PROGRAMÁTICO

São as normas pelas quais o constituinte, em vez de regular direita e imediatamente determinados interesses, limitou-se a traçar os princípios a serem cumpridos pelos seus órgãos (legislativos, executivos, jurisdicionais, e administrativos), como programas das respectivas atividades, visando à realização dos fins do Estado (exemplos: arts. 196, 205, 215 e 227 do CF)

As normas de eficácia limitada, antes de complementadas por lei infraconstitucional, produzirão como efeitos, o estabelecimento de um dever para o legislador ordinário; condicionam a legislação futura, com a consequência de serem inconstitucionais as leis e atos que as ferirem; Informam a concepção do Estado e da sociedade e inspiram sua ordenação jurídica, mediante a atribuição de fins sociais, proteção de valores da justiça social e revelação dos componentes do bem comum; constituem sentido teleológico para a interpretação, integração e aplicação das normas jurídicas; Condicionam a atividade discricionária da Administração e do Judiciário; Criam situações subjetivas de vantagem ou desvantagem e revogam a legislação infraconstitucional preexistente que fira o programa proposto.

Acerca da revogação da legislação infraconstitucional, o STF firmou entendimento que não é possível declarar a inconstitucionalidade de lei, pelo sistema concentrado, caso a norma ordinária esteja descumprindo um programa constitucional, pois, para tanto, deve-se confrontar a norma impugnada com a legislação infraconstitucional existente, o que gera ferimento reflexo e não direto à Constituição Federal — ADIn n. 2.065-DF — rel. min. Maurício Correa, 17.2.2000.

> "EMENTA: AÇÃO DIRETA DE INCONSTITUCIONALIDADE. MP n. 1.911-9/1999. NORMA DE NATUREZA SECUNDÁRIA. VIOLAÇÃO INDIRETA. IMPOSSIBILIDADE DE EXAME EM SEDE DE CONTROLE CONCENTRADO DE CONSTITUCIONALIDADE. 1. É incabível a ação direta de inconstitucionalidade quando destinada a examinar ato normativo de natureza secundária que não regule diretamente dispositivos constitucionais, mas sim normas legais. Violação indireta que não autoriza a aferição abstrata de conformação constitucional. Ação direta de inconstitucionalidade não conhecida."

Embora não surja direito subjetivo positivo das normas programáticas, possuem estas eficácia negativa. Coibindo a atividade infraconstitucional que lhe seja contrária, condicionando a atuação do legislador.

Celso Antonio Bandeira de Mello, acerca das normas constitucionais sobre justiça social, precipuamente aquela referente ao salário mínimo, afirma, em trabalho anterior à Constituição de 1988:

> "O mandamento escreve a utilidade a ser fruída — salário capaz de satisfazer as necessidades normais de um trabalhador e sua família, conforme as condições da região. A conduta devida, conquanto implícita, é decorrente imediata da textualidade da norma: pagar salário que atende os requisitos mencionados. (...) Nada obstante, se houvesse omissão legal ou do Executivo, caberia a qualquer trabalhador, a quem fosse pago salário abaixo do indispensável para atendimento das necessidades normais, acionar seu empregador para que cumprisse o dever constitucional. E o *quantum* devido seria fixado pelo juiz da causa, que nisto exerceria uma função nada diferente da que lhe assiste em inúmeros casos em que, por dever de ofício, reconhece o alcance e a extensão de outros conceitos vagos e imprecisos. Assim, quando fixa o 'preço justo' de uma indenização ou quando arbitra 'quantia módica', ou quando estabelece a cabível pensão alimentar 'na proporção das necessidades do reclamante e dos recursos da pessoa obrigada', ou quando verifica se alguém cuidou da coisa entregue em comodato 'como se fosse sua', o que está a fazer é pura e simplesmente determinar o conteúdo destas noções fluidas. (...) Supor que é o Legislativo, e só ele, o titular da dicção do critério sobre o que seja o salário mínimo — e não o Judiciário — implica proferir um absurdo jurídico incapaz de resistir a mais superficial análise. E muito pior seria atribuir ao Executivo exclusividade na inteligência de qual seria *in concreto* o salário mínimo cabível nas diferentes regiões do País. O interprete das normas — quem diz a verdade jurídica — não é o Legislativo nem o Executivo, mas o Judiciário. Ora, as disposições constitucionais são normas. Assim, o titular do poder jurídico de dizer sobre elas é, pois, o Judiciário. (...) todas as normas constitucionais concernentes à Justiça Social — inclusive as programáticas — geram imediatamente direitos para os cidadãos, inobstante tenham teores eficaciais distintos. Tais direitos são verdadeiros 'direitos subjetivos', na acepção mais comum da palavra."[12]

Canotilho afirma que "pode e deve dizer-se que hoje não há normas programáticas. É claro que continuam a existir normas-fim, normas-tarefa, normas-programa que impõe uma atividade e dirigem materialmente a concretização constitucional. Mas o sentido destas normas não é o que lhes assinalava tradicionalmente a doutrina 'simples programas', 'exortações morais', 'declarações', 'sentenças políticas', 'aforismos políticos', 'promessas', 'apelos ao legislador', 'programas futuros', juridicamente desprovidos de

(12) *Eficácia das normas Constitucionais sobre Justiça Social*, Revista de Direito Público, ns. 57-58. p. 252/254.

qualquer vinculatividade; às normas programáticas é reconhecido hoje um valor jurídico constitucionalmente idêntico ao dos restantes preceitos da Constituição"(13).

Ensina ainda o autor que a positividade jurídico-constitucional das normas programáticas significa fundamentalmente:

1 — vinculação do legislador, de forma permanente, à sua realização (imposição constitucional);

2 — Como diretivas materiais permanentes, elas vinculam positivamente todos os órgãos concretizadores, devendo estes tomá-las em consideração em qualquer momento da actividade concretizadora (legislação, execução, jurisdição);

3 — Como limites negativos, justificam eventual censura, sob a forma de inconstitucionalidade, em relação aos actos que as contrariam.(14)

Segundo José Afonso da Silva, a omissão legislativa é passível de inconstitucionalidade, tendo a Constituição de 1988 estabelecendo meios inéditos de controle da omissão legislativa inconstitucional.

> "A dinâmica constitucional exige a atuação política; não visa a eliminá-la, apenas visa a conferir fundamento à sua realização, não substitui a política, mas é a sua premissa material e limite para sua atuação, pois que a definição dos fins do Estado não pode nem deve derivar da vontade política do governo, como interesse superior do Estado, mas da vontade popular representada e sedimentada na Constituição"(15).

Por fim, ressalte-se que Uadi Lammêgos Bulos traz mais uma classificação, qual seja, das normas de eficácia exaurida (esvaída) e aplicabilidade esgotada que possui aplicação ao ADCT, considerando-se as normas que já efetivaram seus mandamentos. São aquelas que já extinguiram a produção de seus efeitos.

(13) *Op. cit.*, p. 132.
(14) *Op. cit.*, p. 132.
(15) FERRARI, Regina Maria Macedo Nery. *Normas Constitucionais Programáticas.* São Paulo: RT, 2001. p. 161/162.

1. HERMENÊUTICA CONSTITUCIONAL

Interpretar significa retirar do texto o seu real conteúdo, sua significação. No campo da filosofia, entende-se por interpretar a compreensão ou busca de sentido de alguma coisa.

No Direito, a interpretação supera o conceito filosófico, para alcançar os limites, pois busca também, além de compreender o sentido e compreensão das normas, identificar sua extensão e limites.

Assim, pode-se concluir que interpretar significa a busca pelo sentido e o alcance de uma norma jurídica.

Na primeira metade do século XIX, em razão do racionalismo jurídico e do pensamento enciclopédico reinante, tinha-se pela desnecessidade da interpretação, pois as normas deveriam prever todas as situações conflituosas que poderiam surgir, razão pela qual muitos sistemas jurídicos utilizam-se da parêmia *in claris cessat interpretatio.*

Hodiernamente é cediço que todas as normas, por mais claras que sejam devem ser interpretadas, pois estão inseridas num complexo sistema normativo-principiológico e necessitam se ajustar à unidade do ordenamento jurídico.

Especificamente com relação às regras constitucionais, afirma Canotilho, que "*a interpretação das normas constitucionais é um conjunto de métodos desenvolvidos pela doutrina e pela jurisprudência com base em critérios ou premissas (filosóficas, metodológicas, epistemológicas) diferentes mas, em geral, reciprocamente complementares*"(16).

1.2 Regras e princípios

A doutrina tem distinguido entre regras e princípios partindo do pressuposto de que ambos são espécies de normas e que como referenciais para o intérprete, não guardam entre si hierarquia, precipuamente diante do conceito de unidade da Constituição.

Canotilho refere-se ao sistema jurídico do Estado de Direito Democrático Português como "um sistema normativo aberto de regras e princípios" e que:

> "(1) — é um sistema jurídico porque, como atrás se referiu, (cfr., *supra,* Parte I, cap. 2.º) é um sistema dinâmico de normas;
>
> (2) — é um *sistema aberto* porque tem uma *estrutura dialógica,* (CALIESS) traduzida na disponibilidade e "capacidade de aprendizagem" das normas constitucionais para captarem a mudança da realidade e estarem abertas às concepções cambiantes da "verdade" e da "justiça";
>
> (3) — é um *sistema normativo,* porque a estruturação das expectativas referentes a valores, programas, funções e pessoas, é feita através de *normas";*
>
> (4) — é um *sistema de regras e de princípios,* pois as normas do sistema tanto podem revelar-se sob a forma de *princípios* como sob a sua forma de *regras."*(17)

(16) *Direito Constitucional e Teoria da Constituição.* 7. ed. Coimbra: Almedina, 1993. p. 212/213.

(17) *Op. cit.,* p. 1.159.

Quanto à diferenciação de princípios e regras, Canotilho, após reconhecer ser árdua a tarefa de distinguir do conceito de normas entre regras e princípios, sugere os seguintes critérios pra sua distinção:

"*a) Grau de obstracção:* os *princípios* são normas com um grau de abstracção relativamente elevado; de modo diverso, as *regras* possuem uma abstracção relativamente reduzida.

b) Grau de determinabilidade na aplicação do caso concreto: os princípios, por serem vagos e indeterminados, carecem de mediações concretizadoras (do legislador? do juiz?), enquanto as regras são susceptíveis de aplicação directa.

c) Carácter de fundamentalidade no sistema das fontes de direito: os princípios são normas de natureza ou com um papel fundamental no ordenamento jurídico devido à sua posição hierárquica no sistema das fontes (ex: princípios constitucionais) ou à sua importância estruturante dentro do sistema jurídico (ex: princípio do Estado de Direito).

d) "Proximidade" da ideia de direito: os princípios são *standards* juridicamente vinculantes radicados nas exigências de "justiça" (DWORKIN) ou na "ideia de direito" (LARENZ); as regras podem ser normas vinculativas com um conteúdo meramente funcional.

f) Natureza normogenética: os princípios são fundamento de regras, isto é, são normas que estão na base ou constituem a *ratio* de regras jurídicas, desempenhando, por isso, uma função normogenética fundamentante."[18]

Robert Alexy caracteriza os princípios como mandamentos ou mandados de otimização e os define como "*normas que ordenam que algo seja realizado na maior medida possível dentro das possibilidades jurídicas e fáticas existentes. Princípios são, por conseguinte, mandamentos de otimização, que são caracterizados por poderem ser satisfeitos em graus variados e pelo fato de que a medida devida de sua satisfação não depende somente das possibilidades fáticas, mas também das possibilidades jurídicas. O âmbito das possibilidades jurídicas é determinado pelos princípios regras colidentes*"[19].

As regras, denominadas de mandamentos definitivos, por sua vez, "*...são normas que são sempre satisfeitas ou não satisfeitas. Se uma regra vale, então, deve se fazer exatamente aquilo que ela exige; nem mais, nem menos. Regras contêm, portanto, determinações no âmbito daquilo que é fática e juridicamente possível. Isso significa que a distinção entre regras e princípios é uma distinção qualitativa, e não uma distinção de grau. Toda norma é ou uma regra ou um princípio*"[20].

Portanto, ao contrário das regras, os princípios poder ter variados graus, de acordo condições fáticas e jurídicas para sua aplicação.

As regras, por apenas preverem direitos ou obrigações, devem ou nao ser aplicadas e, em caso de conflito, uma das regras deve ser considerada invalida, no todo ou em parte, o que não ocorre com os princípios, diante dos graus de aplicabilidade que lhes são imanente.

*1.3 Derrotabilidade (*defeasibility*)*

A noção de derrotabilidade é atribuída a H. L. A. Hart, em *The Ascription of Responsability and Rights*, de em 1948 no seguinte trecho:

"*When the student has learnt that in English law there are positive conditions required for the existence of a valid contract, ... his understanding of the legal concept of a contract is still incomplete, and remains so even if he*

(18) *Op. cit.*, p. 1.160/1.161.

(19) *Teoria dos Direitos Fundamentais.* Tradução de Virgilio Afonso da Silva, p. 90/91.

(20) *Op. cit.*, p. 91.

has learnt ... interpretation .... For these conditions, although necessary, are not always sufficient and he has still to learn what can defeat a claim that there is a valid contract, even though all these conditions are satisfied. The student has still to learn what can follow on the word "unless", which should accompany the statement of these conditions. This characteristic of legal concepts is one for which no word exists in ordinary English. The words "conditional" and "negative" have the wrong implications, but the law has a word which with some hesitation I borrow and extend: this is the word "defeasible", used of a legal interest in property which is subject to termination or "defeat" in a number of different contingencies but remains intact if no such contingencies mature. In this sense, then, contract is a defeasible concept"[21].

Portanto, para Hart, quando um estudante analisa um contrato, não pode sua apreciação se limitar à validade, devendo verificar o que pode *derrotar* a alegação de validade do contrato. O estudante ainda tem que aprender o que implica a expressão "a menos que", que devem acompanham tais condições.

Juliano Taveira Bernardes define derrotabilidade como sendo um "neologismo vindo da expressão inglesa *defeasibility*, a 'derrotabilidade' tem a ver com os raciocínios lógicos que, diante da ocorrência de situações não consideradas, superam determinadas conclusões. Quando se formula, por exemplo, enunciado condicional do tipo: 'se Maria sair de casa às 19h, deverá chegar ao aeroporto às 19h30', a verificação do consequente esperado (chegar ao aeroporto às 19h30) não depende só da exteriorização do antecedente (se Maria sair de casa às 19h). Trabalha-se, na verdade, com a ocorrência de inúmeros pressupostos (se não houver acidentes, se o tráfego estiver normal, se o carro não estragar) que se devem somar ao antecedente, para que o consequente realmente suceda como se anteviu. Logo, a se exteriorizar qualquer situação não considerada (se houver acidente, se o tráfego estiver ruim ou se o carro apresentar defeito), a conclusão será 'derrotada', isto é, não mais se sustentará"

Continua afirmando que "*transportada essa noção ao Direito, toda norma jurídica (regra ou princípio) se baseia em raciocínios cujas justificativas podem também ser "derrotadas" diante de circunstâncias que não foram consideradas na formulação normativa. As regras jurídicas, em especial, são concebidas de modo condicionado, por meio de proposições que, direta ou indiretamente, associam consequências a supostos fáticos predeterminados. Assim, podem ser traduzidas pelo seguinte esquema condicional: "verificada a ocorrência do evento 'X', deve ser aplicada a consequência jurídica 'Y'." Todavia, o órgão responsável pela formulação normativa é incapaz de prever todas as possíveis combinações de circunstâncias que podem aparecer no âmbito da aplicação concreta das regras jurídicas. Daí, as regras estão sempre abertas a exceções que "derrotam" a consequência jurídica inicialmente concebida, ainda que o caso se inclua perfeitamente na descrição hipotética da proposição jurídica. Certo, essas exceções podem vir expressas na própria formulação normativa (exceções explícitas). Assim, ao tipificar como crime o aborto provocado, o legislador penal excepcionou, expressamente, os casos em que não há outro meio para salvar a vida da gestante (aborto necessário), bem como a hipótese de a gravidez resultar de estupro. Contudo, dada a impossibilidade de explicitar todas as condições não previstas mas capazes de justificar a "derrotabilidade" da proposição jurídica, é preciso reconhecer exceções implícitas para casos anormais, sem prejuízo da aplicabilidade da regra para as situações normais. Por isso, a atitude de uma mãe que, desesperada, atravessa os jardins de parque público para socorrer o filho em perigo é facilmente compreendida como exceção implícita que justifica a "derrota" da proibição geral de pisar na grama do parque. E dessa incapacidade de antecipação normativa derivam exceções implícitas em número diretamente proporcional ao das múltiplas variáveis presentes nos diversos tipos de conduta que se pretende regular. Porém, uma "regra que termina com a expressão 'a menos que...' é ainda uma regra." (HART)"*[22]

Segundo Humberto Ávila, "*as regras não devem ser obedecidas somente por serem regras e serem editadas por uma autoridade. Elas devem ser obedecidas por uma lado, porque sua obediência é moralmente boa e, de*

(21) The ascription of responsibility and rights. p. 152, *in* A. Flew, ed., *Logic and Language*, Blackwell, 1951. Originally *Proceedings of the Aristotelian Society*, 1948-9.

(22) <http: //jus.uol.com.br/revista/texto/6466/aborto-de-feto-anencefalico-e-derrotabilidade>, consulta em: 21.7.2011.

outro, porque produz efeitos relativos a valores prestigiados pelo próprio ordenamento jurídico, como segurança, paz e igualdade. Ao contrário do que a atual exaltação dos princípios poderia fazer pensar, as regras não são normas de segunda categoria. Bem ao contrário, elas desempenham uma função importantíssima de solução previsível, eficiente e geralmente equânime de solução dos conflitos sociais."[23]

A superação das regras não pode prejudicar ou ofender os valores protegidos pela norma. De acordo com lição de Ávila, "*há casos em que a decisão individualizada, ainda que incompatível com a hipótese da regra geral, não prejudica nem a promoção da finalidade subjacente à regra, nem a segurança jurídica que suporta as regras, em virtude da pouca probabilidade de reaparecimento frequente de situação similar, por dificuldade de ocorrência ou comprovação*"[24].

Defende Ávila, ainda, que deve ser demonstrada a incompatibilidade da regra com a finalidade subjacente e que "*o afastamento da regra não provocará expressiva insegurança jurídica*"[25].

1.4 Métodos de interpretação

A doutrina moderna elenca seis métodos de interpretação constitucional. São eles:

- Método jurídico ou hermenêutico clássico;
- Método tópico-problemático;
- Método hermenêutico-concretizador;
- Método científico-espiritual;
- Método normativo-estruturante; e
- Método da comparação constitucional.

1.4.1. Método jurídico ou hermenêutico clássico

Para os seguidores do método clássico, independentemente de a Constituição ocupar o ápice da pirâmide normativa, suas normas devem ser interpretadas como uma lei, com a aplicação dos métodos tradicionais de hermenêutica, em respeito aos critérios genético, gramatical, lógico, histórico e teleológico utilizados na interpretação das leis em geral.

Pelo critério genético, devem-se buscar as origens dos conceitos utilizados pelo legislador na elaboração da norma.

A interpretação gramatical, também denominada de filológica ou literal, analisa o texto pela literalidade de suas palavras, pelo valor das palavras utilizadas pelo legislador para a composição da norma.

Em razão da interpretação lógica, deve ser buscada a harmonização lógica das regras constantes do diploma analisado, como meio de se alcançar a vontade da lei.

O elemento sistemático determina que deve ser buscada, quando da exegese constitucional, a adequação com todo o sistema jurídico vigente, de forma a manter a harmonia do ordenamento jurídico.

(23) *Teoria dos Princípios: da definição à aplicação dos princípios jurídicos.* 7. ed. São Paulo: Malheiros, 2007. p. 114.

(24) *Op. cit.*, p. 117.

(25) *Ibidem.*

Na interpretação histórica, analisam-se os fatores sociais e culturais vigentes quando da elaboração das normas, para que se alcance, assim, a vontade do legislador e os anseios da coletividade à época da produção normativa.

Pelo elemento teleológico, busca-se a finalidade da norma.

Em suma, pelo método clássico de hermenêutica, deve o aplicador buscar o verdadeiro significado da norma, através da busca da *mens legis* e da *mens legislatoris.*

1.4.2 Método tópico-problemático

Os adeptos do método tópico-problemático partem do pressuposto que a Constituição é um sistema aberto de regras e princípios e, por isso, admite um série de interpretações diferentes, sendo que os meios hermenêuticos tradicionais não permitem a solução adequada diante da diversidade de acepções da norma.

A Constituição, portanto, é um sistema aberto de regras e princípios e diante da sua abertura contextual, a Constituição é mais problemática do que sistemática, "o que aponta para a necessidade de interpretá-la dialogicamente e aceitar, como igualmente válidos e até serem vencidos pelo melhor argumento, todos os *topoi* ou *fórmulas de busca* que, racionalmente, forem trazidos a confronto pela comunidade hermenêutica"[(26)].

Assim, pelo método tópico-problemático, deve-se partir do problema concreto para a norma e atribuir-se um caráter prático para a solução do caso analisado.

1.4.3 Método hermenêutico-concretizador

Através do método hermenêutico-concretizador, diversamente do sistema tópico-problemático, deve-se partir da Constituição para o problema.

Portanto, a interpretação deve se iniciar "pela pré-compreensão do intérprete/aplicador, a quem compete concretizar a norma a partir de uma dada situação histórica"[(27)] e, assim, resolver conflito de acordo com a Constituição e não conforme a acepção do exegeta quanto aos "*critérios pessoais de justiça*"[(28)].

O intérprete, assim, deve se valer de sua pré-compreensão quanto ao tema, para dar sentido à norma devendo atuar como mediador entre a norma e a situação de fato, "tendo como "pano de fundo" a realidade social"[(29)].

Critica-se o método hermenêutico concretizador, pois ao partir o interprete de pré-compreensões da Constituição, é possível que haja distorção da realidade e do sentido da norma, o que afasta a concretização da do texto constitucional.

1.4.4 Método científico-espiritual

No método científico-espiritual, parte-se da ideia de Constituição como um meio de integração, não apenas como a norma que ocupa o ápice da pirâmide normativa, mas também como meio de regulação dos conflitos.

---

(26) MENDES, Gilmar Ferreira, COELHO, Inocêncio Mártires, BRANCO, Paulo Gustavo Gonet. *Curso de Direito Constitucional.* 4. ed. São Paulo: Saraiva, 2009. p. 124.

(27) MENDES, Gilmar Ferreira, COELHO, Inocêncio Mártires, BRANCO, Paulo Gustavo Gonet. *Curso de Direito Constitucional.* 4. ed. São Paulo: Saraiva, 2009. p. 125.

(28) *Ibidem.*

(29) LENZA, Pedro. *Direito Constitucional Esquematizado.* 15. ed. São Paulo: Saraiva, 2011. p. 146.

Não se admite a concepção do Estado como uma "realidade juridicamente conformada"[30], na expressão de Mártires Coelho, razão pela qual a análise da norma não se limita à sua expressão literal, devendo ser analisada como algo dinâmico, ou seja, parte de uma realidade social em constante modificação.

Segundo Inocêncio Mártires Coelho, pelo método científico-espiritual, "*...tanto o direito quanto o Estado e a Constituição são vistos como fenômenos culturais ou fatos referidos a valores, a cuja realização eles servem de instrumento*"[31].

1.4.5 Método normativo-estruturante

Para o método normativo-estruturante, inexiste identidade entre a norma jurídica e o texto normativo, pois o teor literal da norma deve ser analisado de acordo com a sua concretização na realidade social.

Seguindo as ideias de Canotilho [xvii], o texto normativo revela apenas um feixe inicial do que realmente significa aquele comando jurídico, ou seja, a norma não se restringe ao texto, e para sua satisfatória descoberta é necessária uma busca ampla sobre as facetas administrativas, legislativas e jurisdicionais do Direito Constitucional [xviii], a partir do que se poderá utilizá-la, aplicando-a ao caso concreto.

A norma não é concretizada apenas pela atividade do legislador, mas também pela atividade do Judiciário, da Administração etc., na qual é regulamentado o caso concreto.

Segundo Inocêncio Mártires Coelho, "*...em síntese, no dizer do próprio Müller, o teor integral de qualquer prescrição de direito positivo é apenas a 'ponta do* iceberg*'; todo o resto, talvez a parte mais significativa, que o intérprete-aplicador deve levar em conta para realizar o direito, isso é constituído pela* situação normada, *na feliz expressão de Miguel Reale*"[32].

1.4.6 Método da comparação constitucional

Pelo método da comparação constitucional, procede-se à interpretação pela comparação de vários ordenamentos jurídicos.

Propõe-se, portanto, a comparação entre textos constitucionais, para que se analisem os pontos de divergências e convergências. Abre-se um relação entre diversas Constituições.

Segundo adequada conclusão de Mártires Coelho, "apesar das virtualidades dessa nova proposta hermenêutica e da indiscutível fecundidade do comparatismo para a compreensão de normas e sistemas jurídicos, e não apenas os de relevo constitucional — uma realidade evidenciada pela expansão e consolidação do direito comparado em todas as grandes *famílias jurídicas* —, mesmo assim parece-nos forçado considerar essa ordem de estudos como critério ou método autônomo de interpretação constitucional"[33].

1.5 Princípios da interpretação constitucional

Canotilho enumera os seguintes princípios e regras interpretativas das Constituições:

1.5.1. Unidade da constituição

A interpretação deve ser realizada de modo a evitar contradições entre suas normas.

(30) *Op. cit.*, p. 126.

(31) *Interpretação constitucional.* 3. ed., São Paulo, Saraiva, 2007. p. 91.

(32) *Op. cit.*, p. 93.

(33) MENDES, Gilmar Ferreira, COELHO, Inocêncio Mártires, BRANCO, Paulo Gustavo Gonet. *Curso de Direito Constitucional.* 4. ed., São Paulo, Saraiva, 2009. p. 130/131.

Pelo princípio da unidade da constituição, tem-se que "o intérprete deva sempre considerar as normas constitucionais não como normas isoladas e dispersas, mas sim como preceitos integrados num sistema interno unitário de normas e princípios"(34).

1.5.2 Efeito integrador

Na solução dos conflitos jurídico-constitucionais, deve-se priorizar os critérios que melhor implementem a integração política e social, bem como ao reforço da unidade política.

O princípio do efeito integrador, segundo Canotilho, determina que "na resolução dos problemas jurídico-constitucionais deve dar-se primazia aos critérios ou pontos de vista que favoreçam a integração política e social e o reforço da unidade política"(35).

1.5.3 Máxima efetividade ou da eficiência

À norma deve ser atribuído sentido que maior eficácia lhe conceda;

De acordo com o princípio da máxima efetividade ou da eficiência, "a uma norma constitucional deve ser atribuído o sentido que maior eficácia lhe dê. É um princípio operativo em relação a todas e quaisquer normas constitucionais, e embora a sua origem esteja ligada à tese da actualidade das normas programáticas (THOMA), é hoje sobretudo invocado no âmbito dos direitos fundamentais (no caso de dúvidas deve preferir-se a interpretação que reconheça maior eficácia aos direitos fundamentais)(36)".

1.5.4 Justeza ou da conformidade funcional

Os órgãos encarregados da interpretação da Constituição não poderão chegar a uma posição que subverta. Altere ou perturbe o esquema organizatório-funcional constitucionalmente estabelecido pelo legislador constituinte originário.

De acordo com Canotilho, o princípio da justeza ou da conformidade funcional determina que "o órgão (ou órgãos) encarregado da interpretação da lei constitucional não pode chegar a um resultado que subverta ou perturbe o esquema organizatório-funcional constitucionalmente estabelecido (EHMKE)(37)".

1.5.5 Concordância prática ou harmonização

Exige-se a coordenação e combinação dos bens jurídicos em conflito de forma a evitar o sacrifício total de uns em relação aos outros; e

Pelo princípio da concordância prática impõe-se "a coordenação e combinação dos bens jurídicos em conflito de forma a evitar o sacrifício (total) de uns em relação aos outros"(38).

1.5.6 Força normativa da Constituição

Dentre as interpretações possíveis, deve-se adotar a que garanta maior eficácia, aplicabilidade e permanência das normas constitucionais.

Finalmente, enuncia o princípio da força normativa da constituição, de acordo com Canotilho, que, "na solução dos problemas jurídico-constitucionais deve dar-se prevalência aos pontos de vista que, tendo em conta os pressupostos da constituição (normativa), contribuem para uma eficácia óptima da lei funda-

(34) CANOTILHO, J. J. Gomes. *Direito Constitucional e Teoria da Constituição*. 6. ed. Coimbra: Almedina, 1993. p. 1.224.
(35) *Op. cit.*, p. 1.224.
(36) CANOTILHO, J. J. Gomes. *Direito Constitucional e Teoria da Constituição*. 6. ed. Coimbra: Almedina, 1993. p. 1.224.
(37) *Op. cit.*, p. 1.224.
(38) CANOTILHO, J. J. Gomes. *Direito Constitucional e Teoria da Constituição*. 6. ed. Coimbra: Almedina, 1993. p. 1.224.

mental. Consequentemente, deve dar-se primazia às soluções hermenêuticas que, compreendendo a historicidade das estruturas constitucionais, possibilitam a "actualização" normativa, garantindo, do mesmo pé, a sua eficácia e permanência"(39).

Jorge Miranda acresce a estes princípios e regras os seguintes:

- A contradição de princípios deve ser superada:
  a) ou pela redução proporcional do âmbito de alcance de cada um deles;
  b) pela preferência ou prioridade de certos princípios.
- Todas as normas constitucionais desempenham uma função útil no ordenamento, sendo proibida a interpretação que lhe diminua ou suprima a finalidade;
- Os preceitos devem ser interpretados, explícita ou implicitamente, a fim de colher-se seu real significado.

1.6 Mutação constitucional e reforma constitucional

A Constituição Federal pode ser alterada para melhor atender aos interesses sociais e à vontade do legislador constituinte, mesmo porque constitui um instrumento dinâmico de regulação da sociedade.

Admite-se a mudança da constituição através da reforma constitucional, consistente na modificação do seu texto, através do regular processo legislativo, bem como pela mutação constitucional.

A mutação constitucional, tema introduzido por Anna Cândida a Cunha Ferraz, consiste nas alterações de significado e sentido interpretativo do texto constitucional.

Assim, a transformação não está no texto, mas na interpretação daquela regra, permanecendo inalterado o direito positivo e demonstram o caráter dinâmico das normas jurídicas e sua adaptação às mudanças sociais.

Lammêgos denomina mutação constitucional *"...o processo informal de mudança da constituição, por meio do qual são atribuídos novos sentidos, conteúdos até então não ressalvados à letra da Constituição, quer através da interpretação, em suas diversas modalidades e métodos, quer por intermédio da construção* (construction*), bem como dos usos e dos costumes constitucionais*"(40).

A jurisprudência do STF admite a aplicação da mutação constitucional, como se observa no seguinte julgado:

> "EMENTA: QUESTÃO DE ORDEM. *HABEAS CORPUS* CONTRA ATO DE TURMA RECURSAL DE JUIZADO ESPECIAL. INCOMPETÊNCIA DO SUPREMO TRIBUNAL FEDERAL. ALTERAÇÃO DE JURISPRUDÊNCIA. REMESSA DOS AUTOS. JULGAMENTO JÁ INICIADO. INSUBSISTÊNCIA DOS VOTOS PROFERIDOS. Tendo em vista que o Supremo Tribunal Federal, modificando sua jurisprudência, assentou a competência dos Tribunais de Justiça estaduais para julgar *habeas corpus* contra ato de Turmas Recursais dos Juizados Especiais, impõe-se a imediata remessa dos autos à respectiva Corte local para reinício do julgamento da causa, ficando sem efeito os votos já proferidos. Mesmo tratando-se de alteração de competência por efeito de mutação constitucional (nova interpretação à Constituição Federal), e não propriamente de alteração no texto da Lei Fundamental, o fato é que se tem, na espécie, hipótese de competência absoluta (em razão do grau de jurisdição), que não se prorroga. Questão de ordem que se resolve pela remessa dos autos ao Tribunal de Justiça do Distrito Federal e dos Territórios, para reinício do julgamento do feito". (STF, HC n. 86.009 QO, relator(a): min. Carlos Britto, 1ª Turma, DJ 27.4.2007)

(39) *Op. cit.*, p. 1.226.

(40) BULOS, Uadi Lammêgo. *Curso de Direito Constitucional*. 1. ed. São Paulo: Saraiva, 2003. p. 22.

1.7 *Interpretação conforme*

Ao se interpretar a Constituição deve-se, sempre, buscar o sentido que mais se harmoniza com o sistema constitucional.

Caso determinadas normas sejam conflitantes ou uma norma possua várias interpretações possíveis, denominadas de normas plurissignificativas ou polissêmicas, deve-se buscar aquela que apresente maior conformidade com as normas constitucionais, evitando declaração de inconstitucionalidade e consequente retirada do ordenamento jurídico.

A interpretação conforme só é possível quando a norma possui várias interpretações, umas compatíveis, outros não, com a Constituição.

A finalidade da interpretação conforme é, portanto, manter a norma no ordenamento jurídico, suprimindo determinada interpretação ou fixando interpretação que se ajuste à Constituição.

Deve-se observar, na interpretação conforme, o princípio da prevalência da Constituição, de forma a preferir a interpretação que melhor se harmonize com o sistema constitucional, vedada, portanto, qualquer interpretação que contrarie seu texto.

Em qualquer caso, não se admite que o intérprete atue como legislador, ou seja, que sob pretexto de interpretar a norma, crie direito positivo, o que incumbe ao legislador.

1.7.1 *Espécies de interpretação conforme:*

a) Com redução de texto — ocorre quando, com a redução do texto, puder chegar a uma interpretação em consonância com a Constituição;

b) Sem redução de texto conferindo à norma a interpretação que deve ser adotada — o intérprete determina que, apenas se considerará constitucional a norma, se adotada certa interpretação;

c) Sem redução de texto excluindo da norma uma interpretação que não pode ser adotada — caso a norma possa ser interpretada de várias formas e uma ou algumas sejam inconstitucionais, o STF proibirá a interpretação que ofenda a constituição sendo possível a adoção de quaisquer outras interpretações viáveis que sejam consentâneas com o texto constitucional.

1.8 *Declaração de inconstitucionalidade parcial sem redução de texto*

Pode ser utilizada como meio para se alcançar uma interpretação conforme, excluindo-se algumas de suas interpretações possíveis.

Assim, a declaração de inconstitucionalidade parcial sem redução de texto é a técnica de decisão judicial usada, que se vale da interpretação conforme sem redução de texto.

1.9 *Teoria dos poder implícitos (inherent powers)*

A teoria dos poderes implícitos constitui fundamental método de hermenêutica constitucional, que visa dar efetividade às normas constitucionais e pela qual, para o exercício da atribuição constitucional, o órgão encarregado de executar o mandamento constitucional deve possuir os meios necessários à sua consecução, ainda que previstos implicitamente, salvo se houver expressa limitação no texto da Constituição.

Como lembrado pelo ministro Celso Mello, no Mandado de Segurança n. 26.547-MC/DF, a teoria dos poderes implícitos tem como precedente o caso McCULLOCH v MARYLAND (1819), da Suprema Corte dos EUA e estabelece que "*a outorga de competência expressa determinado órgão estatal importa em deferimento implícito, a esse mesmo órgão, dos meios necessários à integral satisfação dos fins que lhe foram atribuídos*"[41].

Conforme decidiu a min. Ellen Gracie, no HC n. 91.661-PE, "é princípio basilar da hermenêutica constitucional o dos "poderes implícitos", segundo o qual, quando a Constituição Federal concede os fins, dá os meios". (STF, HC n. 91.661-PE, rel. min. ELLEN GRACIE, 2ª Turma, 3.4.2009)

Admite-se, portanto, pela teoria dos poderes implícitos, que além daqueles expressamente outorgados pela Constituição, decorrem naturalmente deles poderes instrumentais, ainda que não expressos, necessários à sua efetivação.

O STF em diversas oportunidades, valeu-se da teoria dos poderes implícitos em seus julgados, como por exemplo no Mandado de Segurança n. 26.547-MC/DF, no qual decidiu-se, liminarmente, pela possibilidade de concessão de medidas cautelares pelo Tribunal de Contas da União.

Do mesmo modo, o STF valeu-se da teoria dos poderes implícitos no julgamento das ADIn's ns. 2.212 e 2.480, quando afirmou a possibilidade de previsão do instituto da reclamação nas Constituições estaduais, para preservação da competência e autoridade das decisões dos Tribunais de Justiça.

1.10 Limites da interpretação constitucional

Quando do exercício da atividade interpretativa, o aplicador na norma deve sempre observar os limites estabelecidos constitucionalmente, não podendo, sob o pretexto de interpretar, desvirtuar o texto constitucional em afronta aos princípios e regras estabelecidos.

Assim, devem ser estabelecidos critérios hermenêuticos que se coadunem com a certeza e segurança jurídica, fatores indispensáveis à preservação da paz social.

Não se admite que o aplicador da norma, sob argumento de que a interpreta, pratique efetivamente atividade criadora de direito, o que é constitucionalmente incumbido a outra esfera do Poder, através do meio procedimental próprio e com respeito à representatividade da democrática brasileira.

A interpretação é fundamental para a correta aplicação da norma, mas não pode ser utilizada como fator de desvirtuamento dos comandos constitucionais.

1.11 Apelo ao legislador

A norma, originalmente legítima, pode estar se tornando inconstitucional pela mudança das condições fáticas e jurídicas que lhe dão suporte (ex.: aplicação equivocada; escudo para abusos etc.), reclamando a situação que o legislador a revogue, aprimore ou substitua por outra, de forma a restabelecer a concordância com a Lei Maior.

(41) STF, MS n. 265.470MC/DF — AgR, Pleno, rel. min. Celso Mello, DJ. 25.9.2009.

I

Direito Administrativo

Vera Regina Hipper

1. Princípios informativos da Administração Pública. 2. Ato administrativo. 3. Vícios do ato administrativo. 4. Administração Pública: noções fundamentais. 5. Poderes da Administração. 6. Responsabilidade civil do Estado.

1. PRINCÍPIOS INFORMATIVOS DA ADMINISTRAÇÃO PÚBLICA

1.1 Conceito e regime jurídico-administrativo

Os princípios são as **ideias centrais** de um sistema, ao qual dão sentido lógico, harmonioso, racional, permitindo a compreensão de seu modo de organizar-se.(1)

Celso Antônio Bandeira de Mello usa o termo princípio no seguinte sentido: (2)

> "Princípio é, pois, por definição, mandamento nuclear de um sistema, verdadeiro alicerce dele, disposição fundamental que se irradia sobre diferentes normas, compondo-lhes o espírito e servindo de critério para compreensão e inteligência delas, exatamente porque define a lógica e a racionalidade do sistema normativo, conferindo-lhe a tônica que lhe dá sentido harmônico. Eis porque: violar um princípio é muito mais grave que transgredir uma norma. A desatenção ao princípio implica ofensa não apenas a um específico mandamento obrigatório, mas a todo o sistema de comandos. É a mais grave forma de ilegalidade ou inconstitucionalidade, conforme o escalão do princípio violado, porque representa insurgência contra todo o sistema, subversão de seus valores fundamentais (...)".

O direito administrativo integra o ramo do direito público, para o qual concorrem, não apenas uma, mas várias ideias-chave, tal qual ocorre com o ramo de direito privado formando o que se conhece como o regime jurídico de direito público e o regime jurídico de direito privado respectivamente. Público *x* Privado é a primeira grande dicotomia em que se divide o sistema jurídico. Pode-se contrapor as ideias de cada ramo da seguinte forma:(3)

Regime de Direito Público	Regime de Direito Privado
1. O interesse é público.	**1.** O interesse é privado.
2. As relações jurídicas são verticais. A Administração Pública exerce autoridade sobre o particular.	**2.** As relações jurídicas são horizontais. Há igualdade entre os particulares.
3. Obediência ao princípio da legalidade (só pode fazer o que a lei permite).	**3.** Obediência ao princípio da liberdade (pode fazer tudo o que a lei não proíbe).
4. Não há vontade, mas exercício de função (exercício de um poder estatal enquanto dever jurídico).	**4.** Vige autonomia da vontade.
5. Formalismo.	**5.** Informalismo.
6. Ampla publicidade.	**6.** Intimidade e vida privada protegidos.
7. Responsabilidade objetiva, como regra.	**7.** Responsabilidade subjetiva, como regra.

O específico **regime jurídico de direito administrativo**, como ramo do **direito público**, congrega no seu bojo todas essas ideias gerais supraelencadas, além de muitas outras específicas da disciplina. Pode-se então defini-lo como **os princípios e normas que dão identidade ao direito administrativo, diferenciando-o das demais ramificações do direito.**

(1) SUNDFELD, Carlos Ari. *Fundamentos de direito público*, 4. ed. 2. tir., São Paulo: Malheiros, 2001. p. 144.

(2) *Curso de direito administrativo*, 26. ed. São Paulo: Malheiros, 2009. p. 53.

(3) SUNDFELD, Carlos Ari. *Fundamentos de direito público*, cit., p. 153 a 186.

O estudo dos princípios do direito administrativo pode ser feito a partir dos:

1. **Princípios constitucionais explícitos do *caput* do art. 37 da CF** — legalidade, impessoalidade, moralidade, publicidade e eficiência **e** no mesmo **art. 37, os §§ 3º** — princípio da participação do usuário na administração pública e 6º — o princípio da responsabilidade;

2. **Princípios constitucionais explícitos esparramados em outro(s) artigo(s) da CF.** Exemplo: art. 5º, *caput*, da CF — princípio da isonomia; art. 5º, LV — contraditório e ampla defesa; LXXVIII — razoável duração do processo e celeridade na tramitação processual; art. 5º, XXXV — princípio do controle judicial ou da sindicabilidade;

3. **Princípios constitucionais implícitos.** Exemplo: supremacia do interesse público, indisponibilidade do interesse público, função, finalidade;

4. **Princípios contidos em leis ou outras espécies normativas esparsas** como a **Lei** n. **9.784/1999** (Lei do Processo Administrativo), art. 2º — legalidade, finalidade, motivação, razoabilidade, proporcionalidade, moralidade, ampla defesa, contraditório, segurança jurídica, interesse público e eficiência e art. 53 — princípio da autotutela; a **Lei** n. **8.666/1993** (Lei das Licitações), art. 3º — vinculação ao instrumento convocatório dentre outros; a **Lei** n. **8.987/1995** (Lei Geral das Concessões), art. 6º, § 1º — continuidade do serviço público, por exemplo; a **Lei** n. **9.472/1997** (Lei das Telecomunicações), arts. 5º e 6º — livre, ampla e justa competição, por exemplo; **Decreto-lei** n. **200/1967,** art. 6º — planejamento, coordenação, descentralização, delegação de competência e controle;

5. **Outros princípios criados por administrativistas.** Exemplo: princípio da presunção de legitimidade, ou veracidade ou de legalidade do ato administrativo; princípio da hierarquia[4] e princípio da boa administração.[5]

Como visto, há muitos princípios, mas o estudo tratará dos princípios constitucionais implícitos da supremacia do interesse público e da indisponibilidade desse interesse e dos outros princípios explícitos, insertos no *caput* do art. 37 da Constituição Federal — legalidade, impessoalidade, moralidade, publicidade e eficiência e dos princípios elencados no art. 2º da Lei do Processo Administrativo, Lei n. 9.784/1999 — finalidade, motivação, razoabilidade, proporcionalidade, ampla defesa, contraditório, segurança jurídica e interesse público. Outros, ainda, serão vistos nos itens seguintes da disciplina, como é o caso do princípio da responsabilidade e do controle.

Há dois princípios considerados "supraprincípios" do Direito Administrativo que são: o da supremacia do interesse público e da indisponibilidade do interesse público. O primeiro reflete o conjunto de poderes especiais que a Administração Pública possui e o segundo reflete o interesse dos particulares. O Direito Administrativo busca o equilíbrio entre prerrogativas da Administração Pública e os direitos individuais dos administrados.

Antes de iniciar o estudo propriamente dito, é oportuno lembrar que estes princípios devem ser observados por todos que estão exercendo função administrativa, incluindo-se aqui os membros do Poder Legislativo e Poder Judiciário quando atuando nessa condição.

(4) PIETRO, Maria Sylvia Di. *Direito administrativo*, 24. ed. São Paulo: Atlas, 2011. p. 69 a 71.

(5) MELLO, Celso Antônio Bandeira de. *Curso de direito administrativo*, cit., p. 122-123.

1.2 Supraprincípios da Administração Pública

1.2.1 Princípio da supremacia do interesse público[6]

É um princípio implícito inserto no ordenamento e lá permanece em estado de latência.[7] Ele é desvendado porque decorre das instituições adotadas no Brasil — regime democrático, sistema representativo — portanto, presume-se que toda atuação do Estado deve privilegiar o interesse público, cuja determinação deve ser retirada da Constituição Federal e das leis. Isso não significa dizer que o interesse privado não tem proteção jurídica, apenas que o interesse público tem preferência sobre o privado.

Carlos Ary Sundfeld esclarece: "Insistimos em que, para a ordem jurídica, o interesse público tem apenas prioridade em relação ao privado: não é porém supremo frente a este. Supremacia é a qualidade do que está *acima de tudo*. O interesse público não está acima da ordem jurídica; ao contrário, é esta que o define e protege como tal".[8]

A Administração Pública é simples gestora da coisa pública, instrumento para realização do interesse público e atua rigorosamente nos limites da lei.

Esse princípio está diretamente relacionado à atuação da Administração Pública quando edita atos de império.

Há vários institutos derivados da ideia de supremacia do interesse público. Pode-se exemplificá-los com os seguintes:

1. O instituto da desapropriação;

2. A ocupação de imóveis alheios temporariamente;

3. Os atributos especiais dos atos administrativos: presunção de legitimidade, imperatividade e autoexecutoriedade;

4. O poder de modificar unilateralmente relações constituídas (as chamadas cláusulas exorbitantes nos contratos públicos, a revogação e a rescisão unilaterais);

5. O princípio da autotutela (o poder de anular os próprios atos);

6. A possibilidade de aplicar sanções (interdição de estabelecimento, por exemplo);

7. Os chamados privilégios processuais (juízo privativo, prazos dilatados, duplo grau de jurisdição, processo especial de execução, prescrição quinquenal etc.);

8. O exercício do poder de polícia.

Atenção: o interesse que tem supremacia é o interesse público primário — o que atinge os cidadãos e não o interesse secundário — específico da Administração Pública.

(6) Há tendência na doutrina a mitigar a importância desse princípio para o Direito Administrativo e substituí-lo pelo princípio da proporcionalidade diante dos múltiplos interesses incidentes numa mesma situação e a própria dualidade interesse público x interesse privado é questionada porque hoje há esferas intermediárias de interesses. Ver Gustavo Binenbojm, em seu livro, *Uma teoria do direito administrativo:* direitos fundamentais, democracia e constitucionalização, Rio de Janeiro: Renovar, 2006 e Humberto Bergmann Ávila, na sua obra *Repensando o princípio da supremacia do interesse público sobre o particular.* O Direito Público em tempos de crise, Porto Alegre: Livraria do Advogado, 1999.

(7) GRAU, Eros. *A ordem econômica na Constituição de 1988* — Interpretação e crítica, 5. ed. São Paulo: Malheiros, 2000. p. 117.

(8) SUNDFELD, Carlos Ari. *Fundamentos de direito público*, cit., p. 154.

1.2.2 Princípio da indisponibilidade do interesse público

É o princípio que limita o princípio da supremacia do interesse público, estabelecendo restrições ou sujeições a qual a Administração Pública se submete. Os poderes não podem ser utilizados para fins diversos que não os afinados com o interesse público. A ideia fundamental neste princípio é a de **função** — o poder vinculado a certa finalidade e nos estreitos limites da competência conferida pela lei.

O administrador público exerce função, o **dever-poder** de atuar conforme a competência que lhe foi atribuída. Tem o dever de atingir certa finalidade pública e não dispõe de liberdade ou autonomia para determinar os fins que deve perseguir, mas tem a parcela de poder necessária para atingir essa finalidade.

Função é princípio implícito no ordenamento jurídico, mas pode ser retirado do princípio da soberania do povo. O agente público tem o dever de perseguir, alcançar a finalidade pública que foi fixada por outra pessoa, alheia a sua própria vontade.

Entretanto, apesar de essa ser a regra, há exceções, hipóteses em que é possível o agente público tomar decisões, mas que devem decorrer exclusivamente da lei. Cita-se o emprego da arbitragem nos contratos de concessão do serviço público — art. 23-A da Lei n. 8.987/1985 e nas parcerias público-privadas — art. 11, III, da Lei n. 11.079/2004.

A noção de indisponibilidade do interesse público se relativiza, tal qual a de supremacia do interesse público, mas diferentemente deste último, está presente em toda e qualquer manifestação da Administração Pública, seja quando esta atua com potestades públicas (atos de império) ou quando atua destituída de suas prerrogativas públicas (por meio dos atos de gestão).

O Supremo Tribunal Federal já se pronunciou sobre esse tema:

> "Transação. Validade. Em regra, os bens e o interesse público são indisponíveis, porque pertencem à coletividade. É, por isso, o administrador, mero gestor da coisa pública, não tem disponibilidade sobre os interesses confiados à sua guarda e realização. Todavia, **há casos em que o princípio da indisponibilidade do interesse público deve ser atenuado, mormente quando se tem em vista que a solução adotada pela administração é a que melhor atenderá à ultimação deste interesse.**" (**RE n. 253.885**, rel. min. **Ellen Gracie**, julgamento em 4.6.2002.)

São manifestações do princípio da indisponibilidade do interesse público:

1. as restrições às alienações de bens públicos;
2. a necessidade de realização de licitação prévia para o particular poder contratar com o poder público;
3. a exigência de concurso público para ingresso permanente no serviço público.

1.3 Princípios constitucionais explícitos do Direito Administrativo constantes no art. 37, caput, da CF

Aqui serão analisados os princípios contidos no *caput* do art. 37 da Constituição Federal.

> "Art. 37. A administração pública direta e indireta de qualquer dos Poderes da União, dos Estados, do Distrito Federal e dos Municípios obedecerá aos princípios de legalidade, impessoalidade, moralidade, publicidade e eficiência (...)."

Veja-se julgado do Supremo Tribunal Federal relativo à abrangência na aplicação desses princípios:

"Os princípios gerais regentes da administração pública, previstos no art. 37, *caput*, da Constituição, são invocáveis de referência à administração de pessoal militar federal ou estadual, salvo no que tenha explícita disciplina em atenção às peculiaridades do serviço militar." (**ADI n. 1.694-MC**, rel. min. **Néri da Silveira**, julgamento em 30.10.1997, Plenário, *DJ* de 15.12.2000.)

1.3.1 Princípio da legalidade

É a submissão do Estado ao ordenamento jurídico.

Hely Lopes Meirelles, em passagem clássica, escreve: "Na Administração Pública não há liberdade nem vontade pessoal. Enquanto na administração particular é lícito fazer tudo o que a lei não proíbe, na Administração Pública só é permitido fazer o que a lei autoriza. A lei para o particular significa 'pode fazer assim'; para o administrador público significa 'deve fazer assim'".[9] Isto é uma decorrência dos arts. 49, V;[10] 84, IV e 87, parágrafo único, II, todos da Constituição Federal.

O indivíduo, portanto, tem uma vinculação negativa a esse princípio, já que tudo o que não está proibido está permitido (legalidade privada). Já a Administração Pública tem uma vinculação positiva, sendo-lhe permitido fazer apenas o que a lei antecipadamente autorizou (legalidade pública). Um prefeito não pode obrigar os cidadãos a construírem calçadas se não há uma lei criando essa obrigação.

A conhecida frase de Seabra Fagundes[11] resume a ideia: "Administrar é aplicar a lei de ofício".

O art. 2º, parágrafo único, I, da Lei n. 9.874/1999 (Lei do Processo Administrativo) define a legalidade como o dever de a Administração Pública atuar conforme a lei e o Direito. A doutrina distingue o princípio da legalidade do **princípio da juridicidade** que no Brasil consubstancia-se na expressão legal "conforme ao Direito" e significa que os agentes públicos estão vinculados não só a lei em sentido estrito, mas a todo o **bloco de legalidade** — a Constituição Federal e as espécies normativas do art. 59 da CF: emendas à Constituição, constituições estaduais e leis orgânicas, leis complementares, leis ordinárias, leis delegadas, medidas provisórias, decretos legislativos, resoluções e, ainda, tratados e convenções, costumes e princípios gerais do Direito. E não só isso, o agente público é obrigado a observar os decretos, as portarias, as instruções normativas, os pareceres normativos, todos os atos administrativos gerais que sejam pertinentes àquela situação concreta com que ele se depara.

Uma distinção que se apreende do Direito Constitucional é importante lembrar aqui. **Lei em sentido formal** é todo ato produzido pelo Poder Legislativo no exercício de sua função típica. Já **lei em sentido material** é todo ato com natureza normativa, seja qual for o órgão, entidade ou poder que o tenha produzido. Uma lei que institui o ICMS em determinado Estado, é lei em sentido formal e em sentido material, inovando no ordenamento jurídico, devendo respeitar o princípio da legalidade. O Poder Executivo, ao editar decreto regulamentando essa lei, também deve obedecer ao princípio da legalidade, mas não pode inovar no ordenamento jurídico criando direitos ou obrigações novos, pode apenas pormenorizar a aplicação

(9) MEIRELLES, Hely Lopes. *Direito administrativo brasileiro*. 22. ed. São Paulo: Malheiros, 1997. p. 82.

(10) "Art. 49. É de competência exclusiva do Congresso Nacional: (...) V — sustar os atos normativos do Poder Executivo que exorbitem do poder regulamentar ou dos limites de delegação legislativa".

"Art. 84. Compete privativamente ao Presidente da República: (...) IV — sancionar, promulgar, e fazer publicar as leis, bem como expedir decretos e regulamentos para sua fiel execução."

"Art. 87. Os Ministros de Estado serão escolhidos dentre brasileiros maiores de 21 anos e no exercício dos direitos políticos. Parágrafo único. Compete ao ministro de Estado (...) II — expedir instruções para execução das leis, decretos e regulamentos."

(11) *O controle dos atos administrativos pelo Poder Judiciário*. 6. ed. São Paulo: Saraiva, 1984. p. 3.

dessa lei, lei em sentido material. Então, a observância do princípio da legalidade alcança os atos legislativos materiais, ainda que não formais.

O princípio da legalidade aparece em outros **três** dispositivos constitucionais. No ***caput* do art. 5º** e aqui significa legalidade geral — "Ninguém será obrigado a fazer ou deixar de fazer alguma coisa senão em virtude de lei"; no **art. 84, IV** — "compete privativamente ao Presidente da República, sancionar, promulgar e fazer publicar as leis, bem como expedir decretos e regulamentos para fiel execução das leis" e no **art. 87, parágrafo único, II**: "Os Ministros de Estado serão escolhidos dentre brasileiros maiores de 21 anos e no exercício dos direitos políticos. Parágrafo único. Compete ao ministro de Estado (...) II — expedir instruções para execução das leis, decretos e regulamentos o que traduz o caráter infralegal, secundário reservado aos atos administrativos no direito brasileiro".

A Constituição Federal prevê três institutos que podem afetar a integral vigência do princípio da legalidade impondo-lhe constrições, que são a edição de medida provisória (art. 62 da CF), o estado de defesa (art. 136 da CF) e o estado de sítio (arts. 137 a 139 da CF).(12)

1.3.2 Princípio da impessoalidade

O art. 2º, parágrafo único, III, da Lei n. 9.874/1999 (Lei do Processo Administrativo) conceitua impessoalidade como a **objetividade** no atendimento do interesse público, vedada a **promoção pessoal** de agentes ou autoridades.

Esse princípio pode ser analisado sob três facetas:

1.3.2.1 Finalidade — o ato deve ser produzido visando ao fim previsto em lei. Qualquer ato praticado com objetivo diverso da satisfação do interesse público é fulminado de **nulo** por **desvio de finalidade**;

1.3.2.2 Isonomia — a Administração Pública não pode tratar com desigualdade administrados na mesma situação. Exemplos: exigência de concurso público para ingresso definitivo no serviço público, previsto no art. 37, XXI, da CF; exemplo retirado da jurisprudência do Supremo Tribunal Federal:

> "A administração pode anular seus próprios atos, quando eivados de ilegalidade (Súmula n. 473), não podendo ser invocado o princípio da isonomia como pretexto de se obter benefício ilegalmente concedido a outros servidores." (**AI n. 442.918-AgR**, rel. min. **Sepúlveda Pertence**, julgamento em 4.5.2004, Primeira Turma, *DJ* de 4.6.2004.)

1.3.2.3 Vedação à promoção pessoal dos agentes públicos — esta terceira acepção está prevista no art. 37, § 1º, da CF:

> "§ 1º A publicidade dos atos, programas, obras, serviços e campanhas dos órgãos públicos deverá ter caráter educativo, informativo ou de orientação social, dela não podendo constar nomes, símbolos ou imagens que caracterizem promoção pessoal de autoridades ou servidores públicos".

1.3.3 Princípio da moralidade

O art. 2º, parágrafo único, IV, da Lei n. 9.874/1999 (Lei do Processo Administrativo) define a moralidade como a atuação segundo padrões éticos de probidade, decoro e boa-fé.

A moral administrativa difere da moral comum. A moral administrativa não está vinculada às convicções íntimas do agente público, à moral comum vigente na sociedade, mas exige respeito a padrões éticos de

(12) MELLO, Celso Antônio Bandeira de. *Curso de direito administrativo*, cit., p. 105-106.

probidade, decoro e boa-fé incorporados na prática diária da Administração Pública. Trata-se de conceito jurídico indeterminado, com uma ampla zona cinzenta de incerteza na qual as condutas poderão ser ou não ser enquadradas como contrárias à moral administrativa.

A moralidade do ato é requisito de validade, não do aspecto atinente ao mérito. O ato pode ser controlado pela análise de sua legalidade ou legitimidade e não pela análise da sua oportunidade e conveniência. O ato imoral deve ser declarado nulo e não revogado, com amplo controle pelo Poder Judiciário e pela Administração Pública (princípio da autotutela).

A **Súmula Vinculante n. 13 do STF** considerou imoral e ilegítima a nomeação de parentes para cargo em comissão, inclusive na **modalidade cruzada** ou **transversa** (X nomeia parente de Y e, em troca, Y nomeia parente de X). Dispõe a referida Súmula:

> "A nomeação de cônjuge, companheiro, ou parente, em linha reta, colateral ou por afinidade, até o terceiro grau, inclusive, da autoridade nomeante ou de servidor da mesma pessoa jurídica, investido em cargo de direção, chefia ou assessoramento, para o exercício de cargo em comissão ou de confiança, ou, ainda, de função gratificada na administração pública direta e indireta, em qualquer dos Poderes da União, dos Estados, do Distrito Federal e dos Municípios, compreendido o ajuste mediante designações recíprocas, viola a CF".

O nepotismo já havia sido criticado antes pela **Resolução n. 7/2005 do CNJ:**

> "Administração pública. Vedação nepotismo. Necessidade de lei formal. Inexigibilidade. Proibição que decorre do art. 37, *caput*, da CF. (...) **Embora restrita ao âmbito do Judiciário, a Resolução 7/2005 do CNJ, a prática do nepotismo nos demais Poderes é ilícita. A vedação do nepotismo não exige a edição de lei formal para coibir a prática. Proibição que decorre diretamente dos princípios contidos no art. 37, *caput*, da CF.** Precedentes. Recurso extraordinário conhecido e parcialmente provido para anular a nomeação do servidor, aparentado com agente político, ocupante de cargo em comissão." (**RE n. 579.951**, rel. min. **Ricardo Lewandowski**, julgamento em 20.8.2008, Plenário, *DJE* de 24.10.2008, com repercussão geral.)

Todavia, o próprio STF atenuou a aplicação da Súmula Vinculante n. 13 ao decidir que a norma não se aplica para os agentes políticos do poder Executivo como ministros de estado, secretários estaduais, distritais e municipais. Veja-se o entendimento exarado pela Corte:

> "Nomeação de irmão de Governador de Estado. Cargo de Secretário de Estado. Nepotismo. Súmula Vinculante 13. Inaplicabilidade ao caso. Cargo de natureza política. Agente político. Entendimento firmado no julgamento do RE n. 579.951/RN. Ocorrência da fumaça do bom direito. Impossibilidade de submissão do reclamante, Secretário Estadual de Transporte, agente político, às hipóteses expressamente elencadas na Súmula Vinculante n. 13, por se tratar de cargo de natureza política. Existência de precedente do Plenário do Tribunal: RE n. 579.951/RN, rel. min. Ricardo Lewandowski, *DJE* de 12.9.2008. Ocorrência da fumaça do bom direito." (**Rcl n. 6.650-MC-AgR**, rel. min. **Ellen Gracie**, julgamento em 16.10.2008, Plenário, *DJE* de 21.11.2008.)

Há vários instrumentos de defesa da moralidade pública, como a ação civil pública de improbidade administrativa prevista na Lei n. 8.429/1992; a ação popular, remédio constitucional previsto no inciso LXXIII do art. 5º da Constituição Federal, o controle externo exercido pelos Tribunais de contas, nos termos do art. 70 da CF e as comissões parlamentares de inquérito (CPIs), com previsão no art. 58, § 3º da CF.

1.3.4 Princípio da publicidade

O princípio da publicidade possui duas facetas:

1 — a produção de efeitos externos dos atos administrativos;

2 — informações a todos das atividades realizadas na Administração Pública.

Pode-se vislumbrá-las nos seguintes dispositivos normativos:

O art. 2º, parágrafo único, V, da Lei n. 9.874/1999 (Lei do Processo Administrativo) dispõe que é obrigatória a divulgação oficial dos atos administrativos, ressalvadas as hipóteses de sigilo previstas na Constituição.

A CF dispõe no art. 5º:

> "XXXIII — todos têm direito a receber dos órgãos públicos informações de seu interesse particular, ou de interesse coletivo ou geral, que serão prestadas no prazo da lei, sob pena de responsabilidade, ressalvadas aquelas cujo sigilo seja imprescindível à segurança da sociedade e do Estado".

Este inciso foi regulamentado pela Lei n. 11.111/2005 que disciplina o acesso aos documentos públicos de interesse particular, interesse coletivo ou interesse geral, ressalvadas as hipóteses em que o sigilo seja ou permaneça imprescindível à segurança da sociedade e do Estado (art. 2º).

O STF já decidiu:

> "Não cabe ao Banco do Brasil negar ao Ministério Público informações sobre nomes de beneficiários de empréstimos concedidos pela instituição, com recursos subsidiados pelo erário federal, sob invocação do sigilo bancário, em se tratando de requisição de informações e documentos para instruir procedimento administrativo instaurado em defesa do patrimônio público. Princípio da publicidade, *ut* art. 37 da Constituição." (**MS n. 21.729**, Rel. p/o ac. min. **Néri da Silveira**, julgamento em 5.10.1995, Plenário, *DJ* de 19.10.2001.)

Em geral, os atos que devem ser publicados em *Diário Oficial* são:

1 — atos que devam produzir efeitos externos;

2 — atos que onerem o erário.

Atos individuais ou atos internos é suficiente a comunicação do interessado. Exemplo: autorização para o servidor sair mais cedo.

É condição de **eficácia** a publicação do ato.

1.3.5 Princípio da eficiência

Esse princípio visa a propiciar o alcance dos melhores resultados possíveis para a Administração Pública, buscando uma ótima relação custo-benefício no desempenho das funções públicas.

O princípio da eficiência foi introduzido pela EC n. 19/1998 — mais conhecida como Reforma Administrativa — que trouxe para a CF algumas diretrizes do que a doutrina moderna nomina de **administração gerencial**.

Administração gerencial é um modelo de administração em que se privilegia a descentralização, a autonomia do Estado quanto à forma de aplicar a lei ao caso concreto e a desburocratização de toda a estrutura administrativa, para otimizar a relação custo-benefício dos atos praticados pelos agentes públicos.

Houve mudanças na gestão pública brasileira provenientes da chamada administração gerencial. Entre as mudanças inclui-se a figura das agências reguladoras e das agências executivas. Estas últimas, nada mais são do que autarquias ou fundações públicas que celebram contrato de gestão (art. 37, § 8º, da CF) com o Poder Executivo para possuir maior autonomia em sua gestão, bem como recursos para cumprimento de seu planejamento.

Todos os outros instrumentos de cooperação entre a Administração Pública e particulares, pós-emenda constitucional 19 são representativos das alterações na gestão da coisa pública ocorrida no Brasil sob inspiração da administração gerencial para aumento da qualidade e eficiência nas atividades públicas, tais como os chamados termos de parceria firmados com organizações da sociedade civil de interesse público (Lei n. 9.790/1999), as parcerias público-privadas (Lei n. 11.079/2004), os contratos de franquia etc.

Todos os outros princípios insertos no art. 37, *caput*, da CF (legalidade, impessoalidade, moralidade, publicidade) foram introduzidos para atendimentos das exigências de uma **administração burocrática.**

1.4 Princípios dispostos na Lei n. 9.784/1999 — Lei do Processo Administrativo

Além dos princípios explícitos do *caput* do art. 37 da CF, a Lei n. 9.784/1999 — no seu art. 2º acrescenta outros.

> "Art. 2º A Administração Pública obedecerá, dentre outros, aos princípios da legalidade, finalidade, motivação, razoabilidade, proporcionalidade, moralidade, ampla defesa, contraditório, segurança jurídica, interesse público e eficiência."

1.4.1 Finalidade

O art. 2º, parágrafo único, II da Lei n. 9.784/1999 (Lei do Processo Administrativo) dispõe que é o atendimento a fins de interesse geral, vedada a renúncia total ou parcial de poderes ou competências, salvo autorização em lei.

Este princípio já foi visto quando do estudo do princípio da impessoalidade. É o mesmo princípio.

1.4.2 Motivação

O art. 2º, parágrafo único, VII, da Lei n. 9.784/1999 (Lei do Processo Administrativo) diz ser a indicação dos pressupostos de fato e de direito que determinarem a decisão e no seu art. 50 indica quais atos deverão ser motivados (o rol é exemplificativo não é exaustivo). Esse artigo contempla o princípio da obrigatória motivação.

> "Art. 50. Os atos administrativos deverão ser motivados, com indicação dos fatos e dos fundamentos jurídicos, quando:
>
> I — neguem, limitem ou afetem direitos ou interesses;
>
> II — imponham ou agravem deveres, encargos ou sanções;
>
> III — decidam processos administrativos de concurso ou seleção pública;
>
> IV — dispensem ou declarem a inexigibilidade de processo licitatório;
>
> V — decidam recursos administrativos;
>
> VI — decorram de reexame de ofício;
>
> VII — deixem de aplicar jurisprudência firmada sobre a questão ou discrepem de pareceres, laudos, propostas e relatórios oficiais;
>
> VIII — importem anulação, revogação, suspensão ou convalidação de ato administrativo.
>
> § 1º A motivação deve ser explícita, clara e congruente, podendo consistir em declaração de concordância com fundamentos de anteriores pareceres, informações".

Assim, a validade do ato administrativo estará condicionada à apresentação por escrito dos pressupostos de fato (o que realmente acontece na realidade empírica) e de direito (o que a lei prescreve) justificadores da decisão adotada.

A motivação deve ser **explícita**, **clara** e **congruente**. Estes são os atributos da motivação.

Deve ocorrer simultaneamente à expedição do ato ou no momento seguinte, nunca posterior (aí será intempestiva) ou anterior (extemporânea).

Motivação ***aliunde*** ou ***per relationem*** é aquela prevista no art. 50, § 1º, da Lei n. 9.784/1999 e que pode "consistir em declaração de concordância com fundamentos de anteriores pareceres, informações".

A teoria dos motivos determinantes será abordada em item posterior.

Também a CF, art. 93, X trata desse princípio: "as decisões administrativas dos tribunais serão motivadas e em sessão pública, sendo as disciplinares tomadas pelo voto da maioria absoluta de seus membros".

1.4.3 Razoabilidade

> "Esse princípio proscreve a irracionalidade, o absurdo ou a incongruência na aplicação (e, sobretudo, na interpretação) das normas jurídicas".(13)

Ato administrativo desajustado dos padrões lógicos é inválido.

Veja-se julgado do STF que emprega com precisão esse princípio:

"Discrepa da razoabilidade norteadora dos atos da administração pública o fato de o edital de concurso emprestar ao tempo de serviço público pontuação superior a títulos referentes a pós-graduação." (**RE n. 205.535-AgR**, rel. min. **Marco Aurélio**, julgamento em 22.5.1998,Segunda Turma, *DJ* de 14.8.1998.)

O princípio da razoabilidade é uma forma de controle da discricionariedade principalmente dos atos sancionatórios e daqueles emitidos pelo agente público quando do exercício do poder de polícia.

1.4.4 Proporcionalidade (também conhecido como princípio da proibição do excesso)

O art. 2º, parágrafo único, VI da Lei n. 9.784/1999 (Lei do Processo Administrativo) prescreve que é a adequação entre meios e fins, vedada a imposição de obrigações, restrições e sanções em medida superior àquelas estritamente necessárias ao atendimento do interesse público.

O que a lei prevê é a aferição da justa medida e a proibição de exageros no exercício da função administrativa.

Proporcionalidade costuma ser entendida como um aspecto da razoabilidade, como a expressão quantitativa da razoabilidade.

1.4.4.1 Subprincípios da proporcionalidade:

1. **adequação** — a medida tem que ser idônea à consecução da finalidade perseguida;

2. **necessidade** — a medida restritiva deve ser indispensável; não pode ser substituída por outra igualmente eficaz;

3. **proporcionalidade em sentido estrito** — indica se o meio utilizado encontra-se em razoável proporção com o fim perseguido.

(13) SUNDFELD, Carlos Ari. *Fundamentos de direito público*, cit., p. 165.

Veja-se aplicação do princípio pelo STF:

> "Cabe ao Poder Judiciário verificar a regularidade dos atos normativos e de administração do Poder Público em relação às causas, aos motivos e à finalidade que os ensejam. **Pelo princípio da proporcionalidade, há que ser guardada correlação entre o número de cargos efetivos e em comissão, de maneira que exista estrutura para atuação do Poder Legislativo local.**" (RE n. **365.368-AgR**, rel. min. **Ricardo Lewandowski**, julgamento em 22.5.2007, Primeira Turma, *DJ* de 29.6.2007.) **No mesmo sentido: ADI n. 4.125**, rel. min. **Cármen Lúcia**, julgamento em 10.6.2010, Plenário, *DJE* de 15.2.2011.

Por fim, costuma-se associar esse princípio com a seguinte frase: "Não se matam pardais com canhões".

1.4.5 Ampla defesa

O art. 2º, parágrafo único, X, da Lei n. 9.784/1999 (Lei do Processo Administrativo) dispõe que é a garantia dos direitos à comunicação, à apresentação de alegações finais, à produção de provas e à interposição de recursos, nos processos de que possam resultar sanções e nas situações de litígio.

Sobre os princípios do contraditório e ampla defesa, incide a **Súmula Vinculante n. 3 do STF**: "Nos processos perante o Tribunal de Contas da União asseguram-se o contraditório e a ampla defesa quando da decisão puder resultar anulação ou revogação de ato administrativo que beneficie o interessado, excetuada a apreciação da legalidade do ato de concessão inicial de aposentadoria, reforma e pensão.

1.4.6 Contraditório

Está no mesmo dispositivo do princípio da ampla defesa: Art. 2º, parágrafo único, X, da Lei n. 9.784/1999 (Lei do Processo Administrativo) — garantia dos direitos à comunicação, à apresentação de alegações finais, à produção de provas e à interposição de recursos, nos processos de que possam resultar sanções e nas situações de litígio.

O STF já decidiu:

> "Processo. Ato administrativo. Declaração de insubsistência. Audição da parte interessada. Inobservância. Uma vez constituída situação jurídica a integrar o patrimônio do administrado ou do servidor, o desfazimento pressupõe o contraditório. Precedente: RE n. 158.543-9/RS, por mim relatado perante a Segunda Turma, com acórdão publicado no *DJ* de 6.10.1995." (**AI n. 587.487-AgR**, rel. min. **Marco Aurélio**, julgamento em 31.5.2007, Primeira Turma, *DJE* de 29.6.2007.)

1.4.7 Segurança jurídica (também chamado de boa-fé ou proteção à confiança)

Esse princípio comparece no texto da Lei n. 9.784/1999 em dois incisos do art. 2º:

> "VIII — observância das formalidades essenciais à garantia dos direitos dos administrados;"
>
> "XIII — interpretação da norma administrativa da forma que melhor garanta o atendimento do fim público a que se dirige, vedada aplicação retroativa de nova interpretação."

Esse princípio está presente em todo o Direito, não só no Direito Administrativo. Seu conteúdo intenta propagar dentre os membros de determinada comunidade social o sentimento de **previsibilidade** quanto aos efeitos jurídicos da regulação da conduta e o sentimento de **estabilidade social** tão caro para o Direito.

Para o Direito Administrativo, o seu principal emprego é na impossibilidade da Administração Pública dar efeito retroativo a novas interpretações de dispositivos legais e normas administrativas (art. 2º, XIII, *in fine*).

Há diversos institutos jurídicos que refletem o princípio da segurança jurídica. São eles: a preclusão, a prescrição, decadência, usucapião, direito adquirido, irretroatividade da lei, coisa julgada e manutenção de atos praticados por funcionário de fato.

Cabe um alerta: sobre a **teoria do fato consumado** (o decurso do tempo faz estabilizar situação que de nascença era inválida), já decidiu o STF:

> "A **teoria do fato consumado não se caracteriza como matéria infraconstitucional, pois em diversas oportunidades esta Corte manifestou-se pela aplicação do princípio da segurança jurídica em atos administrativos inválidos, como subprincípio do Estado de Direito**, tal como nos julgamentos do MS n. 24.268, *DJ* de 17.9.2004, e do MS n. 22.357, *DJ* de 5.11.2004, ambos por mim relatados. No entanto, no presente caso, não se pode invocar a teoria do fato consumado sob o manto da segurança jurídica. A aplicação desta teoria enfrenta temperamentos neste Tribunal." (**RE n. 462.909-AgR**, voto do rel. min. **Gilmar Mendes**, julgamento em 4.4.2006, Segunda Turma, *DJ* de 12.5.2006.)

1.4.8 Interesse público

Interesse público é um conceito jurídico indeterminado de difícil conceituação dado que a sociedade hoje comporta vários interesse públicos originados dos mais diferentes segmentos ou grupos que a compõe. Assim mesmo, Celso Antônio Bandeira de Mello conceitua interesse público como "o interesse resultante do conjunto dos interesses que os indivíduos pessoalmente tem quando considerados em sua qualidade de membros da Sociedade e pelo simples fato de o serem".[14] É o pertinente à sociedade como um todo ou os interesses coletivos que os indivíduos isolados não podem alcançar e que justificam a existência do Estado.

Não é outro o interesse que a Administração deve perseguir e do qual não pode dispor. O interesse público, porém, não é regra absoluta, pois não pode se sobrepor aos direitos e garantias individuais, pois não está acima da ordem jurídica. Exemplo clássico é o Estado desapropriar um imóvel e não simplesmente confiscá-lo. Isto significa que há proteção jurídica do interesse do proprietário, mesmo quando conflitante com o do Estado.

1.4.9 Princípio do informalismo

Segundo o art. 2, inciso IX, da Lei n. 9.784/1999 (Lei do Processo Administrativo) — é a adoção de formas simples, suficientes para propiciar adequado grau de certeza, segurança e respeito aos direitos dos administrados.

1.4.10 Princípio da gratuidade dos processos administrativos

Segundo o art. 2º, inciso XI, da Lei n. 9.784/1999 (Lei do Processo Administrativo) — é a proibição de cobrança de despesas processuais, ressalvadas as previstas em lei.

1.4.11 Princípio da impulsão oficial ou oficialidade

Segundo o art. 2º, inciso XII, da Lei n. 9.784/1999 (Lei do Processo Administrativo) — é a impulsão, de ofício, do processo administrativo, sem prejuízo da atuação dos interessados.

(14) *Curso de direito administrativo*, cit., p. 61.

1.4.12 Princípio da autotutela

É o controle que a Administração Pública exerce sobre os seus próprios atos sem necessidade de recorrer ao Judiciário para anular seus atos ilegais ou revogar os inconvenientes e inoportunos.

Está consagrado no art. 53 da Lei n. 9.784/1999:

"Art. 53. A Administração deve anular seus próprios atos, quando eivados de vício de legalidade, e pode revogá-los por motivo de conveniência ou oportunidade, respeitados os direitos adquiridos."

O princípio da autotutela encontra-se também nas seguintes Súmulas do Supremo Tribunal Federal:

Súmula n. 346: "A administração pública pode declarar a nulidade dos seus próprios atos".

Súmula n. 473: "A administração pode anular seus próprios atos, quando eivados de vícios que os tornam ilegais, porque deles não se originam direitos; ou revogá-los, por motivo de conveniência ou oportunidade, respeitados os direitos adquiridos, e ressalvada, em todos os casos, a apreciação judicial".

Autotutela não se confunde com tutela ministerial. Esta última é o poder de supervisão ministerial exercido pela Administração Direta sobre as entidades da Administração Indireta (art. 19 do Decreto-lei n. 200/1967). Exemplos: Ministério da Previdência *x* INSS; Ministério da Fazenda *x* Banco do Brasil.

2. ATO ADMINISTRATIVO

2.1 Conceito

Ato administrativo é espécie do gênero ato jurídico. Não há um conceito legal de ato administrativo e a doutrina é pródiga em conceituá-lo para distingui-lo do **fato administrativo** e dos **atos da administração**.

Parece óbvio alertar, mas não se deve transpor simplesmente a classificação dos atos jurídicos própria do Direito Civil para o Direito Administrativo, pela primeva razão de ambos situarem-se dentro da geografia do sistema jurídico em territórios distintos. Os regimes jurídicos não se equiparam (privado/autonomia da vontade x público/exercício de função/potestades públicas) apesar da interpenetração promovida nos últimos anos pela mudança de tipo de atividades exercidas pelo Estado, reproduzida na conhecida fórmula "privatização do direito público e publicização do direito privado". Este alerta é feito porque a distinção entre ato administrativo e fato administrativo surgiu por influência do Direito Civil. Para concluir: enquanto no Direito Civil considera-se elementos do ato jurídico (ou negócio jurídico na terminologia do Código Civil) apenas o sujeito, objeto e forma; no Direito Administrativo somam-se motivo e finalidade. São peculiaridades que não passam nenhum pouco despercebidas em razão dos efeitos de direito que essa diferenciada nomenclatura/classificação acarreta.

Fato administrativo é toda "atividade material no exercício da função administrativa, que visa a efeitos de ordem prática para a Administração".(15) Trata-se de um evento, um acontecimento, uma realização material decorrente do exercício de função administrativa que pode ou não produzir efeitos jurídicos. É atividade material normal da Administração Pública promover a varrição de logradouros públicos, efetuar as podas das árvores e os resíduos da limpeza serem destinados de forma ambientalmente adequada.

(15) FILHO, José dos Santos Carvalho. *Manual de direito administrativo*. 21. ed. Rio de Janeiro: Lumen Juris, 2009. p. 91.

Também é o professor ministrar aula em escola pública, o cirurgião realizar cirurgia em hospital público e a morte de um servidor.

Por consequência, os fatos administrativos podem ser **voluntários** ou **naturais**. Os primeiros derivam de atos administrativos ou condutas administrativas e os segundos de fenômenos da natureza.

Não há manifestação ou declaração de vontade da Administração Pública no fato administrativo e, portanto, não se cogita revogar ou anular um fato administrativo muito menos tipificá-los como vinculados ou discricionários.

José dos Santos Carvalho Filho[16] lista vários exemplos de fatos administrativos que ora se transcreve: apreensão de mercadorias, dispersão de manifestantes, alteração de local de repartição pública, raio que destrói bem público, enchente que inutiliza equipamento pertencente ao serviço público,

Atos da Administração são todos aqueles atos que não se enquadram no conceito de atos administrativos. Exemplos:

1. atos regidos pelo direito privado: os praticados pela Administração Pública quando ela atua destituída de suas prerrogativas públicas (poder de império) regidos predominantemente pelo direito privado. Exemplo: locação imobiliária;
2. atos materiais; aqueles destituídos de força normativa constituindo prestação concreta de serviços como a varrição dos logradouros públicos;
3. atos políticos ou de governo; exarados com ampla margem de discricionariedade e competência retirada direta da Constituição Federal. Exemplos: decreto de indulto, declaração de guerra;
4. atos legislativos e jurisdicionais: são praticados pela Administração Pública quando do exercício de função atípica. Exemplo: edição de medida provisória ou de lei delegada pelo Presidente da República;
5. contratos administrativos: vínculos jurídicos bilaterais distintos dos atos administrativos. Exemplo: contrato de concessão.

Como visto, nem todo ato jurídico praticado pela Administração Pública é ato administrativo, pode ser ato da Administração.

Na ausência de um conceito legal de ato administrativo, a doutrina se encarrega de elaborar múltiplas definições. Saber se uma certidão é ato administrativo depende do conceito construído de ato administrativo. Pode-se erigir um conceito a partir do sujeito produtor do ato, conceito subjetivo, orgânico ou formal e aí o ato administrativo passa a ser aquele que se pode imputar a um órgão da Administração Pública ou pode-se construir um conceito com base no exercício da função administrativa, concepção objetiva ou material do ato administrativo. A primeira hipótese, conceito baseado no sujeito emissor, não se apresenta adequada porque há atos administrativos produzidos pelo Poder Legislativo e Poder Judiciário quando administram o seu próprio poder, isto é, quando do exercício de função atípica. A segunda hipótese é mais adequada, pois resolve o problema posto pela primeira e se consubstancia na notória fórmula criada por Seabra Fagundes: "administrar é aplicar a lei de ofício". O Poder Judiciário aplica a lei como terceiro interessado, não é parte. Feitas essas considerações, resta avançar no tema e elencar dois conceitos construídos sob a égide de uma concepção objetiva ou material.

Segundo Celso Antônio Bandeira de Mello, ato administrativo em sentido amplo é a "declaração do Estado (ou de que quem lhe faça as vezes), no exercício de prerrogativas públicas, manifestadas mediantes providencias jurídicas complementares da lei a título de lhe dar cumprimento, e sujeitas a controle de legi-

(16) *Idem, ibidem.* p. 91.

timidade por órgão jurisdicional". Neste sentido, ato administrativo abrange atos gerais e abstratos (regulamentos, instruções resoluções) e atos convencionais tipo contratos.[17]

O mesmo autor conceitua ato administrativo em sentido estrito como a declaração unilateral do Estado (ou que quem lhe faça as vezes), no exercício de prerrogativas públicas, manifestada mediante comandos concretos complementares da lei (ou, excepcionalmente, da própria Constituição, aí de modo plenamente vinculado) expedido a título de lhe dar cumprimento, e sujeitas a controle de legitimidade por órgão jurisdicional. Neste sentido, ato administrativo não abrange atos abstratos (como os regulamentos, instruções etc.) e nem os convencionais (como os contratos administrativos).[18]

Maria Sylvia Zanella Di Pietro[19] define ato administrativo como "a declaração do Estado ou de quem o represente, que produz efeitos jurídicos imediatos, com observância da lei, sob regime jurídico de direito público e sujeito a controle pelo Poder Judiciário".

O conceito de ato administrativo da autora citada pode ser divido em:

1. declaração do Estado ou de quem o represente, no exercício de prerrogativas públicas; declaração aqui deve ser entendida como toda manifestação expedida no exercício de função administrativa. Pode corresponder inclusive a medição de tempo feita por um parquímetro ou a um sinal de trânsito que obsta o fluxo dos carros. Também inclui o exercício de função administrativa na intimidade dos outros Poderes — Legislativa e Judiciário, pelo Ministério Público e pelos particulares delegatários de função administrativa, como os concessionários e permissionários todos encarregados de executar tarefas da Administração Pública, mas que não estão ligados à estrutura do Poder Executivo;

2. que produz efeitos jurídicos imediatos, isto é, **a finalidade do ato**, aptidão para produzir, resguardar, transferir modificar ou extinguir direitos;

3. observância da lei — caráter infralegal do ato, é declaração complementar a lei — e sob regime jurídico de direito público;

4. sujeito a controle pelo Poder Judiciário.

Quando a referida autora inclui no conceito de ato administrativo a "a produção de efeitos jurídicos imediatos", há a exclusão dos chamados atos materiais, dos atos enunciativos ou de conhecimentos (atestados, certidões, declarações e informações) e os atos de opinião (pareceres e laudos). Em todas essas hipóteses não há a produção de efeitos jurídicos imediatos como decorrência dos atos.

2.2 *Classificação dos atos administrativos*

Três observações são importantes aqui:

1. A classificação dos atos administrativos depende do conceito adotado para ato administrativo.

2. Uma **classi**ficação nada mais é do que agrupar ideias o mais semelhantemente possíveis, privilegiando as semelhanças e ignorando as diferenças, por um ou mais critérios aleatoriamente eleitos (exemplo: quanto os destinatários do ato), tarjá-las com um rótulo (o critério usado para separar as noções: destinatários do ato) e ao final sistematizá-las num todo ordenado pelos critérios de seleção antes escolhidos (destinatários do ato, grau de liberdade da Administração Pública etc.). Nada mais é do que sistematizar as palavras de **classe** eleitas como critérios. Por consequência, haverá variadas

(17) MELLO, Celso Antônio Bandeira de. *Curso de direito administrativo*, cit., p. 381.

(18) *Idem*. p. 382.

(19) PIETRO, Maria Sylvia Zanella Di. *Direito administrativo*. 23. ed. São Paulo: Atlas, 2010. p. 196.

classificações em decorrência dos diferentes critérios eleitos pelos doutrinadores, já que não há lei que predetermine essa classificação. O estudo é exaustivo, mas exigido nas provas.

As classificações não são certas ou erradas. Elas devem ser úteis e muitas vezes revelam a insuficiência dos critérios adotados.

As duas primeiras classificações (quanto ao conteúdo e forma) serão tratadas **literalmente** a esteira de Maria Sylvia Zanella Di Pietro complementadas por Hely Lopes Meirelles. Citada autora cuida do tema, no seu livro Direito Administrativo, como atos administrativos em espécie e os divide quanto ao conteúdo e quanto à forma. Diferentemente aqui, tais espécies serão tratadas na classificação especificamente. Na sequencia, a classificação basear-se-á nos ensinamentos de Hely Lopes Meirelles,[20] Celso Antônio Bandeira de Mello,[21] Diógenes Gasparini[22] e José dos Santos Carvalho Filho.[23] Parte-se de um núcleo "quase" comum em que há concordância entre os autores — classificação quanto às prerrogativas da Administração, quanto aos destinatários, quanto à formação da vontade e quanto à liberdade da Administração Pública. Após, inclui-se outras classificações porque presentes também nas provas. Em regra, adotado o conceito objetivo ou material, pelo exercício da função administrativa, pode-se classificar o ato da seguinte forma:

2.2.1 Quanto ao conteúdo[24]

2.2.1.1 Autorização: há várias acepções para o termo. Em sentido amplo é ato administrativo discricionário, unilateral e precário, pelo qual a Administração Pública faculta ao particular o uso de bem público (autorização de uso), ou a prestação de serviço público (autorização de serviço público), ou o desempenho de atividade material ou a prática de ato que, sem esse consentimento, seriam legalmente proibidos (autorização como ato de polícia). A autorização é ato constitutivo. Exemplos: autorização para pesquisa e lavra de recursos naturais (art. 176, §§ 1º, 3º e 4º, da CF), os chamados serviços públicos autorizados do art. 21, XI e XII, da CF, de titularidade da União, que podem ou não ser delegados ao particular, autorização para porte de arma.

2.2.1.2 Licença: ato administrativo unilateral e vinculado pelo qual a Administração faculta àquele que preencha os requisitos legais o exercício de uma atividade. A licença é ato declaratório. Exemplo: licença para construir.

2.2.1.3 Admissão: ato unilateral e vinculado pelo qual a Administração reconhece ao particular, que preencha os requisitos legais, o direito à prestação de um serviço público. Exemplo: admissão nas escolas públicas.

2.2.1.4 Permissão: em sentido amplo designa o ato administrativo unilateral, discricionário e precário, gratuito ou oneroso, pelo qual a Administração Pública faculta ao particular a execução de serviço ou a utilização privativa de bem público. Exemplo: utilização de espaço em mercado municipal;[25]

---

(20) *Direito administrativo brasileiro* cit., 22. ed., 1997. p. 147 a 161.

(21) *Curso de direito administrativo* cit., 26. ed., p. 416 a 436.

(22) *Direito administrativo*, 14. ed. São Paulo: Saraiva, 2009. p. 77 a 83.

(23) *Manual de direito administrativo* cit., p. 124 a 128.

(24) Autorização e licença se referem ao conteúdo do ato administrativo, aquilo que ele dispõe. Alvará é a forma, o veículo introdutor do conteúdo, da declaração emitida pela Administração Pública. Ver a classificação do ato quanto à forma.

(25) Maria Sylvia Zanella Di Pietro faz uma observação importante sobre o tratamento que a CF e a lei dão ao termo permissão. A CF, art. 175, parágrafo único, inciso I, permite a interpretação que tanto a concessão como a permissão são contratos e a Lei n. 8.987/1995, que regula as concessões e permissões, trata a permissão como contrato. Já a Lei Geral das Telecomunicações — Lei n. 9.472/1996 — emprega o termo como ato administrativo. O conceito que a autora adota é de permissão como ato unilateral. Permissão como contrato é tratada no capítulo sobre contratos administrativos.

2.2.1.5 Aprovação: é ato unilateral e discricionário pelo qual se exerce o controle *a priori* ou *a posteriori* do ato administrativo. Exemplo: aprovação prévia do Senado para escolha de Magistrados, Ministros do Tribunal de Contas, Governador do Território (art. 52, III, da CF).

2.2.1.6 Homologação: é ato unilateral e vinculado pelo qual a Administração Pública reconhece a legalidade de um ato jurídico. Ela se realiza sempre a posterior e examina apenas o aspecto da legalidade, no que se distingue da aprovação. Exemplo: autoridade que homologa o procedimento de licitação (art. 43 da Lei n. 8.666/1993).

2.2.1.7 Parecer: é ato pelo qual os órgãos consultivos da Administração Pública emitem opiniões sobre assuntos técnicos ou jurídicos de sua competência. Cabe uma observação aqui: o parecer, por si só, não produz qualquer efeito jurídico, não traduzindo emissão de ordens para ninguém, é meramente opinativo. Em razão disso, há quem diga que o parecer é um ato da administração e não um ato administrativo. O STF se pronunciou no sentido de responsabilizar o advogado público quando a lei estabelecer a obrigação de decidir à luz de parecer vinculante, mas somente se emitido com má-fé ou culpa. Ver MS n. 24.631-DF, julgado em 9.8.2007, Tribunal Pleno.

2.2.1.8 Visto: é ato administrativo unilateral pelo qual a autoridade competente atesta a legitimidade formal de outro ato jurídico. Exemplo: encaminhamento de requerimento de servidor subordinado a autoridade de superior instância.

2.2.2 Quanto à forma

2.2.2.1 Decreto: é a forma que se revestem os atos individuais (decreto individual/de efeitos concretos) ou gerais (decreto geral), emanados do Chefe do Poder Executivo (Presidente da República, Governador e Prefeito). O decreto não pode inovar na ordem jurídica. Ele se situa obrigatoriamente abaixo da lei (exceção apenas à previsão do art. 84, VI, da CF) e dela retira seus pressupostos de validade — posto por autoridade competente e a não criação de direito ou obrigação novos não previstos na lei que o precedeu.

Decreto que produz efeitos gerais se divide em:

Decreto regulamentar ou de execução — expedido para fiel execução das leis (art. 84, IV, da CF);

Decreto independente ou **autônomo** — aquele que disciplina matéria não fundada em lei. No Direito Brasileiro só há uma hipótese para esse tipo de decreto que é a prevista pelo art. 84, VI, da CF, cuja redação foi alterada pela EC n. 32/2001. O Presidente edita o decreto somente nas estreitas situações lá previstas, cujas normas não poderão implicar aumento de despesa nem criação ou extinção de órgão público.

2.2.2.2 Resolução e portaria: são formas de que se revestem os atos gerais emanados por autoridades de escalão inferior que não o chefe do Executivo. Detalhe: não confundir resolução administrativa com a resolução prevista no art. 59, VII, da CF, que se equivale, sob o aspecto formal, à lei.

2.2.2.3 Circular: é o instrumento de que se valem as autoridades para transmitir ordens internas uniformes a seus subordinados.

2.2.2.4 Despacho: é ato administrativo que contem decisão das autoridades administrativas sobre assunto de interesse geral ou individual submetido a sua apreciação.

2.2.2.5 Alvará: é o instrumento pelo qual a Administração Pública confere licença ou autorização para a prática de ato ou exercício de atividade sujeitos ao poder de polícia do Estado. Alvará é a forma de que se reveste o ato administrativo — autorização ou licença — é o conteúdo propriamente dito.

2.2.2.6 Regimento: são atos administrativos normativos de atuação interna, dado que se destinam a reger o funcionamento de órgãos colegiados e de corporações legislativas. Hely Lopes Meirelles os nomina "a lei da casa".[26] Exemplos: regimento interno dos tribunais.

2.2.2.7 Instruções normativas: são atos administrativos emitidos por Ministros de Estado para execução das leis, decretos e regulamentos (CF, art. 87, parágrafo único, II), mas são também utilizados por outros órgãos superiores para o mesmo fim.[27]

2.2.2.8 Deliberações: são atos administrativos normativos ou decisórios emanados de órgãos colegiados.[28] Podem ser normativos e aí serão gerais ou decisórios com caráter individual.

2.2.3 Quanto às prerrogativas da Administração Pública[29]

2.2.3.1 Atos de império — quando a Administração Pública atua investida de suas prerrogativas de autoridade e de supremacia sobre os particulares. Exemplo: exercício regular de poder de polícia.

2.2.3.2 Atos de gestão — quando a Administração Pública atua destituída das prerrogativas públicas, em igualdade com os particulares, na administração do patrimônio ou dos serviços do Estado. Segundo Hely Lopes Meirelles[30] estes atos "serão sempre de administração, mas nem sempre administrativos típicos, principalmente quando bilaterais, de alienação, oneração ou aquisição de bens, que se igualam aos de Direito privado, apenas antecedidos de formalidades administrativas (autorização legislativa, licitação, avaliação etc.)".

2.2.3.3 Atos de expediente — atos de rotina interna, sem caráter vinculante e sem forma especial.

2.2.4 Quanto aos destinatários

2.2.4.1 Atos individuais — aqueles que se dirigem a destinatários certos, criando-lhes situação jurídica particular.[31] Podem ser destinados a um indivíduo como a um grupo de indivíduos na mesma situação. Se estes atos gerarem direitos adquiridos, tornam-se irrevogáveis (art. 53 da Lei n. 9.784/1999 e Súmula n. 473 do STF). Exemplos: nomeação de um servidor ou nomeação, em uma lista, de vários aprovados em concurso público.

2.2.4.2 Atos gerais — aqueles expedidos sem destinatários determinados, com finalidade normativa, alcançando todos os sujeitos que se encontrem na mesma situação de fato abrangida por seus preceitos.[32] São atos normativos endereçados a um grupo indeterminado de pessoas em uma mesma situação. Atenção: para efeitos de mandado de segurança, estes atos equivalem à lei em tese. Exemplo: regulamentos, instruções normativas, circulares.

2.2.5 Quanto à formação da vontade[33]

2.2.5.1 Atos simples — surgem da manifestação de vontade de um único órgão, singular ou colegiado. Exemplo: portaria de um secretário, decisão de um tribunal administrativo;

(26) MEIRELLES, Hely Lopes. *Direito administrativo brasileiro* cit., p. 164.

(27) *Idem*. p. 164.

(28) *Idem*. p. 166.

(29) Celso Antônio Bandeira de Mello classifica estes atos como "quanto à posição jurídica da Administração" (*Curso de direito administrativo* cit.. p. 423). Diógenes Gasparini não utiliza esse critério na sua classificação de ato administrativo, mas todos os outros autore citados incluem porque o STJ ainda usa essa classificação. Ver: AGRCC n. 200700207943; AGRCC — Agravo Regimental no Conflito de Competência n. 80.270; relatora Denise Arruda, STJ, Primeira Seção; *DJE* 4.5.2009.

(30) MEIRELLES, Hely Lopes. *Direito administrativo brasileiro* cit., p. 149.

(31) *Idem, ibidem*. p. 147.

(32) *Idem*. p. 146.

(33) Celso Antônio Bandeira de Mello e Diógenes Gasperini não incluem nas sua classificações o ato composto.

2.2.5.2 Atos complexos — nascem da combinação de vontade de dois ou mais órgãos, formando um ato único. A vontade do segundo órgão é condição de **existência** do ato. Essa classificação é importante "para saber-se em que momento o ato perfeito é impugnável, já que o ato complexo só se aperfeiçoa com a vontade final da Administração Pública, e só aí ele se torna atacável pela via administrativa ou judicial".[34] Exemplos: o decreto, ato único que traz a assinatura do presidente e o referendo do ministro da pasta cuja matéria o decreto dispõe; nomeação de juiz para os cargos de desembargador dos tribunais federais; investidura de ministro do Supremo Tribunal Federal; ato de aposentadoria de servidor que se aperfeiçoa somente com o registro perante o Tribunal de Contas; a investidura de um servidor consubstanciado na nomeação feita pelo Chefe do Executivo e complementada pela posse e exercício dados pelo chefe da repartição; a concorrência; concessão de alguns regimes especiais de tributação; alguns casos de redução de alíquota de IPI; nomeação de dirigentes de agência reguladora indicado pelo Presidente da República sujeita a aprovação pelo Senado;[35] o convênio, o consórcio e acordo de programa; contrato de gestão constitucional (art. 37, § 8º, da CF); contratos de gestão infraconstitucionais (com as organizações sociais — Lei n. 9.637/1998 e termos de parceria previstos na Lei n. 9.790/1999); acordo substitutivo.

2.2.5.3 Atos compostos — manifestação de um único órgão, mas que depende de verificação, visto, aprovação, anuência, homologação ou o "de acordo" a ser feita por outro órgão como condição de **exequibilidade**. Exemplos: autorização sujeita ao visto de uma autoridade superior; auto de infração lavrado por fiscal e aprovado pela chefia; ato de autorização sujeito a outro ato confirmatório.

É muito oportuno lembrar: "a vontade dos órgãos colegiados se configura como ato simples coletivo".[36]

2.2.6 Quanto à liberdade da Administração Pública[37]

2.2.6.1 Ato vinculado — é aquele em que a lei já estabelece a única conduta possível diante de certa situação de fato, deixando a Administração Pública presa a essa escolha legal. Não tem mérito. Pode ser anulado, mas não revogado. Sofre controle judicial amplo. Exemplos: lançamento tributário; licença para construir; aposentadoria compulsória de servidor que completa 70 anos.

2.2.6.2 Ato discricionário — nele a lei concede à Administração Pública alguma margem de liberdade (não arbitrariedade) na prática do ato. Diante da situação concreta, ela poderá escolher a solução que lhe parecer mais conveniente e oportuna, dentre duas ou mais opções legalmente permitidas. Tem mérito. Pode ser anulado e revogado. Sofre controle judicial, exceto quanto ao mérito. Exemplos: outorga de permissão de banca de jornal; decreto expropriatório.

Outras classificações:

2.2.7 Quanto à ilegalidade

2.2.7.1 Atos nulos — são os praticados em desacordo com a lei e sem possibilidade de convalidação (sanação do vício). Exemplo: ato praticado por agente público competente, mas que excede os limites de sua competência; todo ato que visa a fim alheio ao interesse público.

2.2.7.2 Atos anuláveis — são os ilegais que podem ser refeitos sem vícios. Exemplo: ato praticado em desconformidade com a forma prevista em lei para a prática do ato; ato praticado por servidor incompetente.

(34) MEIRELLES, Hely Lopes. *Direito administrativo brasileiro* cit., p. 155.

(35) Os exemplos seguintes são todos retirados do livro de Diogo de Figueiredo Moreira Neto, *Curso de direito administrativo*, 14. ed., Rio de Janeiro: Forense, 2006. p. 189 a 195.

(36) FILHO, José dos Santos Carvalho. *Manual de direito administrativo* cit., p. 127.

(37) Maria Sylvia Zanella Di Pietro não usa esse critério na sua classificação.

2.2.7.3 Atos irregulares — são os que possuem defeitos irrelevantes. Exemplo: ofício sem timbre da Administração Pública; portaria publicada com nome de decreto.

2.2.7.4 Atos inexistentes — correspondem a condutas criminosas, radicalmente vedadas pelo Direito. Exemplo: ordem emitida por delegado para subordinado torturar preso; ato praticado por usurpador de função pública.

2.2.8 Quanto ao alcance[38]

2.2.8.1 Internos — são aqueles destinados a produzir efeitos no interior das repartições administrativas e por isso incidem sobre os órgãos e agentes da Administração. Exemplos: portaria e instrução ministerial.

2.2.8.2 Externos — são todos aqueles cujos efeitos alcançam os administrados e, em certos casos, os próprios servidores. Exemplos: admissão, licença.

2.2.9 Quanto aos resultados sobre a esfera jurídica dos administrados[39]

2.2.9.1 Ampliativos — os que aumentam a esfera de ação jurídica do destinatário. Exemplos: concessões em geral, permissões, autorizações, admissões e licenças.

2.2.9.2 Restritivos — ao contrário dos anteriores, diminuem a esfera de ação jurídica do destinatário ou lhe impõe novas obrigações, deveres ou ônus. Exemplo: os que extinguem atos ampliativos, as sanções administrativas em geral; as ordens; as proibições.

2.2.10 Quanto à natureza da atividade[40]

2.2.10.1 Atos da administração ativa — os que visam a criar, produzir uma utilidade pública, constituindo situações jurídicas. Exemplo: autorizações, licenças etc.

2.2.10.2 Atos de administração consultiva — os que visam a informar, elucidar, sugerir providências administrativas a serem estabelecidas nos atos de administração ativa. Exemplos: pareceres, informes etc.

2.2.10.3 Atos de administração controladora — os que visam a impedir ou permitir a produção ou a eficácia de atos de administração ativa mediante exame prévio ou posterior da conveniência ou da legalidade deles. Exemplos: aprovações prévias ou posteriores, homologações etc.

2.2.10.4 Atos de administração verificadora — os que visam a apurar ou documentar a preexistência de uma situação de fato ou de direito. Exemplos: verificação se um candidato a motorista sabe ou não ler e escrever para obter carteira de habilitação; verificação se uma árvore está atacada por cancro cítrico para ser abatida etc.

2.2.10.5 Atos de administração contenciosa — os que visam a "julgar", em um procedimento contraditório, certas situações. Exemplos: o "julgamento" de funcionários em procedimentos administrativos; decisões dos Conselhos de Contribuintes etc. São atos administrativos porque não tem força de coisa julgada. Podem ser revistos pelo Judiciário.

2.2.11 Quanto à função da vontade administrativa[41]

2.2.11.1 Atos negociais ou negócios jurídicos — os em que a vontade administrativa é, de direito, preordenada, à obtenção de um resultado jurídico, sendo ela que cria imediatamente os efeitos jurídicos, embora dentro dos quadros legais. Exemplo: a admissão de alguém no gozo de serviço público.

(38) MEIRELLES, Hely Lopes. *Direito administrativo brasileiro* cit., p. 147-148.
(39) MELLO, Celso Antônio Bandeira de. *Curso de direito administrativo* cit., p. 419.
(40) *Idem*. p. 416-417.
(41) MELLO, Celso Antônio Bandeira de. *Curso de direito administrativo* cit., p. 418-419.

2.2.11.2 Atos puros ou meros atos administrativos — os que correspondem a simples manifestações de conhecimento (como uma certidão) ou de desejo (como um voto em órgão colegial), nos quais os efeitos jurídicos descendem diretamente da lei, de tal sorte que o ato nada mais faz que implementar uma condição legal para a deflagração deles.

2.2.12 Quanto aos efeitos[42]

2.2.12.1 Atos constitutivos — os que fazem surgir uma situação jurídica, seja produzindo-a originariamente, seja extinguindo ou modificando situação anterior. Exemplo: a autorização para exploração de jazida; a demissão de um servidor.

2.2.12.2 Atos declaratórios — os que afirmam a preexistência de uma situação de fato ou de direito. Exemplo: concessão de "habite-se" — a conclusão de vistoria em edificação afirmando que está ou não em condições habitáveis; uma certidão de que alguém está matriculado em escola pública.

2.2.13 Quanto à natureza das situações jurídicas que criam[43]

Trata-se de classificação dos atos administrativos em geral proposta por Duguit. Segundo Celso Antônio Bandeira de Mello é a classificação defendida por Oswaldo Aranha Bandeira de Mello.

2.2.13.1 Atos-regra — os que criam situações gerais, abstratas e impessoais e por isso mesmo a qualquer tempo modificáveis pela vontade de quem os produziu, sem que se possa opor direito adquirido à persistência destas regras. Exemplo: o regulamento.

2.2.13.2 Atos subjetivos — os que criam situações particulares, concretas e pessoais e que podem ser modificados pela vontade das partes. Exemplo: contrato.

2.2.13.3 Atos condição — praticados quando alguém se submete a situações criadas pelos atos-regra, sujeitando-se a alterações unilaterais típicas desses últimos. Exemplo: o acordo na concessão de serviço público.

2.2.14 Quanto à manifestação de vontade

2.2.14.1 Unilaterais — os que são formados pela declaração jurídica de uma só parte. Exemplo: demissão de um funcionário.

2.2.14.2 Bilaterais — os que são formados por um acordo de vontades entre partes. São os atos convencionais. Exemplo: um contrato, uma concessão de serviço público.

2.2.15 Quanto à exequibilidade

2.2.15.1 Ato perfeito — já completou seu ciclo de formação, podendo produzir efeitos. É chamado de ato existente, porque existe como entidade jurídica. A perfeição não se confunde com a validade e nem com a eficácia. Também não se confunde com o ato jurídico perfeito (LICC, art. 6º, § 1º, e CF, art. 5º, XXXVI). Exemplo: licença para construir — quando materialmente nada falta no ato de concessão (tem todos os requisitos — motivo, conteúdo, finalidade, forma e assinatura da autoridade competente).

2.2.15.2 Ato imperfeito — não completou seu ciclo de formação, não podendo produzir efeitos. É chamado de ato inacabado. É o ato que não existe como entidade jurídica. Não confundir com ato inexistente — que tem mera aparência de ato administrativo do tipo "casamento em festa junina" ou que

(42) *Idem*. p. 419.
(43) *Idem*. p. 422.

correspondem a condutas criminosas do tipo ordem de delegado para torturar preso. Exemplo; ato administrativo que não traz a assinatura da autoridade emissora.

2.2.15.3 Ato pendente — é o ato que encerrou seu ciclo de formação, mas se encontra sujeito a termo ou condição, razão pela qual não pode iniciar a produção de efeitos. É o ato ineficaz. Exemplo; ato sujeito a termo — a permissão de uso outorgada para produzir efeitos a partir do dia "X"; ato sujeito a condição — será outorgada a permissão de uso quando o terreno for devolvido pelo atual usuário.

2.2.15.4 Ato consumado ou exaurido — é o que além de ter completado o seu ciclo de formação, exauriu seus efeitos. Exemplo: edital de concurso exaurido após a posse de todos os aprovados.

2.2.16 Quanto ao modo de execução

2.2.16.1 Atos autoexecutórios — podem ser executados pela Administração Pública sem intervenção do Poder Judiciário. Exemplo: apreensão de mercadorias deterioradas ou com prazo de validade vencido em estabelecimentos comerciais.

2.2.16.2 Atos não autoexecutórios — dependem da intervenção do Poder Judiciário para produção de efeitos regulares. Exemplo: cobrança de multa depende de prévio ajuizamento da ação de execução fiscal.

Breve nota deve ser feita sobre as **espécies de atos administrativos** já que tais espécies foram citadas quando do estudo do conceito do ato administrativo. Os atos administrativos quanto à espécie se dividem em: [44]

1. **Atos normativos** — contém um comando geral do Poder Executivo cuja finalidade é a fiel aplicação da lei (art. 84, IV, da CF). Exemplos: decretos regulamentares, regimentos, resoluções, deliberações e portarias de conteúdo geral;

2. **Atos ordinatórios** — buscam disciplinar o funcionamento da Administração Pública e a conduta funcional de seus agentes. Ocorre *intra muros*. Exemplo: instruções, circulares, avisos, portarias;

3. **Atos negociais** — é ato unilateral no qual há uma declaração de vontade[45] do Poder Público coincidente com a pretensão do particular. Cuidado: não se trata de contrato administrativo. Exemplos: licença, autorização, permissão, admissão, visto, aprovação, homologação, dispensa, renúncia, protocolo administrativo;

4. **Atos enunciativos** — enunciam uma situação existente, sem qualquer manifestação de vontade da Administração Pública. Exemplos: certidões, atestados, pareceres administrativos;

5. **Atos punitivos** — a finalidade é de punição e repressão às infrações administrativas ou a conduta irregular de servidores ou particulares perante a Administração Pública. Exemplos: advertência, suspensão (no caso dos servidores) e multa, interdição de atividades (no caso dos particulares).

Também impossível não elencar os atributos do ato administrativo mesmo que sucintamente.

1. **Presunção de legalidade ou presunção de legitimidade** — considera-se que os atos administrativos foram emitidos com observância da lei.

(44) MEIRELLES, Hely Lopes. *Direito administrativo brasileiro* cit., p. 161 a 179.

(45) Não há vontade alguma emitida por agente público. Agente público emite comandos sob os auspícios da lei indiferentemente se concordar ou não com as prescrições nela contidas.

Maria Sylvia Zanella Di Pietro[46] desmembra esse atributo em:

1.1 **Presunção de legalidade ou presunção de legitimidade** — significa que os atos administrativos foram emitidos com observância da lei.

1.2 **Presunção de veracidade** — significa que os fatos alegados pela Administração Pública existem, ocorreram, são verdadeiros.

Essa presunção é relativa — *juris tantum* — é o administrado que precisa provar que a Administração Pública não observou a legalidade na emissão do ato. É o único atributo presente em todos os atos administrativos.

2. **Imperatividade** — É a imposição unilateral pela Administração Pública de obrigações ou restrições a terceiros, independentemente de sua concordância. Decorre do chamado **poder extroverso**[47] da Administração Pública. Nem todos os atos possuem esse atributo. Exemplo: ato que reconhece ou confere direito ao particular.

3. **Autoexecutoriedade** — Os atos administrativos podem ser imediatamente implementados sem a necessidade da Administração Pública recorrer à intervenção do Poder Judiciário e com meios coercitivos próprios. Exemplos: destruição de alimentos impróprios para o consumo, retirada de moradores de prédio que ameaça desabar e a consequente demolição desse mesmo prédio, a demolição de obras clandestinas em áreas de risco etc.

Nem todos os atos detêm esse atributo. Exemplo: cobrança de multa. Em se tratando de tributo, se o particular se recusar a pagar, só mediante a competente ação fiscal é que a Administração Pública poderá cobrar a multa, nunca diretamente do particular.

4. **Tipicidade** — O ato administrativo deve corresponder a figuras previamente definidas pela lei. Para Maria Sylvia Zanella Di Pietro, "para cada finalidade que a Administração pretende alcançar existe um ato definido em lei[48]", o que é muito difícil de ocorrer na prática.

2.3 *Requisitos (ou elementos) do ato administrativo*

Os cinco requisitos ou elementos do ato administrativo tradicionalmente apontados pela doutrina tem fundamento no art. 2º da Lei da Ação Popular, Lei n. 4.717/1965.

2.3.1 Competência — que é referida muitas vezes apenas como "sujeito". Neste caso, diz-se que se trata de **pressuposto subjetivo**, pois refere-se ao sujeito produtor do ato, aquele a quem a lei atribui competência para a prática do ato. Sujeito tem de ter **capacidade** e **competência.** É o poder atribuído ao agente público para o desempenho específico das atribuições de seu cargo, descritas na lei e sendo por ela delimitadas.

Agente público que atua fora ou além da sua esfera de competência deflagra o vício **excesso de poder**, uma das modalidades do **abuso de poder**.

A competência é **intransferível** e **improrrogável** pela vontade dos interessados, mas pode ser **delegada** e também ser **avocada**. São institutos que não transferem a titularidade, apenas o exercício da competência. É o que expressamente prevê a Lei n. 9.784/1999, no seu art. 11 que ora se transcreve:

> "Art. 11. A competência é irrenunciável e se exerce pelos órgãos administrativos a que foi atribuída como própria, salvo os casos de delegação e avocação legalmente admitidos".

---

(46) *Direito administrativo* cit., p. 199-200.

(47) É a espécie de poder, consistente na possibilidade de obrigar unilateralmente a terceiros. Imposição de deveres pela Administração Pública ao particular, independentemente da concordância deste.

(48) *Direito administrativo* cit., p. 203.

A regra geral é a possibilidade de delegação de competência e só não ocorrerá se houver impedimento legal e poderá ser feita para órgãos ou agentes subordinados, ainda que estes não lhe sejam ***hierarquicamente*** subordinados. Apenas parte da competência pode ser delegada, nunca todo o conteúdo de atribuições do órgão ou agente público. Também se deve assinalar a natureza das circunstâncias que podem amparar a delegação de competência que poderão ser de índole técnica, social, econômica, jurídica ou territorial, mas **nunca política**. A Lei, nessa situação, prevê:

> "Art. 12. Um órgão administrativo e seu titular poderão, *se não houver impedimento legal*, delegar *parte* da sua competência a outros órgãos ou titulares, *ainda que estes não lhe sejam hierarquicamente subordinados*, quando for conveniente, em razão de circunstâncias de índole técnica, social, econômica, jurídica ou territorial.
>
> Parágrafo único. O disposto no *caput* deste artigo aplica-se à delegação de competência dos órgãos colegiados aos respectivos presidentes".

A lei expressamente proíbe a delegação de competências para a prática de determinados atos. São eles:

> "Art. 13. *Não podem ser objeto de delegação*:
>
> I — a edição de atos de caráter normativo;
>
> II — a decisão de recursos administrativos;
>
> III — as matérias de competência exclusiva do órgão ou autoridade".

Condição de eficácia do ato de delegação e de sua revogação é a publicação no meio oficial. Não há delegação por prazo indeterminado e o ato de delegação reveste-se das características de discricionariedade e, portanto, é possível de ser revogado a qualquer tempo. As decisões adotadas pelo delegado devem mencionar explicitamente este fato e serão consideradas editadas pelo delegado, sobre o qual recairá a responsabilidade pelos atos que exerceu nessa condição. Assim dispõe a Súmula n. 510/STF: "Praticado o ato por autoridade no exercício de competência delegada, contra ela cabe o mandado de segurança ou a medida judicial". Nos estreitos termos da Lei:

> "Art. 14. O ato de delegação e sua revogação deverão ser publicados no meio oficial.
>
> § 1º O ato de delegação especificará as matérias e poderes transferidos, os limites da atuação do delegado, a duração e os objetivos da delegação e o recurso cabível, podendo conter ressalva de exercício da atribuição delegada.
>
> § 2º O ato de delegação é revogável a qualquer tempo pela autoridade delegante.
>
> § 3º As decisões adotadas por delegação devem mencionar explicitamente esta qualidade e considerar-se-ão editadas pelo delegado".

Com relação ao instituto da **avocação** a lei prevê regras não tão detalhadas quanto as previstas para a delegação e há somente o art. 15 da lei mencionando este instituto.

Avocação é o ato administrativo pelo qual o superior hierárquico atrai para si o exercício temporário de determinada competência atribuída por lei a um determinado subordinado.

Ela deverá ser em **caráter excepcional e fundamentada**, mas a Lei não prevê casos específicos em que se admite a avocação. Dispõe a Lei:

> "Art. 15. Será permitida, em caráter excepcional e por motivos relevantes devidamente justificados, a avocação temporária de competência atribuída a órgão hierarquicamente inferior".

2.3.2 *Forma ou formalização (pressuposto formal)*

É a exteriorização do ato administrativo, ou seja, a maneira pela qual aparece a manifestação de vontade da Administração Pública.

Em sentido estrito é a maneira como se dá a exteriorização do ato (escrita, verbal, sinais, desenhos, portarias, alvarás, decretos etc.). Em sentido amplo inclui no conceito não só a maneira como o ato se exterioriza, mas também as **formalidades,** os procedimentos especiais previstos na lei.

Atenção: a exigência de **motivação** — declaração **escrita explícita, clara e congruente**, dos motivos que ensejaram a prática do ato — é requisito de forma do ato administrativo. Ausente a motivação que a lei prevê ser essencial à validade do ato, o efeito é a nulidade por vício de forma. Agora, quais atos precisam ter sempre sua motivação indicada?

A resposta, na esfera federal, está no art. 50 da Lei n. 9.784/1999, que dispõe:

> "Art. 50. Os atos administrativos deverão ser motivados, com indicação dos fatos e dos fundamentos jurídicos, quando:
>
> I — neguem, limitem ou afetem direitos ou interesses;
>
> II — imponham ou agravem deveres, encargos ou sanções;
>
> III — decidam processos administrativos de concurso ou seleção pública;
>
> IV — dispensem ou declarem a inexigibilidade de processo licitatório;
>
> V — decidam recursos administrativos;
>
> VI — decorram de reexame de ofício;
>
> VII — deixem de aplicar jurisprudência firmada sobre a questão ou discrepem de pareceres, laudos, propostas e relatórios oficiais;
>
> VIII — importem anulação, revogação, suspensão ou convalidação de ato administrativo.
>
> § 1º A motivação deve ser explícita, clara e congruente, podendo consistir em declaração de concordância com fundamentos de anteriores pareceres, informações, decisões ou propostas, que, neste caso, serão parte integrante do ato.
>
> § 2º Na solução de vários assuntos da mesma natureza, pode ser utilizado meio mecânico que reproduza os fundamentos das decisões, desde que não prejudique direito ou garantia dos interessados.
>
> § 3º A motivação das decisões de órgãos colegiados e comissões ou de decisões orais constará da respectiva ata ou de termo escrito".

O art. 93, X, da CF obriga que todas as decisões administrativas dos tribunais sejam motivadas.

Qual é a forma de um ato administrativo?

Em regra tem a forma escrita, mas pode ser não escrito como são as ordens verbais de superior para o subordinado no interior da repartição, sinais de trânsito que expressam prescrições — seguir, parar, proibido estacionar, o apito do guarda de trânsito etc.

Dispõe o art. 22 da Lei n. 9.784/1999 que "os atos do processo administrativo não dependem de forma determinada senão quando a lei expressamente a exigir" e, logo baixo, no parágrafo primeiro preleciona: "Os atos do processo devem ser produzidos por escrito, em vernáculo, com a data e o local de sua realização e a assinatura da autoridade responsável".

Em suma: o vício de forma, em regra, é passível de convalidação. Só não será se a lei estabelecer determinada forma essencial à validade do ato.

2.3.3 Objeto ou conteúdo

É o conteúdo do ato administrativo, ou seja, seu efeito jurídico imediato, que pode ser o de adquirir, resguardar, transferir, modificar ou extinguir direitos. Segundo Maria Sylvia Zanella Di Pietro,[49] para identificar o objeto, basta verificar o que o ato enuncia, prescreve, dispõe. Exemplo: despacho de demissão. O despacho é a forma, o objeto a demissão, cujo efeito é extinguir situação jurídica.

Tal qual no Direito Privado, "o objeto deve ser **lícito** (conforme a lei), **possível** (realizável no mundo dos fatos e do Direito), **certo** (definível quanto aos destinatários, aos efeitos, ao tempo e ao lugar), e **moral** (conforme aos padrões comuns de comportamento aceitos como corretos, éticos, justos etc.)".[50]

2.3.4 Motivo (pressuposto objetivo)

É o pressuposto de fato e de direito que determina a edição do ato administrativo, ou seja, a razão dele ter sido praticado, o seu fundamento. Há a situação material, empírica, que fundamentou a produção do ato e a previsão abstrata de uma situação fática contida na hipótese de uma norma. Exemplo: na punição de servidor o motivo é o cometimento de infração administrativa; no tombamento de bem, o motivo é o seu valor cultural.

Motivo não se identifica com **móvel,** que é a intenção, vontade subjetiva, psicológica do agente público. Lembre-se: não há vontade no agente público, pode haver "móvel" do agente.

Motivação também não é o motivo do ato. Motivação é a declaração escrita dos motivos que ensejaram a prática do ato — é requisito de forma do ato administrativo e não de motivo.

Cabe aqui relembrar a conhecida **Teoria dos Motivos Determinantes** que nada mais é do que a vinculação do administrador público aos motivos que alegou para fundamentar o ato administrativo que exarou. Mesmo quando a motivação não for exigida, se a Administração Pública indicá-la, o ato só será válido se o motivo for verdadeiro.

2.3.5 Finalidade (pressuposto teleológico)

É o interesse coletivo, mediato (distante), ou o interesse específico, imediato (próximo) que o ato administrativo pretende satisfazer e que está expresso ou implicitamente previsto na legislação é sempre elemento vinculado. Desatender à finalidade caracteriza **desvio de poder**, uma das formas do abuso de poder. A finalidade aqui, como requisito do ato administrativo, é a mesma finalidade estudada no capítulo dos princípios lá vista como uma das facetas do princípio da impessoalidade.

2.4 Revogação

Há variadas formas de extinção dos atos administrativos. Usa-se normalmente dividir o tema em: extinção do ato eficaz e extinção do ato ineficaz. Lembrando: ato eficaz é aquele apto a produzir efeitos de Direito.

1. Extinção do ato eficaz — ocorre:

1.1 pelo cumprimento dos seus efeitos. Exemplo: comercialização de mercadorias com prazo de validade vencido — todas as mercadorias com prazo de validade vencido foram retiradas do estabelecimento comercial multado;

(49) *Direito administrativo* cit., 24. ed., 2011. p. 208.
(50) PIETRO, Maria Sylvia Di. *Direito administrativo* cit., p. 208.

1.2 pelo desaparecimento do sujeito (ou do destinatário do ato) ou do objeto da relação jurídica. Exemplo de desaparecimento do sujeito: a promoção é extinta com o falecimento do servidor. Exemplo de desaparecimento do objeto: imóvel tombado desaba;

1.3 pela renúncia feita pelo próprio beneficiário. Exemplo: exoneração de cargo a pedido do ocupante;

1.4 pela implementação de condição resolutiva ou termo final. Exemplo: término do prazo de validade da habilitação para conduzir veículo.

1.5 pela retirada, que ocorre com a expedição de um ato secundário praticado para extinguir ato anterior. Abrange:

1.5.1 a cassação — o destinatário descumpre condições que deveria permanecer atendendo. Exemplo: cassação de licença para o exercício de certa profissão, cassação de uma licença para construir;

1.5.2 a caducidade — por sobrevir norma que deixa de admitir uma situação antes permitida e concedida pelo ato. Exemplo: permissão de uso de um bem público; se após a permissão é editada lei proibindo o uso privativo pelo particular, o ato de permissão é extinto;

1.5.3 a contraposição ou derrubada — surge em razão de ter sido baixado um segundo ato com efeitos contrapostos a um primeiro. Exemplo: exoneração, que tem efeitos contrapostos à nomeação;

1.5.4 a revogação e anulação.

2. Extinção do ato ineficaz ocorre:

2.1 por mera retirada — anulação ou revogação;

2.2 pela recusa do beneficiário — recusa do ato cuja concordância fosse necessária a produção de seus efeitos.

Então, a **revogação** é uma das formas de extinção do ato administrativo, tema do item em comento.

A **revogação** é a retirada de um ato administrativo **válido (perfeito) e eficaz**, porque ele passou a ser **inconveniente** e **inoportuno** para a Administração Pública e consiste em ser um novo juízo (consubstanciado num novo ato, chamado ato revocatório) acerca do mérito do ato administrativo, e não uma ilegalidade, pois aí haveria anulação.

A revogação somente se aplica aos atos discricionários, ela em si é um ato discricionário e é ato privativo da Administração Pública. O Poder Judiciário nunca poderá revogar ato administrativo editado pelo Poder Executivo ou pelo Poder Judiciário. Todavia, a revogação é de competência da mesma autoridade que praticou o ato revogado. Se o Poder Judiciário ou o Poder Legislativo praticam atos administrativos no exercício de função atípica, eles podem revogar seus próprios atos. O que é vedado é o Poder Judiciário revogar ato de outro Poder.

Não podem ser revogados:

1. atos que já exauriram os seus efeitos. Exemplo: concessão de férias anuais;
2. atos vinculados, porque não comportam juízo de oportunidade e conveniência;
3. atos que geram direitos adquiridos (CF, art. 5º, XXXVI);
4. meros atos administrativos — que simplesmente declaram situações preexistentes. Exemplo: certidão;
5. atos já praticados dentro de um procedimento administrativo — porque a cada ato praticado dentro do procedimento administrativo ocorre o fenômeno da preclusão;

6. quando a competência do agente público que editou o ato já se exauriu — recurso que está sendo apreciado pelo poder executivo, o agente público que decidiu na origem não pode revogar o ato lá editado;

7. nos atos complexos — somente é passível a revogação se houver a concordância de todos os órgãos envolvidos na prática do ato.

A revogação decorre do poder de autotutela da Administração Pública consagrado pela **Súmula** n. **473** do Supremo Tribunal Federal:

"A administração pode anular seus próprios atos quando eivados de vícios que os tornem ilegais, porque deles não se originam direitos; ou **revogá-los**, por motivo de conveniência ou oportunidade, respeitados os direitos adquiridos, e ressalvada, em todos os casos, a apreciação judicial".

O ato de revogação não retroage à data da edição do ato revogado, por isso seus efeitos são *ex nunc* ou futuros. Em regra, não haverá indenização, mas devem ser respeitados os direitos adquiridos.

Dispõe a Lei n. 9.784/1999 no seu art. 53:

"Art. 53. A Administração deve anular seus próprios atos, quando eivados de vício de legalidade, e pode revogá-los por motivo de conveniência ou oportunidade, respeitados os direitos adquiridos".

2.5 *Atos administrativos vinculados e discricionários*

A distinção entre ato vinculado e ato discricionário se faz pelo grau de liberdade que a lei conferiu à Administração Pública[51] para editar um ato, comando complementar à lei.

Ato vinculado é aquele em que a lei já estabelece a única conduta possível diante de certa situação de fato, deixando a Administração Pública presa a essa escolha legal. Não tem mérito. Pode ser anulado, mas não revogado. Sofre controle judicial amplo. Exemplos: lançamento tributário; licença para construir; aposentadoria compulsória de servidor que completa 70 anos.

O ato administrativo vinculado é o que apresenta todos os cinco requisitos vinculados: competência, finalidade, forma, motivo e objeto.

Ato discricionário é aquele em que a lei concede à Administração Pública alguma margem de liberdade (não arbitrariedade) na prática do ato. Diante da situação concreta, ela poderá escolher a solução que lhe parecer mais conveniente e oportuna, dentre duas ou mais opções legalmente permitidas. Tem mérito. Pode ser anulado e revogado. Sofre controle judicial, exceto quanto ao mérito (oportunidade e conveniência nos requisitos motivo ou objeto do ato). Exemplos: outorga de permissão de banca de jornal; decreto expropriatório.

O ato administrativo discricionário apresenta três requisitos necessariamente vinculados (competência, finalidade e forma) e dois deles discricionários (motivo e objeto).

2.6 *O mérito do ato administrativo*

"O mérito do ato administrativo, é o conteúdo das considerações discricionárias da Administração quanto à **oportunidade** e **conveniência** de praticá-lo, ou seja, é o resultado do exercício da discricionariedade".[52]

(51) Maria Sylvia Zanella Di Pietro não usa esse critério na sua classificação.

(52) NETO, Diogo de Figueiredo Moreira. *Curso de direito administrativo* cit., p. 206.

Trata-se de um juízo de conveniência e oportunidade que constitui o núcleo da função típica do Poder Executivo, razão pela qual é vedado ao Poder Judiciário controlar o mérito do ato administrativo, mas que se assenta sobre duas expressões vagas e ambíguas.

Ora, existe nos atos discricionários, por consistir, justamente no resultado do exercício da discricionariedade especificamente nos requisitos **motivo** e **objeto** do ato.

Segundo as sábias palavras de Diogo de Figueiredo Moreira Neto,[53] o exercício da discricionariedade administrativa se submete a dois limites: a **oportunidade** e a **conveniência** da ação administrativa.

Sob o padrão da **oportunidade,** o legislador confere ao agente público alternativas de escolha do **momento** de agir e do **motivo** que embasará a edição do ato administrativo. Grave inoportunidade quando da expedição do ato administrativo, violaria o **princípio da razoabilidade.**

Sob o padrão da **conveniência**, o legislador confere ao agente público a escolha do conteúdo da ação administrativa que deverá se dar dentro do possível, de conformidade com o objeto que se deseja realizar, e com razoável certeza de que se trata da escolha mais eficiente. Nesse sentido, o vício de grave inconveniência, violaria o **princípio da proporcionalidade.**

3. VÍCIOS DO ATO ADMINISTRATIVO

O estudo dos vícios do ato administrativo tem o mesmo fundamento legal do estudo feito dos requisitos ou elementos do ato administrativo — o art. 2º da Lei n. 4.717/1965 e mais os arts. 3º e 4º ambos da lei citada.[54]

O art. 2º da Lei n. 4.717/1965 dispõe sobre os atos **nulos lesivos ao patrimônio público**, o art. 3º dos chamados atos **anuláveis** e o art. 4º faz uma descrição de **casos de nulidade** de ato administrativo mas **sem mencionar lesão ao patrimônio público.**

3.1 Atos administrativos nulos

"Art. 2º São **nulos** os atos lesivos ao patrimônio das entidades mencionadas no artigo anterior, nos casos de:

a) incompetência;

b) vício de forma;

c) ilegalidade do objeto;

d) inexistência dos motivos;

e) desvio de finalidade.

Parágrafo único. Para a conceituação dos casos de nulidade observar-se-ão as seguintes normas:

---

(53) *Idem.* p. 101.

(54) Neste tema, o estudo privilegiará a lei e não a doutrina, pela simples razão da doutrina "rigorosamente" não ser fonte do Direito: não é possível anular um ato administrativo somente com amparo na doutrina. E por que não? Porque nenhum texto doutrinário contém prescrições como a lei. A doutrina apenas *descreve* o mundo dos fatos e atos jurídicos, o direito já positivado atingindo o *mundo do ser*; diferentemente, a lei *prescreve* como os cidadãos devem fazer ou deixar de fazer alguma coisa atingindo o *mundo do dever ser*. Portanto, a Ciência do Direito nada pode obrigar; agora, as normas do Direito Positivo têm como característica emitir comandos coercitivos, cuja observação é obrigatória.O julgador que julga baseado apenas na doutrina é refém do chamado "argumento de autoridade" — pois usa como fundamento de sua decisão o "peso" que o doutrinador possui no mercado jurídico e a consequencia inevitável é que a decisão é o relato de sua "abstenção". Carlos Maximiliano escreveu que "*o Direito é ciência do raciocínio; curvando-nos ante a razão, não perante o prestígio profissional de quem quer que seja.*" e cita um brocardo magistral: "*Nullius addictus jurare in verba magistri*" — ninguém está obrigado a jurar nas palavras de mestre algum. *Hermenêutica e aplicação do direito*, 15. ed., Rio de Janeiro: Forense, 1995. p. 272-273. Após estas observações, deixa-se claro que para efeitos de concurso público, a doutrina é fonte formal não estatal do Direito Administrativo.

a) a incompetência fica caracterizada quando o ato não se incluir nas atribuições legais do agente que o praticou;

b) o vício de forma consiste na omissão ou na observância incompleta ou irregular de formalidades indispensáveis à existência ou seriedade do ato;

c) a ilegalidade do objeto ocorre quando o resultado do ato importa em violação de lei, regulamento ou outro ato normativo;

d) a inexistência dos motivos se verifica quando a matéria de fato ou de direito, em que se fundamenta o ato, é materialmente inexistente ou juridicamente inadequada ao resultado obtido;

e) o desvio de finalidade se verifica quando o agente pratica o ato visando a fim diverso daquele previsto, explícita ou implicitamente, na regra de competência".

Consoante art. 2º da Lei n. 4.717/1965 — atos nulos — tem-se:

3.1.1 Vícios com relação ao sujeito prolator do ato administrativo (pressuposto subjetivo) — Lei n. 4.717/1965, art. 2º, parágrafo único, letra a:

3.1.1.1 Incompetência — o ato não se inclui nas atribuições legais do agente que o praticou; a incompetência torna anulável o ato, autorizando sua convalidação;

3.1.1.2 Usurpação de função — é crime definido no art. 328 do Código Penal: "usurpar o exercício de função pública". O ato é inexistente. Alguém se faz passar por agente público, como o particular que lavra multa de trânsito ou o particular que se faz passar por delegado e expede auto de prisão;

3.1.1.3 Excesso de poder — agente público que atua fora ou além da sua esfera de competência deflagra o vício excesso de poder, uma das modalidades do abuso de poder. É causa de nulidade do ato administrativo. Exemplo: fiscal do sossego que multa um bar que visita por falta de higiene;

3.1.1.4 Funcionário de fato — exercício de função de fato decorrente de vício de investidura, apesar de a situação ter aparência de ser legal. Exemplo: cargo que exigia concurso público foi provido por nomeação política; inexistência de formação universitária para função que a exige e descoberta depois de transcorrido o prazo do estágio probatório (3 anos). Os atos, se conformes a lei, exarados por funcionário de boa-fé e desconhecedor de sua situação de ilegalidade, serão simplesmente anuláveis com eficácia *ex nunc* prevalecendo o princípio da segurança jurídica e da vedação ao enriquecimento ilícito da Administração Pública, sem necessidade de devolução dos valores recebidos quando da execução das atribuições do cargo que ocupou mesmo que de forma ilegal. Se, ao contrário, agiu de má-fé e ciente da ilegalidade de sua investidura, os atos serão nulos com eficácia *ex tunc* e os valores percebidos deverão ser devolvidos porque ninguém pode se beneficiar de sua própria torpeza.

3.1.2 Vícios com relação à forma (pressuposto formalístico)

Consoante à Lei n. 4.717/1965, art. 2º, parágrafo único, letra *b*, o vício de forma consiste na omissão ou na observância incompleta ou irregular de formalidades indispensáveis à existência ou seriedade do ato. É vício que torna anulável o ato administrativo. Exemplo: decreto é a forma que deve revestir o ato do Chefe do Executivo para fiel execução da lei.

Atenção: a exigência de **motivação** — declaração **escrita explícita, clara e congruente**, dos motivos que ensejaram a prática do ato — é requisito de forma do ato administrativo. Ausente a motivação que a lei prevê ser essencial à validade do ato, o efeito é a nulidade por vício de forma.

3.1.3 *Vícios com relação ao objeto ou conteúdo*

A ilegalidade do objeto ocorre quando o resultado do ato importa em violação de lei (por exemplo, Município desapropria bem da União — é causa de nulidade), regulamento ou outro ato normativo (Lei n. 4.717/1965, art. 2º, parágrafo único, letra *c*).

A Lei só dispõe sobre a ilegalidade, mas conforma antes assinalado, o objeto, tal qual no Direito Privado, "deve ser **lícito** (conforme a lei — se o ato exige conduta ilegal, é nulo, se, exige conduta criminosa é inexistente), **possível** (realizável no mundo dos fatos e do Direito — chefe do executivo não pode editar decreto proibindo a morte — é caso de inexistência), **certo** (definível quanto aos destinatários, aos efeitos, ao tempo e ao lugar — impossível desapropriar se o decreto expropriatório não identificou com precisão o bem a ser desapropriado), e **moral** (conforme aos padrões comuns de comportamento aceitos como corretos, éticos, justos etc. — parecer emitido por encomenda apesar de contrário ao entendimento de quem o profere).

3.1.4 *Vícios com relação ao motivo (pressuposto objetivo)*

Segundo dispositivo da Lei n. 4.717/1965, art. 2º, parágrafo único, letra *d*, a inexistência dos motivos se verifica quando a matéria de fato ou de direito, em que se fundamenta o ato, é materialmente inexistente ou juridicamente inadequada ao resultado obtido.

Maria Sylvia Zanella Di Pietro avança na caracterização do vício no requisito motivo e acresce a falsidade do motivo. Exemplo: "Se a Administração pune um funcionário, mas este não praticou qualquer infração, o motivo é inexistente; se ele praticou infração diversa, o motivo é falso".[55]

Tanto a inexistência quanto a falsidade do motivo tem como consequência a nulidade do ato.

3.1.5 *Vícios com relação à finalidade (pressuposto teleológico)*

O **desvio de finalidade** ou desvio de poder se verifica quando o agente pratica o ato visando a fim diverso daquele previsto, explícita ou implicitamente, na regra de competência (Lei n. 4.717/1965, art. 2º, parágrafo único, letra *e*). Exemplos: a desapropriação feita para prejudicar determinada pessoa caracteriza desvio de poder porque o ato não foi praticado para atender a um interesse público; a remoção *ex officio* de um funcionário, permitida para atender à necessidade de serviço, constituirá desvio de poder se feita com o objetivo de punir.[56]

Desvio de finalidade é uma das modalidades do abuso de poder — persecução de fim diverso daquele previsto na regra de competência. O ato é nulo.

Ainda na esteira da Lei n. 4.717/1965, o legislador elencou no seu art. 4º, casos de nulidade de ato administrativo sem mencionar a lesão ao patrimônio público. Nesses casos, a lesão é presumida. Estatui o art. 4º:

> "**Art. 4º** São também nulos os seguintes atos ou contratos, praticados ou celebrados por quaisquer das pessoas ou entidades referidas no art. 1º.
>
> I — A admissão ao serviço público remunerado, com desobediência, quanto às condições de habilitação, das normas legais, regulamentares ou constantes de instruções gerais.
>
> II — A operação bancária ou de crédito real, quando:
>
> a) for realizada com desobediência a normas legais, regulamentares, estatutárias, regimentais ou internas;
>
> b) o valor real do bem dado em hipoteca ou penhor for inferior ao constante de escritura, contrato ou avaliação.

(55) *Direito administrativo* cit., p. 244-245.

(56) Exemplos de Maria Sylvia Zanella Di Pietro, *Direito administrativo* cit., 23. ed., p. 242.

III — A empreitada, a tarefa e a concessão do serviço público, quando:

a) o respectivo contrato houver sido celebrado sem prévia concorrência pública ou administrativa, sem que essa condição seja estabelecida em lei, regulamento ou norma geral;

b) no edital de concorrência forem incluídas cláusulas ou condições, que comprometam o seu caráter competitivo;

c) a concorrência administrativa for processada em condições que impliquem na limitação das possibilidades normais de competição.

IV — As modificações ou vantagens, inclusive prorrogações que forem admitidas, em favor do adjudicatário, durante a execução dos contratos de empreitada, tarefa e concessão de serviço público, sem que estejam previstas em lei ou nos respectivos instrumentos.

[Comentário: são nulas as disposições que modificam ou incluam vantagens posteriores à avença não previstas na lei ou no próprio instrumento de vinculação.]

V — A compra e venda de bens móveis ou imóveis, nos casos em que não cabível concorrência pública ou administrativa, quando:

a) for realizada com desobediência a normas legais, regulamentares, ou constantes de instruções gerais;

b) o preço de compra dos bens for superior ao corrente no mercado, na época da operação;

c) o preço de venda dos bens for inferior ao corrente no mercado, na época da operação.

VI — A concessão de licença de exportação ou importação, qualquer que seja a sua modalidade, quando:

a) houver sido praticada com violação das normas legais e regulamentares ou de instruções e ordens de serviço;

b) resultar em exceção ou privilégio, em favor de exportador ou importador.

VII — A operação de redesconto quando sob qualquer aspecto, inclusive o limite de valor, desobedecer a normas legais, regulamentares ou constantes de instruções gerais.

VIII — O empréstimo concedido pelo Banco Central da República, quando:

a) concedido com desobediência de quaisquer normas legais, regulamentares, regimentais ou constantes de instruções gerais:

b) o valor dos bens dados em garantia, na época da operação, for inferior ao da avaliação.

IX — A emissão, quando efetuada sem observância das normas constitucionais, legais e regulamentadoras que regem a espécie".

Atenção: A Lei da Ação Popular data de 1965 e hoje se deve atentar para a legislação mais recente.

No inciso I do art. 4º da Lei n. 4.717/1965, o legislador quis coibir o ingresso ilegal de pessoas no serviço público que acarretem lesividade presumida ao patrimônio público em decorrência da baixa qualidade dos serviços prestados e mesmo nos casos de cargo de confiança. Exemplo: se o cargo exige nível superior e for admitida pessoa com segundo grau apenas, haverá nulidade da nomeação.

Os incisos II, VII e VIII art. 4º da Lei n. 4.717/1965 devem ser entendidos hoje como direcionados para a Caixa Econômica Federal e ao Banco do Brasil, já que o BACEN — Banco Central do Brasil não opera no mercado. Caracterizará hipótese de nulidade do ato administrativo somente se tais práticas descritas nos incisos citados forem realizadas em empresas públicas ou sociedades de economia mista. Hoje, são crimes "do colarinho branco" conforme previsão da Lei n. 7.492/1987, arts. 4º e 18.

Com referência aos incisos III, IV e V art. 4º da Lei n. 4.717/1965, todos devem ser lidos em conformidade com a legislação atual. Na CF, retomar art. 37, XXI; art. 173, § 1º, III e art. 175. Na legislação infraconstitucional, a Lei n. 8.666/1993 — arts. 1º ao 3º (obrigatoriedade de licitação, com efetiva competição entre os licitantes), arts. 58, I e 65 (que faz enumeração taxativa dos casos de modificações dos contratos, art. 89 (que considera crime a dispensa indevida de licitação) e art. 92 (que também considera crime a modificação não autorizada em lei, se em favor do adjudicatário).

O inciso VI da Lei n. 4.717/1965 além de caracterizar ato administrativo nulo tipifica crime de favorecimento do contrabando e do descaminho — art. 318 do Código Penal, se praticado pelo agente público e art. 334 do Código Penal, se praticado pelo particular.

3.2 *Atos administrativos anuláveis*

Dispõe o art. 3º da Lei n. 4.717/1965:

> "**Art. 3º** Os atos lesivos ao patrimônio das pessoas de direito público ou privado, ou das entidades mencionadas no art. 1º, cujos vícios não se compreendam nas especificações do artigo anterior, serão anuláveis, segundo as prescrições legais, enquanto compatíveis com a natureza deles".

Essa não é uma definição clara. Deve-se entender que ato anulável pode ser convalidado pela Administração Pública. Nesse sentido é o julgado: "(...) 5. Somente são passíveis de convalidação os atos da Administração que não foram impugnados administrativa ou judicialmente".[57]

A **anulação**, ao contrário da revogação, é a invalidade do ato em razão de sua ilegalidade ou ilegitimidade (ofensa ao Direito como um todo). É o conceito que se pode extrair do art. 53 da Lei n. 9.784/1999 antes citado. Pode incidir tanto sobre atos vinculados como sobre atos discricionários. Não é controle de mérito, portanto, é sempre de legalidade. Um ato nunca poderá ser anulado por ser considerado inoportuno ou inconveniente.

Os efeitos da invalidação são retroativos *ex tunc*, pois atingem o ato desde a sua edição viciada, mas são resguardados os efeitos já produzidos perante terceiros de boa-fé.

Tanto a Administração Pública (de ofício, por meio da autotutela) como o Poder Judiciário (por provocação, pelo controle externo jurisdicional) podem anular atos ilegais. Nesse sentido, é a **Súmula n. 346** do Supremo Tribunal Federal (rever a Súmula n. 473 também do STF antes aludida): "A administração pública pode declarar a nulidade dos seus próprios atos".

A Lei n. 9.784/1999, no seu art. 54 prescreve que há um prazo **decadencial de cinco anos** para a Administração Pública anular os atos administrativos de que decorram efeitos favoráveis para os destinatários, contados da data em que foram praticados, salvo comprovada má-fé. O termo *a quo* do quinquênio decadencial, estabelecido no art. 54 da referida Lei, conta-se da data de sua vigência (da data de sua entrada em vigor) e não da data em que foi praticado o ato que se pretende anular (STJ, MS n. 9.425/DF).

Esse prazo de cinco anos não se aplica a atos administrativos que contrariem flagrantemente a Constituição Federal que podem ser anulados a qualquer tempo.

A anulação pelo Poder Judiciário sujeita-se a um prazo **prescricional de cinco anos** (art. 1º do Decreto n. 20.910/1932).

Por oportuno, resta dizer: o ato passível de anulação é ilegal; o ato anulatório é secundário, constitutivo e vinculado.

(57) REsp n. 200500095640, Eliana Calmon, STJ — 2. Turma, 21.11.2008.

Ainda é oportuno citar as novas disposições do art. 103-A, § 3º, da CF referente às sumulas vinculantes acrescentado pela EC n. 45, de 8.12.2004, para o qual se remete o leitor.

A **convalidação** é a sanação do vício de ato administrativo possuidor de vício sanável. Atos inexistentes e nulos nunca podem ser convalidados. "É o ato administrativo pelo qual é suprido o vício existente em um ato ilegal, com efeitos retroativos à data em que este foi praticado".[58] É o que dispõe o art. 55 da Lei n. 9.784/1999.

"Art. 55. Em decisão na qual se evidencie não acarretarem lesão ao interesse público nem prejuízo a terceiros, os atos que apresentarem defeitos sanáveis poderão ser convalidados pela própria Administração".

Entende a doutrina que o termo "poder", contido no dispositivo legal supra, deve ser compreendido como "dever", portanto, a convalidação para a doutrina é um dever vinculado contrário ao que dispõe a Lei. Há uma exceção apontada por Celso Antônio Bandeira de Mello que é o vício de competência em ato de conteúdo discricionário.[59] Exemplo: autoridade X, incompetente, toma uma decisão em função de um juízo discricionário. A autoridade Y se discordar, invalida o ato; se concordar, convalida o ato.

O ato convalidatório tem natureza vinculada, constitutiva, secundária e eficácia *ex tunc*.

Há três espécies de convalidação: ratificação, confirmação e saneamento.

Quando da classificação dos atos administrativos, aludiu-se ao critério da ilegalidade para classificar esse atos conforme a doutrina de Celso Antônio Bandeira de Mello. Retornando àquela preleção, tem-se:

3.2.1 **Atos nulos** — são os praticados em desacordo com a lei e sem possibilidade de convalidação (sanação do vício). Exemplo: ato praticado por agente público competente, mas que excede os limites de sua competência; todo ato que visa a fim alheio ao interesse público;

3.2.2 **Atos anuláveis** — são os ilegais que podem ser refeitos sem vícios, passíveis de convalidação. Exemplo: ato praticado em desconformidade com a forma prevista em lei para a prática do ato; ato praticado por servidor incompetente;

3.2.3 **Atos irregulares** — são os que possuem defeitos irrelevantes, normalmente quanto à forma, não prejudicando a validade do ato administrativo. Exemplo: ofício sem timbre da Administração Pública; portaria publicada com nome de decreto;

3.2.4 **Atos inexistentes** — quando faltar algum elemento ou pressuposto indispensável para o cumprimento do ciclo de formação do ato ou corresponder a condutas criminosas, radicalmente vedadas pelo Direito. Exemplo: ordem emitida por delegado para subordinado torturar preso; ato praticado por usurpador de função pública.

Como supraexposto, há diversos níveis de descumprimento da lei importando em diferentes níveis de sanções conforme o grau de agressão que o ato produziu dentro do sistema jurídico.

3.3 Teoria dos motivos determinantes

A **teoria dos motivos determinantes** nada mais é do que a vinculação do administrador público aos motivos que alegou para fundamentar o ato administrativo que exarou. Mesmo quando a motivação não for exigida, se a Administração Pública indicá-la, o ato só será válido se o motivo for verdadeiro.

(58) PIETRO, Maria Sylvia Di. *Direito administrativo* cit., 23. ed., 2010. p. 245.
(59) *Curso de direito administrativo* cit., p. 468.

Por exemplo, um servidor ocupante de cargo de confiança pode ser exonerado sem que o agente público motive o ato de exoneração. Se, todavia, o servidor for demitido por alegação de desídia, esta alegação faz parte da motivação do ato de demissão e se vinculará a ele. Se o ato for impugnado, deverá ser objeto de prova. O ato discricionário da demissão assume feições de ato vinculado. Se ficar provado que o servidor não foi desidioso na realização de suas tarefas, poderá inclusive retornar ao cargo.

4. ADMINISTRAÇÃO PÚBLICA: NOÇÕES FUNDAMENTAIS

Antes de se firmar um conceito para Administração Pública, faz-se necessário expor os sentidos(60) em que se emprega essa expressão. São eles:

1. **Sentido objetivo, material ou funcional** — é o conjunto de atividades exercidas pelos órgãos e entidades, que costumam ser consideradas próprias da função administrativa. O critério adotado pelo conceito é **o que se faz** e não quem faz. A expressão é grafada com iniciais minúsculas.

Neste sentido, a expressão administração pública **inclui** os delegatários de serviços públicos — concessionários e permissionários pessoas privadas que prestam serviço púbico por delegação do Estado e as organizações sociais — pessoas também privadas que executam atividades de utilidade pública, previstas num contrato de gestão celebrado com o poder público, e **exclui** as sociedades de economia mista que exercem atividade econômica como é o caso da Petrobras S/A e o Banco do Brasil.

2. **Sentido subjetivo, formal ou orgânico**: é o conjunto de agentes, órgãos e pessoas jurídicas que o nosso ordenamento jurídico identifica como administração pública, não importando a atividade que exerçam, mas que em regra, tem a incumbência de executar função administrativa, em **qualquer** dos poderes estruturais do Estado. O critério adotado pelo conceito é **quem faz** e não o que se faz. A expressão é grafada com iniciais maiúsculas.

Neste sentido, a expressão administração pública **exclui** os delegatários de serviços públicos — concessionários e permissionários, pessoas privadas que prestam serviço púbico por delegação do Estado e as organizações sociais — pessoas também privadas que executam atividades de utilidade pública, previstas num contrato de gestão celebrado com o poder público, e **inclui** as sociedades de economia mista que exercem atividade econômica como é o caso da Petrobras S/A e o Banco do Brasil.

Conclusão: o Brasil adota o critério formal. O conceito legal de administração pública se encontra na legislação. No âmbito federal, o tema é disciplinado pelo Decreto-lei n. 200/1967 que "dispõe sobre a organização da Administração Púbica Federal e estabelece diretrizes para a Reforma Administrativa".

Administração pública no Brasil é formada exclusivamente pelos órgãos integrantes da administração direta e pelas entidades da administração indireta. Pode-se agora afirmar que é **o conjunto de órgãos e entidades que exercem a função administrativa, em qualquer dos poderes do Estado**. Neste texto, será usada a expressão com iniciais maiúsculas portanto.

Feita a conceituação de Administração Pública, o passo seguinte é relembrar algumas noções importantes para entender a organização interna da Administração Pública.

As pessoas de **direito <u>público</u> interno**(61) se dividem em **pessoas políticas** e **pessoas administrativas**. A diferença entre elas está atrelada às funções estatais que cada uma dessas pessoas desempenha no contexto do Estado brasileiro.

(60) Conforme José dos Santos Carvalho Filho, *Manual de direito administrativo* cit., p. 10-11.

(61) SUNDFELD, Carlos Ari. *Fundamentos de direito público* cit., p. 72 a 74.

Pessoa política — é a pessoa de direito público que tem a capacidade de legislar, isto é, poder para inovar originariamente na ordem jurídica. Aqui estão os entes políticos: União, Estados, Distrito Federal e Municípios, cada qual com seus respectivos poderes legislativos editando leis sobre os assuntos reservados a elas pela Constituição Federal.

Pessoa administrativa — é a pessoa de direito público criada como descentralização da pessoa política, com capacidade exclusivamente administrativa (capacidade para aplicar a lei de ofício). Exemplo: o BACEN — Banco Central do Brasil foi criado como descentralização da pessoa política União para atuar também na fiscalização das entidades financeiras. A autarquia não edita lei, apenas pode aplicar a lei editada pela pessoa política União.

Centralização e descentralização x concentração e desconcentração — São técnicas que o Estado emprega para cumprir com suas competências constitucionais.

Centralização: execução **direta,** pelo Estado, de suas tarefas, por meio dos órgãos e agentes administrativos que compõem sua estrutura funcional. A(s) competência(s) é(são) desempenhada(s) por uma única pessoa jurídica, no caso, pessoa política, União, Estados, Distrito Federal e Municípios. É a chamada administração direta, centralizada.

Descentralização: execução **indireta** das tarefas estatais, que são passadas a outras **entidades.** Há a pressuposição da criação de pessoas jurídicas autônomas diversas das pessoas políticas. Há duas pessoas distintas: o Estado (a União, os Estados, o Distrito Federal e os Municípios) e a pessoa que executará as tarefas/serviços estatais. Exemplos: a autarquia BACEN e a empresa pública Correios e Telégrafos — ambas pessoas administrativas criadas como descentralização da pessoa política União. O conjunto dessas entidades, pessoas jurídicas autônomas, leva o nome de administração indireta ou descentralizada. Lembrete — inclui-se aqui tanto entidades com personalidade jurídica de direito público (autarquias e fundações públicas) quanto as entidades com personalidade jurídica de direito privado (empresas públicas e sociedades de economia mista).

O Decreto-lei n. 200/1967, art. 6º, considera a descentralização como princípio fundamental da organização administrativa.

A Lei n. 9.784/1999, art. 1º, § 2º, II dispõe que **entidade** é a unidade de atuação dotada de personalidade jurídica própria passível, portanto, de responder pela atuação de seus agentes no exercício de função pública.

A descentralização pode ocorrer por **outorga** ou por **delegação.**

Descentralização por outorga — é também chamada de descentralização por serviços ou legal. O Estado, através da edição de uma lei, **cria** ou **autoriza** a criação de uma pessoa jurídica e a ela transfere determinado serviço público. O Estado transfere à entidade a titularidade e a execução do serviço descentralizado. É o que ocorre na criação das entidades da Administração Indireta (autarquias, fundações públicas, empresas públicas e sociedades de economia mista). Em regra, é por prazo indeterminado.

O art. 37, XIX da Constituição Federal assim dispõe:

> "XIX — somente por lei específica poderá ser criada autarquia e autorizada a instituição de empresa pública, de sociedade de economia mista e de fundação, cabendo à lei complementar, neste último caso, definir as áreas de sua atuação".

Descentralização por delegação — é também chamada de descentralização por colaboração ou negocial. O Estado transfere, por contrato (concessão, permissão) ou ato unilateral (autorização), a execução do serviço público, para que o delegatário o preste à população, em seu próprio nome, por sua conta e risco e sob fiscalização do Estado. O Estado mantém a titularidade do serviço público. É sempre por prazo determinado.

Não há hierarquia em nenhuma das formas de descentralização. Há **vinculação** e não subordinação. Ocorre o chamado **controle finalístico** ou **tutela administrativa** ou **supervisão.**

Concentração e desconcentração — Para que se entenda essa diferença, recorre-se à noção de **órgão público**. Segundo a Lei n. 9.784/1999, art. 1º, § 2º, I, **órgão** é a **unidade de atuação** integrante da Administração Direta e Indireta. Segundo Hely Lopes Meirelles(62), são centros de competência instituídos para o desempenho de funções estatais, através de seus agentes, **cuja atuação é imputada à pessoa jurídica a que pertencem.** Cada órgão tem funções, cargos e agentes, mas é distinto desses elementos, que podem ser modificados, substituídos ou retirados sem supressão da unidade orgânica. A alteração de funções ou a vacância de cargos, ou a mudança de seus titulares, não acarreta portanto a extinção do órgão.

Apesar de o órgão integrar a estrutura de uma pessoa jurídica, ser resultado de desconcentração (como se verá), não possuir personalidade jurídica própria e nem capacidade processual, os órgãos podem ter prerrogativas funcionais próprias, que quando infringidas, admitem defesa até por meio de mandado de segurança. É o caso da Presidência da República e da Mesa do Senado Federal que detém sim capacidade processual para a defesa de suas prerrogativas funcionais. A doutrina reconhece essa capacidade processual para **alguns órgãos somente** e que é aceita pela jurisprudência. Todavia, a regra é "a atuação dos órgãos é imputada à pessoa jurídica que eles integram".(63) Assim, ajuizar ação contra órgão acarreta a extinção da ação sem julgamento do mérito por ilegitimidade de parte. Exemplo: não se propõe um ação contra o Ministério Público, contra a Assembleia Legislativa ou contra o Tribunal de Justiça de determinado Estado. No caso do mandado de segurança, a ação será proposta contra a autoridade coatora (mesa da Assembleia Legislativa, por exemplo) e não contra o órgão Assembleia Legislativa que não tem personalidade jurídica.

Quais órgãos podem defender seus poderes e prerrogativas? Exemplos:

1. os órgãos mais elevados do Poder Público, de envergadura constitucional, quando defendem suas prerrogativas e competências passam a ter legitimidade para tanto. Para Hely Lopes Meirelles são os órgãos independentes (Tribunal de Contas, por exemplo) e os autônomos (Ministérios, Advocacia Geral da União, Secretarias de Estado e de Municípios), visto que os demais — superiores (Gabinetes, Procuradorias, Departamentos, Divisões e Coordenadorias) e subalternos (exercentes de atividades de mera execução como as seções de expediente) — em razão de sua hierarquização, não podem demandar judicialmente outros órgãos, uma vez que seus conflitos de atribuições serão resolvidos administrativamente pelas chefias a que estão subordinados;(64)

2. nos casos do art. 82, III, do Código de Defesa do Consumidor (defesa coletiva dos consumidores, nas hipóteses do art. 81, parágrafo único, do CDC).

Art. 81 do CDC:

"A defesa dos interesses e direitos dos consumidores e das vítimas poderá ser exercida em juízo individualmente, ou a título coletivo.

Parágrafo único. A defesa coletiva será exercida quando se tratar de:

I — interesses ou direitos difusos, assim entendidos, para efeitos deste código, os transindividuais, de natureza indivisível, de que sejam titulares pessoas indeterminadas e ligadas por circunstâncias de fato;

II — interesses ou direitos coletivos, assim entendidos, para efeitos deste código, os transindividuais, de natureza indivisível de que seja titular grupo, categoria ou classe de pessoas ligadas entre si ou com a parte contrária por uma relação jurídica base;

III — interesses ou direitos individuais homogêneos, assim entendidos os decorrentes de origem comum".

(62) MEIRELLES, Hely Lopes. *Direito administrativo brasileiro* cit., p. 63-64.

(63) *Idem*. p. 65.

(64) *Idem*. p. 64.

Art. 82 do CDC:

"Para os fins do art. 81, parágrafo único, são legitimados concorrentemente:

I — o Ministério Público,

II — a União, os Estados, os Municípios e o Distrito Federal;

III — as entidades e órgãos da Administração Pública, direta ou indireta, **ainda que sem personalidade jurídica**, especificamente destinados à defesa dos interesses e direitos protegidos por este código".

No Informativo 455 (fev. 2007) do Supremo Tribunal Federal há a seguinte decisão:

"A min. Ellen Gracie, relatora, negou provimento ao recurso (...).
Preliminarmente, afastou a alegação de que a Assembleia Legislativa, por ser órgão desprovido de personalidade jurídica, seria parte ilegítima para requerer suspensão de segurança, tendo em conta a jurisprudência do STF no sentido de reconhecer a legitimidade da Assembleia Legislativa quando a decisão impugnada constitui óbice ao exercício de seus poderes e prerrogativas." (SS n. 2.702 AgR/MG)

Há alguns órgãos que possuem relativa autonomia gerencial, orçamentária e financeira podendo inclusive firmar, por meio de seus administradores, contratos de gestão com pessoas jurídicas, conforme previsto no art. 37, § 8º, da Constituição Federal.

"Art. 37. A administração pública direta e indireta de qualquer dos Poderes da União, dos Estados, do Distrito Federal e dos Municípios obedecerá aos princípios de legalidade, impessoalidade, moralidade, publicidade e eficiência e, também, ao seguinte:

(...)

§ 8º A autonomia gerencial, orçamentária e financeira dos órgãos e entidades da administração direta e indireta poderá ser ampliada mediante contrato, a ser firmado entre seus administradores e o poder público, que tenha por objeto a fixação de metas de desempenho para o órgão ou entidade, cabendo à lei dispor sobre: (...)".

Teorias acerca da manifestação da vontade estatal — Como se dá a relação do Estado com o agente público? Há várias teorias, três serão destacadas.

1. Teoria do mandato — o agente público seria o mandatário da pessoa jurídica. O problema é que tal teoria não explica quem outorgaria, em nome do Estado, o mandato ao agente.

2. Teoria da representação — os agentes públicos seriam representantes do Estado por força de lei, como ocorre com os tutores ou curadores de incapazes. Não é aceita, pois o Estado não é um incapaz. Além disso, os representados — no caso, o Poder Público — não respondem perante terceiros pelos atos de seus representantes quando eles exorbitam de seus poderes.

3. Teoria da imputação volitiva ou do órgão — a vontade da pessoa jurídica deve ser atribuída aos órgãos que a compõem e que são integrados por agentes públicos.[65] Todavia, a atuação dos órgãos é *imputada* à pessoa jurídica que eles integram. Teoria de origem alemã hoje aceita, cujo criador foi Otto Gierke, que comparou o Estado ao corpo humano. Cada repartição estatal funciona como uma parte do corpo, como um dos órgãos humanos. Por isso, os órgãos públicos não são pessoas jurídicas, mas partes integrantes da pessoa estatal.

(65) FILHO, José dos Santos Carvalho. *Manual de direito administrativo* cit., p. 12.

Maria Sylvia Zanella Di Pietro[66] informa que essa teoria é utilizada por muitos autores para justificar a validade dos atos praticados por funcionário de fato, pois considera-se que o ato do funcionário é ato do órgão, portanto, imputável à Administração Pública. Não é o caso daquele que assume a função pública por sua própria conta, quer dolosamente (como usurpador de função), quer de boa-fé, para desempenhar função em momento de emergência, porque não há investidura do agente na função. Deve haver ao menos aparência de poder jurídico, como é o caso do funcionário de fato, que tem vínculo com a Administração Pública, embora se trate de um vínculo com vício de validade.

Espécies de órgãos públicos[67]

1. Quanto à posição hierárquica

1.1 Independentes ou primários — são os originários da Constituição e representativos dos Poderes do Estado — Legislativo, Executivo e Judiciário. Estão no ápice da pirâmide governamental, sem qualquer subordinação hierárquica ou funcional, e só sujeitos aos controles constitucionais de um Poder pelo outro. Exercem as funções políticas, judiciais e quase judiciais outorgadas diretamente pela Constituição, para serem desempenhadas pessoalmente por seus membros agentes políticos. Exemplos: Congresso Nacional, Câmara dos Deputados, Senado Federal, Assembleias Legislativas, Câmara de Vereadores, as Chefias do Executivo — Presidência da República, Governadoria dos Estados e do DF e Prefeitura dos Municípios, Tribunais e Juízos singulares, Ministério Público, Tribunal de Contas da União e dos Estados-Membros.

1.2 Autônomos — situados imediatamente abaixo dos órgãos independentes e diretamente subordinados a seus chefes. Tem ampla autonomia administrativa, financeira e técnica, caracterizando-se como órgãos diretivos, com funções precípuas de planejamento, supervisão, coordenação e controle das atividades que constituem sua área de competência. Exemplos: os Ministérios, as Secretarias de Estado e de Município, a Advocacia-Geral da União.

1.3 Superiores — são os que detêm poder de direção, controle, decisão e comando dos assuntos de sua competência específica, mas sempre sujeitos à subordinação e ao controle hierárquico de uma chefia mais alta. Não gozam de autonomia administrativa nem financeira. Exemplos: Gabinetes, Secretarias-Gerais, Procuradorias Administrativas e Judiciais, Coordenadorias, Departamentos e Divisões.

1.4 Subalternos — são os que têm reduzido poder de decisão e predomínio de atribuições de execução. Não têm autonomia alguma. Destinam-se à realização de serviços de rotina. Exemplo: repartições comuns.

2. Quanto à estrutura

2.1 Simples ou unitários — são constituídos por um só centro de competência. Exemplo: Presidência da República.

2.2 Compostos — constituídos por diversos órgãos menores. Exemplo: Secretarias em geral (Educação, Obras e Viação etc.).

3. Quanto à atuação funcional

3.1 Singulares ou unipessoais — compostos por um único agente. Exemplo: Prefeitura Municipal.

3.2 Colegiados ou pluripessoais — constituídos por vários membros. Exemplo: tribunais administrativos (TIT — Tribunal de Impostos e Taxas etc.).

(66) *Direito administrativo* cit., p. 521.
(67) MEIRELLES, Hely Lopes. *Direito administrativo brasileiro* cit., p. 65 a 70.

Criação e extinção de órgãos — A criação e extinção formal de órgãos depende de lei. Dispõem o art. 48, XI e art. 61, § 1º, II, *e*, ambos da Constituição Federal.

"Art. 48. Cabe ao Congresso Nacional, com a sanção do Presidente da República, não exigida esta para o especificado nos arts. 49, 51 e 52, dispor sobre todas as matérias de competência da União, especialmente sobre:

(...)

XI — criação e extinção de Ministérios e órgãos da Administração Pública".

"Art. 61. A iniciativa das leis complementares e ordinárias cabe a qualquer membro ou Comissão da Câmara dos Deputados, do Senado Federal ou do Congresso Nacional, ao Presidente da República, ao Supremo Tribunal Federal, aos Tribunais Superiores, ao Procurador-Geral da República e aos cidadãos, na forma e nos casos previstos nesta Constituição.

§ 1º São de iniciativa privativa do Presidente da República as leis que:

(...)

II — disponham sobre:

(...)

e) criação e extinção de Ministérios e órgãos da administração pública, observado o disposto no art. 84, VI".

Bem, fixada a noção de órgão, mais fácil fica entender o que é **concentração** e **desconcentração.**

Concentração: as competências administrativas são cumpridas por meio de órgãos públicos, despersonalizados e **sem** divisões internas em repartições ou departamentos. Desta forma, ocorrerá concentração sempre que **um único órgão público** acumular todas as funções/atribuições administrativas inerentes à Administração Pública, o que é muito raro de ocorrer.

Desconcentração administrativa: ocorre quando há a repartição de funções entre os vários órgãos (despersonalizados) de **uma mesma pessoa jurídica, sem quebra de hierarquia.** Pode ser uma pessoa política ou uma entidade da administração indireta. Exemplo: pessoa política União distribui competências entre diversos órgãos de sua estrutura: Presidência da República/Ministério da Fazenda/Secretaria da Receita Federal/Delegacias/postos de atendimento ou, ainda, pessoa política Município: Prefeitura/Subprefeituras/Secretarias de Educação, Esporte e Lazer, de Obras e Viação/respectivas repartições internas em departamentos e seções. Uma autarquia — pessoa administrativa, entidade integrante da administração indireta, como é o caso de uma universidade, distribui competências internamente criando diversos departamentos tipo departamento de graduação, pós-graduação, departamento de direito, de filosofia e ciências sociais etc.

Dado que a desconcentração ocorre no âmbito de uma mesma pessoa jurídica, há **subordinação** e não vinculação. Surge relação de **hierarquia** ou **subordinação**, o conhecido **controle hierárquico**, cujo conteúdo compreende poderes de comando, fiscalização, revisão, punição, solução de conflitos de competência, delegação e avocação.

4.1 Administração Pública Direta e Indireta

Administração Direta: Segundo o art. 4º, I, do Decreto-lei n. 200/1967, a Administração Direta se constitui dos serviços integrados na estrutura administrativa da Presidência da República e dos Ministérios.

Esse conceito merece "reparos" dado que a administração direta é formada pelo conjunto dos órgãos dos entes políticos — União, os Estados, o Distrito Federal e os Municípios que, de maneira centralizada, desempenham atividade administrativa. **Inclui todos os órgãos públicos que se agregam ou que são parte de algum dos entes federados.** Então, não é somente a Presidência da República e os Ministérios que compõem a administração direta federal, mas todo aparato administrativo do Poder Judiciário da União e do

Poder Legislativo da União; a administração direta dos Estados-membros e do Distrito Federal é composta pelos Governadores de Estado e suas Secretarias, pelos setores do Poder Legislativo e Judiciário que exercem atribuições administrativas e, a administração direta dos Municípios, que é composta pela Prefeitura e suas Secretarias, junto com os setores do Poder Legislativo que exercem atividades administrativas (não há Poder Judiciário nos municípios).

Administração Indireta: Segundo o art. 4º, II, do Decreto-lei n. 200/1967, a Administração Federal compreende, além da administração direta, a administração indireta. Esta, por sua vez, compõe-se de autarquias, fundações, empresas públicas e sociedades de economia mista. **Não integram a Administração Indireta** no sentido formal as chamadas **entidades paraestatais que fazem parte do Terceiro Setor** (o primeiro setor é o Estado, o segundo setor é o mercado). O Terceiro Setor pode ser definido como aquele composto por entidades privadas da sociedade civil, que prestam atividade de interesse social, por iniciativa privada, sem fins lucrativos, com incentivo do Estado. A Administração Pública incentiva o desenvolvimento das atividades do terceiro setor pelo alcance social dessa atuação. Exemplos de entidades paraestatais são os serviços sociais autônomos como SESI — Serviço Social da Indústria; SENAI — Serviço Nacional de Aprendizagem Industrial; SENAC — Serviço Nacional de Aprendizagem Comercial, as organizações sociais (OS) e as organizações da sociedade civil de interesse público (OSCIP).

A Administração Indireta é composta pelas entidades administrativas dotadas de personalidade jurídica própria, que exercem competências descentralizadas e se mantêm vinculadas (não subordinadas) ao ente central.

Há alguns princípios específicos que incidem sobre a Administração Indireta. São eles:

1. Princípio da reserva legal — as pessoas integrantes da Administração Indireta só podem ser instituídas por lei. Assim dispõe o art. 37, XIX, da CF:

> "Somente por lei específica poderá ser criada autarquia e autorizada a instituição de empresa pública, de sociedade de economia mista e de fundação, cabendo à lei complementar, neste último caso, definir as áreas de sua atuação".

Então, para a instituição de autarquia, o ente federado precisa editar lei específica quanto à matéria e, com o início de vigência da lei, a autarquia adquire personalidade jurídica.

No caso das demais entidades, a Constituição exige autorização para sua criação em lei específica. A aquisição de personalidade jurídica dessas entidades dá-se com o registro dos atos constitutivos no registro público competente. Os atos constitutivos se corporificam num decreto, mas não é a publicação do decreto que faz nascer a personalidade jurídica dessas entidades. É somente com o registro dos atos constitutivos.

No caso de **criação de subsidiárias**, o legislador originário achou por bem também depender de autorização legislativa, em cada caso, a criação de subsidiárias das entidades da Administração Indireta, assim como a participação de qualquer delas em empresa privada (art. 37, XX, CF). Todavia, na **ADI n. 1.649,** o Supremo Tribunal Federal decidiu:

> "(...) é dispensável a autorização legislativa para a criação de empresas subsidiárias desde que haja previsão para esse fim na própria lei que instituiu a empresa/sociedade de economia mista matriz, tendo em vista que a lei criadora seria a própria medida autorizadora".

2. Princípio da especialidade — A atividade exercida pelas pessoas da Administração Indireta deve estar expressamente consignada na lei (será "especializada", restrita ao serviço que lhe foi descentralizado pela Administração Direta).

3. Princípio do controle (ou tutela administrativa) — É o tipo de controle dos entes políticos sobre as entidades da Administração Indireta por eles criadas (chamado de "supervisão ministerial" no DL n. 200/1967). A tutela não se presume: depende de previsão legal expressa e só pode ser exercida nos termos e limites legalmente estabelecidos.

A finalidade da tutela administrativa ou supervisão ministerial é:

— assegurar realização dos objetivos da entidade;

— harmonia com a política e programação do Governo no setor de atuação;

— eficiência administrativa;

— autonomia administrativa, operacional e financeira da entidade.

A diferença entre **tutela** e **controle hierárquico** reside em dois pontos cruciais:

1. o controle hierárquico independe de previsão legal expressa; a tutela exige previsão legal;

2. o controle hierárquico existe entre um órgão superior e outro inferior dentro da mesma pessoa jurídica; a tutela requer duas pessoas: a central e a descentralizada.

4.2 Entidades da Administração Pública Indireta

4.2.1 Autarquia

É "o serviço autônomo, criado por lei, com personalidade jurídica de direito público, patrimônio e receita próprios, para executar atividades típicas da Administração Pública, que requeiram, para seu melhor funcionamento, gestão administrativa e financeira descentralizada" (art. 5.º, I, DL n. 200/1967). Exemplos: autarquias de serviço como o INSS, IBAMA, INCRA e universidades públicas como a USP e a UFRJ; autarquias especiais *stricto sensu* como o BACEN, a SUDAM, a SUDENE e o CADE; autarquias especiais do tipo agências reguladoras como a ANATEL, a ANT e a ANCINE; autarquias corporativas como os Conselhos de Classe — CREA, CRO, CRM; autarquias fundacionais como o PROCON, a FUNASA e a FUNAI. Os territórios são chamados de autarquias territoriais (art. 33 da CF).

Para se ter certeza de que determinada entidade é ou não é uma autarquia, deve-se verificar a lei que a instituiu.

Características das autarquias:

1. seus bens são públicos (art. 98 do CC) e gozam dos mesmos privilégios atribuídos aos bens públicos em geral como a imprescritibilidade e a impenhorabilidade. A execução judicial contra uma autarquia está sujeita ao regime de precatórios, previstos no art. 100 da Constituição Federal;

2. exigem concurso público para ingresso (art. 37, II, da CF), e seus agentes se submetem à regra que veda a acumulação remunerada de cargos, empregos e funções públicas (art. 37, XVII, da CF);

3. regime de pessoal: regime jurídico único. Em agosto de 2007, o Supremo Tribunal Federal declarou inconstitucional, por vício formal, a alteração da redação do *caput* do art. 39 da CF promovida pela EC n. 19/1998. A partir de agosto de 2007, portanto, voltou a ter vigência a exigência de que cada ente da Federação tenha um só regime jurídico aplicável a todos os servidores integrantes da sua administração direta, autarquias e fundações públicas. A investidura de seus dirigentes será conforme aquela prevista na lei instituidora. A competência para nomear seus dirigentes, no caso das autarquias federais, é privativa do Presidente da República (art. 84 da CF) e, no caso das estaduais e DF, do governador e nos municípios, do Prefeito. Para a nomeação, poderá ocorrer prévia exigência de aprovação pelo Senado Federal (art. 84, XIV, da CF). Essa exigência pode estar na CF — como é o caso de nomeação para preenchimento de cargo de presidente e diretores do Banco Central (art. 52, III, *d*, da CF) ou constante em lei e aí com fundamento no art. 52, III, *f*, da CF. Esta última situação ocorre na nomeação

de dirigentes de agências reguladoras como a ANATEL, ANEEL e ANP. No caso da exoneração, não pode a lei instituidora da autarquia exigir aprovação legislativa prévia para a exoneração de dirigentes de entidades de administração indireta pelo chefe do Poder Executivo por ofensa ao princípio da separação de poderes;

4. possuem os mesmos privilégios processuais do ente central, tais como prazo em quádruplo para contestar e em dobro para recorrer (art. 188 do CPC, Lei n. 9.469/1997, art. 10), duplo grau de jurisdição obrigatório das sentenças a elas contrárias (475, I, do CPC), e execução fiscal de sua dívida ativa (art. 1º da Lei n. 6.830/1980);

5. seus contratos se submetem à Lei de Licitações e Contratos;

6. sua responsabilidade é objetiva (art. 37, § 6º, CF);

7. têm imunidade tributária, em relação a impostos, no que se refere ao patrimônio, à renda e aos serviços, vinculados a suas finalidades essenciais ou às delas decorrentes (art. 150, § 2º, da CF);

8. com relação às lides envolvendo pessoal, caso se tratem de servidores estatutários federais, serão dirimidas na Justiça Federal; se serventuários públicos de autarquias estaduais ou municipais, as lides serão processadas e julgadas na Justiça Estadual.

Autarquia é gênero de entidade administrativa, subdividido em espécies, que são:

1 — **autarquia comum ou ordinária** — é aquela que não apresenta nenhuma peculiaridade e se sujeita ao regime jurídico geral previsto no Decreto-lei n. 200/1967 (no caso das federais) ou a regime jurídico análogo se estaduais, distritais ou municipais. Exemplo: INSS, IBAMA, INCRA;

2 — **autarquia sob regime especial** — o regime jurídico apresenta alguma peculiaridade que destoa do previsto no regime geral ou comum ou ordinário previsto no Decreto-lei n. 200/1967 (no caso das federais) ou a regime jurídico análogo se estaduais, distritais ou municipais. De um modo geral, as respectivas leis instituidoras contêm instrumentos que lhes conferem maior autonomia perante o Poder Executivo do que as autarquias comuns, como é o estabelecimento de mandatos por prazo certo para seus dirigentes. Exemplo: BACEN, agências reguladoras federais como a ANATEL, a ANTT, a ANA etc.;

3 — **associação pública**(68) — conforme o art. 41, IV, do Código Civil "são pessoas jurídicas de direito público interno as autarquias, inclusive as associações públicas". A Lei n. 11.107/2005 estabelece no art. 6º que o consórcio público adquirirá personalidade jurídica de direito público, no caso de constituir uma **associação pública** e passará a integrar a administração indireta de todos os entes consorciados. A doutrina chama essas associações públicas de "**autarquias interfederativas**" ou "**autarquias multifederadas**";

4 — **autarquia fundacional** — é uma fundação pública instituída por lei específica, com personalidade de direito público. É indiferente utilizar "autarquia fundacional" ou "fundação autárquica" para nominá-las.

> **Atenção:** agências executivas não são uma espécie de entidade, mas trata-se de uma qualificação que poderá ser conferida pelo Poder Público às autarquias em geral (inclui fundações públicas) que com ele celebrem contrato de gestão nos moldes previstos no art. 37, § 8º, da CF.

Adiante, faz-se o estudo dessas espécies e das agências executivas em item específico, com exceção do item "1", já comentado acima.

(68) Conforme posição adotada por José dos Santos Carvalho Filho, *Manual de Direito Administrativo*. 21. ed. Rio de Janeiro: Lumen Juris, 2009. p. 470.

4.2.2 *Agências Reguladoras*

São autarquias criadas para "regulamentar", controlar e fiscalizar sobretudo a prestação de serviços públicos e atividades econômicas transferidas à iniciativa privada. São "autarquias de regime especial".

O modelo proposto para as agências reguladoras é de atuação técnica e imparcial imune a interferências políticas, eleitoreiras ou demagógicas e, também, para afastar o chamado "risco de captura" — o agente regulador ser comandado pelo agente regulado. Exemplo: a ANS — Agência Nacional de Saúde não pode editar resolução que atenda somente os interesses privados das operadoras de planos de saúde.

Características que as diferenciam das autarquias comuns:

1. Maior autonomia em relação à Administração Direta.

2. Caráter final de suas decisões em **matérias técnicas de sua competência** que não são passíveis de apreciação por outros órgãos ou entidades da Administração Pública (inaplicabilidade do chamado recurso hierárquico impróprio). Todavia, a AGU — Advocacia-Geral da União exarou o Parecer AGU n. 51/2006, em que reconheceu a possibilidade de interposição de recurso hierárquico impróprio dirigido ao ministro da pasta supervisora, **contra decisões das agências que contrariem políticas públicas adotadas pelo Presidente da República e os Ministérios que os auxiliam**. Também, no Parecer AGU n. 4/2006, o órgão abordou vários temas sobre supervisão ministerial com o fim de admitir a **avocação pelo Presidente da República**, de competência regulatória das agências, com base no Decreto-lei n. 200/1967, art. 170: "O Presidente da República, por motivo relevante de interesse público, poderá avocar e decidir qualquer assunto na esfera da Administração Pública".[69]

3. Estabilidade dos dirigentes, pois eles exercem mandato fixo, que só podem perder nas hipóteses expressamente previstas, afastada a possibilidade de exoneração *ad nutum*.

Com relação à nomeação dos dirigentes, dispõe a Constituição Federal:

"Art. 52. Compete privativamente ao Senado Federal:

III — aprovar previamente, por voto secreto, após arguição pública, a escolha de:

f) titulares de outros cargos que a lei determinar".

A Lei n. 9.986/2000, que dispõe sobre a gestão de recursos humanos das agências reguladoras ao dispor sobre a nomeação de dirigentes prescreveu no seu art. 50: "O Presidente ou o Diretor-Geral ou o Diretor-Presidente (CD I) e os demais membros do Conselho Diretor ou da Diretoria (CD II) serão brasileiros, de reputação ilibada, formação universitária e elevado conceito no campo de especialidade dos cargos para os quais serão nomeados, devendo ser escolhidos pelo Presidente da República e por ele nomeados, após aprovação pelo Senado Federal, nos termos da alínea *f* do inciso III do art. 52 da Constituição Federal".

A mesma Lei prevê:

"Art. 6º O mandato dos Conselheiros e dos Diretores terá o prazo fixado na lei de criação de cada Agência".

"Art. 9º Os Conselheiros e os Diretores **somente perderão o mandato em caso de renúncia, de condenação judicial transitada em julgado ou de processo administrativo disciplinar.**

Parágrafo único. A lei de criação da Agência poderá prever outras condições para a perda do mandato".

(69) Ambos os pareceres estão disponíveis no sítio da AGU: <http: //www.agu.gov.br/atos internos> (pareceres).

4. **Período de quarentena para os ex-dirigentes**, que depois de saírem das agências, ficam impedidos de prestar qualquer tipo de serviço no setor público ou a empresa integrante do setor regulado pela agência pelo prazo determinado na lei específica da entidade. É o que dispõe a Lei n. 9.986/2000:

> "Art. 8º O ex-dirigente fica impedido para o exercício de atividades ou de prestar qualquer serviço no setor regulado pela respectiva agência, por um período de quatro meses, contados da exoneração ou do término do seu mandato".

5. **Poder normativo** — exercem competência para "regulamentar" a execução dos serviços públicos transferidos a terceiros que se encontram sob sua fiscalização, baixando as normas necessárias para tanto. Cabe uma observação aqui: agências são pessoas administrativas criadas como descentralização de uma pessoa política (União, Estados, Distrito Federal e Municípios). Não editam leis no sentido formal e nem podem regulamentar leis dado que esta é competência exclusiva do Chefe do Poder Executivo (art. 84, IV, da CF). Os atos normativos das agências reguladoras são atos infralegais que não podem contrariar regras fixadas na legislação (CE, lei e o respectivo decreto regulamentar se houver). As resoluções editadas pelas agências são atos exarados por autoridades de escalão inferior e situam-se, na proposta sistematizadora de Kelsen, na base da "pirâmide" junto com outros atos como portarias, instruções normativas etc.

É possível a criação de agências também nos âmbitos estaduais, distritais e municipais.

Exemplos de agências reguladoras: ANEEL — Agência Nacional de Energia Elétrica; ANATEL — Agência Nacional de Telecomunicações; ANP — Agência Nacional de Petróleo; ANS — Agência Nacional de Saúde Suplementar; ANA — Agência Nacional de Águas; ANVISA — Agência Nacional de Vigilância Sanitária; ANTT — Agência Nacional de Transportes; ANTAQ — Agência Nacional de Transportes Aquaviários; ANCINE — Agência Nacional de Cinema (criada pela Medida Provisória n. 2.228-1, de 6.9.2001); ANAC — Agência Nacional de Aviação Civil.

A Comissão de Valores Mobiliários — CVM — é uma agência reguladora apesar de não levar esse rótulo, mas assim se caracteriza pela identidade de regime jurídico com as agências e natureza de suas atribuições dispostas na Lei de regência de n. 6.385/1976.

Ao contrário, a ABIN — Agência Brasileira de Inteligência, a AEB — Agência Espacial Brasileira, a APEX-BRASIL — Agência de Promoção de Exportações do Brasil e a ABDI — Agência Brasileira de Desenvolvimento Industrial não são agências reguladoras.

4.2.3 Agências executivas

É a qualificação dada à **autarquia ou fundação** que celebre contrato de gestão com o órgão da Administração Direta a que se acha vinculada, para melhoria da eficiência e redução de custos".[70] Exemplo de agência executiva é o INMETRO — Instituto Nacional de Metrologia, Normalização e Qualidade Industrial.

Segundo o Decreto n. 2.487/1998: "as autarquias e as fundações integrantes da Administração Pública Federal poderão, observadas as diretrizes do Plano Diretor da Reforma do Aparelho do Estado, ser qualificadas como Agências Executivas" (art. 1º, *caput*).

São requisitos para qualificação como Agência Executiva (art. 51, I e II, da Lei n. 9.649/1998, que dispõe sobre a organização da Presidência da República e dos Ministérios):

1. ter um plano estratégico de reestruturação e de desenvolvimento institucional em andamento;
2. ter celebrado contrato de gestão com o respectivo ministério supervisor.

(70) PIETRO, Maria Sylvia Di. *Direito administrativo* cit., 24. ed., p. 476.

A qualificação como Agência Executiva será feita em ato do Presidente da República (art. 51, § 1º da Lei n. 9.986/1998).

A qualificação como agência executiva concede maior autonomia gerencial, orçamentária e financeira à entidade, em troca da fixação de metas de desempenho a serem por ela cumpridas (art. 37, § 8º, da CF).

Privilégios concedidos às agências executivas:

1. **Pelo Decreto n. 2.488/1998:**

1.1 Regulamentação própria de avaliação de desempenho dos seus servidores-regulamentação própria de registro de assiduidade e pontualidade (art. 5º e 6º);

1.2. Execução orçamentária conforme contrato de gestão, não se sujeitando a limites nos seus valores de movimentação, empenho e pagamento (art. 7º);

1.3. Limites específicos para suprimentos de fundos para atender despesas de pequeno vulto (art. 8º);

1.4. Regulamentação própria sobre valores de diárias no País e condições especiais de concessão (art. 9º).

2. Pela Lei n. 8.666/1993:

2.1 Dispõe o art. 24 da Lei das Licitações e Contratos que:

"É dispensável a licitação:

I — para obras e serviços de engenharia de valor até 10% (dez por cento) do limite previsto na alínea *a*, do inciso I do artigo anterior (...);

II — para outros serviços e compras de valor até 10% (dez por cento) do limite previsto na alínea *a*, do inciso II do artigo anterior e para alienações, nos casos previstos nesta Lei, desde que não se refiram a parcelas de um mesmo serviço, compra ou alienação de maior vulto que possa ser realizada de uma só vez.

(...)

Parágrafo único. Os percentuais referidos nos incisos I e II do *caput* deste artigo serão de 20% (vinte por cento) para compras, obras e serviços contratados por consórcios públicos, sociedade de economia mista, empresa pública e por autarquia ou fundação qualificadas, na forma da lei, como Agências Executivas".

Consórcios Públicos — Lei n. 11.107/2005:

São associações formadas por pessoas jurídicas políticas (União, Estados, Distrito Federal ou Municípios), com personalidade de direito público ou de direito privado, criadas mediante autorização legislativa, para a gestão associada de serviços públicos".[71]

Segundo o Decreto n. 6.017/2007 é a pessoa jurídica formada exclusivamente por entes da Federação, na forma da Lei n. 11.107/2005, para estabelecer relações de cooperação federativa, inclusive a realização de objetivos de interesse comum, constituída como associação pública, com personalidade jurídica de direito público e **natureza autárquica**, ou como pessoa jurídica de direito privado sem fins econômicos (art. 2.º, I).

A Lei n. 11.107/2005 estabelece no art. 6º que o consórcio público adquirirá personalidade jurídica de:

1. direito público, no caso de constituir uma **associação pública** e passará a integrar a administração indireta de todos os entes consorciados (art. 6º, § 1º). Essa característica inaugura no Brasil a figura da **entidade transfederativa** porque a associação pública poderá ser ao mesmo tempo federal, estadual e municipal, integrando todas as esferas federativas das pessoas consorciadas; ou

(71) PIETRO, Maria Sylvia Di. *Direito administrativo* cit., 24. ed., p. 489-490.

2. pessoa jurídica de direito privado, mas que observará as normas de direito público no que concerne à realização de licitação, celebração de contratos, prestação de contas e admissão de pessoal que será regido pela CLT (art. 6º, § 2º). Os consórcios de direito privado não integram a Administração Pública.

Segundo o art. 41 do Código Civil, são pessoas jurídicas de direito público interno: "IV — as autarquias, inclusive as associações públicas".

Atenção: natureza jurídica singular da OAB.

O STF, na ADI n. 3.026-4/DF firmou entendimento sobre a natureza jurídica da OAB. Nos termos do julgado:

> "A OAB não é uma entidade da Administração Indireta da União. A Ordem é um serviço público independente, categoria ímpar no elenco das personalidades jurídicas existentes no direito brasileiro.
>
> A OAB não está incluída na categoria na qual se inserem essas que se tem referido como 'autarquias especiais' para pretender-se afirmar equivocada independência das hoje chamadas 'agências'.
>
> Por não consubstanciar uma entidade da Administração Indireta, a OAB não está sujeita a controle da Administração, nem a qualquer das suas partes está vinculada. Essa não vinculação é formal e materialmente necessária.
>
> A OAB ocupa-se de atividades atinentes aos advogados, que exercem função constitucionalmente privilegiada, na medida em que são indispensáveis à administração da Justiça [art. 133 da CB/88]. É entidade cuja finalidade é afeita a atribuições, interesses e seleção de advogados.
>
> Não há ordem de relação ou dependência entre a OAB e qualquer órgão público.
>
> 7. A Ordem dos Advogados do Brasil, cujas características são autonomia e independência, não pode ser tida como congênere dos demais órgãos de fiscalização profissional. A OAB não está voltada exclusivamente a finalidades corporativas. Possui finalidade institucional" (STF, ADI n. 3.026-4/DF).

4.2.4 Fundações Públicas

Pode-se definir fundação pública como "o patrimônio, total ou parcialmente público, dotado de personalidade jurídica, de direito público ou privado, e destinado, por lei, ao desempenho de atividades do Estado na ordem social, com capacidade de autoadministração".(72)

Há dois tipos de fundação instituídas pelo Poder Público (essa é uma questão polêmica):

1. as que são regidas pelo direito privado, com derrogações por normas de direito público (fundações de direito privado);

2. as que se submetem ao regime jurídico de direito público (fundações de direito público, que são encaradas como uma modalidade de autarquia com regime jurídico idêntico ao dessas entidades). O STF no **RE n. 215.741-SE** decidiu que a Fundação Nacional de Saúde tem caráter autárquico — "Ainda que o art. 109, I, da Constituição Federal, não se refira expressamente às fundações, o entendimento desta Corte é o de que a finalidade, a origem dos recursos e o regime administrativo de tutela absoluta a que, por lei, estão sujeitas, fazem delas espécie do gênero autarquia".

Características das fundações:

É importante esclarecer que a Constituição Federal não faz distinção no seu texto entre fundações públicas com personalidade jurídica de direito privado e fundações públicas com personalidade jurídica de direito público (vide característica de número "3" a seguir).

(72) *Idem*. p. 446.

1. a figura do instituidor é uma pessoa política e são patrimônios afetados a um fim;

2. desempenham atividade estatal de caráter social (e não uma atividade econômica), em áreas como saúde, educação, cultura;

3. têm imunidade tributária, quanto a impostos, no que se refere ao "patrimônio, à renda e aos serviços, vinculados a suas finalidades essenciais ou às delas decorrentes" (art. 150, § 2º, CF).

Quais são as derrogações publicistas impostas às fundações de direito privado? Essas fundações públicas com personalidade jurídica de direito privado, sujeitam-se a um regime híbrido, tal qual ocorre com todas as entidades da administração indireta que ostentam personalidade jurídica de direito privado. São várias as derrogações e da seguinte ordem:

1. sujeição ao controle do Tribunal de Contas;

2. sujeição ao controle administrativo;

3. constituição e extinção por força de lei;

4. equiparação dos empregados a funcionários públicos, para fins de teto, acumulação, fins criminais e improbidade;

5. impugnação de seus atos via mandado de segurança e ação popular;

6. submissão aos preceitos da Lei n. 8.666/1993.

Veja-se julgado no STF — ADI n. 191/RS:

"CONSTITUCIONAL. ADMINISTRATIVO. ART. 28 DA CONSTITUIÇÃO DO ESTADO DO RIO GRANDE DO SUL. EQUIPARAÇÃO ENTRE SERVIDORES DE FUNDAÇÕES INSTITUÍDAS OU MANTIDAS PELO ESTADO E SERVIDORES DAS FUNDAÇÕES PÚBLICAS: INCONSTITUCIONALIDADE.

1. A distinção entre fundações públicas e privadas decorre da forma como foram criadas, da opção legal pelo regime jurídico a que se submetem, da titularidade de poderes e também da natureza dos serviços por elas prestados.

2. A norma questionada aponta para a possibilidade de serem equiparados os servidores de toda e qualquer fundação privada, instituída ou mantida pelo Estado, aos das fundações públicas.

3. **Sendo diversos os regimes jurídicos, diferentes são os direitos e os deveres que se combinam e formam os fundamentos da relação empregatícia firmada**. A equiparação de regime, inclusive o remuneratório, que se aperfeiçoa pela equiparação de vencimentos, é prática vedada pelo art. 37, inc. XIII, da Constituição brasileira e contrária à Súmula n. 339 do Supremo Tribunal Federal. Precedentes.

Ação Direta de Inconstitucionalidade julgada procedente". (**ADI n. 191/RS** — RIO GRANDE DO SUL AÇÃO DIRETA DE INCONSTITUCIONALIDADE relator(a): min. **Cármen Lúcia,** julgamento: 29.11.2007, Órgão Julgador: Tribunal Pleno.)

Apesar dessas derrogações, é possível apontar algumas características próprias das fundações públicas de direito privado que as diferenciam das fundações públicas de direito público. Exemplificativamente:

1. Só adquirem personalidade jurídica com a inscrição de seus atos constitutivos no registro público competente;

2. Não podem desempenhar atividades que demandam exercício de poder de império. Exemplo: exercício de poder de polícia;

3. Seus bens não se enquadram como bens públicos;

4. Não estão sujeitas ao regime de precatórios judiciais previsto no art. 100 da Constituição Federal.

Independentemente de sua personalidade jurídica, as fundações públicas não estão sujeitas à disposição do art. 66 do Código Civil segundo a qual "velará pelas fundações o Ministério Público do Estado onde situadas". Essa regra só é aplicável às fundações privadas, instituídas pela iniciativa privada.

São exemplos de fundações públicas: FUNAI — Fundação Nacional do índio; o IBGE — Instituto Brasileiro de Geografia e Estatística; Fundação Nacional de Saúde e o CNPq — Conselho Nacional de Desenvolvimento Científico e Tecnológico.

Breves notas sobre as **fundações de apoio**: a Lei n. 8.958/1994 estabelece a possibilidade de fundações de apoio constituídas como pessoas jurídicas de direito privado, instituídas sob a forma de fundações privadas, para auxiliar instituições federais de ensino e de pesquisa científica e tecnológica. Deverão estar constituídas na forma de fundações de direito privado, sem fins lucrativos, regidas pelo Código Civil e por estatutos próprios, cujas normas disponham sobre a observância dos princípios da Administração Pública — legalidade, impessoalidade, moralidade, publicidade economicidade e eficiência.

4.2.5 Empresas estatais (gênero)

Empresas estatais (governamentais) são as empresas públicas, as sociedades de economia mista e outras sociedades que, não se enquadrando em nenhuma dessas duas formas, são controladas pelo Poder Público.

4.2.5.1 Empresas públicas (espécie)

São as pessoas jurídicas de direito privado com patrimônio próprio e capital exclusivamente público, com criação autorizada pela lei, podendo revestir-se de qualquer das formas admitidas em direito. Ex: BNDES — Banco Nacional de Desenvolvimento Econômico e Social, Caixa Econômica Federal, ECT — Empresa Brasileira de Correios e Telégrafos, EMBRAPA — Empresa Brasileira de Pesquisa Agropecuária, INFRAERO — Empresa Brasileira de Infraestrutura Aeroportuária e EBSERH — Empresa Brasileira de Serviços Hospitalares[73].

O conceito legislativo está previsto no art. 5º, II, do Decreto-lei n. 200/1967: (no original)

> "II — Emprêsa Pública — a entidade dotada de personalidade jurídica de direito privado, com patrimônio próprio e **capital exclusivo da União**, **criado por lei** para a **exploração de atividade econômica** que o Govêrno seja levado a exercer por fôrça de contingência ou de conveniência administrativa podendo revestir-se de qualquer das formas admitidas em direito".

Esse conceito hoje, deve ser lido com as seguintes ressalvas:

1 — Com relação ao capital da empresa pública, o art. 5º do Decreto-lei n. 900/1969 prescreve:

> "Desde que a maioria do capital votante permaneça de propriedade da União, será admitida, no capital da Empresa Pública (...), a participação de outras pessoas jurídicas de direito público interno bem como de entidades da Administração Indireta da União, dos Estados, Distrito Federal e Municípios".
>
> "Capital exclusivo da União" significa ser o capital exclusivamente público podendo ter origem federal, distrital, estadual ou municipal;

2 — "criada por lei" — hoje, o art. 37, XIX da CF prescreve que empresas públicas e sociedades de economia mista não são criadas por lei, mas mediante autorização legislativa;

3 — "para exploração de atividade econômica" — atualmente há empresa pública prestadora de serviço público e que atua na atividade econômica.

(73) Autorizada pela Lei n. 12.550/2011.

4.2.5.2 Sociedades de economia mista (espécie)

São as pessoas jurídicas de direito privado, com criação autorizada pela lei, sob a forma de sociedade anônima, com capital público e privado, cujo controle acionário pertença ao Poder Público. Ex.: Banco do Brasil S/A, PETROBRAS, TELEBRAS, ELETROBRAS e FURNAS.

O conceito legislativo está previsto no art. 5º, III, do Decreto-lei n. 200/1967:

"III — Sociedade de Economia Mista — a entidade dotada de personalidade jurídica de direito privado, criada por lei para a exploração de atividade econômica, sob a forma de sociedade anônima, cujas ações com direito a voto pertençam em sua maioria à União ou a entidade da Administração Indireta".

Conceito desatualizado em dois aspectos: criação hoje é mediante autorização legislativa, e não por lei; além de atuar não somente na exploração da atividade econômica, podendo também prestar serviços públicos.

Diferenças entre empresa pública e sociedade de economia mista:

1. composição de seu capital:

Empresa pública: capital público.

Sociedade de economia mista: há capital privado e capital público.

2. forma de organização:

Empresa pública: qualquer forma admitida em direito e adequada a sua natureza.

Sociedade de economia mista: só podem ser constituídas sob a forma de sociedade anônima (S/A).

3. foro competente:

Empresa pública: Justiça Federal para empresas públicas (art. 109, I, da CF).

"Art. 109. Aos juízes federais compete processar e julgar:

I — as causas em que a União, entidade autárquica ou empresa pública federal forem interessadas na condição de autoras, rés, assistentes ou oponentes, exceto as de falência, as de acidentes de trabalho e as sujeitas à Justiça Eleitoral e à Justiça do Trabalho".

Sociedade de economia mista: Justiça estadual:

Súmula n. 556 do STF:

"É competente a Justiça Comum para julgar as causas em que é parte sociedade de economia mista".

Súmula n. 517 do STF:

"As sociedades de economia mista só têm foro na Justiça Federal, quando a União intervém como assistente ou opoente".

Súmula n. 508 do STF:

"Compete à Justiça Estadual, em ambas as instâncias, processar e julgar as causas em que for parte o Banco do Brasil S/A".

Súmula n. 42 do STJ:

"Compete à Justiça Comum Estadual processar e julgar as causas cíveis em que é parte sociedade de economia mista e os crimes praticados em seu detrimento".

Traços comuns entre empresa pública e sociedade de economia mista:

1. concurso público ou processo seletivo para contratação de pessoal, que se dá pelo regime celetista;

2. exigência de lei específica para autorizar a instituição de empresa pública e sociedade de economia mista (art. 37, XIX, da CF), mas não exigem lei específica para autorizar a instituição de subsidiárias.

No caso de criação de subsidiárias, o legislador originário achou por bem também depender de autorização legislativa, em cada caso, a criação de subsidiárias das entidades da Administração Indireta, assim como a participação de qualquer delas em empresa privada (art. 37, XX, CF). Todavia, na ADI n. 1.649, o Supremo Tribunal Federal decidiu:

"(...) é dispensável a autorização legislativa para a criação de empresas subsidiárias desde que haja previsão para esse fim na própria lei que instituiu a empresa/sociedade de economia mista matriz, tendo em vista que a lei criadora seria a própria medida autorizadora".

3. submissão aos princípios da Administração Pública;

4. proibição de acumulação remunerada (art. 37, XVII) e a proibição da remuneração dos empregados públicos exceder o teto constitucional, mas somente para aquelas que receberem recursos da União, dos Estados, do Distrito Federal ou dos Municípios para pagamento de despesas de pessoal ou de custeio em geral (art. 37, XI e § 9º).

Art. 37, XI e § 9º:

"O disposto no inciso XI aplica-se às empresas públicas e às sociedades de economia mista, e suas subsidiárias, que receberem recursos da União, dos Estados, do Distrito Federal ou dos Municípios para pagamento de despesas de pessoal ou de custeio em geral".

É nesse sentido o julgado do STF no **RE-AgR n. 228.923/RS:**

"Sociedade controlada pelo Poder Público. Acumulação de cargos públicos: vedação: CF, art. 37, XVII. O art. 37, XVII, da Constituição Federal assimila às sociedades de economia mista — para o efeito da vedação de acumulações — as 'controladas, direta ou indiretamente, pelo poder público', independentemente de terem sido 'criadas por lei'. Precedente: RMS n. 24.249, 1ª T., 14.9.2004, Eros Grau, *DJ* 3.6.2005".

5. Fiscalização pelo TCU — Tribunal de Contas da União;

A CF dispõe no seu art. 71 que:

"Art. 71. O controle externo, a cargo do Congresso Nacional, será exercido com o auxílio do Tribunal de Contas da União, ao qual compete:

II — julgar as contas dos administradores e demais responsáveis por dinheiros, bens e valores públicos da administração direta e indireta, incluídas as fundações e sociedades instituídas e mantidas pelo Poder Público federal (...)".

Nesse sentido é o julgado do STF no **MS n. 25.092/DF:**

"I — Ao Tribunal de Contas da União compete julgar as contas dos administradores e demais responsáveis por dinheiros, bens e valores públicos da administração direta e indireta, incluídas as fundações e sociedades instituídas e mantidas pelo poder público federal, e as contas daqueles que derem causa a perda, extravio ou outra irregularidade de que resulte prejuízo ao erário (CF, art. 71, II; Lei n. 8.443, de 1992, art. 1º, I).

II — As empresas públicas e as sociedades de economia mista, integrantes da administração indireta, estão sujeitas à fiscalização do Tribunal de Contas, não obstante os seus servidores estarem sujeitos ao regime celetista".

6. Impossibilidade de falência — A Lei de Falências (Lei n. 11.101/2005) afasta sua aplicação às empresas públicas e às sociedades de economia mista, sem distinção entre as que desempenham atividade econômica e as que prestam serviços públicos (art. 2º, I).

"Art. 2º Esta Lei não se aplica a:

I — empresa pública e sociedade de economia mista;

II — instituição financeira pública ou privada, cooperativa de crédito, consórcio, entidade de previdência complementar, sociedade operadora de plano de assistência à saúde, sociedade seguradora, sociedade de capitalização e outras entidades legalmente equiparadas às anteriores".

Há quem defenda que só não podem falir as empresas estatais que prestem serviço público; as que desempenham atividade econômica, por se submeterem ao mesmo regime jurídico das demais empresas privadas, estariam sujeitas à falência.[74]

Espécies de empresas públicas e sociedades de economia mista:

1. que desempenham atividade econômica;

O Estado somente atua na exploração direta de atividade econômica nas hipóteses trazidas pelo art. 173 da CF:

"Ressalvados os casos previstos nesta Constituição, a exploração direta de atividade econômica pelo Estado só será permitida quando necessária aos imperativos da segurança nacional ou a relevante interesse coletivo, conforme definidos em lei" (art. 173, *caput*, da CF).

Caso o Estado venha a explorar atividade econômica, as empresas estatais autorizadas mediante lei a atuar na exploração, se sujeitarão ao mesmo regime jurídico das empresas privadas, inclusive quanto aos direitos e obrigações civis, comerciais, trabalhistas e tributários, com algumas derrogações determinadas pelo direito público (art. 173, § 1º, II, da CF). Exemplos: Caixa Econômica Federal e Banco do Brasil.

Não podem gozar de privilégios fiscais não extensíveis às empresas privadas conforme dispõe o art. 173, § 2º da Constituição Federal.

Não fazem jus à imunidade tributária recíproca prevista no art. 150, VI, *a* e § 2º da Constituição Federal.

As empresas públicas e sociedades de economia mista exploradoras de atividade econômica não precisam licitar para a contratação de bens e serviços relacionados diretamente com sua atividade-fim, sob pena

(74) MELLO, Celso Antônio Bandeira de. *Curso de direito administrativo* cit., p. 205-206.

de inviabilizar a competição com as empresas privadas do mesmo setor. O Decreto n. 2.755/1998, que aprova o regulamento do procedimento licitatório simplificado da Petróleo Brasileiro S.A (Petrobras, previsto no art. 67 da Lei n. 9.478/1997 — Lei da Petrobras) visa a atender a dinâmica do setor petrolífero. No MS n. 28.745, a ministra Ellen Gracie do STF deferiu pedido de liminar feito pela Petrobras contra decisão do Tribunal de Contas da União (TCU) que determinou a aplicação da Lei n. 8.666/1993 — Lei de Licitação — aos procedimentos licitatórios da estatal. Enquanto não for julgado o mérito do MS, a Petrobras continuará a adotar o procedimento diferenciado para suas contratações.

Os bens das empresas públicas e das sociedades de economia mista, independentemente do objeto da entidade, não são bens públicos em sentido próprio. Os bens dessas estatais estão sujeitos a regime de direito privado.

Estão **excluídas** da incidência do § 6º do art. 37 da Constituição Federal, **da regra da responsabilidade objetiva extracontratual**, as empresas públicas e sociedades de economia mista exploradoras de atividade econômica. Essas pessoas respondem pelos danos que seus agentes causarem a terceiros da mesma forma que respondem as demais pessoas privadas, regidas pelo direito civil ou pelo direito comercial.

2. que prestam serviços públicos:

Quando as empresas estatais prestarem serviços públicos, as atividades por elas desenvolvidas serão regidas predominantemente pelo direito público incidindo sobre elas com maior força o regime jurídico de direito público (art. 175 da CF).

Prevalece o dever de contratar mediante prévia licitação.

Os bens das empresas públicas e das sociedades de economia mista, independentemente do objeto da entidade, não são bens públicos em sentido próprio. Todavia, a Administração Pública está sujeita a uma série de princípios, dentre os quais a continuidade do serviço público. Bens das empresas estatais que prestam serviços públicos estão afetos ao serviço público prestado e não podem ser alienados, penhorados ou onerados (exceto com autorização legislativa), tendo em vista o princípio da continuidade do serviço público. O STF teve oportunidade de se manifestar sobre essa questão no RE n. 220.906/DF, onde reconheceu o privilégio da impenhorabilidade dos bens da ECT — Empresa Brasileira de Correios e Telégrafos.

Como já se viu antes, o § 6º do art. 37 da CF atribui responsabilidade civil às "pessoas jurídicas de direito público" e às "pessoas jurídicas de direito privado prestadoras de serviço público" pelos danos que seus agentes nessa qualidade causem a terceiros.

Essa regra constitucional **da responsabilidade objetiva extracontratual** abrange todas as pessoas de direito privado prestadoras de serviços públicos, tais como as empresas públicas e sociedades de economia mista, mesmo as não integrantes da Administração Pública — como concessionárias, permissionárias e autorizadas de serviços públicos.

Há incidência da imunidade tributária recíproca, conforme art. 150, VI, *a*, da CF. Nesse sentido é o julgado abaixo.

STF, RE n. 364.202/RS:

"I — As empresas públicas prestadoras de serviço público distinguem-se das que exercem atividade econômica. A ECT — Empresa Brasileira de Correios e Telégrafos é prestadora de serviço público de prestação obrigatória e exclusiva do Estado, motivo por que está abrangida pela imunidade tributária recíproca: CF, art. 22, X; CF, art. 150, VI, *a*. Precedentes do STF: RE n. 424.227/SC, 407.099/RS, 354.897/RS, 356.122/RS e 398.630/SP, ministro Carlos Velloso, 2ª Turma.

II — A imunidade tributária recíproca — CF, art. 150, VI, *a* — somente é aplicável a impostos, não alcançando as taxas.

III — RE conhecido e improvido."

5. PODERES DA ADMINISTRAÇÃO

Sempre é oportuno relembrar que o administrador público exerce função. Não dispõe de liberdade ou autonomia para determinar os fins que deve perseguir. Função é o dever de atuar conforme a competência que lhe foi atribuída para atingir certa finalidade prevista em lei. Competência é poder vinculado a certa finalidade.

Poderes administrativos são instrumentos para realização das tarefas administrativas. É o conjunto das chamadas prerrogativas especiais de que dispõe a Administração Pública para bem desempenhar suas atribuições e sempre exercidos nos termos da lei, com observância dos princípios jurídicos e respeito aos direitos e garantias fundamentais. Não são privilégios. É atributo do cargo ou da função. O agente público é investido de parcela de poder somente para o desempenho de suas atividades e porque tem um dever a cumprir.

Pensar sobre poderes da Administração Pública inelutavelmente é refletir sobre os encargos daqueles que gerem bens e interesses da comunidade distante dos seus exclusivamente. Ultrapassada essa fronteira, a situação é de exercício arbitrário e abusivo do poder.

No Estado de Direito Democrático não se reconhecem privilégios pessoais, mas prerrogativas funcionais.

Todo o aparato de poder conferido ao agente público "é atribuído à autoridade para remover os interesses particulares que se opõem ao interesse público. Nessas condições, o poder de agir se converte no dever de agir".[75]

Por essa razão, Hely Lopes Meirelles afirma que "o poder tem para o agente público o significado de dever para com a comunidade e para com os indivíduos, no sentido de que quem o detém está sempre na obrigação de exercitá-lo".[76] É a conhecida expressão **poder-dever** que Celso Antônio Bandeira de Mello inverteu para **dever-poder**[77]: há um **poder** somente porque vinculado a um **dever** previamente previsto em lei e cuja finalidade é preservar o interesse público.

O estudo dos "poderes" é antes um estudo dos "deveres", porque a atividade administrativa é desempenho de função. Qual é a lição de casa que os agentes públicos, investidos de tantas prerrogativas especiais, são instados a fazer? Não restam dúvidas, exercer deveres. O exercício do poder é secundário.

Os "poderes" administrativos tradicionalmente descritos pela doutrina são os poderes vinculado, discricionário, hierárquico, disciplinar e de polícia. Decorrem da atribuição e exercício desse poderes, os deveres de eficiência, dever de probidade, dever de prestar contas etc.

Neste tópico serão tratados os poderes tradicionalmente descritos pela doutrina.

5.1 Poder vinculado

Como antes afirmado, trata-se de um dever antes que um poder. A "atuação vinculada reflete uma imposição ao administrador, obrigando-o a conduzir-se rigorosamente em conformidade com os parâmetros legais".[78]

(75) *Direito administrativo brasileiro* cit., p. 89.

(76) *Idem*. p. 89.

(77) Nas precisas e sábias palavras de Celso Antônio Bandeira de Mello: "..., as prerrogativas da Administração não devem ser vistas ou denominadas como "poderes" ou como "poderes-deveres". Antes se qualificam e melhor se designam como "deveres-poderes", pois nisto se ressalta sua índole própria e se atrai atenção para o aspecto subordinado do poder em relação ao dever ....". *Curso de direito administrativo* cit., p. 72.

(78) FILHO, José dos Santos Carvalho. *Manual de direito administrativo* cit., p. 49.

Nas precisas palavras de Celso Antônio Bandeira de Mello,

> "por existir prévia e objetiva tipificação legal do único possível comportamento da administração em face de situação igualmente prevista em termos de objetividade absoluta, a Administração ao exercitá-lo, não interfere com apreciação subjetiva alguma."[79]

Incide esse poder naquelas atividades administrativas cuja execução fica inteiramente definida na lei, sem atribuir margem de liberdade alguma para o agente público escolher a melhor forma de agir. O ato praticado no exercício de competência vinculada é chamado de ato vinculado. Exemplos: obrigatoriedade de aposentar servidor ao atingir 70 anos; realização de lançamento tributário — art. 3º do CTN; a licença para edificar quando o projeto preenche todos os requisitos legais.

5.2 *Poder discricionário*

A lei regula dada situação de forma a reservar uma margem de liberdade para o agente público preencher o campo de indeterminação normativa, a fim de satisfazer da melhor forma possível, no caso concreto, a finalidade da lei. Em vez de a lei definir um único padrão de comportamento, delega ao agente público a opção de escolher, entre as condutas previstas na lei e segundo seus critérios de **oportunidade** e **conveniência**, a melhor forma de atingir a finalidade pública, qual a melhor conduta a adotar diante da situação concreta. Essa é a função típica do poder executivo, constitui seu cerne e traduz-se no denominado **mérito administrativo**.

> "Discricionariedade é liberdade dentro da lei, nos limites da norma legal, e pode ser definida como: A margem de liberdade conferida pela lei ao administrador a fim de que este cumpra o dever de integrar com sua vontade ou juízo a norma jurídica, diante do caso concreto, segundo critérios subjetivos próprios, a fim de dar satisfação aos objetivos consagrados no sistema legal."[80]

Em todo exercício de poder discricionário há exercício também de poder vinculado. Essa afirmação se fundamenta na doutrina tradicional que aponta como elementos sempre vinculados do ato administrativo a competência, finalidade e forma, sendo discricionários o motivo e o objeto. É bom salientar que há divergência doutrinária sobre se a forma é elemento vinculado ou discricionário do ato administrativo. Todavia, a lei que antecede a expedição do ato é o veículo introdutor apto a definir se tal elemento, na situação que a lei se propõe a regular, é vinculado ou discricionário.

Razoabilidade e **proporcionalidade** são valores/princípios que podem ensejar o controle jurisdicional da discricionariedade no enfrentamento de questões que tem aparência de legalidade, mas que são na realidade exercício de arbitrariedades.

O ato praticado no exercício de competência discricionária é chamado de ato discricionário. Exemplos: a decisão sobre pavimentar uma rua em detrimento de outra(s) em determinado vilarejo; a pertinência de expedição de decreto expropriatório; aplicação de multas a infratores de normas administrativas, que podem variar entre um mínimo e um máximo em razão da gravidade da conduta; alteração de paradas e itinerários de certas linhas de ônibus.

5.2.1 *Discricionariedade e conceitos jurídicos indeterminados*

São dois institutos distintos. A confusão ocorre porque ambos os institutos se enquadram na atividade não vinculada da Administração Pública.

(79) *Curso de direito administrativo* cit., p. 424.
(80) *Idem*. p. 426.

Conceitos jurídicos indeterminados — "são termos ou expressões contidos em normas jurídicas que, por não terem exatidão em seu sentido, permitem que o intérprete ou seu aplicador possam atribuir certo significado mutável em função da valoração que se proceda diante dos pressupostos da norma".[81] Quer-se dizer com isso, que os termos ou expressões podem adquirir significados diferentes nas leis ou diante de situações concretas. Exemplos: ordem pública, moralidade pública, bons costumes, interesse público, segurança nacional, solução adequada, decisão razoável, servidor público, imóvel rural, boa-fé e tantos mais.

Discricionariedade — "não pressupõe indecisão de sentido, como ocorre nos conceitos jurídicos indeterminados, mas, ao contrário, espelha situação jurídica diante da qual o administrador pode optar por uma dentre várias condutas lícitas e possíveis (...) é a própria norma que oferece ao aplicador a oportunidade de fazer a subsunção do fato à hipótese normativa mediante processo de escolha considerando necessariamente o fim a que se destina a norma".[82]

Os conceitos jurídicos indeterminados situam-se no plano do **antecedente** da norma jurídica e a discricionariedade no lado do **consequente** da norma jurídica.

Os mecanismos de controle para ambos continuam sendo os princípios da razoabilidade e da proporcionalidade.

5.2.2 Discricionariedade técnica

Essa expressão é empregada para designar a solução de questões que exigem conhecimento técnico especializado. A Administração Pública só pode decidir dada questão amparada e conforme prévio parecer técnico-profissional. O parecer integra a motivação do ato. O administrador público não pode contrariá-lo. A impugnação judicial ou administrativa de decisão desse jaez só pode ser feita se amparada por outro parecer técnico-profissional.

Exemplo: ordem de demolição fundamentada em laudo de engenheiro civil atestando o comprometimento da estrutura da construção.

Atenção: há muita divergência doutrinária sobre a expressão "discricionariedade técnica" que em si encerra uma contradição.[83]

5.3 Poder hierárquico

Poder hierárquico "é o que dispõe a Administração Pública para distribuir e escalonar as funções de seus órgãos, ordenar e rever a atuação de seus agentes, estabelecendo a relação de subordinação entre os servidores de seu quadro de pessoal".[84]

É poder interno — não se aplica aos particulares e permanente — não ocorre de forma episódica. Também não incide sobre os órgãos consultivos.

---

(81) FILHO, José dos Santos Carvalho. *Manual de direito administrativo* cit., p. 51.

(82) *Idem*. p. 51.

(83) "O próprio conceito de *discricionariedade técnica* é atacado como uma contradição em si, pois reuniria em sua postulação termos que se anulariam, já que a discricionariedade pressupõe espaço decisório aberto por lei, enquanto a tecnicidade carregaria, em si, uma determinação precisa de critérios a serem seguidos, estrangulando aquele espaço que se pretendia previsto na lei, transformando, assim, o ato cogitado em ato vinculado, ou seja, em ato no qual não há margem de opções possíveis a serem tomadas, mas somente um comportamento previamente estabelecido a ser implementado pela Administração Pública". Ver: *Curso de especialização em direito público* (2009), Universidade de Brasília, Disciplina de Direito Regulatório. Disponível em: <http: //www.marcioaranha.org/docapostilaDireitoRegulatorio.pdf>. Acesso em: 20 ago. 2011.

(84) No original, Hely Lopes Meirelles escreveu Executivo em vez de Administração Pública como aqui grafado, *Direito administrativo brasileiro* cit., p. 105.

Hierarquia é o "vínculo que coordena e subordina uns aos outros os órgãos da Administração Pública, graduando a autoridade de cada um".[85]

No interior do Poder Judiciário e do Poder Legislativo, **não há hierarquia**, nas suas **funções próprias/típicas**, pois ela é privativa da função executiva.

No caso da função jurisdicional, prevalece o princípio da livre convicção do juiz, pelo qual este age com independência, sem subordinar-se aos tribunais superiores. Todavia, as súmulas vinculantes introduzidas pela EC n. 45/2004, que acrescentou o art. 103-A na Constituição, provoca mitigação àquele princípio, dado que os órgãos jurisdicionais devem exercer a função jurisdicional em conformidade com o conteúdo da súmula vinculante. Tanto é verdade isso, que se o ato administrativo ou decisão judicial contrariar a súmula vinculante, ou der a essa aplicação indevida, poderá o interessado promover **reclamação** para o STF, como expressa o art. 103-A, § 3º, da CF, nos termos regulamentados pela Lei n. 11.417/2006.

No que pertine à função legislativa, vigora o **princípio da partilha das competências constitucionais**, delineadas na Constituição Federal.

Os objetivos do poder hierárquico são:

1. ordenar as atividades;

2. coordenar entrosando funções para obter funcionamento harmônico dos serviços;

3. controlar os atos praticados pelos subordinados;

4. corrigir os erros dos subalternos.

Dos objetivos supralistados decorrem faculdades implícitas para o superior, tais como:

1. dar ordens;

2. delegar (conferir a outrem atribuições) e avocar funções (chamar para si funções originariamente atribuídas a um subordinado) ambos institutos previstos na Lei n. 9.874/1999, arts. 12 e 15 respectivamente.

O controle interno das atividades administrativas é, portanto, um dos meios pelos quais se exercita o poder hierárquico.

Exemplo simplório de exercício de poder hierárquico é a situação em que o chefe determina ao subordinado que redija a minuta de uma reunião.

Não existe hierarquia entre a Administração Direta e entidades integrantes da Administração Indireta. Nesse caso, ocorre a chamada tutela, supervisão ministerial ou vinculação. Exemplo: entre um Ministério e suas Secretarias há relação de subordinação, mas entre a União e suas autarquias, fundações públicas, empresas públicas e sociedades de economia mista, a relação é de vinculação — controle finalístico apenas.

5.4 Poder disciplinar

É um poder-dever que enseja a faculdade da Administração Pública de punir internamente as infrações funcionais dos seus servidores. Não permite o sancionamento da conduta de particulares.

(85) No original, Mário Masagão empregou a expressão Poder Executivo em vez de Administração Pública, já que nos outros poderes existem órgãos administrativos com a mesma organização hierárquica e a mesma relação de hierarquia apud Maria Sylvia Di Pietro, *Direito administrativo* cit., 24. ed., p. 98.

O poder disciplinar decorre do poder hierárquico, mas com ele não se confunde por ser interno, não permanente e discricionário quanto à seleção da pena aplicável. É sempre vinculado quanto ao dever de punir. Não punir quando há comprovada infração, ou deixar de apurá-la quando há fundada suspeita ou evidência de sua ocorrência, é ato ilícito administrativo (tal qual previsto na Lei n. 8.112/1990, art. 16, XVII), ato de improbidade administrativa (Lei n. 8.429/1992, art. 11, II) e crime tipificado no art. 320 do Código Penal.

O poder disciplinar só pode ser exercido após processo administrativo em que seja garantida ampla defesa e o contraditório — art. 5º, LV, da CF. Toda e qualquer aplicação de sanção administrativa exige motivação. Não há apuração de responsabilidade administrativa por verdade sabida. As penas administrativas relativas aos servidores estão estipuladas nos respectivos estatutos. Na esfera federal, estão no art. 127 da Lei n. 8.112/1990.

5.5 Poder normativo/regulamentar

Poder normativo é gênero do qual poder regulamentar é espécie.

O fundamento do poder normativo para o Poder Legislativo está nos arts. 51, III e 52, XII da CF e para o Poder Judiciário no art. 96, I, *a*, da CF.

É o poder que autoriza a Administração Pública a elaborar normas de efeitos gerais e abstratos que complementem e permitam a fiel execução das leis.

Atos normativos editados pela Administração Pública não podem extrapolar os limites da mera regulamentação. Não podem inovar originariamente na ordem jurídica, não podem criar direitos e obrigações que já não estejam previstos na lei. Se assim proceder, o Congresso Nacional pode sustar tais atos, com base no art. 49, V, da Constituição Federal.

O exercício do poder normativo pela Administração Pública pode se dar:

1. por meio de decretos e regulamentos emanados do chefe do Poder Executivo, nos termos do art. 84, IV, CF;

2. por instruções normativas, resoluções e portarias editadas por outras autoridades de escalão inferior da Administração Pública, como o caso das instruções ministeriais para execução das leis, decretos e regulamentos previstas no art. 87, parágrafo único, II, da CF.

Como dito, o poder normativo é gênero do qual o poder regulamentar é espécie. A regra geral, até a edição da EC n. 32/2001, foi o chefe do Poder Executivo (União, Estados, DF e Municípios) expedir **decretos regulamentares**, editados para dar fiel cumprimento a uma lei.

> "Art. 84. Compete privativamente ao Presidente da República:
>
> (...)
>
> IV — sancionar, promulgar e fazer publicar as *leis*, bem como expedir decretos e regulamentos *para sua fiel execução*;
>
> (...)
>
> VI — dispor sobre a organização e o funcionamento da administração federal, *na forma da lei (antiga redação)*".

Com a referida emenda constitucional, a ordem jurídica brasileira passou a conviver com outro tipo de decreto conhecido como **decreto autônomo**.

"Art. 84. Compete privativamente ao Presidente da República:

(...)

IV — sancionar, promulgar e fazer publicar as *leis*, bem como expedir decretos e regulamentos *para sua fiel execução*;

(...)

VI — dispor, mediante decreto, sobre: (Redação dada pela Emenda Constitucional n. 32, de 2001)

a) organização e funcionamento da administração federal, quando não implicar aumento de despesa nem criação ou extinção de órgãos públicos;

b) extinção de funções ou cargos públicos, quando vagos".

Pelo princípio da simetria, no âmbito dos Estados, DF e Municípios, o Governador ou Prefeito poderá editar decretos autônomos sobre as mesmas matérias previstas no art. 84, VI, *a* e *b*, da CF.

Em resumo:

Decretos regulamentares ou de execução — indicados pela Constituição Federal em seu art. 84, IV.

São destinados a promover a fiel execução das leis (apenas minudenciam o que a lei já prevê, sem criar novas obrigações).

Se conflitam com a lei são ilegais.

Decretos autônomos ou independentes — indicados pela Constituição Federal em seu art. 84, VI e somente nas situações lá previstas.

Cuidam de matéria que não tenha sido previamente tratada em lei.

Se exorbitam do poder regulamentar são inconstitucionais.

A par da existência desses dois tipos de decretos, há um terceiro chamado de **decreto delegado** ou **autorizado** ou regulamento delegado ou autorizado.

Esses decretos são polêmicos porque o Poder Legislativo delega ao Poder Executivo a disciplina de matérias reservadas à lei, transferindo temporariamente competências legislativas para a Administração Pública. O fenômeno é conhecido como **deslegalização** originariamente concebido no sistema jurídico francês. Para alguns doutrinadores, a produção desses regulamentos é forma de delegação disfarçada, verdadeira simulação do exercício da função de legislar e que afronta o princípio da separação dos poderes.

Ocorre que a crescente complexidade das atividades técnicas faz o legislador transferir para o administrador público a competência tão somente para a regulamentação técnica de determinadas matérias de alta complexidade. Não há delegação integral e completa da função legislativa. Neste caso, o decreto inova no ordenamento jurídico, porque cria normas técnicas não contidas na lei. Pode-se encontrar exemplos desses decretos nas leis instituidoras de algumas agências reguladoras, como a ANEEL e a ANATEL em cuja competência se insere a produção de normas técnicas para os setores de energia e telecomunicações respectivamente.[86]

5.6 *Poder de polícia*

É "a atividade do Estado consistente em limitar o exercício dos direitos individuais em benefício do interesse público".[87] Detalhe: a regra é o poder de polícia limitar os interesses dos particulares, mas suas

(86) FILHO, José dos Santos Carvalho. *Manual de direito administrativo* cit., p. 54-55.

(87) PIETRO, Maria Sylvia Di. *Direito administrativo* cit., 24. ed., p. 118.

determinações também podem ser obrigatórias para órgãos e agentes públicos vinculando o próprio Estado. Exemplo: as regras de trânsito devem ser cumpridas tanto pelos particulares quanto pelos agentes públicos. A liberdade e propriedade governamentais *a fortiori*(88) devem se adequar às necessidades do interesse público.

Decorre do princípio da supremacia do interesse público sobre o interesse privado. O exercício de direitos individuais deve atender ao interesse público sujeitando-se a imposições oriundas da Administração Pública. É o que ocorre para o exercício de profissões e para a instalação de estabelecimentos comerciais, *shopping centers* etc.

Em decorrência de sua origem de viés autoritário — Idade Média/Estado de Polícia/ordem pública, o termo vem sendo abandonado pela doutrina mais moderna, que passa a considerá-lo como limitação administrativa ou ainda "atividade ordenadora"(89) em vez de "poder de polícia". A ordem pública deve promover os direitos fundamentais, observando os preceitos democráticos.

Ao lado das atividades de prestação de serviços públicos e de fomento — atividades que ampliam a esfera de interesses dos cidadãos, comparece o exercício de "poder de polícia", que ao contrário das anteriores, é atividade estatal restritiva dos interesses privados, limitando a liberdade e propriedade privada em favor do interesse público.

A definição legal de poder de polícia está no art. 78 do CTN:

> "Considera-se poder de polícia atividade da administração pública que, limitando ou disciplinando direito, interesse ou liberdade, regula a prática de ato ou abstenção de fato, em razão de interesse público concernente à segurança, à higiene, à ordem, aos costumes, à disciplina da produção e do mercado, ao exercício de atividades econômicas dependentes de concessão ou autorização do Poder Público, à tranquilidade pública ou ao respeito à propriedade e aos direitos individuais ou coletivos".

Sentidos empregados pela doutrina para a expressão poder de polícia: (90)

1. em sentido amplo: atividade estatal de condicionar a liberdade e a propriedade, ajustando-as aos interesses coletivos; abrangendo atos do Legislativo (que cria, por lei, as chamadas limitações administrativas ao exercício das liberdades públicas) e do Executivo (que regulamenta as leis e controla a sua aplicação, preventivamente por meio de ordens, notificações, licenças ou autorizações ou repressivamente mediante a imposição de medidas coercitivas);

2. em sentido restrito: abrange as intervenções, quer gerais e abstratas, como os regulamentos, quer concretas e específicas (tais como as autorizações, as licenças, as injunções) do Poder Executivo, destinadas a alcançar o mesmo fim de preservar de prevenir e obstar ao desenvolvimento de atividades particulares contrastantes com os interesses sociais; compreende apenas atos do Executivo.

Poder de polícia e taxa — A atividade do Poder Público no exercício do Poder de Policia autoriza-o a cobrar do interessado o pagamento de taxa conforme dispõe o art. 145, II, da CF e art. 77 do CTN. Não é cabível a cobrança de tarifa que se caracteriza como preço público. Exemplo: o IBAMA não pode instituir por meio de portaria a exigência de tarifa ou preço público. A hipótese é de taxa dependente de lei para sua instituição.(91)

Para que seja legítima a cobrança da taxa, o Poder Público deve exercer efetivamente o poder de polícia.

(88) "por mais forte razão".

(89) SUNDFELD, Carlos Ari. *Direito administrativo ordenador*. 1. ed. 3. tir., São Paulo: Malheiros, 2003; e Marçal Justen Filho, *Curso de direito administrativo*. 3. ed. São Paulo: Saraiva, 2008. p. 462-463.

(90) MELLO, Celso Antônio Bandeira de.*Curso de direito administrativo* cit., p. 815.

(91) Exemplo fornecido por José dos Santos Carvalho Filho, *Manual de direito administrativo* cit., p. 73.
Ver ADINMC n. 2.247-DF, relator min. Ilmar Galvão, j. 13.2.2000: *vide* Informativo STF n. 202, de set. 2000.

Atributos do Poder de Polícia:

1. Discricionariedade — é impossível a lei exaurir a disciplina das limitações das liberdades, uma vez que o tema depende das circunstâncias de cada caso. Então, qual a medida, o momento de agir ou a sanção mais adequada a ser aplicada diante do caso concreto? Exemplo: possibilidade do Poder Público Municipal alterar o local de exploração de comércio por camelôs, dada a precariedade da autorização para o exercício daquele direito ou quais os limites máximos no tocante à produção de som em regiões não comerciais. Atenção: há manifestações do exercício do poder de polícia pelo Poder Público que são vinculadas, como a expedição de licenças. Portanto, a polícia administrativa ora se manifesta através de atos no exercício de competência discricionária, ora através de atos vinculados.(92)

2. Autoexecutoriedade — possibilidade de a Administração Pública executar sozinha as medidas de polícia, sem precisar recorrer ao Poder Judiciário.

As sanções decorrentes do exercício do poder de polícia administrativa — por exemplo, a interdição de atividade, o fechamento de estabelecimento, a demolição de construção, a destruição de objetos e a proibição de fabricação de determinados produtos — podem ser aplicadas independentemente de regular processo judicial, mesmo considerando-se a dimensão da restrição de direitos individuais implementada.

Todavia, há atos que não autorizam a imediata execução pela Administração Pública, como é a **cobrança de multas**, que só é efetivamente concretizada pelo ajuizamento de ação correlata no Poder Judiciário.

3. Coercibilidade — atributo que obriga o particular a obedecer às medidas de polícia e que autoriza a Administração Pública a usar da força em caso de resistência a seu cumprimento. Exemplo: em regime de greve, operários se apoderam *manu militari* da fábrica em que trabalham e se recusam a desocupá-la na forma da lei.

5.6.1 Polícia judiciária e Polícia administrativa

Atenção: o art. 144 da CF dispõe sobre atividades de polícia judiciária e polícia administrativa, atribuídos aos órgãos denominados policiais. Vale distinguir tais polícias em termos simples, antes defini-las:

Polícia judiciária — Polícia judiciária é a que procura as provas dos crimes e contravenções e se empenha em descobrir seus autores. Cuida da apuração de ilícitos penais. Ela prepara a atuação da função jurisdicional penal.

Polícia administrativa — Os manuais tradicionais de Direito Administrativo não definem o que é polícia administrativa. Celso Antônio Bandeira de Mello trouxe para seu *Curso de Direito Administrativo*, a definição de Renato Alessi, jurista italiano, que aqui se transcreve: "a atividade administrativa pré-ordenada à proteção do todo social e de suas partes, mediante uma ação, ora de observação, ora de prevenção, ora de repressão contra os danos que a eles poderiam ocorrer em razão da atividade dos indivíduos".(93)

As diferenças entre as duas são basicamente:

Caráter: preventivo/repressivo da polícia administrativa x repressivo da polícia judiciária. Atenção: a polícia administrativa não é somente preventiva. As vezes ela atua repressivamente como quando apreende mercadoria imprópria ao consumo público, como produtos farmacêuticos deteriorados, faz cessar reunião de pessoas tida por ilegal por incitação à violência, dissolve comício ou passeata todas situações em que a nocividade só chegou ao conhecimento da autoridade pública depois do dano causado. Celso Antônio Bandeira de Mello afirma que "só se poderá considerá-la preventiva relativamente, isto é, em relação aos futuros danos outros que adviriam da persistência do comportamento reprimido".(94) Exemplo de atuação

(92) Conforme esclarece MELLO, Celso Antônio Bandeira de. *Curso de direito administrativo* cit., p. 830.

(93) MELLO, Celso Antônio Bandeira de. *Curso de direito administrativo* cit., p. 828.

(94) *Idem*. p. 827.

preventiva é a expedição de regulamentos ou portarias que regulam o uso de fogos de artifício ou proíbem soltar balões em épocas de festas juninas e a atividade de fiscalização de pesos e medidas de mercadorias, vistoria de automóveis para garantia das condições de segurança que devam oferecer etc.

Tipo de ilícito: administrativo x penal. Deve-se verificar a natureza do ilícito que a atividade estatal visa a impedir ou reprimir, se pertinente à seara administrativa ou concerne a ilícito de natureza penal;

Objeto: a polícia administrativa atua sobre bens, direitos e atividades x polícia judiciária que age sobre pessoas;

Titularidade: diversos órgãos na polícia administrativa (inclui a própria polícia militar, os vários órgãos de fiscalização aos quais a lei atribua esse mister, como os que atuam na área de saúde (vigilância sanitária), educação, trabalho, edificações, fiscais de obras, previdência, assistência social, guardas de trânsito, órgãos ambientais) *x* corporações específicas na polícia judiciária (polícia civil, militar, Polícia Federal).[95]

Todavia, há atividades administrativas exercidas por órgãos denominados policiais. É evidente que um mesmo agente estatal pode desempenhar atividades de polícia administrativa e de polícia judiciária. Exemplos: a polícia federal ou polícia civil federal, prevenindo o tráfico ilícito de entorpecentes ou drogas afins, o contrabando e o descaminho, exercendo as funções de polícia marítima, aeroportuária e de fronteiras (art. 144, § 1º, I e II, da CF); a polícia rodoviária federal fazendo o patrulhamento ostensivo das rodovias federais (art. 144, § 2º, da CF), as polícias militares dos Estados e do DF fazendo a polícia ostensiva e a preservação da ordem pública, os corpos de bombeiros militares fiscalizando a segurança das instalações contra incêndios e atividades correlatas e executando as atividades de defesa civil (art. 144, § 5º, da CF) etc.

Meios de atuação:

1. atos normativos — editados pelo Poder Legislativo, são as leis especificamente, pelas quais criam-se as limitações administrativas (por exemplo, servidão instituída por lei específica — sentido amplo de poder de polícia). Se editados pelo Poder Executivo (sentido específico do poder de polícia), disciplinando a aplicação da lei aos casos concretos, é a expedição de decretos (instituição de servidão administrativa por acordo entre Estado e o particular, precedida da expedição de decreto pelo Chefe do Poder Executivo), resoluções, instruções, regulamentos e portarias como os supracitados que regulam o uso de fogos de artifício ou proíbem soltar balões em épocas de festas juninas ou que disciplinem horários e condições de vendas de bebidas alcoólicas em certos locais e horários;

2. atos administrativos e operações materiais — compreendendo:

2.1 medidas preventivas — com a finalidade de adequar o comportamento individual à lei, tais como:

2.1.1 de fiscalização e vistoria de mercadorias, para averiguar adequação de pesos e medidas, a fiscalização das condições de higiene de estabelecimentos que comercializam alimentos, de veículos para verificar condições de segurança, por exemplo etc.;

2.1.2 de autorização — para camelôs ocuparem praça pública e exercer atos de comércio;

2.1.3 de licença — para construir casa ou moradia, conforme projeto aprovado pela Secretaria de Obras e Viação de determinado Município;

2.1.4 ordens verbais ou ordens intermediadas por aparato físico — exemplo dos silvos emitidos pelo guarda de trânsito e do semáforo respectivamente.

2.2 — medidas repressivas — com a finalidade de coagir o infrator a respeitar a lei, tais como:

2.2.1 de dissolução de reunião — se ilegal, com intuito subversivo de incitação à violência (encontro de *skinheads* com o fim de praticar agressões contra homossexuais);

(95) PIETRO, Maria Sylvia Di. *Direito administrativo* cit., 24. ed., p. 118.

2.2.2 de interdição de atividade — fechamento de estabelecimento comercial aberto sem prévia obediência aos requisitos normativos; apreensão de edição de revista ou jornal que contenha noticiário ou reportagem sediciosa ou imoral, interdição de hotel utilizado para exploração de lenocínio, guinchamento de automóvel que obstrua a via pública ou estacionado em área proibida;

2.2.3 de apreensão de mercadorias — as impróprias para consumo como as deterioradas, medicamentos comercializados com prazo de validade vencido, por exemplo;

2.2.4 de internação de pessoa com doença contagiosa — exemplo trazido por Maria Sylvia Zanella Di Pietro.(96) Cuidado: poder de polícia incide sobre bens, direitos e atividades, não sobre pessoas. Não existem sanções de polícia administrativa que impliquem detenção ou reclusão de pessoas. Pode-se entender tal exemplo como protetivo ao bem coletivo salubridade pública. O particular é internado porque antes assistido por serviço de emergência. A Administração Pública não pode subtrair pessoas das ruas porque presumidamente portadoras de uma doença X ou Y, tidas como contagiosas. Fere direito fundamental de forma letal, o direito de ir e vir, apenas para citar um. E mais, quem está doente não infringe a lei.

Delegação do Poder de Polícia:

O ato de polícia envolve manifestação de poder de império estatal sobre os particulares.

Na decisão que abaixo se transcreve parcialmente, O STF declarou a inconstitucionalidade do art. 58 e seus parágrafos da Lei n. 9.649/1998 sob o fundamento de que o poder de polícia de profissões não pode ser delegado legislativamente para entidades privadas.

STF, ADI n. 1.717/DF:

> "(...)
>
> Isso porque a interpretação conjugada dos arts. 5º, XIII, 22, XVI, 21, XXIV, 70, parágrafo único, 149 e 175 da Constituição Federal, leva à conclusão, no sentido da *indelegabilidade, a uma entidade privada, de atividade típica de Estado, que abrange até poder de polícia*, de tributar e de punir, no que concerne ao exercício de atividades profissionais regulamentadas, como ocorre com os dispositivos impugnados".

É entendimento majoritário da doutrina que, não é possível haver delegação do poder de polícia a entidade integrante da Administração Pública com personalidade jurídica de direito privado.

Também não pode exercer poder de polícia aqueles que recebem por delegação a prestação de um serviço público e que o prestam por sua conta e risco cuja titularidade permanece com o Estado, como é o caso dos concessionário de rodovias.

É possível haver delegação ou atribuição a particulares de atos materiais prévios ou sucessivos aos atos de polícia. Celso Antônio Bandeira de Mello cita vários exemplos, entre eles, atos materiais que precedem atos de poder de polícia, por exemplo, fiscalização eletrônica das normas de trânsito por particulares (equipamentos que captam a imagem do veículo no cometimento de infração de trânsito e que são de propriedade privada); ato sucessivo destinado a executar materialmente ato de polícia, mas apenas quando este atacar a propriedade, por exemplo, a demolição de obras irregulares por particular contratado e a hipótese do ato de polícia ser expedido por máquina, por exemplo, parquímetros de propriedade de particulares que expedem autos de infração.(97)

---

(96) PIETRO, Maria Sylvia Di. *Direito administrativo* cit., 24. ed., p. 120.

(97) MELLO, Celso Antônio Bandeira de. *Curso de direito administrativo* cit., p. 832 a 834.

Limites do Poder de Polícia — As manifestações de polícia articuladas pela Administração Pública jamais podem concretizar atos apartados da lei e dos fins por ela propostos. Representam exercício da chamada **supremacia geral**, decorrem da lei. Devem respeitar:

— os requisitos de validade dos atos administrativos: editados pela autoridade competente para expedição do ato e conforme a lei que os antecede;

— o princípio da proporcionalidade — a medida deve representar adequação dos meios aos fins na ação administrativa;

— a necessidade — a medida só deve ser adotada para evitar ameaças reais ou prováveis de perturbação ao interesse público;

— o princípio da eficiência — a medida deve ser adequada a impedir o dano ao interesse público.

Sanções aplicáveis:

Há várias. Pode-se citar:

1. imposição de multas administrativas;
2. interdição de estabelecimentos;
3. suspensão do exercício de direitos;
4. demolição de construções irregulares;
5. embargo administrativo de obra;
6. destruição de gêneros alimentícios impróprios para o consumo;
7. apreensão de mercadorias com entrada irregular no território nacional.

Prescrição da aplicação das sanções de polícia:

Conforme a Lei n. 9.873/1999, art. 1º:

"Art. 1º Prescreve em cinco anos a ação punitiva da Administração Pública Federal, direta e indireta, no exercício do poder de polícia, objetivando apurar infração à legislação em vigor, contados da data da prática do ato ou, no caso de infração permanente ou continuada, do dia em que tiver cessado"

(...)

§ 2º Quando o fato objeto da ação punitiva da Administração também constituir crime, a prescrição reger-se-á pelo prazo previsto na lei penal

(...)

Art. 5º O disposto nesta Lei não se aplica às infrações de natureza funcional e aos processos e procedimentos de natureza tributária."

A Lei n. 11.941/2009 acrescentou o art. 1º-A na Lei n. 9.873/1999 e passou a fixar um prazo de prescrição aplicável à ação judicial de cobrança de multas administrativas que não tenham natureza tributária. Veja-se a redação do referido artigo:

"Art. 1º-A. Constituído definitivamente o crédito não tributário, após o término regular do processo administrativo, prescreve em 5 (cinco) anos a ação de execução da administração pública federal relativa a crédito decorrente da aplicação de multa por infração à legislação em vigor".

5.6.2 *As liberdades públicas e o poder de polícia*

Poder de polícia é a atividade do Estado consistente em limitar o exercício dos direitos individuais em benefício do interesse público.

O uso normal do poder é a utilização adequada à lei, pelos agentes públicos, das prerrogativas que lhes são dadas pelo ordenamento jurídico. Em contrapartida, o uso inadequado do poder desemboca em ato ilícito conhecido como abuso de poder e que é o exercício desviante, irregular, ilegítimo das prerrogativas conferidas pelo ordenamento jurídico à Administração Pública. Em suma: é o emprego das prerrogativas em desacordo com a lei. Abuso de poder é ato jurídico ilícito conforme dispõe o art. 187 do Código Civil.

O abuso de poder desdobra-se em duas modalidades:

1. **Excesso de poder** — o agente, embora competente para praticar o ato, vai além do permitido e exorbita no uso de suas faculdades administrativas. O agente público atua fora dos limites de sua esfera de competências;

2. **Desvio de poder (ou desvio de finalidade)** — o agente, embora dentro de sua esfera de competência, pratica o ato visando a um fim diverso daquele previsto na lei. É o que preceitua a Lei da Ação Popular.

Desvio de finalidade é aquele que:

> "se verifica quando o agente pratica o ato visando a fim diverso daquele previsto, explícita ou implicitamente, na regra de competência" (art. 2º, parágrafo único, *e*, da Lei n. 4.717/1965).

O excesso de poder é vício relacionado ao elemento competência dos atos administrativos e o desvio de poder ou de finalidade situa-se no elemento finalidade.

Defesa contra o abuso — "Os atos de polícia administrativa são atos administrativos e como tal submetem-se aos controles vigentes (administrativo e judicial) a que se submetem os atos e comportamentos da Administração Pública em geral".[98] Na esfera administrativa cabem o recurso hierárquico e o direito de representação, por exemplo. Na esfera judicial, o mandado de segurança, ação civil pública, ação popular. Em certos casos previstos na Lei n. 4.898/1965, o abuso é considerado infração penal.

Atenção: as pessoas que ingressam na organização interna da Administração Pública em decorrência de vínculo específico (subordinação especial ou sujeição especial como citado por alguns[99]) com ela mantido, não estão sujeitas ao **poder disciplinar** da Administração Pública, mas estão resguardadas por todo o aparato de seus direitos e garantias fundamentais consubstanciados em primazia na Constituição Federal. Todas estão submetidas à supremacia geral decorrente da lei e não de uma suposta supremacia especial advinda de regulamentos e atos infralegais menores. Poder disciplinar é interno e não pode atingir pessoas estranhas à organização administrativa. Exemplo: usuários de serviços públicos *uti singuli* como internos em hospitais públicos, estudantes em escolas públicas, idosos abrigados em asilos públicos, o usuário de biblioteca pública etc. Essa relação de especial sujeição ou relação de supremacia especial teria o condão de atingir direitos e garantias fundamentais das pessoas privadas, mitigar a aplicação do princípio da legalida-

---

(98) GASPARINI, Diógenes. *Direito administrativo*, 11. ed. São Paulo: Saraiva, 2006.

(99) MELLO, Celso Antônio Bandeira de. *Curso de Direito Administrativo*. 26. ed. São Paulo: Malheiros, 2009. p. 817 a 822. Este autor trata da distinção entre supremacia geral e supremacia especial. Também a subscritora dessas linhas em dissertação de mestrado defendida na PUCSP em 2006 com o título *Aspectos das Relações Especiais de Sujeição no Direito Administrativo Brasileiro: Natureza Jurídica e Pressupostos Constitucionais*. Em outra obra, aludiu-se ao mesmo tema mas restrito à relação educacional entre professores e alunos nas escolas públicas que assim se intitulou: "A Relação Educacional como Relação Especial de Sujeição (RES) e os Limites à Liberdade de Ensinar dos Professores nas Instituições Públicas de Ensino", artigo integrante do livro *Intervenção do Estado no Domínio Econômico e no Domíno Social Homenagem ao Professor Celso Antônio Bandeira de Mello*, organizada por Priscilia Sparapani e Renata Porto Adri, Editora Forum, 2010.

de e os sistemas institucionalmente previstos para a garantia desses direitos afastando inclusive o controle judicial — pelo simples fato do cidadão entrar em contato mais próximo com a organização interna da Administração Pública, e, em razão disso, poderia sofrer sanções por essa Administração impostas com base numa competência legiferante anômala, isto é, sem fundamento em lei. e tudo para garantir o bom funcionamento das entidades estatais. A teoria da supremacia especial ou sujeição especial surgiu na metade do século XIX na Alemanha e foi elaborada por Otto Mayer,[100] jurista alemão, **dentro das peculiaridades da história alemã da época.** Otto Mayer não tratou do tema da organização administrativa porque naqueles tempos, o âmbito interno, doméstico da Administração Pública era considerado **um espaço não subordinado à lei, mas submetido aos ditames do soberano — resquício dos idos tempos medievais.**

Nos moldes pós-modernos, "essa concepção de relação jurídica do tipo sujeição especial é incompatível com a Constituição brasileira[101]". Não é admissível no Brasil — Estado Democrático de Direito, a aceitação de "espaços não subordinados a lei" e muito menos nos contornos da organização interna da Administração Pública totalmente dependente da observância à lei — fonte formal e primária do agir dos agentes públicos. Se admitida, facilmente poderia descambar para o uso promíscuo da categoria, por causa das raízes autoritárias presentes na formação do Estado brasileiro visíveis na ampla desigualdade existente entre as pessoas neste país até hoje. Não seria de estranhar, a imposição de castigos corporais aos menores infratores em situações de privação de liberdade nas unidades de atendimento tipo Fundação Casa! O indivíduo deve saber até que ponto a Administração Pública está autorizada a intervir na sua esfera jurídica em qualquer situação. Cabe à lei ou ao contrato definir de modo suficientemente preciso, a infração e a sanção correspondente. O entendimento atual é de que a discricionariedade "constitui o conceito chave que permite expressar o caráter pluridimensional do mandato de atuação administrativa",[102] porque exercer discricionariedade significa "ponderar a vista de uma determinada situação".[103]

6. RESPONSABILIDADE CIVIL DO ESTADO

O sistema de responsabilidade civil está fundado na ideia basilar da proibição de causar dano a outrem (*alterum non laedere*). O tema em estudo são as hipóteses em que o Estado é civilmente responsável por danos causados a terceiros.

Apenas para relembrar: há três esferas distintas de responsabilidade em nosso ordenamento jurídico independentes entre e si cujas sanções previstas em cada uma podem ser aplicadas cumulativamente. Essa é a regra geral, todavia há situações em que a esfera penal repercute nas duas outras. As distintas esferas são:

1. **responsabilidade civil** — é aquela que decorre de condutas comissivas ou omissivas, que causem dano patrimonial ou moral, ou ambos, a alguém. Esse tipo de responsabilidade se extingue com a indenização do dano;

2. **responsabilidade penal** — é a que incide no agente que comete ato tipificado como crime ou contravenção, sujeito a sanções penais;

3. responsabilidade administrativa — se o ato praticado pelo agente caracteriza infração a normas administrativas (funcionais, contratuais ou de exercício de poder de polícia).

(100) Foi o autor que elaborou a teoria clássica da relação de especial sujeição na obra *Derecho administrativo alemán*, Buenos Aires: Depalma, 1950.

(101) FILHO, Marçal Justen. *Curso de direito administrativo*. 4. ed. São Paulo: Saraiva, 2009. p. 508.

(102) ASSMANN, Eberhard Schmidt. *La teoria del derecho administrativo como sistema*. Madrid: Inap Instituto Nacional de Administración Pública, Marcial Pons, 2003. p. 222.

(103) *Idem*. p. 222-223.

A **responsabilidade disciplinar** — é a sujeição dos agentes públicos a sanções disciplinares previstas nos seus respectivos estatutos, em decorrência de infrações **funcionais** cometidas no âmbito interno da organização administrativa pública.

Um mesmo fato pode fazer incidir as três esferas de responsabilidade: Exemplo: "subtração" de impressora da repartição. O servidor responde na esfera administrativa/disciplinar porque agiu em desacordo com o estatuto funcional; na esfera civil porque deve indenizar a Administração Pública pelo bem público subtraído e na esfera penal porque cometeu ato tipificado como crime contra a Administração Pública.

Maria Sylvia Zanella Di Pietro afirma que "quando se fala em **responsabilidade do Estado**, está se cogitando dos três tipos de funções pelas quais se reparte o poder estatal: a administrativa, a jurisdicional e a legislativa. Fala-se, no entanto, com mais frequência de responsabilidade resultante de comportamento da Administração Pública, já que, com relação aos Poderes Legislativo e Judiciário, essa responsabilidade incide em casos excepcionais".[104] Essa afirmação é muito importante, porque se trata de dano decorrente de comportamento do Executivo, do Judiciário e do Legislativo, não da "Administração Publica" porque essa nem personalidade jurídica tem e nem somente do Poder Executivo. Responsabilidade do Estado existe onde quer que se exerça a função administrativa.

Há duas modalidades de responsabilidade civil do Estado:

1. **responsabilidade contratual:** surge do descumprimento de uma cláusula pactuada no contrato, e se resolve de acordo com as regras do ajuste firmado entre as partes;

2. **responsabilidade extracontratual:** é a que advém das atividades estatais sem conotação pactual.[105] No nosso ordenamento tem fundamento no art. 37, § 6º, da CF:

> "As pessoas jurídicas de direito público e as de direito privado prestadoras de serviços públicos responderão pelos danos que seus agentes, nessa qualidade, causarem a terceiros, assegurado o direito de regresso contra o responsável nos casos de dolo ou culpa".

No âmbito infraconstitucional, o art. 43 do Código Civil estabelece que:

> "As pessoas jurídicas de direito público interno são civilmente responsáveis por atos dos seus agentes que nessa qualidade causem danos a terceiros, ressalvado direito regressivo contra os causadores do dano, se houver, por parte destes, culpa ou dolo".

Pode-se definir a responsabilidade civil extracontratual do Estado, como "a obrigação de reparar danos causados a terceiros em decorrência de comportamentos comissivos ou omissivos, materiais ou jurídicos, lícitos ou ilícitos, imputáveis aos agentes públicos".[106] Os danos indenizáveis podem ser materiais, morais ou estéticos.

O Estado, por si só, não pode causar danos a ninguém. É um ser que manifesta sua vontade no mundo jurídico por meio de órgãos, titularizados por agentes públicos, pessoas físicas, cuja conduta é a ele (Estado) imputada. Frise-se:

Responsabilidade do Estado: o ente responde pelos atos de seus agentes causadores de danos a terceiros;

---

(104) PIETRO, Maria Sylvia Di. *Direito administrativo* cit., 23. ed., p. 642.
(105) FILHO, José dos Santos Carvalho. *Manual de direito administrativo* cit., p. 520.
(106) PIETRO, Maria Sylvia Di. *Direito administrativo* cit., 23. ed., p. 643.

Responsabilidade do agente: o agente responde pelos atos que pratica no exercício de suas funções ou a pretexto de exercê-las.

Decisão que aplica a responsabilidade contratual e não a responsabilidade extracontratual é a seguinte:

STF, RE n. 255.731 (1999):

"Responsabilidade civil do Estado: furto de automóvel em estacionamento mantido por Município: condenação por responsabilidade contratual que não contraria o art. 37, § 6º, da Constituição.

Ao oferecer à freguesia do mercado a comodidade de estacionamento fechado por grades e cuidado por vigias, o Município assumiu o dever específico de zelar pelo bem que lhe foi entregue, colocando-se em posição contratual similar à do depositário, obrigado por lei 'a ter na guarda e conservação da coisa depositada o cuidado e diligência que costuma com o que lhe pertence' (Cód. Civ., art. 1.266).

Em tal hipótese, a responsabilidade do Município por dano causado ao proprietário do bem colocado sob sua guarda, não se funda no art. 37, § 6º, da Constituição, mas no descumprimento de uma obrigação contratual" (**RE n. 255.731**, rel. min. **Sepúlveda Pertence**, *DJ* 26.11.1999.)

Evolução histórica: A doutrina não é uniforme no tratamento do tema. A nomenclatura empregada aqui (teoria da irresponsabilidade, teorias civilistas e teorias publicistas) segue a linha desenvolvida por Maria Sylvia Zanella Di Pietro no seu livro *Direito administrativo*.

1. Teoria da irresponsabilidade:

Foi a teoria adotada pelos Estados Absolutistas. O rei absolutista era considerado quase uma divindade e considerado representante de Deus na terra, nunca cometendo erros (*the king can do no wrong*).[107]

Se o Estado (representado pelo rei) era quem exercia a tutela do Direito, ele jamais poderia violá-lo (*Le roi ne peut mal faire*: o rei não pode fazer mal ou causar danos).

Teoria abandonada por sua evidente injustiça.

1.2. Teorias civilistas — em número de duas:

Foi no século XIX que a teoria da irresponsabilidade do Estado foi superada, as teorias que a substituíram tinham como base legal o direito civil, cujo fundamento é a noção de culpa. A vítima tinha que comprovar quatro requisitos para receber uma indenização: o ato, o dano, o nexo de causalidade e a culpa ou dolo do agente público.

1.2.1. ***Teoria dos atos de império e de gestão*** — baseava-se numa concepção política conhecida como teoria do fisco. A teoria do fisco sustentava que o Estado detinha dupla personalidade: uma pessoa soberana, infalível, representada pela pessoa do Rei e, outra, falível, pessoa exclusivamente patrimonial denominada fisco, com capacidade para ressarcir os particulares prejudicados por atos dos agentes públicos. Essa teoria, portanto, dividia os atos do Estado em dois conforme a presença ou ausência de prerrogativas e privilégios da autoridade pública:

a) atos de império: praticados com prerrogativas de autoridade e supremacia sobre os particulares;

b) atos de gestão: praticados pelo Poder Público em situação de igualdade com os particulares, na administração do patrimônio ou dos serviços do Estado.

(107) "O Rey he Lei animada sobre a terra, e pôde fazer Lei e revoga-la, quando vir que convem fazer-se assim" (Ordenações Filipinas, Livro 3, título 75).

A responsabilidade do Estado passou a ser admitida quando da prática de atos de gestão somente. O Rei continuava irresponsável porque agia praticando atos de império.

1.2.2. ***Da culpa civil ou da responsabilidade subjetiva*** — Essa teoria responsabilizava o Estado pelos seus atos que causassem prejuízo a terceiros, desde que os agentes públicos tivessem agido com dolo ou culpa.

É a que vigorava no Brasil quando da edição do Código Civil de 1916. Dispunha o art. 15 do referido diploma legal:

> "As pessoas jurídicas de direito público são civilmente responsáveis por atos dos seus representantes que nessa qualidade causem danos a terceiros, procedendo de modo contrário ao direito ou faltando a dever prescrito por lei, salvo o direito regressivo contra os causadores do dano".

Somente com a Constituição de 1946 é que o Brasil adotou a teoria da responsabilidade objetiva.

1.3. Teorias publicistas:

A responsabilidade do Estado não pode reger-se pelos princípios do Código Civil. A situação que suscitou a mudança de rumos foi o famoso Caso Blanco, de 1873: uma menina de nome Agnes Blanco foi atropelada por um vagonete da Companhia Nacional de Fumo, na cidade de Bordeaus, na França. O Tribunal de Conflitos entendeu que o caso deveria se submeter à jurisdição administrativa porque se tratava de apreciar a responsabilidade decorrente de funcionamento do serviço público.

A partir desse caso, começaram a surgir as teorias publicistas.

1.3.1. ***Teoria da culpa do serviço* (faute du service) *ou da culpa administrativa*** — Teoria considerada de transição entre a doutrina subjetiva da culpa e a tese objetiva do risco administrativo. Essa teoria procura desvincular a responsabilidade do Estado da ideia de culpa do funcionário. Distinguia-se a culpa individual do funcionário, pela qual ele mesmo respondia, e, de outro, a culpa anônima do serviço público. A culpa do serviço ocorre quando o serviço não funciona (omissão), funciona mal ou funciona atrasado. Em qualquer dessas hipótese ocorre a culpa (*faute*) do serviço, incidindo a responsabilidade do Estado independentemente de qualquer apreciação da culpa do funcionário.

Excepcionalmente, essa teoria subjetiva ainda é utilizada no direito brasileiro quanto aos **danos por omissão** e na **ação regressiva**.

1.3.2. ***Teoria do risco (ou da responsabilidade objetiva)*** — Essa teoria deixa de exigir culpa (do agente ou do serviço) para responsabilizar o Estado por seus atos. A culpa é substituída pelo nexo de causalidade entre o funcionamento do serviço público e o prejuízo sofrido pelo administrado. Em vez de indagar sobre falta do serviço (*faute du service*) essa teoria exige apenas um fato do serviço, causador de dano ao particular. Constituem pressupostos da responsabilidade objetiva do Estado um ato lícito ou ilícito praticado por agente público, dano específico (atinge um ou alguns membros da sociedade) e anormal (aquele que supera os inconvenientes normais da vida em sociedade, decorrentes da atuação estatal) e o nexo causal. É a camada teoria da responsabilidade objetiva, porque prescinde do elemento subjetivo — dolo ou culpa. É conhecida também como teoria do risco. Baseia-se em duas ideias inovadoras portanto:

(a) no risco que a atividade pública gera para os administrados; e

(b) na possibilidade de acarretar dano a certos membros da coletividade, impondo-lhes um ônus não suportado pelos demais.

O atual Código Civil acolheu a teoria da responsabilidade objetiva baseada na ideia de risco no art. 927, parágrafo único.

Essa teoria comporta duas modalidades: a teoria do risco administrativo e a teoria do risco integral.

1.3.2.1. ***Teoria do risco integral*** — É a teoria do risco administrativo com um acréscimo: aqui não são aceitas excludentes de responsabilidade, tais como a culpa da vítima ou a força maior. Excludentes são circunstâncias que, ocorrendo, afastam o dever de indenizar.

O direito brasileiro acolhe hipóteses normativas em que se aplica essa teoria aos danos decorrentes de **acidentes nucleares** — art. 21, XXIII, *d*, da CF; danos decorrentes de **atos terroristas, atos de guerra ou eventos correlatos, contra aeronaves de empresas aéreas brasileiras,** conforme previsto nas Leis n. 10.309/2001 e 10.744/2003; **dano ambiental,**[(108)] por força do art. 225, §§ 2º e 3º, da CF; **indenização coberta pelo seguro obrigatório para automóveis** (DPVAT) conforme art. 5º da Lei n. 6.194/1974 e **acidentes de trabalho (infortunística)** nas relações de emprego público.

1.3.2.1. ***Teoria do risco administrativo*** — É a teoria do risco administrativo com um acréscimo: aqui são aceitas excludentes de responsabilidade, tais como a culpa da vítima ou a força maior. A Constituição Federal adotou essa teoria como regra geral no art. 37, § 6º:

> "As pessoas jurídicas de direito público e as de direito privado prestadoras de serviços públicos responderão pelos danos que seus agentes, nessa qualidade, causarem a terceiros, assegurado o direito de regresso contra o responsável nos casos de dolo ou culpa".

O Código Civil, no art. 43 não destoou da Constituição Federal:

> "Art. 43. As pessoas jurídicas de direito público interno são civilmente responsáveis por atos dos seus agentes que nessa qualidade causem danos a terceiros, ressalvado direito regressivo contra os causadores do dano, se houver, por parte destes, culpa ou dolo".

Destrinchando o art. 37, § 6º, CF

> "As pessoas jurídicas de direito público e as de direito privado prestadoras de serviços públicos responderão pelos danos que seus agentes, nessa qualidade, causarem a terceiros, assegurado o direito de regresso contra o responsável nos casos de dolo ou culpa".

1. Quem responde pelos danos?

1.1 *As pessoas jurídicas de direito público* — União, Estados, Distrito Federal, Territórios, Municípios, autarquias, fundações e associações públicas. A responsabilidade decorre da personalidade pública dessas pessoas e não da atividade que executam. Pode ser qualquer atividade ou manifestação da função administrativa: exercício de poder de polícia; atividade de fomento; prestação de serviço público; intervenção no domínio econômico.

1.2 *As pessoas jurídicas de direito privado prestadoras de serviço público* — as empresas públicas, sociedades de economia mista, concessionários e permissionários são pessoas com personalidade jurídica de direito privado e só responderão objetivamente se prestadoras de serviço público jamais no exercício de atividade econômica. As pessoas de direito privado respondem objetivamente enquanto prestadoras de serviço público em decorrência do regime jurídico próprio dos serviços públicos e não pela qualidade de pessoa.

(108) Não há consenso entre os ambientalistas sobre a aplicação da teoria do risco integral ou do risco administrativo.

1.3 *Outras pessoas jurídicas responsáveis:*

1.3.1 — *Atividades de tabelionato e cartórios de notas e registros* — incide a responsabilidade objetiva do risco administrativo. A responsabilidade é objetiva e pessoal do oficial, com fundamento no art. 22 da Lei n. 8.935/1994.

1.3.2 — *Serviços sociais autônomos, organizações sociais e organizações sociais da sociedade civil de interesse público* — respondem de forma subjetiva, não se aplicando a regra do art. 37, § 6º, da CF/88.

2. "(...) responderão pelos danos que seus agentes, nessa qualidade, causarem a terceiros, (...)".

Utiliza-se a expressão **agente público** em sentido amplo, como todo aquele que exerce uma função estatal. Engloba os agentes políticos, os servidores públicos estatutários, os empregados públicos e temporários, os militares e os particulares em colaboração com o Poder Público. Nesse sentido, é a decisão abaixo transcrita:

1. **STJ, REsp n. 648.818**:

"RESPONSABILIDADE CIVIL. ESTADO. DEPOSITÁRIO JUDICIAL. PARTICULAR.

O recorrido foi indevidamente despejado de seu imóvel, e seus bens, uma criação de minhocas e certa quantidade de húmus, foram entregues a um depositário particular nomeado pelo juízo do despejo.

Sucede que, quando conseguiu retomá-los, aqueles bens já se encontravam deteriorados por falta de cuidados.

Buscou, então, a indenização daqueles danos por parte do Estado.

Diante disso, a Turma, ao prosseguir o julgamento, entendeu, por maioria, que, quanto à responsabilidade, não há distinções entre o depositário particular e o judicial, pois ambos exercem múnus público de manter o bem guardado frente ao êxito do processo em curso, cuidando-se, pois, de agente do Estado quanto a tal mister".

O min. Luiz Fux, em seu voto-vista, aduziu que, nomeado depositário judicial o particular, esse passa à qualidade de agente público em acepção ampla, mesmo que, transitoriamente ou em caráter episódico, exerça função pública. Trata-se de "particular em colaboração com a Administração", como defende a doutrina (REsp n. 648.818-RJ, rel. min. Francisco Falcão, 28.6.2005, I.253).

A expressão "**nessa qualidade**" significa vinculação da conduta com a qualidade de agente público. O agente deve ter alguma vinculação com a Administração Pública mesmo que decorra de vínculo maculado por vício insanável como é o caso do funcionário de fato. Um dano ocasionado por alguém que não tenha nenhum vínculo com a Administração Pública não acarreta a incidência do art. 37, § 6º, da CF/88. É o caso do usurpador de função Vejam-se os julgados abaixo:

1. **STF, RE** n. **160.401/SP:**

"Agressão praticada por soldado, com a utilização de arma da corporação militar: incidência da responsabilidade objetiva do Estado, mesmo porque, não obstante fora do serviço, foi na condição de policial-militar que o soldado foi corrigir as pessoas. O que deve ficar assentado é que o preceito inscrito no art. 37, § 6º, da CF, não exige que o agente público tenha agido no exercício de suas funções, mas na qualidade de agente público." (**RE n. 160.401**, rel. min. **Carlos Velloso**, *DJ* 4.6.1999).

2. **STF, RE** n. **294.440:**

"Responsabilidade objetiva do estado. Acidente de trânsito envolvendo veículo oficial. Responsabilidade pública que se caracteriza, na forma do § 6º do art. 37 da Constituição Federal, ante danos que agentes do ente estatal, nessa qualidade, causarem a terceiros, não sendo exigível que o servidor tenha agido no exercício de suas funções. Precedente." (**RE n. 294.440-AgR**, rel. min. **Ilmar Galvão**, *DJ* 2.8.2002).

Se a atuação do causador do dano não estiver relacionada com a sua condição de agente público, não incidirá a responsabilidade objetiva da Administração Publica. Nesse sentido é o julgado do STF, RE n. 363.423/SP, em que se entendeu inexistir obrigação do Estado indenizar vítima de disparo de arma de fogo utilizada por policial durante período de folga, mesmo sendo a arma bem da corporação. O STF entendeu que o oficial fora movido por interesse particular, decorrente de um desentendimento amoroso.

3. Terceiros. O terceiro sempre é aquele que não integra a estrutura do Estado ou um servidor pode ser terceiro em relação ao Estado e sofrer dano por outro servidor?

Conforme informa o julgado abaixo, servidor público pode ser "terceiro" em relação ao Estado e assumir a condição de vítima.

STF, AI n. 473.381:

"Constitucional. Administrativo. Acidente de trânsito. Agente e vítima: servidores públicos. Responsabilidade objetiva do estado: CF, art. 37, § 6º.

O entendimento do Supremo Tribunal Federal é no sentido de que **descabe ao intérprete fazer distinções quanto ao vocábulo 'terceiro' contido no § 6º do art. 37 da Constituição Federal,** devendo o Estado responder pelos danos causados por seus agentes **qualquer que seja a vítima**, servidor público ou não." (**AI n. 473.381-AgR**, rel. min. **Carlos Velloso**, *DJ* 28.10.2005).

4. Ação de regresso — "assegurado o direito de regresso contra o responsável nos casos de dolo ou culpa".

O Estado ajuíza ação regressiva contra o agente público causador do dano, mas precisa provar o dolo ou a culpa do seu agente. Incide a teoria da responsabilidade subjetiva. Adiante, a questão será retomada.

6.1 *Fundamentos do dever de indenizar*

Se o **ato lesivo for ilícito**, o fundamento do dever de indenizar é o princípio da legalidade, em razão do agente público apresentar conduta que viola a legalidade.

Se o **ato for lícito**, o fundamento do dever e indenizar se assenta no princípio da igualdade dos ônus e encargos sociais.

6.2 *Responsabilidade sem culpa*

Pressupostos da responsabilidade civil extracontratual do Estado

São três:

1. **Ato ou fato administrativo** — A conduta atribuída ao Poder Público pode decorrer de comportamentos comissivos ou omissivos, materiais ou jurídicos, lícitos ou ilícitos, imputáveis aos agentes públicos.

Exemplo de dano provocado por fato administrativo: carro oficial dirigido por servidor público a serviço colide com carro particular. O Estado responde de forma objetiva com base no art. 37. § 6º, da CF/88. Nenhum ato administrativo foi praticado, o que ocorreu surgiu da prática de mero fato administrativo, para o qual não concorreu manifestação alguma de vontade do poder público apta a produzir alteração no mundo jurídico.

Exemplos de danos provocados por conduta comissiva: contaminação por vírus HIV em transfusão sanguínea realizada em hospital público; morte de passageiro por disparo de arma de fogo em decorrência de ação policial contra motorista do veículo; alienação ilegal, pelo Estado, de terras devolutas da União.

Exemplos de danos provocados por conduta omissiva: morte de portador de deficiência mental, internado em hospital psiquiátrico do Estado por falta no dever de vigilância, com fuga e suicídio posterior do paciente; danos causados por animais em vias públicas em virtude de insuficiência de serviço de fiscalização, visando à retirada de animais da via pública.

Exemplo de dano decorrente de ato lícito: obras para asfaltamento de rua diminuindo a clientela de estabelecimento comercial, prejuízo causado em decorrência de obra pública. Nesse último caso, deve-se perquirir se não está presente a culpa exclusiva do empreiteiro pelo dano. Caso haja, o empreiteiro detém a responsabilidade primária, com aplicação da teoria subjetiva e o Estado responde em caráter subsidiário.

2. **Dano** — O dano pode ser material ou moral e deve apresentar certas peculiaridades. São elas:

2.1 Deve atingir um direito da vítima, isto é, protegido pelo ordenamento jurídico.

2.2 Deve ser certo. Certo é o dano real, existente, que já ocorreu. O Estado não indeniza dano futuro, aquele que ainda não ocorreu.[109]

2.3 No caso de atos lícitos, o dano deve ser especial e anormal. Especial é o dano que pode ser particularizado, em que é possível a identificação do particular atingido. Caso o dano atingir a generalidade das pessoas, não incidirá a responsabilidade do Estado. Exemplo de dano geral é o aumento na tarifa de ônibus ou a edição de lei que restrinja a construção de prédios até uma altura de 10 andares. Exemplo de dano especial é o dano causado pela proibição, imposta por ato administrativo, da demolição de determinado prédio histórico. Anormal é o dano que ultrapassa as dificuldades da vida comum. Por exemplo, apesar dos dissabores, é normal suportar os incômodos de via pública ocupada por feira pública. Exemplo de dano anormal são os prejuízos decorrentes de construção de viaduto, ainda o fechamento definitivo de via pública, que inutilize o edifício-garagem nela situado.

3. **Nexo causal entre o fato administrativo e o dano**. Pode-se incluir aqui a ausência de causa excludente da responsabilidade estatal.

As excludentes da responsabilidade estatal são:

1. Culpa da vítima:

Se exclusiva, afasta a responsabilidade do Estado. O prejuízo é consequência da intenção deliberada da própria vítima em causar dano a si mesma. Exemplos: suicídio em estação de metrô; transeunte que se joga na frente de viatura militar para ser atropelado, morte de preso proveniente de suicídio etc.

Se a culpa for concorrente, a participação da vítima é considerada para diminuir a responsabilidade do Poder Público. Ocorre a chamada culpa concorrente, em que a vítima e o agente público concorrem para a ocorrência do prejuízo. Estão presentes as concausas. Exemplo: acidente de trânsito causado porque a viatura e o carro do particular invadiram ao mesmo tempo a pista alheia.

Exemplo de julgado pelo STF que aplica essa excludente é o abaixo transcrito:

STF, RE n. 120.924:

"Responsabilidade objetiva do Estado. Ocorrência de culpa exclusiva da vítima.

Esta Corte tem admitido que a responsabilidade objetiva da pessoa jurídica de direito público seja reduzida ou excluída conforme haja culpa concorrente do particular ou tenha sido este o exclusivo culpado" (AG n. 113.722-3-AgRg e RE n. 113.587)" (**RE n. 120.924**, Rel. **Moreira Alves**, 25.5.1993)

(109) Danos futuros são uma realidade em outras searas do Direito como no Direito Ambiental pela aplicação do princípio da precaução. Ver obra de Délton Winter de Carvalho, *Dano ambiental futuro* — A responsabilidade civil pelo risco ambiental, Rio de Janeiro: Forense Universitária, 2008.

2. Força maior e Caso fortuito:

Os administrativistas divergem sobre o significado desses termos. O Código Civil trata do tema no art. 393, parágrafo único, mas de forma uniforme sem separar as expressões, apenas explicita que o caso fortuito ou de força maior "verifica-se no fato necessário, cujos efeitos não era possível evitar ou impedir". Em ambas as situações, o elemento preponderante é a imprevisibilidade da ocorrência do evento. Para efeitos didáticos, considera-se força maior como evento da natureza e caso fortuito como evento humano.

2.1 Força maior:

É todo acontecimento exterior, evento natural irresistível e estranho à vontade das partes que rompe o nexo de causalidade entre a ação estatal e o prejuízo sofrido pelo particular. Exemplos: raio que cai e atinge carro, que se incendeia e ocorre perda total do veículo; erupção de vulcão que destrói vilas; tufões e tornados que destelham e destroem casas, prédios, pontes, morte de preso por causas naturais etc.

2.2 Caso fortuito:

É evento imprevisível, decorrente de causa desconhecida, de evento humano ou interno, de falha na Administração, não é aceito por parte da mais expressiva doutrina como excludente de responsabilidade. Exemplo: enchentes cujos efeitos são evitáveis pela realização de obras de infraestrutura; rompimento de adutora.

Exemplo retirado da jurisprudência do STF:

STF, RE n. 109.615:

"Em face dessa fundamentação, não há que se pretender que, por haver o acórdão recorrido se referido à teoria do risco integral, tenha ofendido o disposto no art. 37, § 6º, da Constituição que, pela doutrina dominante, acolheu a teoria do risco administrativo, que afasta a responsabilidade objetiva do Estado quando não há nexo de causalidade entre a ação ou a omissão deste e o dano, em virtude da culpa exclusiva da vítima ou da ocorrência de caso fortuito ou de força maior." (**RE n. 238.453**, voto do min. **Moreira Alves**, *DJ* 19.12.2002). No mesmo sentido: (**RE n. 109.615**, rel. min. **Celso de Mello**, *DJ* 2.8.1996).

3. Culpa exclusiva de terceiros:

Outras pessoas, que não o Estado, deram causa ao dano. Todavia, se ficar provado que o dano decorreu de uma omissão estatal que, por conta disso, permitiu a atuação de um terceiro causador do dano à vítima, é possível a responsabilização estatal. Exemplo: prejuízo causado por atos de multidão.

Abaixo, transcreve-se alguns julgados do STF que aplicam os pressupostos e afirmam os fundamentos do dever do Estado indenizar o particular que sofreu lesão em decorrência de ato praticado por agente público:

1 — **STF, RE** n. **113.587**:

"A responsabilidade civil do Estado, responsabilidade objetiva, com base no risco administrativo, que admite pesquisa em torno da culpa do particular, para o fim de abrandar ou mesmo excluir a responsabilidade estatal, ocorre, em síntese, diante dos seguintes requisitos: a) do dano; b) da ação administrativa; c) e desde que haja nexo causal entre o dano e a ação administrativa.

(...)

A consideração no sentido da licitude da ação administrativa é irrelevante, pois o que interessa, é isto: sofrendo o particular um prejuízo, em razão da atuação estatal, regular ou irregular, no interesse da coletividade, é devida a indenização, que se assenta no princípio da igualdade dos ônus e encargos sociais." (**RE n. 113.587**, rel. min. **Carlos Velloso**, *DJ* 3.3.1992).

2 — **STF, RE n. 109.615:**

"A teoria do risco administrativo (...), confere fundamento doutrinário à responsabilidade civil objetiva do Poder Público pelos danos a que os agentes públicos houverem dado causa, por ação ou por omissão. Essa concepção teórica (...) faz emergir, da mera ocorrência de ato lesivo causado à vítima pelo Estado, o dever de indenizá-la pelo dano pessoal e/ou patrimonial sofrido, independentemente de caracterização de culpa dos agentes estatais ou de demonstração de falta do serviço público.

Os elementos que compõem a estrutura e delineiam o perfil da responsabilidade civil objetiva do Poder Público compreendem (a) a alteridade do dano, (b) a causalidade material entre o *eventus damni* e o comportamento positivo (ação) ou negativo (omissão) do agente público, (c) a oficialidade da atividade causal e lesiva, imputável a agente do Poder Público, que tenha, nessa condição funcional, incidido em conduta comissiva ou omissiva, independentemente da licitude, ou não, do comportamento funcional (*RTJ* 140/636) e (d) a ausência de causa excludente da responsabilidade estatal" (**RE n. 109.615**, rel. min. **Celso de Mello**, *DJ* 2.8.1996).

Casos especiais de responsabilidade extracontratual do Estado

1. Responsabilidade das concessionárias de serviço público:

Quem é responsável pelo prejuízo sofrido por motorista particular abalroado por um ônibus de uma empresa concessionária prestadora do serviço público de transporte municipal de passageiros?

Como já visto, o art. 37, § 6º, CF, atinge todos que prestem serviços públicos (concessionárias e permissionárias).

No RE n. 206.711, rel. min. Moreira Alves, o STF decidiu que "Entre as pessoas jurídicas de direito privado prestadoras de serviço público a que alude o § 6º do art. 37 da Constituição Federal se incluem as permissionárias de serviços públicos".

A responsabilidade do concessionário está expressamente definida pelo art. 25 da Lei n. 8.987/1995:

"Art. 25. Incumbe à concessionária a execução do serviço concedido, cabendo-lhe responder por todos os prejuízos causados ao poder concedente, aos usuários ou a terceiros, sem que a fiscalização exercida pelo órgão competente exclua ou atenue essa responsabilidade".

Assim, a responsabilidade primária pelo ressarcimento de danos decorrentes da prestação do serviço público é do concessionário. O Estado responde de forma subsidiária.

Todavia, o STF entendeu, no RE n. 262.651, julgado polêmico e muito criticado pela doutrina, que só existirá responsabilidade dos concessionários em relação aos usuários do serviço.

"A responsabilidade civil das pessoas jurídicas de direito privado prestadoras de serviço público é objetiva relativamente aos usuários do serviço, não se estendendo a pessoas outras que não ostentem a condição de usuário. Exegese do art. 37, § 6º, da CF" (**RE n. 262.651**, rel. min. **Carlos Velloso**, *DJ* 6.5.2005).

Essa situação perdurou até 26 de agosto de 2009, quando em novo julgamento, o STF retomou posicionamento anterior alinhado à posição da doutrina majoritária, ao admitir que a **responsabilidade dos concessionários** sujeita-se à aplicação da **teoria objetiva** para danos causados a **usuários** e também a **terceiros não usuários** (RE n. 591.874).

O entendimento atual do STF é que os concessionários respondem primária e objetivamente pelos danos causados a particulares, quer usuários do serviço ou terceiros não usuários.

2. Responsabilidade por omissão

Apesar de a jurisprudência e de a doutrina divergirem sobre esse tema, a maioria defende a aplicação da teoria subjetiva no caso de omissão estatal.

Segundo Celso Antônio Bandeira de Mello, o art. 37, § 6º, da CF só trata de danos causados por condutas comissivas dos agentes públicos e somente nesses casos é que a responsabilidade do Estado seria objetiva.

Na ocorrência de dano ocasionado por uma "omissão do Estado (o serviço não funcionou quando devia funcionar, funcionou tardia ou ineficientemente) é de aplicar-se a teoria da responsabilidade subjetiva na espécie "culpa do serviço". Se o Estado não agiu, não pode, logicamente, ser ele o autor do dano. E, se não foi o autor do dano, só cabe responsabilizá-lo caso esteja obrigado a impedir o dano. Só faz sentido responsabilizá-lo se descumpriu dever legal que lhe impunha obstar ao evento lesivo".[110]

No RE n. 372.472, o STF aplicou esse entendimento:

> "I — Tratando-se de ato omissivo do poder público, a responsabilidade civil por esse ato é subjetiva, pelo que exige dolo ou culpa, em sentido estrito, esta numa de suas três vertentes — a negligência, a imperícia ou a imprudência —, não sendo, entretanto, necessário individualizá-la, dado que pode ser atribuída ao serviço público, de forma genérica, a falta do serviço.
>
> II — A falta do serviço — *faute du service* dos franceses — não dispensa o requisito da causalidade, vale dizer, do nexo de causalidade entre a ação omissiva atribuída ao poder público e o dano causado a terceiro.
>
> III — Detento assassinado por outro preso: responsabilidade civil do Estado: ocorrência da falta do serviço, com a culpa genérica do serviço público, dado que o Estado deve zelar pela integridade física do preso. RE conhecido e não provido" (RE n. 372.472).

Outros exemplos são danos causados por enchentes cujas consequências poderiam ser evitadas, se o serviço de limpeza de bueiros e galerias tivesse sido realizado, queda de árvore infectada por cupins que caiu sobre veículo, se ficar provado que o serviço de podas de árvores não foi realizado, buraco na via pública, assalto, enchente, bala perdida, militar que adormece em serviço e não consegue evitar furto a banco privado etc.

Denunciação da lide do agente causador do dano

A questão é a seguinte: pode a Administração Pública, na ação de indenização proposta pela vítima, em que figura como ré, trazer o seu agente para o processo e desde já discutir eventual culpa dele e consequentemente sua obrigação para com a Administração Pública?

A denunciação da lide está prevista no art. 70, inciso III, do Código de Processo Civil, que assim dispõe:

> "A denunciação da lide é obrigatória:
>
> (...)
>
> III — àquele que estiver obrigado, pela lei ou pelo contrato, a indenizar, em ação regressiva, o prejuízo do que perder a demanda".

Não se pode deixar de admitir que a denunciação é prejudicial aos interesses da vítima, uma vez que traz para discussão na ação indenizatória a culpa ou dolo do agente causador do dano, o que amplia a lide com perda de celeridade no desfecho da situação.

(110) MELLO, Celso Antônio Bandeira de. *Curso de direito administrativo* cit., p. 1.003.

A doutrina administrativa diverge quanto à obrigatoriedade de denunciação à lide do agente causador do dano na ação indenizatória. Há três posições:

1. os que não admitem a denunciação, pois implicaria misturar, na mesma ação, a responsabilidade objetiva com a responsabilidade subjetiva. É a posição majoritária. No REsp n. 210.607/RJ, o STJ decidiu que "em relação à exegese do art. 70, III, do CPC, melhor se recomenda a corrente que não permite a denunciação nos casos de alegado direito de regresso cujo reconhecimento demandaria análise de fundamento novo não constante da lide originária";

2. os que julgam que a denunciação é facultativa e entre eles há os que só entendem cabível a denunciação, se a ação proposta fundada em responsabilidade objetiva em face do Estado já individualize o servidor e se baseie na culpa deste;

3. aqueles que defendem que a denunciação é obrigatória, sob pena de não ser possível, posteriormente, exercer o direito de regresso (pela redação do art. 70 do CPC). Posição minoritária.

A posição majoritária acolhida pela jurisprudência é a inaplicabilidade da denunciação da lide pela Administração Pública a seus agentes. Todavia, tem sido admitida a denunciação do agente público à lide como uma faculdade em favor do Estado. Razões que permeiam tal postura são ligadas à economia processual, celeridade no ressarcimento dos prejuízos e eficiência administrativa. No REsp n. 313.886, o STJ decidiu que "a denunciação da lide ao agente do Estado em ação fundada na responsabilidade prevista no art. 37, § 6º, da CF/88 não é obrigatória, vez que a primeira relação jurídica funda-se na culpa objetiva e a segunda na culpa subjetiva, fundamento novo não constante da lide originária".

Tema recorrente: morte e fuga de presos

Algumas decisões ilustram a questão:

1. Morte de presos:

1.1 "CONSTITUCIONAL. ADMINISTRATIVO. CIVIL. RESPONSABILIDADE CIVIL DO ESTADO. MATÉRIA FÁTICA.

I — A análise da questão em apreço demanda o reexame de matéria de fato, o que, por si só, seria suficiente para impedir o processamento do recurso extraordinário (Súmula n. 279-STF). II — Morte de detento ocasionada por outro detento: responsabilidade civil do Estado: ocorrência da falta do serviço, com a culpa genérica do serviço público, por isso que o Estado deve zelar pela integridade física do preso. III — Agravo não provido" (**AI-AgR n. 512.698/2005**).

1.2 "Morte de detento por colegas de carceragem. Indenização por danos morais e materiais. Detento sob a custódia do Estado. Responsabilidade objetiva. Teoria do Risco Administrativo. Configuração do nexo de causalidade em função do dever constitucional de guarda (art. 5º, XLIX). Responsabilidade de reparar o dano que prevalece ainda que demonstrada a ausência de culpa dos agentes públicos." (**RE n. 272.839**, rel. min. **Gilmar Mendes**, *DJ* 8.4.2005). No mesmo sentido: AI n. 512.698-AgR, rel. min. **Carlos Velloso**, *DJ* 24.2.2006.

2. Fuga de presos:

Nos casos em que o preso foragido há meses pratica crime, o STF tem entendido que não há dever do Estado em ressarcir prejuízos. É o que se depreende da ementa do julgado abaixo:

"Latrocínio praticado por preso foragido, meses depois da fuga. Fora dos parâmetros da causalidade não é possível impor ao Poder Público uma responsabilidade ressarcitória sob o argumento de falha no sistema de segurança dos presos. Precedente da Primeira turma: RE n. 130.764, relator ministro Moreira Alves." (**RE n. 172.025**, rel. min. **Ilmar Galvão**, *DJ* 19.12.1996).

Responsabilidade por atos do Poder Legislativo

Em regra, os atos legislativos não geram obrigação de indenizar. Há duas exceções:

1. **lei de efeitos concretos** — lei que não se reveste das características de generalidade, abstração e impessoalidade atingindo pessoas determinadas. Na realidade, são meros atos administrativos travestidos de leis;

2. **lei declarada inconstitucional pelo Supremo Tribunal Federal** (admitida a hipótese pelo STF no julgamento do RE n. 153.464).

6.3 Responsabilidade por ato do servidor

A responsabilidade do servidor público federal vem disciplinada nos arts. 122 a 126-A da Lei n. 8.112/1990. Servidores dos demais entes políticos regem-se pelos seus próprios estatutos. Segundo a Lei n. 8.112/1990:

1 — O servidor responde **civil**, **penal** e **administrativamente** pelo exercício **irregular** de suas atribuições.

2 — A **responsabilidade civil** decorre de ato omissivo ou comissivo, doloso ou culposo, que resulte em prejuízo ao erário ou a terceiros.

3 — Tratando-se de dano causado a terceiros, responderá o servidor perante a Fazenda Pública, em ação regressiva.

4 — A obrigação de reparar o dano estende-se aos sucessores e contra eles será executada, até o limite do valor da herança recebida.

5 — A **responsabilidade penal** do servidor abrange os crimes e contravenções imputadas ao servidor, nessa qualidade.

6 — A **responsabilidade civil-administrativa** resulta de ato omissivo ou comissivo praticado no desempenho do cargo ou função.

7 — As sanções civis, penais e administrativas poderão cumular-se, sendo **independentes** entre si.

8 — A responsabilidade administrativa do servidor será afastada no caso de absolvição criminal que negue a existência do fato ou sua autoria.

9 — A Lei n. 12.527, de 2011, incluiu o art. 126-A na Lei n. 8.112/1990. Prescreve o dispositivo legal: "Nenhum servidor poderá ser responsabilizado civil, penal ou administrativamente por dar ciência à autoridade superior ou, quando houver suspeita de envolvimento desta, a outra autoridade competente para apuração de informação concernente à prática de crimes ou improbidade de que tenha conhecimento, ainda que em decorrência do exercício de cargo, emprego ou função pública".

6.4 Responsabilidade por ato judicial

Como regra geral, os atos judiciais não dão origem à responsabilização do Poder Público (STF, RE n. 228.977). Vige a irresponsabilidade do Estado por atos de jurisdição. A autoridade judiciária não tem responsabilidade civil pelos atos jurisdicionais praticados. Os magistrados enquadram-se na espécie agente político, investidos para o exercício de atribuições constitucionais, sendo dotados de plena liberdade funcional no desempenho de suas funções, com prerrogativas próprias e legislação específica.

As exceções são:

1 — art. 5º, LXXV, da Constituição Federal — "o Estado indenizará o condenado por erro judiciário, assim como o que ficar preso além do tempo fixado na sentença".

2 — art. 133 do Código de Processo Civil:

"Art. 133. Responderá por perdas e danos o juiz, quando:

I — no exercício de suas funções, proceder com dolo ou fraude;

II — recusar, omitir ou retardar, sem justo motivo, providência que deva ordenar de ofício, ou a requerimento da parte".

3 — art. 630 do Código de Processo Penal:

"Art. 630. O tribunal, se o interessado o requerer, poderá reconhecer o direito a uma justa indenização pelos prejuízos sofridos.

§ 1º Por essa indenização, que será liquidada no juízo cível, responderá a União, se a condenação tiver sido proferida pela justiça do Distrito Federal ou de Território, ou o Estado, se o tiver sido pela respectiva justiça.

§ 2º A indenização não será devida:

a) se o erro ou a injustiça da condenação proceder de ato ou falta imputável ao próprio impetrante, como a confissão ou a ocultação de prova em seu poder;

b) se a acusação houver sido meramente privada".

A ação de indenização deve ser ajuizada contra a Fazenda Pública, responsável eventual pelos alegados danos causados pela autoridade judicial, ao exercer suas atribuições, a qual, posteriormente, terá assegurado o direito de regresso contra o magistrado responsável, nas hipóteses excepcionais supradescritas. A legitimidade passiva é reservada ao Estado e não há responsabilidade concorrente em face dos eventuais prejuízos causados a terceiros pela autoridade julgadora no exercício de suas funções, a teor do art. 37, § 6º, da CF/88. (RE n. 228.977, rel. min. Néri da Silveira, DJ 12.4.2002).

6.5 Ação indenizatória e ação regressiva

6.5.1 Ação indenizatória

A vítima ajuíza ação contra a pessoa jurídica à qual o agente público causador do dano pertence com base no art. 37, § 6º, da CF. O fundamento é a teoria objetiva e o prazo prescricional para a propositura da ação é o previsto no Código Civil, art. 206, § 3º, três anos contados da ocorrência do evento danoso (STJ, REsp n. 698.195/DF).

No RE n. 327.904, o STF se pronunciou pela rejeição da propositura da ação indenizatória *per saltum* diretamente contra o agente público. A vítima não pode escolher propor a ação indenizatória contra o agente público, contra o Estado ou contra ambos em litisconsórcio passivo. Nos termos do julgado:

"O § 6º do art. 37 da Magna Carta autoriza a proposição de que somente as pessoas jurídicas de direito público, ou as pessoas jurídicas de direito privado que prestem serviços públicos, é que poderão responder, objetivamente, pela reparação de danos a terceiros.

Isto por ato ou omissão dos respectivos agentes, agindo estes na qualidade de agentes públicos, e não como pessoas comuns.

Esse mesmo dispositivo constitucional consagra, ainda, dupla garantia: uma, em favor do particular, possibilitando-lhe ação indenizatória contra a pessoa jurídica de direito público, ou de direito privado que preste serviço público, dado que bem maior, praticamente certa, a possibilidade de pagamento do dano objetivamente sofrido. Outra garantia, no entanto, em prol do servidor estatal, que somente responde administrativa e civilmente perante a pessoa jurídica a cujo quadro funcional se vincular." (**RE n. 327.904**, rel. min. **Carlos Britto**, *DJ* 8.9.2006).

6.5.2 *Ação regressiva*

A ação regressiva é a proposta pelo Estado contra o agente público causador do dano. Dois são os requisitos para a ação de regresso:

1. a constatação de dolo ou culpa do agente público (aplicação da teoria subjetiva);

2. o trânsito em julgado da sentença de condenação do Estado. O Estado já foi condenado na ação indenizatória proposta pela vítima.

Esta ação regressiva é imprescritível nos termos do art. 37, § 5º, da CF. No caso de danos causados por agentes de empresas públicas, sociedades de economia mista, fundações, concessionários e permissionários vige o prazo do Código Civil previsto no art. 206, § 3º que é de três anos.

Nos termos do julgado do STF, RE n. 327.904/SP, supracitado, a ação regressiva do Estado contra o agente público constitui dupla garantia: uma em favor do Estado, que poderá recuperar o prejuízo causado por seu agente e, outra, para o servidor público, que não poderá ser demandado pela vítima para ressarcimento de prejuízo causado no exercício de função pública.

7. *Controle jurisdicional de legalidade dos atos administrativos*

Controle da Administração Pública é "o conjunto de mecanismos jurídicos e administrativos por meio dos quais se exerce o poder de fiscalização e de revisão da atividade administrativa em qualquer das esferas de Poder".(111)

Controle é princípio da administração previsto no art. 6º, do Decreto-lei n. 200/1967:

> "Art. 6º As atividades da Administração Federal obedecerão aos seguintes princípios fundamentais:
>
> I — Planejamento.
>
> II — Coordenação.
>
> III — Descentralização.
>
> IV — Delegação de Competência.
>
> V — *Contrôle*".

Controlar significa fiscalizar e corrigir.

Em geral, o estudo "controle da Administração Pública" trata basicamente do:

1. controle interno exercido pela própria Administração Pública sobre si mesma, que se traduz na autotutela (anulação, revogação, convalidação de seus próprios atos) e na tutela ou supervisão (que é o controle finalístico que a administração direta exerce sobre a administração indireta);

2. controle que o Poder Legislativo exerce sobre toda a Administração Pública, em especial sobre o Poder Executivo;

3. controle judicial ou jurisdicional.

Neste item aborda-se somente o controle judicial ou jurisdicional.

(111) FILHO, José dos Santos Carvalho. *Manual de direito administrativo* cit., p. 893.

A expressão **controle jurisdicional dos atos administrativos** é "o controle de **legalidade** das atividades e atos administrativos do Executivo, do Legislativo e do Judiciário por órgão dotado do poder de solucionar, em caráter definitivo, os conflitos de direito que lhe são submetidos".[112] É o mais importante instrumento de controle da Administração Pública.[113]

Com a EC n. 45/2004, que acrescentou o inciso LXXVIII, o controle judicial deve sujeitar-se ao princípio da eficiência, sendo assegurado a todos a duração razoável dos processos.

Fundamentos:

1. É o próprio exercício da atividade jurisdicional, isto é, determinar o direito aplicável a cada caso.

2. Encontra amparo direto no art. 5º, XXXV, da Constituição Federal, que dispõe sobre o princípio da inafastabilidade de jurisdição. Esse controle decorre, portanto, do **sistema de jurisdição una** (ou sistema inglês) adotado no Brasil, que atribui unicamente ao Judiciário condições de apreciar, com força de coisa julgada, a lesão ou ameaça de lesão a direitos individuais e coletivos, diferentemente do que acontece no sistema de dualidade de jurisdição (ou do contencioso administrativo ou sistema francês) adotado pela França, Alemanha, Portugal e, parcialmente, na Itália e Bélgica, onde há tribunais e juízes administrativos encarregados dos litígios administrativos cujas decisões tem força de coisa julgada também. No Brasil, portanto, não há a possibilidade de criação de contencioso administrativo (art. 5º, XXXV combinado com o art. 60, § 4º, IV, ambos da CF).

3. É corolário do princípio da legalidade, que limita o exercício da função administrativa (art. 37, *caput*, da CF). A Administração Pública só pode agir sob os comandos da lei e, portanto, unicamente emitir atos jurídicos em conformidade com a lei que a habilite a tanto, pois ninguém é obrigado a fazer ou deixar de fazer alguma coisa senão em decorrência de ato fundado em lei (art. 5º, *caput*, da CF).

Características:

1. **Quanto à natureza ou objeto do controle**: é de legalidade e legitimidade, dado que o Poder Judiciário verifica a compatibilidade do ato com a norma jurídica aplicável. Se o Judiciário entender que o ato é ilegal ou ilegítimo, promoverá a sua anulação, nunca a sua revogação.

2. **Quanto à extensão do controle:** é externo, porque realizado por órgão que não integra a própria estrutura do órgão controlador.

3. **Quanto à iniciativa:** a regra é o Poder Judiciário atuar somente quando provocado. Não existe jurisdição sem autor. Excepcionalmente age de ofício.

4. **Quanto ao momento em que é exercido**: é repressivo ou corretivo ou *a posteriori*, dado que incide sobre medida que já produziu ou está produzindo efeitos. Pode ser preventivo ou *a priori* nos casos de ação declaratória, *habeas corpus* e mandado de segurança preventivos, por exemplo.

7.1 Limites

Todo e qualquer ato administrativo está sujeito a controle judicial, seja ele de caráter geral ou individual, unilateral ou bilateral, vinculado ou discricionário, ressalvadas as considerações quanto ao mérito administrativo para esses últimos, mas sempre sob o aspecto da **legalidade** e também da **moralidade**,[114] princípios previstos respectivamente no art. 37 e art. 5º, LXXIII, ambos da Constituição Federal.

(112) GASPARINI, Diógenes. *Direito administrativo* cit., 14. ed., p. 983.

(113) MEDAUAR, Odete. *Direito administrativo moderno*. 9. ed. São Paulo: RT, 2005. p. 460.

(114) Maria Sylvia Di Pietro, *Direito administrativo* cit., 24. ed., p. 755.

Cabe aqui frisar: o Poder Judiciário nunca realiza controle de mérito de ato praticado por outro Poder, para o fim de revogar o ato. E por que não pode realizar esse controle? Porque o mérito do ato discricionário constitui o núcleo da função típica do Poder Executivo, sob pena de violação do princípio da separação dos poderes (art. 2º da CF). É cláusula pétrea (art. 60, § 4º, III, da CF) a inviolabilidade pelo Judiciário, dos juízos de conveniência e oportunidade do ato discricionário.

Merece redobrada atenção o amplo controle que o Poder Judiciário pode exercer sobre os atos discricionários. O Judiciário terá que examinar o ato primeiro para saber se realmente trata-se de ato discricionário e, depois, apurar se a discrição não desborda para o arbítrio. É possível o controle de tais atos, desde que "não se invadam os aspectos reservados à apreciação subjetiva da Administração Pública, conhecidos sob a denominação de mérito (oportunidade e conveniência)".[115]

A margem de liberdade que os atos discricionários recebem da lei podem residir no **motivo** ou no **objeto** do ato, o que não obsta que o Judiciário controle amplamente estes requisitos do ato discricionário tal como faz com os demais requisitos:. **competência**, **forma** e **finalidade**.

Segundo **Maria Sylvia Zanella Di Pietro**, "não há invasão de mérito quando o Judiciário aprecia os **motivos**, ou seja, os **fatos** que precedem a elaboração do ato; a **ausência** (art. 2º, parágrafo único, *d*, da Lei n. 4.717/1965) ou **falsidade** do motivo caracteriza ilegalidade, suscetível de invalidação pelo Poder Judiciário".[116] A autora exemplifica. "Se a Administração pune um funcionário, mas este não praticou qualquer infração, o motivo é inexistente; se ele praticou infração diversa, o motivo é falso".[117] Da mesma forma, constitui vício de objeto ato praticado com conteúdo não previsto em lei.

Celso Antônio Bandeira de Mello defende que até mesmo a razoabilidade e a proporcionalidade do ato podem ser controladas pelo Poder Judiciário.[118] Citado autor serve-se de peculiar modo de estudar o ato administrativo que refoge da forma tradicional, amplamente aceita e adotada em concursos públicos prevista na Lei da Ação Popular, Lei n. 4.717/1965, art. 2º). Para este autor, há possibilidade de controle pelo Poder Judiciário dos **motivos** (circunstâncias objetivas do caso, análise se há erro de fato e de direito autorizadores da anulação do ato), da **finalidade** (se há desvio de poder) e da **causa** (relação de pertinência lógica entre o elemento empírico que serve de suporte para a prática do ato e o seu conteúdo, tendo em vista a finalidade legal) do ato[119].

Importa salientar que não se pode confundir exame do mérito administrativo do ato, alheio a revisão judicial, com o exame de seus **motivos determinantes**, sempre passíveis de verificação em juízo. Segundo a já vista teoria dos motivos determinantes, o administrador fica vinculado aos motivos que alegar como fundamento do ato. Mesmo quando a motivação não for exigida, se a Administração Pública indicá-la, o ato só será válido se o motivo for verdadeiro. Exemplo clássico é a exoneração *ad nutum* por prefeito de determinado servidor com cargo em comissão por alegação de falta de recurso para continuidade do vínculo. Uma semana depois, sem qualquer alteração na situação financeira do município, nomeia outro servidor para a mesma vaga. O ato é nulo porque inobservou o requisito motivo.

Detalhe que não custa lembrar: no exercício de função administrativa o Poder Judiciário pode revogar atos discricionários por ele mesmo editados, em razão desse controle ser administrativo e não propriamente judicial. O Poder Judiciário neste caso atua como Administração Pública (função atípica) e não na função precípua jurisdicional.

(115) *Idem*. p. 755.
(116) *Idem*. p. 755.
(117) *Idem*. p. 242.
(118) MELLO, Celso Antônio Bandeira de. *Curso de direito administrativo* cit., p. 953-954.
(119) *Idem*. p. 967-973.

Atos sujeitos a controle especial:

Vige a máxima "não podem existir atos sem controle". Todavia, há atos cujo controle é feito de forma especial em razão de suas peculiaridades.

1. Atos políticos ou atos de governo — São atos de competência constitucional, praticados com larga margem de discricionariedade, "por certos agentes da cúpula diretiva do país"(120), no exercício de função puramente política. O Poder Judiciário pode controlar tais atos se violadores de direitos individuais ou coletivos, se eivados de vícios de legalidade ou constitucionalidade e desde que não adentre no conteúdo e motivos ensejadores de sua edição. Exemplos de atos políticos são a promoção de juízes, decreto de intervenção federal, veto a projeto de lei, indulto.

2. Atos legislativos típicos — São os atos caracterizados como lei em tese revestidos das características de generalidade e abstração originados do Poder Legislativo no exercício regular de sua função constitucional. São todos aqueles previstos no art. 59 da CF. Excluem-se as leis de efeitos concretos, isto é, aquelas dirigidas a um destinatário determinado, pelo fato de que tais leis constituem atos materialmente administrativos. Esse controle não é propriamente de legalidade e sim de constitucionalidade. As duas formas de controle de constitucionalidade são o controle difuso e o controle concentrado. O controle difuso não é propriamente especial porque a discussão sobre a constitucionalidade ou não da lei é discutida como prejudicial numa ação judicial comum. O controle concentrado sim, é especial e ocorre através de mecanismos previstos na CF (ADI, ADECON, arguição de descumprimento de preceito fundamental).

3. Atos *interna corporis* — São aqueles praticados dentro da competência interna e exclusiva dos órgãos dos Poderes Legislativo e Judiciário, de embasamento constitucional(121). Estes poderes tem prerrogativas que lhe são próprias para regular o exercício de suas funções. Exemplo no caso do Legislativo são as votações, a elaboração de regimentos internos (art. 47, 51, III e 51, XII, da CF). No caso do Judiciário, a autonomia que os Tribunais detêm de elaborarem os seus regimentos internos (art. 96, I, *a*, da CF). O Judiciário poderá controlar estes atos se contiverem vícios de ilegalidade ou de constitucionalidade, ou que violem direitos individuais ou coletivos.

7.2 Privilégios da Administração Pública

A Administração Pública detém privilégios típicos do regime jurídico administrativo a que se submete, inclusive quando comparece como parte num litígio. Na qualidade de autora ou ré nas ações em que é parte, a Administração Pública recebe o nome de Fazenda Pública, sob o enfoque dos ônus patrimoniais da ação, daí falar-se em Fazenda Pública Federal, Estadual e Municipal. Resta elencar esses privilégios mesmo que em breves notas.

1. Foro privativo — Conforme o **art. 109, I, da CF**, na esfera federal é a Justiça Federal. No âmbito estadual, a matéria é disciplinada pelas constituições e pelas leis de organização judiciárias.

A **EC n. 45/2004** alterou a redação do art. **114 da CF** e atribuiu à Justiça do Trabalho competência para processar e julgar "as ações oriundas da relação de trabalho, abrangidos os entes de direito público externo e da administração pública direta e indireta da União, dos Estados, do Distrito Federal e dos Municípios".

A competência da Justiça do Trabalho aqui diz respeito à apreciação dos dissídios individuais e coletivos que envolvam servidores contratados pelo regime da legislação celetista, isto é, empregados públicos das empresas públicas e sociedades de economia mista como é o caso da Caixa Econômica Federal e Petrobras respectivamente. Os demais servidores continuam na competência da Justiça Federal e das varas das Fazendas

(120) FILHO, José dos Santos Carvalho. *Manual de direito administrativo* cit., p. 969.
(121) FILHO, José dos Santos Carvalho. *Manual de direito administrativo* cit., p. 971.

Públicas Estaduais, uma vez que as normas que regem os seus direitos e deveres decorrem da lei e não de contrato individual de trabalho anotado na carteira de Trabalho e Previdência Social.

2. Prazos dilatados — Pelo **art. 188 do CPC**, a Fazenda Pública e o Ministério Público tem prazo em quádruplo para contestar e em dobro para recorrer.

A **Lei n. 9.469/1997**, no seu **art. 10**, estendeu igual benefício às autarquias e fundações públicas.

No procedimento sumário, o **art. 277 do CPC** prevê que o juiz designará a audiência de conciliação a ser realizada no prazo de trinta dias, citando-se o réu com a antecedência mínima de dez dias e sob advertência prevista no § 2º deste artigo, determinando o comparecimento das partes. Sendo ré a Fazenda Pública, os prazos contar-se-ão em dobro.

3. Duplo grau de jurisdição — Segundo o **art. 475, I e II, do CPC** está sujeita ao duplo grau de jurisdição, não produzindo efeito senão depois de confirmada pelo tribunal, a sentença:

> "I — proferida contra a União, o Estado, o Distrito Federal, o Município, e as respectivas autarquias e fundações de direito público;
>
> II — que julgar procedentes, no todo ou em parte, os embargos à execução de dívida ativa da Fazenda Pública (art. 585, VI)".

Pelo **art. 12** da **MP n. 2.180-35/2001** não estão sujeitas ao duplo grau de jurisdição obrigatório as sentenças proferidas contra a União, suas autarquias e fundações públicas, quando a respeito da controvérsia o Advogado-Geral da União ou outro órgão administrativo competente houver editado súmula ou instrução normativa determinando a não interposição de recurso voluntário.

4. Processo especial de execução — Execução por precatórios — O **art. 100 da CF** prescreve que os pagamentos devidos pelas Fazendas Públicas Federal, Estaduais, Distrital e Municipais, em virtude de sentença judiciária, far-se-ão exclusivamente na ordem cronológica de apresentação dos precatórios e à conta dos créditos respectivos, proibida a designação de casos ou de pessoas nas dotações orçamentárias e nos créditos adicionais abertos para este fim.

A **Lei n. 9.469/1997, art. 6º**, prevê que "os pagamentos devidos pela Fazenda Pública Federal, estadual ou municipal e pelas autarquias e fundações públicas, em virtude de sentença judiciária, far-se-ão, exclusivamente, na ordem cronológica da apresentação dos precatórios judiciários e à conta do respectivo crédito".

5. Prescrição quinquenal — O Decreto n. 20.910/1932, dispõe no **art. 1º**, que "as dívidas passivas da União, dos Estados e dos Municípios, bem assim **todo e qualquer direito ou ação** contra a Fazenda federal, estadual ou municipal, seja qual for a sua natureza, prescrevem em cinco anos contados da data do ato ou fato do qual se originarem".

Segundo Maria Sylvia Zanella Di Pietro,(122)

> "não se aplica a prescrição quinquenal quando se trata de ação real, porque, caso contrário, poderá a Administração vir a adquirir imóvel alheio no curto prazo de cinco anos; seria um usucapião especial em hipótese não prevista no ordenamento jurídico. Assim, em se tratando de ação real contra a Fazenda Pública, aplica-se a regra do art. 205 do Código Civil, ou seja, a prescrição ocorre em dez anos".

A prescrição somente poderá ser interrompida uma vez segundo o **art. 8º**, do Decreto n. 20.910/1932. A prescrição interrompida recomeça a correr, pela metade do prazo (dois anos e meio), da data do ato que a interrompeu ou do último ato ou termo do respectivo processo (**art. 9º**, do Decreto n. 20.910/1932).

(122) *Direito administrativo.* 23. ed. São Paulo: Atlas, 2010. p. 761.

Para evitar a situação de a prescrição ocorrer em período inferior a cinco anos, caso em que a interrupção ocorresse na primeira metade do período, o **STF** formulou a **Súmula n. 383** nesses termos: "A prescrição em favor da Fazenda Pública recomeça a correr, por dois anos e meio, a partir do ato interruptivo, mas não fica reduzida aquém de cinco anos, embora o titular do direito a interrompa durante a primeira metade do prazo".

O **Decreto-lei n. 4.597/1942,** que dispõe sobre a prescrição das ações contra a Fazenda Pública, estipula no seu **art. 3º** que "a prescrição das dívidas, direitos e ações a que se refere o Decreto n. 20.910, de 6 de janeiro de 1932, somente pode ser interrompida uma vez, e recomeça a correr, pela metade do prazo, da data do ato que a interrompeu, ou do último do processo para a interromper; consumar-se-á a prescrição no curso da lide sempre que a partir do último ato ou termo da mesma, inclusive da sentença nela proferida, embora passada em julgado, decorrer o prazo de dois anos e meio".

Súmula n. 443 do STF — A prescrição das prestações anteriores ao período previsto em lei não ocorre, quando não tiver sido negado, antes daquele prazo, o próprio direito reclamado, ou a situação jurídica de que ele resulta.

6. Pagamento de despesas judiciais — Dispõem os arts. 27 e 511 do CPC respectivamente:

> "Art. 27. As despesas dos atos processuais, efetuados a requerimento do Ministério Público ou da Fazenda Pública, serão pagas a final pelo vencido".
>
> "Art. 511. No ato de interposição do recurso, o recorrente comprovará, quando exigido pela legislação pertinente, o respectivo preparo, inclusive porte de remessa e de retorno, sob pena de deserção.
>
> § 1º São dispensados de preparo os recursos interpostos pelo Ministério Público, pela União, pelos Estados e Municípios e respectivas autarquias, e pelos que gozam de isenção legal."

Conforme a Lei n. 9.028/1995, que dispõe sobre o exercício das atribuições institucionais da Advocacia-Geral da União, em caráter emergencial e provisório, e dá outras providências, prevê no seu. art. 24-A, que "a União, suas autarquias e fundações, são isentas de custas e emolumentos e demais taxas judiciárias, bem como de depósito prévio e multa em ação rescisória, em quaisquer foros e instâncias".

A Lei n. 9.494/1997, que disciplina a aplicação da tutela antecipada contra a Fazenda Pública, altera a Lei n. 7.347, de 24 de julho de 1985, e dá outras providências, prevê no art. 1º-A, que "estão dispensadas de depósito prévio, para interposição de recurso, as pessoas jurídicas de direito público federais, estaduais, distritais e municipais".

7. Restrições à concessão de liminar e à tutela antecipada — A Lei n. 8.437/1992, que dispõe sobre a concessão de medidas cautelares contra atos do Poder Público impede a concessão de medida liminar contra atos do Poder Público, no procedimento cautelar ou em quaisquer outras ações de natureza cautelar ou preventiva, toda vez que providência semelhante não puder ser concedida em ações de mandado de segurança, em virtude de vedação legal (art. 1º da Lei). A Lei do Mandado de Segurança Individual e Coletivo (Lei n. 12.016/2009), no art. 7º, § 2º, determina que "não será concedida medida liminar que tenha por objeto a compensação de créditos tributários, a entrega de mercadorias e bens provenientes do exterior, a reclassificação ou equiparação de servidores públicos e a concessão de aumento ou a extensão de vantagens ou pagamento de qualquer natureza".

Quanto à tutela antecipada, o § 5º do mesmo artigo da Lei n. 12.016/2009 estabelece que "as vedações relacionadas com a concessão de liminares previstas neste artigo se estendem à tutela antecipada a que se referem os arts. 273 e 661 da Lei n. 5.869, de 11.1.1973 — Código de Processo Civil".

Segundo Maria Sylvia Zanella Di Pietro, "o intuito do legislador é evidente: o de evitar que, diante da vedação de liminar em mandado de segurança, o interessado se utiliza do processo cautelar ou da tutela antecipada para obter o mesmo resultado"[(123)].

(123) *Direito administrativo* cit., 23. ed., p. 771.

Outra restrição contida na Lei n. 8.437/1992, está inclusa no seu art. 2º: "No mandado de segurança coletivo e na ação civil pública, a liminar será concedida, quando cabível, após a audiência do representante judicial da pessoa jurídica de direito público, que deverá se pronunciar no prazo de setenta e duas horas".

Outra medida restritiva está prevista no art. 4º da Lei n. 8.437/1992 que dispõe: "Compete ao presidente do tribunal, ao qual couber o conhecimento do respectivo recurso, suspender, em despacho fundamentado, a execução da liminar nas ações movidas contra o Poder Público ou seus agentes, a requerimento do Ministério Público ou da pessoa jurídica de direito público interessada, em caso de manifesto interesse público ou de flagrante ilegitimidade, e para evitar grave lesão à ordem, à saúde, à segurança e à economia públicas".

Todas essas medidas restritivas tem valor relativo. Demonstrado o *periculum in mora*, a medida liminar deverá ser concedida.

8. Restrições à execução provisória — Consta na **Lei n. 9.494/1997, art. 2º-B**, que "a sentença que tenha por objeto a liberação de recurso, inclusão em folha de pagamento, reclassificação, equiparação, concessão de aumento ou extensão de vantagens a servidores da União, dos Estados, do Distrito Federal e dos Municípios, inclusive de suas autarquias e fundações, somente poderá ser executada após seu trânsito em julgado".

7.3 Meios de controle

Todo pronunciamento do Poder Judiciário sobre um ato da Administração Pública, em **qualquer** ação judicial, configura controle judicial.

O controle jurisdicional da Administração Pública é exercido tanto nas ações movidas contra a Administração Pública quanto naquelas em que ela interpõe, de que são exemplos a execução de dívida ativa, a reintegração de posse, a ação expropriatória, a ação discriminatória de terras públicas, a ação civil pública etc.

Nesta seara, serão objeto de exame os chamados remédios constitucionais previstos na CF (mandado de segurança individual e coletivo, ação popular, do *habeas data*, do mandado de injunção e do *habeas corpus*), no capítulo dedicado aos direitos e deveres individuais e coletivos acrescidos da ação civil pública, do processo de responsabilidade administrativa, civil e penal por abuso de autoridade e da ação de improbidade.

7.3.1 Mandado de segurança individual — Art. 5º, LXIX, da CF e Lei n. 12.016/2009

Art. 5º, LXIX, da CF:

> "conceder-se-á mandado de segurança para proteger direito líquido e certo, não amparado por *habeas corpus* ou *habeas data*, quando o responsável pela ilegalidade ou abuso de poder for autoridade pública ou agente de pessoa jurídica no exercício de atribuições do Poder Público".

É uma ação regulada por lei própria que tem como objetivo proteger um direito líquido e certo contra ilegalidade e/ou abuso de poder.

O art. 1º da Lei n. 12.016/2009 dispõe que:

> "Conceder-se-á mandado de segurança para proteger direito líquido e certo, não amparado por *habeas corpus* ou *habeas data*, sempre que, ilegalmente ou com abuso de poder, qualquer pessoa física ou jurídica sofrer violação ou houver justo receio de sofrê-la por parte de autoridade, seja de que categoria for e sejam quais forem as funções que exerça".

Equiparam-se às autoridades, para os efeitos desta Lei, os representantes ou órgãos de partidos políticos e os administradores de entidades autárquicas, bem como os dirigentes de pessoas jurídicas ou as pessoas naturais no exercício de atribuições do poder público, somente no que disser respeito a essas atribuições (art. 1º, § 1º, da Lei n. 12.016/2009).

O objeto da ação será a correção do ato lesivo e/ou abusivo ou da omissão promovida pela autoridade coatora, desde que ilegal e ofensivo a direito líquido e certo do impetrante.

Integra o polo ativo da ação como impetrante, o titular do direito individual, líquido e certo.

Não cabe mandado de segurança contra os atos de gestão comercial praticados pelos administradores de empresas públicas, de sociedade de economia mista e de concessionárias de serviço público (art. 1º, § 2º, da Lei n. 12.016/2009).

Quando o direito ameaçado ou violado couber a várias pessoas, qualquer delas poderá requerer o mandado de segurança (art. 1º, § 3º, da Lei n. 12.016/2009).

Pelo lado passivo, como impetrado, comparece a autoridade coatora, aquela que pratica o ato ilegal ou com abuso de poder (art. 6º, § 3º, da Lei n. 12.016/2009).

Atenção: o *caput* do art. 6º, da referida lei, exige que a petição inicial, indique, além da autoridade coatora, a pessoa jurídica que esta integra, à qual se acha vinculada ou da qual exerce atribuições.

A petição inicial deverá atender os requisitos dos arts. 282 e 283 do Código de Processo Civil os previstos nos arts. 6º e 7º da lei.

A petição inicial será apresentada em 2 (duas) vias com os documentos que instruírem a primeira reproduzidos na segunda e indicará, além da autoridade coatora, como dito anteriormente, a pessoa jurídica que esta integra, à qual se acha vinculada ou da qual exerce atribuições (art. 6º da Lei n. 12.016/2009).

No caso em que o documento necessário à prova do alegado se ache em repartição ou estabelecimento público ou em poder de autoridade que se recuse a fornecê-lo por certidão ou de terceiro, o juiz ordenará, preliminarmente, por ofício, a exibição desse documento em original ou em cópia autêntica e marcará, para o cumprimento da ordem, o prazo de 10 (dez) dias. O escrivão extrairá cópias do documento para juntá-las à segunda via da petição (art. 6º, § 1º, da Lei n. 12.016/2009).

Prevê o art. 7º da lei, que ao despachar a inicial, o juiz ordenará:

> "I — que se notifique o coator do conteúdo da petição inicial, enviando-lhe a segunda via apresentada com as cópias dos documentos, a fim de que, no prazo de 10 (dez) dias, preste as informações;
>
> II — que se dê ciência do feito ao órgão de representação judicial da pessoa jurídica interessada, enviando-lhe cópia da inicial sem documentos, para que, querendo, ingresse no feito;
>
> III — que se suspenda o ato que deu motivo ao pedido, quando houver fundamento relevante e do ato impugnado puder resultar a ineficácia da medida, caso seja finalmente deferida, sendo facultado exigir do impetrante caução, fiança ou depósito, com o objetivo de assegurar o ressarcimento à pessoa jurídica".

Da decisão do juiz de primeiro grau que conceder ou denegar a liminar caberá agravo de instrumento (art. 7º, § 1º, da Lei n. 12.016/2009).

Não será concedida medida liminar que tenha por objeto a compensação de créditos tributários, a entrega de mercadorias e bens provenientes do exterior, a reclassificação ou equiparação de servidores públicos e a concessão de aumento ou a extensão de vantagens ou pagamento de qualquer natureza (art. 7º, § 2º, da Lei n. 12.016/2009).

Os efeitos da medida liminar, salvo se revogada ou cassada, persistirão até a prolação da sentença (art. 7º, § 3º, da Lei n. 12.016/2009).

Nos termos do art. 10º, § 1º, da Lei, do indeferimento da inicial pelo juiz de primeiro grau caberá apelação e, quando a competência para o julgamento do mandado de segurança couber originariamente a um dos tribunais, do ato do relator caberá agravo para o órgão competente do tribunal que integre.

A competência será definida pela autoridade coatora.

Da sentença, denegando ou concedendo o mandado, cabe apelação (art. 14 da Lei n. 12.016/2009) e estará sujeita obrigatoriamente ao duplo grau de jurisdição (art. 14, § 1º, da Lei n. 12.016/2009).

Estende-se à autoridade coatora o direito de recorrer (art. 14, § 2º, da Lei n. 12.016/2009).

Quando, a requerimento de pessoa jurídica de direito público interessada ou do Ministério Público e para evitar grave lesão à ordem, à saúde, à segurança e à economia públicas, o presidente do tribunal ao qual couber o conhecimento do respectivo recurso suspender, em decisão fundamentada, a execução da liminar e da sentença, dessa decisão caberá agravo, sem efeito suspensivo, no prazo de 5 (cinco) dias, que será levado a julgamento na sessão seguinte à sua interposição (art. 15 da Lei n. 12.016/2009).

Das decisões em mandado de segurança proferidas em única instância pelos tribunais cabe recurso especial e extraordinário, nos casos legalmente previstos, e recurso ordinário, quando a ordem for denegada (art. 18 da Lei n. 12.016/2009).

A sentença ou o acórdão que denegar mandado de segurança, sem decidir o mérito, não impedirá que o requerente, por ação própria, pleiteie os seus direitos e os respectivos efeitos patrimoniais (art. 19 da Lei n. 12.016/2009).

Os processos de mandado de segurança e os respectivos recursos terão prioridade sobre todos os atos judiciais, salvo *habeas corpus* (art. 20 da Lei n. 12.016/2009).

O direito de requerer mandado de segurança extinguir-se-á decorridos 120 (cento e vinte) dias, contados da ciência, pelo interessado, do ato impugnado (art. 23 da Lei n. 12.016/2009).

Não cabem, no processo de mandado de segurança, a interposição de embargos infringentes e a condenação ao pagamento dos honorários advocatícios, sem prejuízo da aplicação de sanções no caso de litigância de má-fé (art. 25 da Lei n. 12.016/2009).

Constitui crime de desobediência, nos termos do art. 330 do Decreto-lei n. 2.848, de 7 de dezembro de 1940, o não cumprimento das decisões proferidas em mandado de segurança, sem prejuízo das sanções administrativas e da aplicação da Lei n. 1.079, de 10 de abril de 1950, quando cabíveis (art. 26 da Lei n. 12.016/2009).

SÚMULAS DO SUPREMO TRIBUNAL FEDERAL:

Súmula n. 101: O mandado de segurança não substitui a ação popular.

Súmula n. 266: Não cabe mandado de segurança contra lei em tese.

Súmula n. 267: Não cabe mandado de segurança contra ato judicial passível de recurso ou correição.

Súmula n. 268: Não cabe mandado de segurança contra decisão judicial com trânsito em julgado.

Súmula n. 269: O mandado de segurança não é substitutivo de ação de cobrança.

Súmula n. 271: Concessão de mandado de segurança não produz efeitos patrimoniais em relação a período pretérito, os quais devem ser reclamados administrativamente ou pela via judicial própria.

Súmula n. 304: Decisão denegatória de mandado de segurança, não fazendo coisa julgada contra o impetrante, não impede o uso da ação própria.

Súmula n. 330: O Supremo Tribunal Federal não é competente para conhecer de mandado de segurança contra atos dos tribunais de justiça dos estados.

Súmula n. 392: O prazo para recorrer de acórdão concessivo de segurança conta-se da publicação oficial de suas conclusões, e não da anterior ciência à autoridade para cumprimento da decisão.

Súmula n. 405: Denegado o mandado de segurança pela sentença, ou no julgamento do agravo, dela interposto, fica sem efeito a liminar concedida, retroagindo os efeitos da decisão contrária.

Súmula n. 429: A existência de recurso administrativo com efeito suspensivo não impede o uso do mandado de segurança contra omissão da autoridade.

Súmula n. 430: Pedido de reconsideração na via administrativa não interrompe o prazo para o mandado de segurança.

Súmula n. 433: É competente o Tribunal Regional do Trabalho para julgar mandado de segurança contra ato de seu presidente em execução de sentença trabalhista.

Súmula n. 510: Praticado o ato por autoridade, no exercício de competência delegada, contra ela cabe o mandado de segurança ou a medida judicial.

Súmula n. 512: Não cabe condenação em honorários de advogado na ação de mandado de segurança.

Súmula n. 597: Não cabem embargos infringentes de acórdão que, em mandado de segurança decidiu, por maioria de votos, a apelação.

Súmula n. 622: Não cabe agravo regimental contra decisão do relator que concede ou indefere liminar em mandado de segurança.

Súmula n. 623: Não gera por si só a competência originária do Supremo Tribunal Federal para conhecer do mandado de segurança com base no art. 102, *i*, *n*, da Constituição, dirigir-se o pedido contra deliberação administrativa do tribunal de origem, da qual haja participado a maioria ou a totalidade de seus membros.

Súmula n. 624: Não compete ao Supremo Tribunal Federal conhecer originariamente de mandado de segurança contra atos de outros tribunais.

Súmula n. 625: Controvérsia sobre matéria de direito não impede concessão de mandado de segurança.

Súmula n. 626: A suspensão da liminar em mandado de segurança, salvo determinação em contrário da decisão que a deferir, vigorará até o trânsito em julgado da decisão definitiva de concessão da segurança ou, havendo recurso, até a sua manutenção pelo Supremo Tribunal Federal, desde que o objeto da liminar deferida coincida, total ou parcialmente, com o da impetração.

Súmula n. 631: Extingue-se o processo de mandado de segurança se o impetrante não promove, no prazo assinado, a citação do litisconsorte passivo necessário.

Súmula n. 632: É constitucional lei que fixa o prazo de decadência para a impetração de mandado de segurança

SÚMULAS DO SUPERIOR TRIBUNAL DE JUSTIÇA

Súmula n. 105: Na ação de mandado de segurança não se admite condenação em honorários advocatícios.

Súmula n. 169: São inadmissíveis embargos infringentes no processo de mandado de segurança.

Súmula n. 213: O mandado de segurança constitui ação adequada para a declaração do direito à compensação tributária.

Súmula n. 333: Cabe mandado de segurança contra ato praticado em licitação promovida por sociedade de economia mista ou empresa pública.

7.3.2 Mandado de segurança coletivo — Art. 5º, LXX, da CF e Lei n. 12.016/2009

O mandado de segurança coletivo somente se diferencia do mandado de segurança individual porque é impetrado por um substituto processual.

Art. 5º, LXX, da CF:

"o mandado de segurança coletivo pode ser impetrado por:

a) partido político com representação no Congresso Nacional;

b) organização sindical, entidade de classe ou associação legalmente constituída e em funcionamento há pelo menos um ano, em defesa dos interesses de seus membros ou associados".

No mandado de segurança coletivo, a sentença fará coisa julgada limitadamente aos membros do grupo ou categoria substituídos pelo impetrante (art. 22 da Lei n. 12.016/2009).

O mandado de segurança coletivo não induz litispendência para as ações individuais, mas os efeitos da coisa julgada não beneficiarão o impetrante a título individual se não requerer a desistência de seu mandado de segurança no prazo de 30 (trinta) dias a contar da ciência comprovada da impetração da segurança coletiva (art. 22, § 1º, da Lei n. 12.016/2009).

No mandado de segurança coletivo, a liminar só poderá ser concedida após a audiência do representante judicial da pessoa jurídica de direito público, que deverá se pronunciar no prazo de 72 (setenta e duas) horas (art. 22, § 2º, da Lei n. 12.016/2009).

SÚMULAS DO SUPREMO TRIBUNAL FEDERAL

Súmula n. 629: A impetração de mandado de segurança coletivo por entidade de classe em favor dos associados independe da autorização destes.

Súmula n. 630: A entidade de classe tem legitimação para o mandado de segurança ainda quando a pretensão veiculada interesse apenas a uma parte da respectiva categoria.

7.3.3 Ação popular — Art. 5º, LXXIII, da CF e Lei n. 4.717/1965

Art. 5º, LXXIII, da CF:

"qualquer cidadão é parte legítima para propor ação popular que vise a anular ato lesivo ao patrimônio público ou de entidade de que o Estado participe, à moralidade administrativa, ao meio ambiente e ao patrimônio histórico e cultural, ficando o autor, salvo comprovada má-fé, isento de custas judiciais e do ônus da sucumbência".

O art. 1º da Lei da Ação Popular dispõe que qualquer cidadão será parte legítima para pleitear a anulação ou a declaração de nulidade de atos lesivos ao patrimônio da União, do Distrito Federal, dos Estados, dos Municípios, de entidades autárquicas, de sociedades de economia mista, de sociedades mútuas de seguro nas quais a União represente os segurados ausentes, de empresas públicas, de serviços sociais autônomos, de instituições ou fundações para cuja criação ou custeio o tesouro público haja concorrido ou concorra com mais de **cinquenta por cento do patrimônio ou da receita ânua**, de empresas incorporadas ao patrimônio da União, do Distrito Federal, dos Estados e dos Municípios, e de quaisquer pessoas jurídicas ou entidades subvencionadas pelos cofres públicos.

O objeto da ação popular é qualquer ato lesivo ao patrimônio público. O cidadão não defende direito próprio portanto, mas de toda a coletividade. São atos lesivos ao patrimônio público conforme o art. 2º da Lei:

a) incompetência — caracterizada quando o ato não se incluir nas atribuições legais do agente que o praticou;

b) vício de forma — que consiste na omissão ou na observância incompleta ou irregular de formalidades indispensáveis à existência ou seriedade do ato;

c) ilegalidade do objeto — que ocorre quando o resultado do ato importa em violação de lei, regulamento ou outro ato normativo;

d) inexistência dos motivos — que se verifica quando a matéria de fato ou de direito, em que se fundamenta o ato, é materialmente inexistente ou juridicamente inadequada ao resultado obtido;

e) desvio de finalidade — que se verifica quando o agente pratica o ato visando a fim diverso daquele previsto, explícita ou implicitamente, na regra de competência.

A legitimidade para propor ação popular é do cidadão bastando que prove estar no exercício de sua cidadania (art. 1º, § 3º, da Lei n. 4.717/1965 — A prova da cidadania, para ingresso em juízo, será feita com o título eleitoral, ou com documento que a ele corresponda). O Ministério Público e a pessoa jurídica não tem legitimidade para propor ação popular.

Comparecem no polo passivo da demanda, segundo o art. 6º da Lei, as pessoas públicas ou privadas e as entidades referidas no art. 1º, e as autoridades, funcionários ou administradores que houverem autorizado, aprovado, ratificado ou praticado o ato impugnado, ou que, por omissas, tiverem dado oportunidade à lesão, e contra os beneficiários diretos do mesmo.

As pessoas jurídica de direito público ou de direito privado, cujo ato seja objeto de impugnação, poderá abster-se de contestar o pedido, ou poderá atuar ao lado do autor, desde que isso se afigure útil ao interesse público, a juízo do respectivo representante legal ou dirigente (art. 6º, § 3º, da Lei n. 4.717/1965).

O Ministério Público acompanhará a ação, cabendo-lhe apressar a produção da prova e promover a responsabilidade, civil ou criminal, dos que nela incidirem, sendo-lhe vedado, em qualquer hipótese, assumir a defesa do ato impugnado ou dos seus autores (art. 6º, § 4º, da Lei n. 4.717/1965).

É facultado a qualquer cidadão habilitar-se como litisconsorte ou assistente do autor da ação popular (art. 6º, § 4º, da Lei n. 4.717/1965).

A ação obedecerá ao procedimento ordinário, previsto no Código de Processo Civil (art. 7º da Lei n. 4.717/1965).

Ao despachar a inicial, o juiz ordenará:

a) além da citação dos réus, a intimação do representante do Ministério Público;

b) a requisição, às entidades indicadas na petição inicial, dos documentos que tiverem sido referidos pelo autor (art. 1º, § 6º), bem como a de outros que se lhe afigurem necessários ao esclarecimento dos fatos, ficando prazos de 15 (quinze) a 30 (trinta) dias para o atendimento.

É competente para conhecer da ação, processá-la e julgá-la o juiz que, de acordo com a organização judiciária de cada Estado, o for para as causas que interessem à União, ao Distrito Federal, ao Estado ou ao Município (art. 5º da Lei n. 4.717/1965).

A competência para conhecimento da ação popular, como regra geral, é do juízo de primeiro grau. Será federal nas hipóteses do art. 109 da CF. Se o ato não for da esfera federal, a competência será da justiça estadual de primeira instância.

A propositura da ação prevenirá a jurisdição do juízo para todas as ações, que forem posteriormente intentadas contra as mesmas partes e sob os mesmos fundamentos (art. 5º, § 3º, da Lei n. 4.717/1965)

Na defesa do patrimônio público caberá a suspensão liminar do ato lesivo impugnado (art. 5º, § 4º, da Lei n. 4.717/1965).

Conforme art. 7º, § 2º, inciso IV, da Lei n. 4.717/1965, o prazo de contestação é de 20 (vinte) dias, prorrogáveis por mais 20 (vinte), a requerimento do interessado, se particularmente difícil a produção de prova documental, e será comum a todos os interessados, correndo da entrega em cartório do mandado cumprido, ou, quando for o caso, do decurso do prazo assinado em edital.

A sentença que, julgando procedente a ação popular, decretar a invalidade do ato impugnado, condenará ao pagamento de perdas e danos os responsáveis pela sua prática e os beneficiários dele, ressalvada a ação regressiva contra os funcionários causadores de dano, quando incorrerem em culpa (art. 11 da Lei n. 4.717/1965).

A sentença incluirá sempre, na condenação dos réus, o pagamento, ao autor, das custas e demais despesas, judiciais e extrajudiciais, diretamente relacionadas com a ação e comprovadas, bem como o dos honorários de advogado (art. 12 da Lei n. 4.717/1965).

A sentença que, apreciando o fundamento de direito do pedido, julgar a lide manifestamente temerária, condenará o autor ao pagamento do décuplo das custas (art. 13 da Lei n. 4.717/1965).

Se, no curso da ação, ficar provada a infringência da lei penal ou a prática de falta disciplinar a que a lei comine a pena de demissão ou a de rescisão de contrato de trabalho, o juiz, *ex officio*, determinará a remessa de cópia autenticada das peças necessárias às autoridades ou aos administradores a quem competir aplicar a sanção (art. 15 da Lei n. 4.717/1965).

Caso decorridos 60 (sessenta) dias da publicação da sentença condenatória de segunda instância, sem que o autor ou terceiro promova a respectiva execução, o representante do Ministério Público a promoverá nos 30 (trinta) dias seguintes, sob pena de falta grave (art. 16 da Lei n. 4.717/1965).

É sempre permitida às pessoas ou entidades referidas no art. 1º, ainda que hajam contestado a ação, promover, em qualquer tempo, e no que as beneficiar a execução da sentença contra os demais réus (art. 17 da Lei n. 4.717/1965).

A sentença terá eficácia de coisa julgada oponível *erga omnes*, exceto no caso de haver sido a ação julgada improcedente por deficiência de prova; neste caso, qualquer cidadão poderá intentar outra ação com idêntico fundamento, valendo-se de nova prova (art. 18 da Lei n. 4.717/1965).

A sentença que concluir pela carência ou pela improcedência da ação está sujeita ao duplo grau de jurisdição, não produzindo efeito senão depois de confirmada pelo tribunal; da que julgar a ação procedente caberá apelação, com efeito suspensivo (art. 19 da Lei n. 4.717/1965).

Das decisões interlocutórias cabe agravo de instrumento (art. 19, § 1º, da Lei n. 4.717/1965).

Das sentenças e decisões proferidas contra o autor da ação e suscetíveis de recurso, poderá recorrer qualquer cidadão e também o Ministério Público (art. 19, § 2º, da Lei n. 4.717/1965).

7.3.4 Habeas data — *Art. 5º, LXXII, da CF e Lei n. 9.507/1997*

Art. 5º, LXXII, da CF — "conceder-se-á *habeas-data*:

a) para assegurar o conhecimento de informações relativas à pessoa do impetrante, constantes de registros ou bancos de dados de entidades governamentais ou de caráter público;

b) para a retificação de dados, quando não se prefira fazê-lo por processo sigiloso, judicial ou administrativo".

Requisito indispensável para que se concretize o interesse de agir no *habeas data* é a prova do anterior indeferimento do pedido de informação de dados pessoais, ou da omissão em atendê-lo. Sem que se configure situação prévia de pretensão resistida, há carência da ação constitucional do *habeas data* (**Súmula n. 2 do STJ**: não cabe o *habeas data* se não houve recusa de informações por parte da autoridade administrativa).

7.3.5 Mandado de Injunção — Art. 5º, LXXI, da CF

Art. 5º, LXXI, da CF:

"conceder-se-á mandado de injunção sempre que a falta de norma regulamentadora torne inviável o exercício dos direitos e liberdades constitucionais e das prerrogativas inerentes à nacionalidade, à soberania e à cidadania".

O mandado de injunção tem como objetivos assegurar o exercício de:

1. direitos e liberdades constitucionais não regulamentados. Pode ser direito constitucional individual, coletivo, político ou social e qualquer das liberdades previstas na CF, quase todas dispostas no art. 5º da Lei Maior;
2. prerrogativas inerentes à nacionalidade, à soberania e à cidadania;

A competência para julgamento do mandado de injunção está nos arts. 102, I, *q* e II, *a* e 105, I, *h*, da CF.

"Art. 102. Compete ao Supremo Tribunal Federal, precipuamente, a guarda da Constituição, cabendo-lhe:

I — processar e julgar, originariamente:

(...)

q) o **mandado de injunção**, quando a elaboração da norma regulamentadora for atribuição do Presidente da República, do Congresso Nacional, da Câmara dos Deputados, do Senado Federal, das Mesas de uma dessas Casas Legislativas, do Tribunal de Contas da União, de um dos Tribunais Superiores, ou do próprio Supremo Tribunal Federal;

(...)

II — julgar, em recurso ordinário:

a) o *"habeas-corpus"*, o mandado de segurança, o *"habeas-data"* e o **mandado de injunção** decididos em única instância pelos Tribunais Superiores, se denegatória a decisão;

(...)

Art. 105. Compete ao Superior Tribunal de Justiça:

I — processar e julgar, originariamente:

(...)

h) o **mandado de injunção**, quando a elaboração da norma regulamentadora for atribuição de órgão, entidade ou autoridade federal, da administração direta ou indireta, excetuados os casos de competência do Supremo Tribunal Federal e dos órgãos da Justiça Militar, da Justiça Eleitoral, da Justiça do Trabalho e da Justiça Federal."

Julgado procedente a ação, o mandado de injunção ordenará a expedição de lei regulamentadora ou qualquer outro ato administrativo indispensável para viabilizar o exercício e direitos e garantias fundamentais.

7.3.6 Habeas corpus — Art. 5º, LXVIII, da CF e art. 647 e s. do Código de Processo Penal

Art. 5º, LXVIII, da CF — "conceder-se-á *habeas corpus* sempre que alguém sofrer ou se achar ameaçado de sofrer violência ou coação em sua liberdade de locomoção, por ilegalidade ou abuso de poder".

7.3.7 Ação Civil Pública — Art. 129, III, da CF, Lei n. 7.347/1985

Art. 129 da CF — "São funções institucionais do Ministério Público:

(...)

III — promover o inquérito civil e a ação civil pública, para a proteção do patrimônio público e social, do meio ambiente e de outros interesses difusos e coletivos".

A Lei n. 7.347/1985 disciplina as **ações de responsabilidade por danos morais e patrimoniais** causados (art. 1º da lei):

"I — ao meio-ambiente;

II — ao consumidor;

III — a bens e direitos de valor artístico, estético, histórico, turístico e paisagístico;

IV — a qualquer outro interesse difuso ou coletivo.

V — por infração da ordem econômica;

VI — à ordem urbanística".

A lei veda expressamente o emprego da ação civil pública para veicular pretensões que envolvam tributos, contribuições previdenciárias, o Fundo de Garantia do Tempo de Serviço — FGTS ou outros fundos de natureza institucional cujos beneficiários podem ser individualmente determinados.

Têm **legitimidade para propor a ação principal e a ação cautelar** (art. 5º da Lei):

"I — o Ministério Público;

II — a Defensoria Pública;

III — a União, os Estados, o Distrito Federal e os Municípios;

IV — a autarquia, empresa pública, fundação ou sociedade de economia mista;

V — a associação que, concomitantemente:

a) esteja constituída há pelo menos 1 (um) ano nos termos da lei civil;

b) inclua, entre suas finalidades institucionais, a proteção ao meio ambiente, ao consumidor, à ordem econômica, à livre concorrência ou ao patrimônio artístico, estético, histórico, turístico e paisagístico".

O Ministério Público, se não intervier no processo como parte, atuará obrigatoriamente como fiscal da lei (art. 5º, § 1º, da lei).

Fica facultado ao Poder Público e a outras associações legitimadas nos termos do art. 5º habilitar-se como litisconsortes de qualquer das partes (art. 5º, § 2º, da lei).

Em caso de desistência infundada ou abandono da ação por associação legitimada, o Ministério Público ou outro legitimado assumirá a titularidade ativa (art. 5º, § 3º, da lei).

Admitir-se-á **o litisconsórcio facultativo** entre os Ministérios Públicos da União, do Distrito Federal e dos Estados na defesa dos interesses e direitos de que cuida esta lei (art. 5º, § 5º, da Lei).

Qualquer pessoa poderá e o servidor público deverá provocar a iniciativa do Ministério Público, ministrando-lhe informações sobre fatos que constituam objeto da ação civil e indicando-lhe os elementos de convicção (art. 6º da Lei).

Se, no exercício de suas funções, os juízes e tribunais tiverem conhecimento de fatos que possam ensejar a propositura da ação civil, remeterão peças ao Ministério Público para as providências cabíveis (art. 7º da Lei).

A ação civil pública pode ter por **objeto**:

1 — a condenação do réu em perdas e danos, hipótese em que o valor da indenização será destinado ao Fundo de Defesa de Direitos Difusos;

2 — cumprimento de obrigação de fazer ou de não fazer (art. 3º da Lei) quando então o juiz determinará o cumprimento da prestação da atividade devida ou a cessação da atividade nociva, sob pena de execução específica, ou de cominação de multa diária, se esta for suficiente ou compatível, independentemente de requerimento do autor (art. 11 da Lei). A multa cominada liminarmente só será exigível do réu após o trânsito em julgado da decisão favorável ao autor, mas será devida desde o dia em que se houver configurado o descumprimento (art. 12, § 2º, da Lei).

Poderá o juiz conceder **mandado liminar**, com ou sem justificação prévia, em decisão sujeita a **agravo** (art. 12 da Lei).

A requerimento de pessoa jurídica de direito público interessada, e para evitar grave lesão à ordem, à saúde, à segurança e à economia pública, poderá o Presidente do Tribunal a que competir o conhecimento do respectivo recurso suspender a execução da liminar, em decisão fundamentada, da qual caberá agravo para uma das turmas julgadoras, no prazo de 5 (cinco) dias a partir da publicação do ato (art. 12, § 1º, da Lei).

O juiz poderá conferir efeito suspensivo aos recursos, para evitar dano irreparável à parte (art. 14 da Lei).

A **sentença** civil fará coisa julgada *erga omnes*, nos limites da competência territorial do órgão prolator, exceto se o pedido for julgado improcedente por insuficiência de provas, hipótese em que qualquer legitimado poderá intentar outra ação com idêntico fundamento, valendo-se de nova prova (art. 16 da Lei).

Em caso de litigância de má-fé, a associação autora e os diretores responsáveis pela propositura da ação serão solidariamente condenados em honorários advocatícios e ao décuplo das custas, sem prejuízo da responsabilidade por perdas e danos (art. 17 da Lei).

Como estímulo à propositura dessas ações, não haverá adiantamento de custas, emolumentos, honorários periciais e quaisquer outras despesas, nem condenação da associação autora, salvo comprovada má-fé, em honorários de advogado, custas e despesas processuais (art. 18 da Lei).

A lei não estipula prazo prescricional para propositura da ação. Vige, nesta situação, a previsão do art. 37, § 5º, da Constituição Federal, que considera imprescritíveis as ações de ressarcimento de danos ao erário, provocadas por atos ilícitos praticados por qualquer gente público, seja ou não servidor.

7.3.8 Processo de responsabilidade administrativa, civil e penal por abuso de autoridade — Lei n. 4.898/1965

Dispõe o art. 2º, da referida lei:

> "Art. 2º O direito de representação será exercido por meio de petição:
>
> a) dirigida à autoridade superior que tiver competência legal para aplicar, à autoridade civil ou militar culpada, a respectiva sanção;
>
> b) dirigida ao órgão do Ministério Público que tiver competência para iniciar processo-crime contra a autoridade culpada".

Autoridade, para os efeitos do art. 5º, da Lei n. 4.898/1965, é quem exerce cargo, emprego ou função pública, de natureza civil, ou militar, ainda que transitoriamente e sem remuneração.

7.3.9. Ação de improbidade — Art. 37, § 4º, da CF e Lei n. 8.429/1992

Art. 37 da CF:

> "A administração pública direta e indireta de qualquer dos Poderes da União, dos Estados, do Distrito Federal e dos Municípios obedecerá aos princípios de legalidade, impessoalidade, moralidade, publicidade e eficiência e, também, ao seguinte:
>
> (...)
>
> § 4º Os atos de improbidade administrativa importarão a suspensão dos direitos políticos, a perda da função pública, a indisponibilidade dos bens e o ressarcimento ao erário, na forma e gradação previstas em lei, sem prejuízo da ação penal cabível".

Os **legitimados ativos** para propositura da ação de improbidade administrativa estão previstos no art. 1º da Lei n. 8.429/1992 que estatui: "os atos de improbidade administrativa podem ser praticados por qualquer agente público, servidor ou não, contra **a administração direta, indireta ou fundacional de qualquer dos Poderes da União, dos Estados, do Distrito Federal, dos Municípios, de Território, de empresa incorporada ao patrimônio público ou de entidade para cuja criação ou custeio o erário haja concorrido ou concorra com mais de cinquenta por cento do patrimônio ou da receita anual".** O parágrafo único do referido artigo acresce ainda "**entidade que receba subvenção, benefício ou incentivo, fiscal ou creditício, de órgão público bem como daquelas para cuja criação ou custeio o erário haja concorrido ou concorra com menos de cinquenta por cento do patrimônio ou da receita anual, limitando-se, nestes casos, a sanção patrimonial à repercussão do ilícito sobre a contribuição dos cofres públicos".**

Os **legitimados passivos** na ação de improbidade administrativa são **os agentes públicos, conceito amplo** que abrange todo "aquele que exerce, ainda que transitoriamente ou sem remuneração, por eleição, nomeação, designação, contratação ou qualquer outra forma de investidura ou vínculo, mandato, cargo, emprego ou função nas entidades mencionadas no artigo primeiro da lei "(Art. 2º, da Lei n. 8.429/1992).

> **Atenção:** as disposições da Lei n. 8.429/1992, consoante o art. 3º são aplicáveis, no que couber, àquele que, mesmo não sendo agente público, induza ou concorra para a prática do ato de improbidade ou dele se beneficie sob qualquer forma direta ou indireta".

As sanções cominadas pela Lei n. 8.429/1992 **não são de natureza penal**, mas de natureza **administrativa** (proibição de contratar com o poder público por exemplo), **civil** (ressarcimento ao erário por exemplo) e **política** (suspensão dos direitos políticos por exemplo). Entretanto, as penalidades contidas na Lei n. 8.429/1992 são aplicáveis sem prejuízo de outras sanções, previstas em outras leis (art. 12 da Lei n. 8.29/1992).

Pela natureza civil dos atos de improbidade administrativa, o **juízo competente** para processamento e julgamento dos atos de improbidade, em regra, é o juízo ordinário de primeiro grau. Somente nos procedimentos de caráter penal é que se pode invocar foro privilegiado.

Os **atos de improbidade administrativa** vêm descritos na lei em três artigos. São eles:

> "**Art. 9º** Constitui ato de improbidade administrativa importando enriquecimento ilícito auferir qualquer tipo de vantagem patrimonial indevida em razão do exercício de cargo, mandato, função, emprego ou atividade nas entidades mencionadas no art. 1º desta lei".

Penas cominadas:

Art. 12, I, da lei — perda dos bens ou valores acrescidos ilicitamente ao patrimônio, ressarcimento integral do dano, quando houver, perda da função pública, suspensão dos direitos políticos de oito a dez anos, pagamento de multa civil de até três vezes o valor do acréscimo patrimonial e proibição de contratar com o Poder Público ou receber benefícios ou incentivos fiscais ou creditícios, direta ou indiretamente, ainda que por intermédio de pessoa jurídica da qual seja sócio majoritário, pelo prazo de dez anos.

> "**Art. 10.** Constitui ato de improbidade administrativa que causa lesão ao erário qualquer ação ou omissão, dolosa ou culposa, que enseje perda patrimonial, desvio, apropriação, malbaratamento ou dilapidação dos bens ou haveres das entidades referidas no art. 1º desta lei".

Penas cominadas:

Art. 12, II, da lei — ressarcimento integral do dano, perda dos bens ou valores acrescidos ilicitamente ao patrimônio, se concorrer esta circunstância, perda da função pública, suspensão dos direitos políticos de cinco a oito anos, pagamento de multa civil de até duas vezes o valor do dano e proibição de contratar com o Poder Público ou receber benefícios ou incentivos fiscais ou creditícios, direta ou indiretamente, ainda que por intermédio de pessoa jurídica da qual seja sócio majoritário, pelo prazo de cinco anos.

> "**Art. 11.** Constitui ato de improbidade administrativa que atenta contra os princípios da administração pública qualquer ação ou omissão que viole os deveres de honestidade, imparcialidade, legalidade, e lealdade às instituições".

Penas cominadas:

Art. 11, III, da lei — ressarcimento integral do dano, se houver, perda da função pública, suspensão dos direitos políticos de três a cinco anos, pagamento de multa civil de até cem vezes o valor da remuneração percebida pelo agente e proibição de contratar com o Poder Público ou receber benefícios ou incentivos fiscais ou creditícios, direta ou indiretamente, ainda que por intermédio de pessoa jurídica da qual seja sócio majoritário, pelo prazo de três anos.

A lei graduou os atos de improbidade administrativa e estipulou penas maiores para os atos praticados no art. 9º, atos que importem em prejuízo para o erário e cominou de menor sanção os atos praticados que atentam contra os princípios da administração pública previstos no art. 11.

A aplicação das sanções previstas na Lei de Improbidade, consoante art. 21 independe:

> "I — da efetiva ocorrência de dano ao patrimônio público, salvo quanto à pena de ressarcimento;
>
> II — da aprovação ou rejeição das contas pelo órgão de controle interno ou pelo Tribunal ou Conselho de Contas".

O art. 14 da Lei n. 8.429/1992 permite que **qualquer pessoa** represente à autoridade administrativa competente para que seja instaurada investigação destinada a apurar a prática de ato de improbidade. Todavia, **denunciar inocente é tipificado como crime pela lei** (art. 19) apenado com detenção de seis a dez meses e multa e ainda a possibilidade de sujeitar o denunciante a ter que indenizar o denunciado pelos danos materiais, morais ou à imagem que houver provocado.

A **representação** poderá ser escrita ou reduzida a termo e assinada. Deverá conter a qualificação do representante, as informações sobre o fato e sua autoria e a indicação das provas de que tenha conhecimento (art. 14, § 1º, da Lei).

A autoridade administrativa rejeitará a representação, em despacho fundamentado, se esta não contiver as formalidades estabelecidas no § 1º do art. 14. A rejeição não impede que o representante apresente novamente a mesma representação ao Ministério Público (art. 14, § 2º, da Lei).

Atendidos os requisitos da representação, a autoridade determinará a imediata apuração dos fatos mediante a instauração de um **procedimento administrativo disciplinar** (art. 14, § 3º, da Lei).

A comissão processante deve dar conhecimento ao Ministério Público e ao Tribunal ou Conselho de Contas da existência de procedimento administrativo para apurar a prática de ato de improbidade (art. 15 da Lei).

Havendo fundados indícios de responsabilidade, a comissão representará ao Ministério Público ou à procuradoria do órgão para que requeira ao juízo competente a decretação do **sequestro** dos bens do agente ou terceiro que tenha enriquecido ilicitamente ou causado dano ao patrimônio público (art. 16 da lei).

Quando for o caso, o pedido incluirá a investigação, o exame e o bloqueio de bens, contas bancárias e aplicações financeiras mantidas pelo indiciado no exterior, nos termos da lei e dos tratados internacionais (art. 16, § 2º, da Lei).

A **ação principal**, que terá o rito ordinário, **será proposta pelo Ministério Público ou pela pessoa jurídica interessada**, dentro de trinta dias da efetivação da medida cautelar (art. 17 da Lei).

É vedada a transação, acordo ou conciliação nas ações de que trata o *caput* (art. 17, § 1º, da Lei).

No caso de a ação principal ter sido proposta pelo Ministério Público, a pessoa jurídica interessada poderá abster-se de contestar o pedido, ou poderá atuar ao lado do autor desde que isso se afigure útil ao interesse público (art. 17, § 3º, da Lei).

O Ministério Público, se não intervir no processo como parte, atuará obrigatoriamente, como fiscal da lei, sob pena de nulidade (art. 17, § 4º, da Lei).

A ação será instruída com documentos ou justificação que contenham indícios suficientes da existência do ato de improbidade ou com razões fundamentadas da impossibilidade de apresentação de qualquer dessas provas, observada a legislação vigente, inclusive as disposições inscritas nos arts. 16 a 18 do Código de Processo Civil (art. 17, § 6º, da Lei).

Estando a inicial em devida forma, o juiz mandará autuá-la e ordenará a **notificação** do requerido, para oferecer manifestação por escrito, que poderá ser instruída com documentos e justificações, dentro do **prazo de quinze dias** (art. 17, § 7º, da Lei).

Recebida a manifestação, o juiz, no prazo de trinta dias, em decisão fundamentada, rejeitará a ação, se convencido da inexistência do ato de improbidade, da improcedência da ação ou da inadequação da via eleita (art. 17, § 8º, da Lei).

Recebida a petição inicial, será o **réu citado** para **apresentar contestação** (art. 17, § 9º, da Lei).

Da decisão que receber a petição inicial, caberá **agravo de instrumento**. (art. 17, § 10, da Lei).

A **sentença** que julgar procedente ação civil de reparação de dano ou decretar a perda dos bens havidos ilicitamente determinará o pagamento ou a reversão dos bens, conforme o caso, em favor da pessoa jurídica prejudicada pelo ilícito (art. 18 da Lei).

É importante frisar que a **perda da função pública e a suspensão dos direitos políticos** só se efetivam com o **trânsito em julgado da sentença condenatória** (art. 20 da Lei) e a autoridade judicial ou administrativa competente poderá determinar o afastamento do agente público do exercício do cargo, emprego ou função, sem prejuízo da remuneração, quando a medida se fizer necessária à instrução processual (parágrafo único do referido artigo da Lei).

Consoante o art. 23 da Lei, as ações destinadas a levar a efeitos as sanções previstas nesta Lei podem ser propostas:

"I — até cinco anos após o término do exercício de mandato, de cargo em comissão ou de função de confiança;

II — dentro do prazo prescricional previsto em lei específica para faltas disciplinares puníveis com demissão a bem do serviço público, nos casos de exercício de cargo efetivo ou emprego".

São imprescritíveis as ações civis de ressarcimento ao erário conforme o art. 37, § 5º, da Constituição Federal.

TRT — 6ª REGIÃO — XVIII CONCURSO — PE/2010

Com relação ao poder normativo da Justiça do Trabalho, leia as assertivas abaixo e, depois, assinale a alternativa CORRETA:

I. O poder normativo da Justiça do Trabalho consiste numa atribuição anômala conferida pela Constituição Federal a um ramo do Poder Judiciário, haja vista que a competência para a elaboração de normas com efeitos ultra partes é uma tarefa típica do Poder Legislativo.

II. Em razão da atipicidade mencionada na letra anterior, é possível afirmar que "a sentença normativa é ato-regra (Duguit), comando abstrato (Carnelutti), lei em sentido material".

III. Ainda sobre a sentença normativa, o Tribunal Superior do Trabalho firmou jurisprudência sumulada segundo a qual as condições de trabalho alcançadas por força de sentença normativa, Convenção ou Acordo Coletivos vigoram no prazo assinado, não integrando, de forma definitiva, os contratos individuais de trabalho, ressalvando o período compreendido entre 23.12.1992 e 28.7.1995 no qual vigorou a Lei n. 8.542/1992, revogada pela Medida Provisória n. 1.709/1998, convertida na Lei n. 10.192/2001

IV. Com o advento da Emenda Constitucional n. 45/2004, o legislador constituinte derivado impôs uma limitação significativa ao poder normativo da Justiça do Trabalho, determinando, entre outras regras, que os dissídios coletivos de natureza econômica só poderão ser ajuizados se as partes interessadas estiverem de comum acordo.

V. Exceção à regra mencionada na letra anterior é feita pela Constituição Federal de 1988 em relação à legitimidade do Ministério Público do Trabalho e dos Presidentes dos Tribunais Regionais do Trabalho e do Tribunal Superior do Trabalho para o ajuizamento do dissídio coletivo no caso de greve em atividade essencial.

a) Apenas a assertiva I está correta.

b) Apenas as assertivas II e IV estão corretas.

c) Apenas as assertivas III e V estão corretas.

d) Apenas a assertiva IV está correta.

e) As assertivas I, II, III e IV estão corretas.

Gabarito: E

TRT — 21ª REGIÃO — VI CONCURSO — RN/ABRIL/2010

Leia as assertivas abaixo e assinale, em seguida, a alternativa correta:

I. "O Direito do Trabalho nasceu no final do século XIX como forma de absorver os conflitos sociais que ora se instauravam em face das tensões provocadas pela (primeira) revolução industrial [...]" (DALLEGRAVE NETO, José Affonso. 'Novos contornos da relação de emprego diante dos avanços tecnológicos'. *Revista LTR Legislação do Trabalho*. Ano 67, n. 5. São Paulo: LTr, maio de 2003). O surgimento do direito do trabalho se deu, portanto, numa época de flexibilidade das relações entre trabalhador e empregador, que se apoiavam numa linha de produção conforme a demanda;

II. a criação do Direito, inclusive do Direito do Trabalho, advém de dois processos: o heterônomo e o autônomo, que, por sinal, correspondem, respectivamente, a dois seguimentos diversos, o do chamado Direito necessário, e o do Direito voluntário. Na heteronomia, as normas pertencem ao Direito voluntário e se situam numa esfera de liberdade na qual os que querem obrigar-se com reciprocidade podem fazê-lo livremente. O segundo processo estabelece um conjunto de preceitos obrigatórios, impostos pela vontade do Estado, independentemente de qualquer emissão volitiva dos contratantes, e se aplica indistintamente a todos os que se encontrarem na situação fática prevista em lei;

III. Em razão dos avanços tecnológicos e da revolução da automação, novas figuras, tendo como objeto a prestação de serviço subordinado, advêm no cenário nacional e internacional, como *job-sharing* (ou partilha de emprego). Verificado, sobretudo, nos EUA, Canadá e Reino Unido, o *job-sharing* consiste na repartição de um posto de trabalho a tempo completo e de um só salário por dois ou mais trabalhadores, que, assim, dividem tarefas, responsabilidades e benefícios sociais, segundo um cálculo proporcional. O *job-sharing* está, de certo modo, presente no Direito do Trabalho brasileiro, pois dele se aproxima o instituto do trabalho a tempo parcial (*part time*), previsto no art. 58-A, da Consolidação das Leis do Trabalho;

IV. O atual perfil do modelo de produção, em progressiva escala global de padronização, apresenta um série de inovações que também repercute na forma de ser do trabalho. Outrora, quanto maior a empresa, melhor (*the big is beautiful*). A produção inspirada no método japonês volta-se exclusivamente para a demanda, mostrando-se variada, diversificada e pronta para suprir as necessidades do consumidor, que determina o que será produzido, o que implica na existência de um estoque mínimo. O *just in time* garante o melhor aproveitamento possível do tempo de produção, incluindo-se o transporte, o controle de qualidade e o estoque, assim como o método chamado de '*kanban*' demonstra a necessidade de reposição de peças e produtos. Nesse modelo, o trabalho também se transforma, exigindo-se do trabalhador habilidades para desenvolver múltiplas funções.

a) apenas as assertivas I e II estão corretas;

b) apenas as assertivas II e III estão corretas;

c) apenas as assertivas III e IV estão corretas;

d) apenas as assertivas I e IV estão corretas;

e) apenas as assertivas II e IV estão corretas.

Gabarito: C

TRT — 23ª REGIÃO — XVII CONCURSO — MT/ABRIL/2011

Analise as seguintes proposições acerca do trabalho na antiguidade, apontando ao final a alternativa CORRETA.

I. O escravo não tinha direito à vida, tanto que seu proprietário poderia matá-lo sem qualquer motivo matá-lo sem qualquer motivo e ficaria imune a qualquer tipo de sanção.

II. Embora em quantidade muito pequena, havia algumas normas garantindo direitos aos escravos, como aquela que permitia trabalhos leves e domésticos em dias destinados ao repouso.

III. Somente os escravos e os pobres de classe mais baixa poderiam se obrigar por meio de *locatio condutio*.

IV. a *locatio condutio*, podia ser do tipo *rei, operis* e *operarum*.

a) As alternativas II, III e IV estão corretas e a alternativa I está errada;

b) As alternativas I e II estão corretas e as alternativas III e IV estão erradas;

c) As alternativas I e IV estão corretas e as alternativas II e III estão erradas;

d) As alternativas, I, II e III estão corretas e a alternativas IV está errada;

e) As alternativas II e IV estão corretas e as alternativas I e II erradas.

Gabarito: A

TRT — 2ª REGIÃO — XXXV CONCURSO — SP/2010

Considere as seguintes proposições.

I. O Direito do Trabalho destaca-se por seu caráter teleológico, incorporando em seu conjunto de princípios, regras e institutos um valor finalístico essencial, objetivando a melhoria das condições de pactuação da força de trabalho na ordem socioeconômica.

II. A CLT não pode ser considerada um Código, vez que sua principal função foi reunir leis existentes. Quanto a sua gênese, não é correto afirmar que a Comissão encarregada da elaboração do texto consolidado inspirou-se na *"Carta Del Lavoro"*, visto que dos onze títulos que compõe a CLT apenas o V, relativo à organização sindical, correspondeu ao sistema então vigente na Itália e, ainda assim, a Comissão apenas transplantou para o projeto os Decretos-leis de 1939 e 1942, que objetivaram a reorganização do sistema sindical à luz da Constituição de 1937.

III. A doutrina de Amauri Mascaro Nascimento informa que o surgimento do Direito do Trabalho no Brasil se deu por duas influências exógenas: A) as transformações que ocorreram na Europa, ocasionando a crescente elaboração legislativa de proteção ao trabalhador; B) o compromisso assumido pelo Brasil em ingressar na Organização Internacional do Trabalho, criada em 1919. Neste contexto, o Código Civil de 1916 não trazia nenhum instituto que serviu de supedâneo para elaboração do Direito do Trabalho pátrio.

IV. Os juristas Mozart Victor Russomano e Mario de La Cueva possuem visões distintas quanto à formação histórica e ao enquadramento do Direito do Trabalho; o primeiro entende que o Direito do Trabalho nasceu de uma série sucessiva e crescente de concessões da ordem burguesa e, neste sentido, é conservador, enquanto que o segundo via no Direito do Trabalho apenas uma vitória do movimento sindical.

Responda:

a) Todas as assertivas são incorretas.

b) Apenas as assertivas I e III são corretas.

c) Apenas a assertiva III não é correta.

d) Apenas as assertivas II e IV são corretas.

e) Todas as assertivas são corretas.

Gabarito: C

TRT — 2ª REGIÃO — XXXVI CONCURSO — SP/2011

Sobre a evolução histórica do Direito do Trabalho, de 1500 até a Constituição da República de 1988, considere as seguintes proposições:

I. Até a Proclamação da República não houve qualquer norma no quadro legislativo referentes ao trabalho, o que é compatível com o panorama social escravocrata, só abolido no ano anterior.

II. No período que vai da Proclamação da República até a data imediatamente anterior à Revolução de 1930, o Brasil não contou com qualquer norma que remetesse ao Direito do Trabalho, posto que a época era de turbulenta transição político-social do país e, por todo o mundo, surgiam os mais variados processos ditatoriais.

III. Em 1930, cria-se o Ministério do Trabalho, apresentado pela doutrina como marco do aparecimento do Direito do Trabalho no Brasil.

IV. Em 1943, surge o diploma mais importante para a disciplina, que é a Consolidação das Leis do Trabalho.

V. A Constituição do Império, de 1824, limita-se a assegurar a liberdade de trabalho, ao passo que a Constituição de 1891 assegura a liberdade de associação.

Responda:

a) Apenas as assertivas I, II e III são corretas.
b) Apenas as assertivas I, II e IV são corretas.
c) Apenas as assertivas I, III e IV são corretas.
d) Apenas as assertivas II, IV e V são corretas.
e) Todas as assertivas estão erradas.

Gabarito: D

TRT — 19ª REGIÃO — VI CONCURSO — AL/MARÇO/2012

Refletindo sobre a dicção dos arts. 8º da CLT e 4º da Lei de Introdução às Normas do Direito Brasileiro, assinale a alternativa incorreta:

a) A jurisprudência é expressamente citada como fonte do Direito do Trabalho, mecanismo supletivo não constante do art. 4º da Lei de Introdução às Normas do Direito Brasileiro.

b) Os usos são expressamente mencionados como fonte do Direito do Trabalho, o que também ocorre no âmbito do art. 4º da Lei de Introdução às Normas do Direito Brasileiro.

c) A equidade é expressamente citada como fonte do Direito do Trabalho, mecanismo supletivo não constante do art. 4º da Lei de Introdução às Normas do Direito Brasileiro.

d) Os costumes são expressamente mencionados como fonte do Direito do Trabalho, o que também ocorre no âmbito do art. 4º da Lei de Introdução às Normas do Direito Brasileiro.

e) O direito comparado é expressamente mencionado como fonte do Direito do Trabalho, mecanismo supletivo não constante do art. 4º da Lei de Introdução às Normas do Direito Brasileiro.

Gabarito: B

TRT — 8ª REGIÃO — CONCURSO C-320 — PA/2011

Na observância da classificação das fontes formais do direito do trabalho, da hierarquia normativo-trabalhista, assinale a alternativa CORRETA:

a) A hierarquia normativa é rígida e inflexível, de modo que, a partir da Constituição da República, a norma jurídica tem seu fundamento de validade na norma hierarquicamente superior e assim, por exemplo, não se concebe que um regulamento normativo possa agredir o conteúdo de uma lei.

b) Um acordo coletivo de trabalho, na consideração de que, celebrado entre um sindicato profissional e uma determinada empresa, não pode prevalecer sobre uma convenção coletiva porquanto esta, a abranger categorias profissional e econômica, contém normas de maior extensão e intensidade normativa.

c) A título de fonte subsidiária, na ausência de previsão legal ou contratual, a nota característica do direito do trabalho, em consonância com o texto celetizado, é a referência à analogia e aos princípios gerais de direito.

d) Traço marcante de originalidade do direito do trabalho, sob o prisma da hierarquia das suas normas jurídicas, vem a ser o princípio da norma mais favorável ao trabalhador.

e) Pelo princípio da norma mais favorável, não haverá como se fazer prevalecer dispositivo de lei, ainda que de interesse público, sobre cláusula de convenção coletiva de trabalho que seja mais benéfica ao hipossuficiente.

Gabarito: D

TRT — 23ª REGIÃO — XVIII CONCURSO — MT/NOVEMBRO/2011

Assinale a proposição correta:

a) Pode-se dizer que a fonte formal tem como características ser geral, concreta, impessoal e facultativa, enquanto a fonte material é aquela que deriva dos fatos do cotidiano.

b) Pode-se dizer que a fonte formal autônoma é aquela produzida pelo Estado com autonomia, ou seja, independente de consulta prévia à população.

c) Pode-se dizer que o art. 8º da CLT, que autoriza o uso subsidiário da jurisprudência, analogia, equidade, princípios e normas gerais de direito, principalmente do direito do trabalho, e, ainda, usos e costumes e o direito comparado, traz hipóteses apenas de fontes formais, uma vez que o referido rol está previsto na legislação.

d) A equidade e a analogia podem ser consideradas fontes de direito.

e) Pode-se dizer que a Convenção Coletiva de Trabalho e o Acordo Coletivo de Trabalho são exemplos de fontes formais autônomas, uma vez que derivam de negociação coletiva e também podem ser conhecidas como fontes formais diretas ou primárias.

Gabarito: E

TRT — 16ª REGIÃO — VII CONCURSO — MA/SETEMBRO/2011

Analise as afirmativas abaixo e assinale a alternativa CORRETA:

I. O modelo justrabalhista brasileiro é o estatal-subordinado de gestão trabalhista, que reproduziu as experiências democráticas europeias do pós-guerra, especialmente o modelo italiano. Sua base principiológica se apoia no tripé da organização sindical unitária, a absorção de grandes e pequenos conflitos pelo Estado e as distintas e combinadas formas de controle das organizações e lideranças coletivas obreiras pelo Estado.

II. As fontes jurídicas trabalhistas materiais de inspiração econômica fluem da dinâmica do sistema capitalista, especialmente a concentração e centralização dos empreendimentos capitalistas, provocando maciça utilização de força de trabalho nos moldes empregatícios. Já as fontes jurídicas materiais de cunho político-sociológico advém de conquistas dos movimentos sociais organizados por trabalhadores, tanto no plano das empresas e no mercado econômico, quanto nos partidos e movimentos políticos.

III. As fontes jurídicas trabalhistas formais são os mecanismos pelos quais as normas ingressam na ordem jurídica e a rigor todas derivam de um único centro de positivação, o Estado, segundo a teoria monista. Ainda segundo esta teoria, as normas coletivas oriundas de negociações coletivas entre Sindicatos e as condições previstas nos contratos de trabalho firmados entre as partes somente seriam aplicáveis quando derivadas de regras estatais positivadas e pré-existentes, que fixem requisitos para sua validade, vigência e eficácia.

IV. São fontes formais autônomas do direito do trabalho as convenções coletivas de trabalho, os acordos coletivos de trabalho, o contrato coletivo de trabalho, o acordo homologado por sentença normativa em dissídio coletivo, usos e costumes, o laudo arbitral, o regulamento e as cláusulas contratuais.

a) Apenas estão corretas as afirmativas I, II e IV.

b) Apenas estão corretas as afirmativas I, II e III.

c) Apenas estão corretas as afirmativas II e IV.

d) Apenas estão corretas as afirmativas II e III.

e) Todas estão incorretas

Gabarito: D

TRT — 2ª REGIÃO — XXXV CONCURSO — SP/2010

Em relação à Teoria Geral do Direito do Trabalho, com base na lei, doutrina e Jurisprudência sumulada pelo TST, analise as proposições abaixo e assinale a alternativa correta:

I. As cláusulas do regulamento interno da empresa, que alterem ou revoguem as vantagens praticadas anteriormente, somente atingirão os trabalhadores admitidos após alteração ou revogação do regulamento, salvo se mais benéficas aos empregados.

II. A utilização do direito comparado e da jurisprudência está expressamente autorizada no texto consolidado, sendo consideradas como fonte de integração da lei.

III. Havendo a coexistência de dois regulamentos estabelecidos pela empregadora, disciplinando as mesmas matérias, a opção do empregado por um deles importará a renúncia às regras previstas no outro.

IV. Se determinado trabalhador for contratado na Argentina, por empresa de nacionalidade Francesa, para prestar serviços no Brasil, não existindo qualquer dispositivo no contrato individual do trabalho regulando de maneira contrária, a norma trabalhista aplicável será a vigente no Brasil à época da prestação.

V. A substituição do período de redução da jornada, durante o cumprimento do aviso prévio trabalhado, pelo pagamento de horas correspondentes é considerada ato nulo de pleno direito, vez que praticado com o objetivo de desvirtuar, impedir ou fraudar dispositivo contido na Consolidação das Leis do Trabalho.

a) Apenas a assertiva I é correta.

b) Apenas as assertivas I e V são corretas.

c) Apenas as assertivas II e IV são corretas.

d) Todas as assertivas são corretas.

e) Apenas a assertiva IV está incorreta.

Gabarito: D

TRT — 15ª REGIÃO — XXVI CONCURSO — CAMPINAS/SP/2012

Assinale a alternativa incorreta.

a) são considerados radialistas, para os efeitos da lei, também aqueles que trabalham em serviços de radiodifusão de imagens.

b) são considerados radialistas inclusive aqueles que trabalham para entidade privada e a fundação mantenedora que executam serviços de radiodifusão, inclusive em circuito fechado de qualquer natureza.

c) são consideradas funções inerentes ao radialista, entre outras, a autoria, direção, produção, interpretação, dublagem, locução e a caracterização.

d) não podem ser consideradas atividades de radialista as atividades inerentes ao tratamento e registros sonoros e visuais.

e) não são considerados radialistas os atores e figurantes que prestam serviços a empresas de radiodifusão.

Gabarito: D

TRT — 23ª REGIÃO — XVII CONCURSO — MT/ABRIL/2011

Assinale a alternativa CORRETA.

a) As regras de hermenêutica tem como origem apenas a jurisprudência e a doutrina.

b) Para a doutrina dominantes hermenêutica e interpretação são institutos desprovidos de qualquer diferença.

c) A necessidade de interpretação atrela-se a razões de ordem ontológica, axiológica, gnoseológica e lógica.

d) Na interpretação cabe ao juiz conhecer por presunção o fundamento ontológico.

e) O dispositivos de caráter imperativo terão aplicação imediata sobre todas as relações jurídicas.

Gabarito: C

TRT — 15ª REGIÃO — XXIV CONCURSO — CAMPINAS/SP/2010

Inúmeras decisões têm determinado, em primeiro grau de jurisdição, a reintegração de trabalhadores portadores do vírus HIV imotivadamente demitidos. Tais decisões:

a) Estão assentadas na literalidade de dispositivo inserido na CLT.

b) Estão assentadas na literalidade de súmula do TST.

c) Decorrem de prerrogativa do julgador de aplica, na análise do caso, a analogia, a equidade e os princípios gerais de direito, como autoriza o art. 8º, da CLT.

d) Decorrem da prerrogativa do julgador de sempre aplica, na análise do caso, ainda que existente norma legal, seu senso de justiça.

e) Nenhuma das anteriores.

Gabarito C

TRT — 2ª REGIÃO — XXXV CONCURSO — SP/2010

Em relação à Teoria Geral do Direito do Trabalho, com base na lei, doutrina e Jurisprudência sumulada pelo TST, analise as proposições abaixo e assinale a alternativa correta:

I. As cláusulas do regulamento interno da empresa, que alterem ou revoguem as vantagens praticadas anteriormente, somente atingirão os trabalhadores admitidos após alteração ou revogação do regulamento, salvo se mais benéficas aos empregados.

II. A utilização do direito comparado e da jurisprudência está expressamente autorizada no texto consolidado, sendo consideradas como fonte de integração da lei.

III. Havendo a coexistência de dois regulamentos estabelecidos pela empregadora, disciplinando as mesmas matérias, a opção do empregado por um deles importará a renúncia às regras previstas no outro.

IV. Se determinado trabalhador for contratado na Argentina, por empresa de nacionalidade Francesa, para prestar serviços no Brasil, não existindo qualquer dispositivo no contrato individual do trabalho regulando de maneira contrária, a norma trabalhista aplicável será a vigente no Brasil à época da prestação.

V. A substituição do período de redução da jornada, durante o cumprimento do aviso prévio trabalhado, pelo pagamento de horas correspondentes é considerada ato nulo de pleno direito, vez que praticado com o objetivo de desvirtuar, impedir ou fraudar dispositivo contido na Consolidação das Leis do Trabalho.

a) Apenas a assertiva I é correta.

b) Apenas as assertivas I e V são corretas.

c) Apenas as assertivas II e IV são corretas.

d) Todas as assertivas são corretas.

e) Apenas a assertiva IV está incorreta.

Gabarito: D

TRT — 23ª REGIÃO — XVII CONCURSO — MT/ABRIL/2011

Assinale a alternativas que, de acordo com a jurisprudência do Tribunal Superior do Trabalho, contém uma afirmação FALSA:

a) As cláusulas coletivas que estabelecem contribuição em favor de entidade sindical, a qualquer título, obrigando trabalhadores não sindicalizados, são ofensivas ao direito de livre associação e sindicalização, constitucionalmente assegurado, e, portanto, nulas, sendo passíveis de devolução, por via própria, os respectivos valores eventualmente descontados.

b) Fere o princípio da isonomia salarial a previsão de salário normativo tendo em vista o fator tempo de serviço.

c) Os descontos efetuados com base em cláusula de acordo firmado entre as partes não podem ser superiores a 70% do salário base percebido pelo empregado, pois deve-se assegurar um mínimo de salário em espécie ao trabalhador.

d) Viola a Constituição Federal cláusula de instrumento normativo que estabelece a preferência, na contratação de mão de obra, do trabalhador sindicalizado sobre os demais.

e) O edital de convocação para a assembleia de trabalhadores deve ser publicado em jornal que circule em cada um dos municípios componentes da base territorial.

Gabarito: B

TRT — 16ª REGIÃO — VII CONCURSO — MA/SETEMBRO/2011

Assinale as afirmativas e assinale a alternativa CORRETA:

I. Segundo uma parte da doutrina, o princípio da proteção ou tutelar possui três dimensões distintas: o *in dubio pro operario*, o princípio da norma mais favorável e o princípio da condição mais benéfica. Outra corrente doutrinaria elege tal princípio como o princípio-mor da tutela juslaboral, do qual derivam todos os demais princípios trabalhistas e não apenas os subprincípios citados;

II. O princípio da norma mais favorável possui dois contrapontos hermenêuticos derivados de teorias homônimas: acumulação e conglobamento. Enquanto na teoria da acumulação, enseja-se o secionamento dos conteúdos normativos, extraindo-se os preceitos e institutos que se destaquem por serem mais favoráveis unitariamente, na teoria do conglobamento as normas jurídicas são analisadas considerando o mesmo universo temático, encaminhando-se à determinação do conjunto normativo mais favorável.

III. O princípio da imperatividade das normas trabalhistas não se objeta ao princípio da autonomia da vontade, vigente em sua plenitude no direito civil comum, porque a ordem constitucional se fundamente igualmente nos valores sociais do trabalho e da livre iniciativa. Por este mesmo fundamento, o princípio da inalterabilidade contratual lesiva agrega conteúdo trabalhista ao princípio jurídico geral do *pacta sunt servanda.*

IV. O princípio da intangibilidade salarial enquanto proteção ao valor nominal da remuneração é absoluto, sendo nulas quaisquer cláusulas que reduzam o valor da remuneração do trabalhador.

a) Estão corretas apenas as afirmativas I, II e III.

b) Estão corretas apenas as afirmativas I e II.

c) Estão corretas apenas as afirmativas I, II e IV.

d) Estão corretas apenas as afirmativas II e III.

e) Todas as afirmativas estão corretas.

Gabarito: B

TRT — 2ª REGIÃO — XXXV CONCURSO — SP/2010

Analise as seguintes assertivas relativas aos princípios norteadores do Direito do Trabalho.

I. O juiz do Trabalho pode privilegiar a situação de fato, devidamente comprovada, em detrimento dos documentos ou do rótulo conferido à relação de direito material, em razão do princípio da primazia da realidade sobre a forma.

II. Desde que não exista proibição legal ou vício de consentimento, bem como não importe prejuízo ao empregado, são transacionáveis os direitos livremente estabelecidos pelas partes contratantes, resultantes de ajuste expresso ou tácito do empregado e empregador.

III. O princípio da intangibilidade salarial admite exceções somente quando houver autorização expressa do trabalhador.

IV. Em consonância com o princípio da intangibilidade contratual objetiva, o conteúdo do contrato de emprego não poderia ser modificado, ainda que ocorresse efetiva mudança no plano do sujeito empresarial.

V. O princípio da continuidade do contrato de trabalho constitui presunção favorável ao empregado, razão pela qual, o ônus da prova quanto ao término do contrato de trabalho é do trabalhador, nas hipóteses em que são negadas a prestação dos serviços e o despedimento.

Está correto afirmar que:

a) Apenas as proposições I e IV estão corretas.
b) Apenas as proposições II e III estão corretas.
c) Apenas as proposições III, IV e V estão corretas.
d) Apenas as proposições I, II e IV estão corretas.
e) Todas estão corretas.

Gabarito: D

TRT — 23ª REGIÃO — XVII CONCURSO — MT/ABRIL/2011

Sobre a renúncia e transação de direitos trabalhistas é INCORRETO afirmar que:

a) Os principais elementos da renúncia são a manifestação unilateral e consciente da vontade e a certeza do direito sobre o qual incide.

b) O pedido de demissão, formulado por empregado portador de estabilidade acidentária, traduz hipótese de renúncia de direito trabalhista.

c) Havendo a coexistência de dois regulamentos da empresa, a opção do trabalhador por um deles implica renúncia ao outro.

d) A transação de direitos trabalhistas é passível de nulidade, inclusive quando feita com interveniência sindical.

e) Rompido o contrato de empregado com mais de um ano de serviço, em hipótese alguma a transação extrajudicial terá validade sem assistência sindical ou do Ministério do Trabalho.

Gabarito: E

TRT — 23ª REGIÃO — XVIII CONCURSO — MT/NOVEMBRO/2011

Sobre as Comissões de Conciliação Prévia, assinale a alternativa incorreta:

a) A instituição de Comissão de Conciliação Prévia é facultativa e, quando constituídas, deve ser formada por uma composição paritária de representantes de empregados e de representante de empregadores.

b) O mandato dos membros da Comissão de Conciliação Prévia, sejam titulares ou suplentes, é de um ano, permitida uma recondução, sendo vedada a dispensa até um ano após o final do mandato, saldo de cometerem falta, nos termos da lei.

c) O prazo prescricional será suspenso a partir da provocação da Comissão de Conciliação Prévia, recomeçando a fluir, pelo que lhe resta, a partir da tentativa frustrada de conciliação ou do esgotamento do prazo de dez dias para a realização da sessão de tentativa de conciliação a partir da provocação do interessado.

d) Segundo a CLT, qualquer demanda de natureza trabalhista será submetida à Comissão de Conciliação Prévia se, na localidade da prestação de serviços, houver sido instituída a Comissão no âmbito da empresa ou do sindicato da categoria.

e) O Supremo Tribunal Federal decidiu, em controle de constitucionalidade, usando o critério de interpretação conforme à Constituição, que as partes estão obrigadas a se submeter à Comissão de Conciliação Prévia antes de ingressar com Ação Trabalhista, pois a lei assim previu como modalidade obrigatória de resolução extrajudicial de litígios.

Gabarito: E

TRT — 16ª REGIÃO — VII CONCURSO — MA/SETEMBRO/2011

Analise as afirmativas e assinale a alternativa CORRETA:

a) Os atos de renúncia e de transação são repelidos pela normatividade justrabalhista imperativa.

b) A indisponibilidade dos direitos trabalhistas em seu aspecto individual será absoluta ainda quando o direito enfocado estiver protegido por norma de interesse abstrato da respectiva categoria passível de flexibilização.

c) Existindo na localidade da prestação de serviços do trabalhador Comissão de Conciliação Prévia no âmbito da empresa ou do Sindicato da categoria, salvo motivo relevante devidamente comprovado, todas a demandas trabalhistas serão submetidas a esta comissão, exceto aquelas que objetivam o cumprimento de obrigações de fazer relacionadas a Segurança e Medicina do Trabalho.

d) Audrey H, foi contratada pela Agência Lamour para ser recepcionista, atender ligações telefônicas e agendar encontros de garotas de programa com clientes da empresa. Porque o núcleo funcional da atividade por ela desenvolvido não é ilícito, apenas proibido, não há nulidade contratual, sendo-lhe devidas todas as verbas trabalhistas.

e) David B, nascido em 1º.5.1996, firmou contrato de trabalho de atleta profissional com o Pé Esquerdo F.C., na modalidade contrato de aprendizagem, devidamente assistido por seus pais. Não há que se falar em nulidade do seu contrato de trabalho por proibição do seu objeto porque a Constituição Federal permite que o trabalhador maior de 14 anos e menor de 16 seja admitido como aprendiz.

Gabarito: B

TRT — 2ª REGIÃO — XXXVI CONCURSO — SP/2011

Considere as seguintes proposições referentes à renúncia no Direito do Trabalho:

I. O art. 12 da Convenção n. 132, da Organização Internacional do Trabalho, adotada pelo Brasil por meio do Decerto n. 3.197, de 1999, proíbe a renúncia ao gozo das férias mediante indenização.

II. Em nenhuma hipótese será válido o pedido de demissão do empregado estável, conforme prevê o art. 500 da CLT.

III. Coforme entendimento sumulado pelo TST, havendo a coexistência de dois regulamentos da empresa, a opção do empregado por um deles tem efeito jurídico de renúncia às regras do sistema do outro.

IV. Também conforme entendimento sumulado do TST, o direito ao aviso prévio é irrenunciável pelo empregado. O pedido de dispensa de cumprimento não exime o empregador de pagar o respectivo valor, salvo comprovação de haver o prestador dos serviços obtido novo emprego.

V. A Constituição da República de 1988 flexibilizou o princípio da irrenunciabilidade do sistema trabalhista, conforme se extrai de seu art. 7º, incisos VI, XIII e XIV, que tratam, respectivamente, da irredutibilidade salarial, da duração do trabalho normal e da jornada em turnos ininterruptos de revezamento.

Responda:

a) Apenas as assertivas I, III e V são corretas.

b) Apenas as assertivas II, IV e V são corretas.

c) Apenas as assertivas II, III, IV e V são corretas.

d) Apenas as assertivas I, II e IV são corretas.

e) Todas as assertivas são corretas.

Gabarito: A

TRT — 15ª REGIÃO — XXVI CONCURSO — CAMPINAS/SP/2012

Relativamente às Comissões de Conciliação Prévia, analise as assertivas abaixo e, após, responda.

I. As Comissões de Conciliação Prévia não poderão ser constituídas por grupos de empresas ou ter caráter intersindical.

II. Aquelas comissões porventura instituídas no âmbito do sindicato terão sua constituição e normas de funcionamento definidas no seu estatuto social. O termo de conciliação é título executivo extrajudicial e terá eficácia liberatória geral, exceto quanto às parcelas expressamente ressalvadas.

III. Comissão instituída no âmbito da empresa será composta pelos números de dois a dez membros, respectivamente mínimo e máximo. Haverá tantos suplentes quantos forem os titulares.

IV. As empresas e os sindicatos podem constituir Comissões de Conciliação Prévia, de composição paritária, com representantes dos empregados e dos empregadores, com a atribuição de tentar conciliar os conflitos individuais e coletivos do trabalho.

V. A duração do mandato dos membros das comissões de conciliação prévia é inferior à dos membros da CIPA.

a) Todas as alternativas estão incorretas.
b) A afirmação I está correta e a II está errada.
c) Apenas as assertivas III, IV e V estão incorretas.
d) Apenas a afirmação III está correta.
e) As afirmações I e III estão corretas.

Gabarito: D

TRT — 21ª REGIÃO — VI CONCURSO — RN/ABRIL/2010

Um dos grandes desafios do Direito Coletivo do Trabalho é o de fixar parâmetros para se examinar a harmonização das normas coletivas autônomas com aquelas oriundas da legislação trabalhista estatal. Por esse princípio, as normas coletivas firmadas pelos atores sociais de um dado segmento econômico podem prevalecer sobre a norma estatal, desde que ofereçam aos seus trabalhadores um conjunto de normas específicas superiores ao padrão geral decorrente da legislação trabalhista, bem como transacionem apenas parcelas trabalhistas de indisponibilidade relativa. Trata-se, portanto:

a) do princípio da prevalência do negociado sobre o legislado;

b) princípio da adequação setorial negociada;

c) princípio da flexibilização mitigada;

d) princípio do não retrocesso social;

e) princípio da supremacia relativa da norma coletiva.

Gabarito: B

TRT — 8ª REGIÃO — CONCURSO C-320 — PA/2011

Analise as proposições abaixo e assinale a alternativa CORRETA:

I. Segundo jurisprudência sumulada do TST, o alcance do *jus postulandi* das partes limita-se às Varas do Trabalho, não se estendendo à ação cautelar, à ação rescisória e aos recursos de competência dos Tribunais Regionais e Superior do Trabalho.

II. Consoante a sistemática da Consolidação das Leis do Trabalho, sendo escrita, a reclamação deverá conter a designação do presidente da Vara, ou do juiz de Direito, a quem for dirigida, a qualificação do reclamante e do reclamado, uma breve exposição dos fatos de que resulte o dissídio, os fundamentos jurídicos do pedido, o pedido, a data e a assinatura do reclamante ou de seu representante.

III. A chamada súmula vinculante, introduzida pela EC n. 45/2004, é considerada fonte formal direta do Direito Processual do Trabalho.

IV. O tratamento legal diferenciado, previsto no art. 844 da CLT, segundo o qual, a ausência dos litigantes à audiência trabalhista implica no arquivamento dos autos para o autor e revelia e confissão ficta para o réu, constitui uma forma de exteriorização do princípio de proteção ao trabalhador no âmbito do processo laboral.

a) Somente as proposições I e II estão corretas.

b) Somente as proposições I e III estão corretos.

c) Somente as proposições II e III estão corretas.

d) As proposições I e IV estão corretas.

e) Somente as proposições III e IV estão corretas.

Gabarito: E

TRT — 16ª REGIÃO — VII CONCURSO — MA/SETEMBRO/2011

I. São órgãos vinculados ao Tribunal Superior do Trabalho a Escola Nacional de Formação e aperfeiçoamento de Magistrados do Trabalho e o Conselho Superior da Justiça do Trabalho, cujas decisões têm efeito vinculante no âmbito administrativo, orçamentário, financeiro e patrimonial da Justiça do Trabalho de Primeiro e Segundo Graus.

II. A Justiça do Trabalho prestigia a conciliação como forma primordial de solução do conflito trabalhista, a ponto de obrigar o juiz a propor a conciliação em diversos estágios do processo, bem como homologar o acordo construído pelas partes, sob pena de nulidade dos atos processuais subsequentes, por ofensa a direito líquido e certo dos litigantes.

III. O princípio da oralidade, de vastíssima aplicação no processo do trabalho, subdivide-se nos corolários da identidade física do juiz; prevalência da palavra oral sobre a escrita, com o devido registro em ata; concentração dos atos processuais em audiência; imediatidade do juiz na colheita da prova e a irrecorribilidade das decisões interlocutórias.

IV. A aplicação das normas da processualística comum ao processo do trabalho devem ocorrer quando houver omissão da CLT e das legislações trabalhistas extravagantes acerca da matéria, bem como devem tais normas observar a compatibilidade com os princípios que regem o processo do trabalho, máxime o acesso do trabalhador à Justiça.

a) Estão corretas apenas as afirmativas I, II e III.

b) Estão corretas apena as afirmativas I, II e IV.

c) Estão corretas apenas as afirmativas I e III.

d) Estão corretas apenas as afirmativas I, III e IV.

e) Todas estão corretas.

Gabarito: D

TRT — 16ª REGIÃO — VII CONCURSO — MA/SETEMBRO/2011

Analise a afirmativa e assinale a alternativa CORRETA:

a) Considera-se afronta ao princípio do devido processo legal e da ampla defesa e contraditório a inversão do ônus da prova na própria sentença, sem que tal seja antecipado pelo juiz às partes durante a instrução probatória e oportunizado defesa à parte prejudicada.

b) Aplica-se a confissão à parte que, expressamente intimada com aquela cominação, não comparecer à audiência em prosseguimento, na qual deveria depor. A prova pré-constituída nos autos pode ser levada em conta para confronto com a confissão ficta, sendo defeso a produção posterior de outras provas.

c) Não é possível a prova de fato negativo no processo do trabalho.

d) Apresentando-se a prova dividida, o juiz do Trabalho deverá aplicar a regra *in dubio pro operario*.

e) As provas ilícitas não são admitidas no Processo do Trabalho.

Gabarito: A

TRT — 2ª REGIÃO — XXXVI CONCURSO — SP/2011

Analise as seguintes proposições:

I. As decisões normativas são instituições próprias do processo trabalhista, que não tem similar no processo comum, e as cláusulas inseridas em convenção coletiva, estipulando normas processuais atinentes ao procedimento a ser adotado para a solução dos conflitos dela resultantes, constituem-se em fonte extraestatal de Direito Processual.

II. O primeiro princípio concreto do processo do trabalho é o protecionista, o segundo, o da jurisdição normativa, que implica em uma delegação de poderes do Judiciário Trabalhista para, utilizando a via processual, criar ou modificar norma jurídica.

III. O princípio da despersonalização do empregador permite a extensão dos efeitos da coisa julgada a quem não foi parte no processo.

IV. A faculdade de conversão da reintegração do empregado estável em indenização é fruto do princípio da ultrapetição ou extrapetição.

V. Os princípios da extrapetição, da iniciativa *ex officio* da ação e o da coletivização das ações individuais são abstratos.

Responda:

a) Todas as assertivas estão corretas.

b) Somente a assertiva III está errada.

c) A assertiva IV está errada.

d) A assertiva V está errada.

e) Nenhuma das anteriores.

Gabarito: A

TRT — 15ª REGIÃO — XXVI CONCURSO — CAMPINAS/SP/2012

Analise as proposições abaixo e, em seguida, responda:

I. Intimado a manifestar-se quanto ao laudo pericial, primeira oportunidade em que o reclamante teve ciência da realização da perícia no estabelecimento em que trabalhava para averiguação da existência de agentes insalubres, requereu a nulidade da prova técnica, cujo resultado foi negativo, eis que não fora previamente intimado de sua realização. O juiz deverá acolher o requerimento do reclamante, determinando realização de nova perícia com prévia intimação das partes.

II. A não intervenção do Ministério Público do Trabalho em reclamação trabalhista ajuizada por menor de 18 anos, assistido por seu genitor, não enseja, por si só, nulidade processual.

III. No procedimento sumaríssimo, eventual prova técnica, se deferida, somente será realizada após a oitiva das testemunhas.

IV. São isentos do pagamento de custas, além dos beneficiários de justiça gratuita: a) a União, os Estados, o Distrito Federal, os Municípios e respectivas autarquias e fundações públicas federais, estaduais ou municipais que não explorem atividade econômica; b) o Ministério Público do Trabalho; c) As entidades fiscalizadoras do exercício profissional.

V. Segundo o princípio da taxatividade, pode-se afirmar que, no processo do trabalho, são admissíveis apenas os seguintes recursos: recurso ordinário, embargos declaratórios, recurso de revista e agravo.

a) Somente as assertivas I, II e III estão corretas.

b) Somente as assertivas III e IV estão corretas.

c) Somente a assertiva III está correta.

d) Somente as assertivas I e III estão corretas.

e) Somente estão erradas as assertivas III, IV e V.

Gabarito: E

TRT — 3ª REGIÃO — MG/JANEIRO/2011

Leia as afirmativas abaixo e assinale a alternativa correta:

I. O número máximo total de testemunhas no Direito Processual do Trabalho será de quatro, nos processos de rito sumaríssimo, de seis testemunhas, nos processos no rito ordinário e de doze testemunhas, nas ações de inquérito para se apurar falta grave.

II. O reclamado não compareceu na audiência onde deveria apresentar, querendo, respostas, sendo que, se essa ausência foi injustificada, será considerado revel e confesso fictamente. Entre os pedidos desta reclamatória trabalhista, estavam pagamento de adicional de insalubridade e reflexos legais (nas férias, FGTS de todo período e 13º salário), bem como o pagamento de quarenta horas extras e reflexos legais nas férias, FGTS de todo período e 13º salário. Neste caso, o juiz do Trabalho deveria aplicar a esses pedidos os efeitos da revelia e confissão *ficta* e encerrar desde logo a instrução processual.

III. O conflito de competência entre um juiz de Direito investido na jurisdição trabalhista e um juiz do Trabalho, sendo o juiz de Direito e o juiz do Trabalho submetidos à jurisdição de Tribunais Regionais diferentes, deve ser resolvido pelo Tribunal Superior do Trabalho.

IV. A competência originária funcional para julgar mandado de segurança será do juiz do Trabalho, se a autoridade tida como coatora for Auditor Fiscal do Trabalho no seu exercício de sua atividade de aplicar penalidades como órgão de fiscalização de relações de trabalho aos empregadores; a competência originária funcional para julgar mandado de segurança será do Tribunal Regional do Trabalho, se a autoridade tida como coatora for juiz do Trabalho ou juiz de Direito investido na jurisdição trabalhista; a competência originária para julgar mandado de segurança funcional será também do Tribunal Regional do Trabalho para julgar ato tido como ilegal e abusivo de Desembargador do Tribunal Regional do Trabalho e a competência originária funcional para julgar mandado de segurança será do Tribunal Superior do Trabalho, se o ato impugnado for de ministro do Tribunal Superior do Trabalho.

V. É cabível a exigência de depósito prévio do valor da multa aplicada pelo Ministério do Trabalho e Emprego para fins de recursos administrativos.

a) Somente as afirmativas I e II estão corretas.
b) Somente as afirmativas II e III estão corretas.
c) Somente as afirmativas III e IV estão corretas.
d) Somente as afirmativas IV e V estão corretas.
e) Todas as afirmativas estão corretas.

Gabarito: C

TRT — 19ª REGIÃO — VI CONCURSO — AL/MARÇO/2012

Não compete à Justiça do Trabalho processar e julgar:

a) As ações oriundas da relação de trabalho, abrangidos os entes de direito público externo e da administração pública direta e indireta da União, Estados, do Distrito Federal e dos Municípios.
b) As ações que envolvam exercício de direito de greve.
c) As ações sobre representação sindical, entre sindicatos, entre sindicatos e trabalhadores, e entre sindicatos e empregadores.
d) As ações de indenização por dano moral ou patrimonial, decorrentes da relação de trabalho.
e) As ações que envolvam servidores públicos estatutários.

Gabarito: E

TRT — 21ª REGIÃO — VI CONCURSO — RN/ABRIL/2010

Leia as assertivas abaixo e marque a resposta correta sobre a Organização da Justiça do Trabalho no Brasil:

I. A partir de 1932, antes, portanto, da integração da Justiça do Trabalho ao Poder Judiciário, os litígios trabalhistas eram resolvidos na esfera administrativa, inclusive sem poder para executar suas próprias decisões;

II. Antes da criação da Justiça do Trabalho, cabia às juntas de conciliação resolver os litígios coletivos e às comissões mistas de conciliação os litígios individuais, com vinculação direta ao Ministério do Trabalho;

III. As Constituições de 1934 (art. 122) e a Carta de 1937 (art. 139) trataram da Justiça do Trabalho, mas ainda sem a sua conotação jurisdicional. A efetiva integração ao Poder Judiciário da União somente se deu com a promulgação da Constituição de 1946;

IV. A Constituição de 1988 deu um passo adiante na estruturação da Justiça do Trabalho, não somente dando competência para o Tribunal Superior do Trabalho tratar de temas constitucionais, como fixando um prazo para a supressão dos representantes de empregados e empregadores nas Varas do Trabalho;

V. A Emenda Constitucional n. 45/2004 inovou em relação a estrutura da Justiça do Trabalho, ampliando a composição do Tribunal Superior do Trabalho, instituindo o Conselho Superior da Justiça do Trabalho e a Escola Nacional de Formação e Aperfeiçoamento de Magistrados do Trabalho, bem como fixando em oito membros a composição mínima dos tribunais regionais a serem instalados em todo o país.

a) nenhuma das assertivas está correta;

b) apenas as assertivas I e III estão corretas;

c) apenas as assertivas I, II e IV estão corretas;

d) apenas as assertivas II, III e IV estão corretas;

e) apenas as assertivas I, II e III estão corretas;

Gabarito: B

TRT — 21ª REGIÃO — VI CONCURSO — RN/ABRIL/2010

São matérias incorporadas à competência da Justiça do Trabalho pela Emenda Constitucional n. 45/2004, exceto:

a) ações sobre representação sindical;

b) execução, de ofício, de contribuições sociais, decorrentes das decisões proferidas pelos Juízos do Trabalho;

c) *habeas data* relativo a matérias sob sua jurisdição;

d) ações relativas às penalidades administrativas impostas, por exemplo, pela Superintendência Regional do Trabalho e Emprego, como as ações ordinárias de anulação de auto infracional, execuções fiscais e mandados de segurança;

e) ações alusivas a eleições sindicais.

Gabarito: B

TRT — 6ª REGIÃO — XVIII CONCURSO — PE/2010

Assinale a alternativa CORRETA:

a) A regra geral de fixação da competência *ex ratione loci*, na Justiça do Trabalho, é determinada pela localidade onde o empregado, reclamante ou reclamado, prestar serviços ao empregador, ainda que tenha sido contratado noutro local ou no estrangeiro.

b) Não há na Consolidação das Leis do Trabalho, ou na legislação esparsa, previsão para o procedimento da exceção *ratione loci*, razão pela qual a sua análise admite ampla flexibilidade por parte do juiz.

c) A exceção *ratione loci* pode ser arguida pelas partes e pelo juiz a qualquer momento porque se trata de nulidade processual absoluta.

d) A jurisdição de cada Vara do Trabalho abrange todo o território da Comarca, não podendo ser estendida ou restringida.

e) Para efeito de Jurisdição dos Tribunais Regionais, o território nacional é dividido em 20 regiões.

Gabarito: A

TRT — 8ª REGIÃO — CONCURSO C-320 — PA/2011

Em relação à Organização da Justiça do Trabalho, assinale a alternativa INCORRETA:

a) O Brasil espelhou-se no modelo da Itália, que possuía um ramo do Judiciário especializado na solução dos conflitos trabalhistas, composto por representantes do Estado (juiz togado), dos empregadores e dos empregados (juiz classista), até a extinção desse modelo paritário pela Emenda Constitucional n. 24/1999.

b) O Tribunal Superior do Trabalho, considerado o órgão máximo da organização judiciária do trabalho, com sede na Capital Federal, é composto por 27 juízes, com o título de Ministros, nomeados pelo Presidente da República, após aprovação do Senado Federal. Dentre esses, um quinto entre advogados com mais de dez anos de efetiva atividade profissional e membros do Ministério Público do Trabalho, com mais de dez anos de efetivo exercício. Os demais membros são indicados entre juízes dos Tribunais Regionais do Trabalho, pelo próprio TST e escolhidos pelo Presidente da República, após aprovação do Senado Federal, o que não significa que o TST seja extensão da carreira de magistrado trabalhista, visto que não há promoção por critérios alternados de merecimento e antiguidade para o acesso àquele órgão.

c) Os Tribunais Regionais do Trabalho instalarão a justiça itinerante, com a realização de audiências e demais funções de atividade jurisdicional, nos limites territoriais da respectiva jurisdição, servindo-se de equipamentos públicos e comunitários.

d) A lei criará varas da Justiça do Trabalho, podendo, nas comarcas não abrangidas por sua jurisdição, atribuí-la aos juízes de direito, com recurso para o respectivo Tribunal de Justiça.

e) Funcionará junto ao Tribunal Superior do Trabalho a Escola Nacional de Formação e Aperfeiçoamento de Magistrados do Trabalho, cabendo-lhe, dentre outras funções, regulamentar os cursos oficiais para o ingresso e promoção na carreira.

Gabarito: D

TRT — 8ª REGIÃO — CONCURSO C-320 — PA/2011

No que diz respeito à competência da Justiça do Trabalho, analise as proposições abaixo e marque a alternativa CORRETA:

I. Segundo jurisprudência consolidada pela SDI-1 do Tribunal Superior do Trabalho, compete à Justiça do Trabalho julgar pedidos de direitos e vantagens, previstos na legislação trabalhista, referentes a período anterior à Lei n. 8.112/1990, mesmo que a ação tenha sido ajuizada após a sua edição. A superveniência de regime estatutário em substituição ao celetista, mesmo após a sentença, limita a execução ao período celetista.

II. É facultada ao empregado a escolha do foro para a apresentação da reclamação trabalhista, podendo demandar naquele onde o contrato foi celebrado ou onde ocorreu a prestação dos respectivos serviços, quando se tratar de agente ou viajante comercial.

III. A competência das Varas do Trabalho é determinada pela localidade onde o empregado prestar serviços ao empregador, ainda que tenha sido contratado em outro local, prevalecendo tal regra se se tratar de dissídios ocorridos em agência ou filial no estrangeiro, desde que o empregado seja brasileiro e não haja convenção internacional dispondo em contrário.

IV. Possui legitimidade para suscitar o conflito de competência absoluta apenas o juiz ou a parte interessada, pessoalmente ou por seu representante.

a) Apenas a alternativa IV está correta.

b) As alternativas I e IV estão corretas.

c) As alternativas II e III estão corretas.

d) As alternativas III e IV estão corretas.

e) As alternativas I e III estão corretas.

Gabarito: E

TRT — 16ª REGIÃO — VII CONCURSO — MA/SETEMBRO/2011

Analise as afirmativas e assinale a alternativa CORRETA:

a) Compete aos Tribunais Regionais do Trabalho o julgamento de mandado de segurança impetrado, contra seus próprios atos administrativos.

b) Caso a petição inicial do mandado de segurança não venha instruída com a prova documental pré-constituída, o juiz assinalará prazo para a emenda, sob pena de indeferimento da inicial.

c) As varas do trabalho e os juízes de direito investidos de jurisdição trabalhista não têm competência para julgar mandado de segurança.

d) São passíveis de mandado de segurança atos de gestão comercial praticados por administradores de empresa pública e concessionárias de serviços públicos essenciais.

e) A antecipação da tutela concedida na sentença comporta impugnação pela via do mandado de segurança, em face da inexistência de recurso próprio.

Gabarito: A

TRT — 2ª REGIÃO — XXXV CONCURSO — SP/2010

No que se refere à organização da Justiça do Trabalho, assinale a alternativa correta:

a) Os órgãos da Justiça do Trabalho funcionarão perfeitamente coordenados, em regime de mútua colaboração, sob a orientação do presidente do Tribunal Superior do Trabalho.

b) Os órgãos da Justiça do Trabalho funcionarão perfeitamente coordenados, em regime de mútua colaboração, sob a orientação do presidente do Tribunal Regional do Trabalho da Região respectiva.

c) Os órgãos da Justiça do Trabalho funcionarão de forma independente, sob a orientação do presidente do Tribunal Superior do Trabalho.

d) Os órgãos da Justiça do Trabalho funcionarão de forma independente, sob a orientação do presidente do Tribunal Regional do Trabalho da Região respectiva.

e) Os órgãos da Justiça do Trabalho funcionarão perfeitamente coordenados, em regime de mútua colaboração, sob a orientação do presidente do Conselho Superior da Justiça do Trabalho.

Gabarito: A

TRT — 2ª REGIÃO — XXXVI CONCURSO — SP/2011

Analise as seguintes proposições que dizem respeito à organização da Justiça do Trabalho e o Poder Judiciário:

I. A Emenda Constitucional n. 45, de 2004, introduziu significativas alterações no art. 111 da Constituição da República, dentre as quais, reguladas no art. 111-A, a instituição de dois novos organismos de funcionamento junto ao TST, a Escola Nacional de Formação e Aperfeiçoamento de Magistrados do Trabalho e o Conselho Superior da Justiça do Trabalho.

II. Ao Conselho Superior da Justiça do Trabalho cabe exercer, na forma da lei, a supervisão administrativa, orçamentária, financeira e patrimonial da Justiça do Trabalho de primeiro e segundo graus, como órgão central do sistema e suas decisões terão efeito vinculante.

III. A Emenda Constitucional n. 45, de 2004, incluiu, na Constituição da República, o Conselho Nacional de Justiça como órgão do Poder Judiciário, ao qual compete, dentre outras funções, controlar o cumprimento dos deveres funcionais dos juízes.

IV. A aferição do merecimento para a promoção de magistrado na carreira deve dar-se conforme o seu desempenho e por critérios objetivos de produtividade e presteza no exercício da jurisdição, bem como pela frequência e aproveitamento em cursos oficiais ou reconhecidos de aperfeiçoamento.

V. A União criará ouvidorias de justiça, competentes para receber reclamações e denúncias de qualquer interessado contra membros ou órgãos do Poder Judiciário, ou contra seus serviços auxiliares, representando diretamente ao Conselho Nacional de Justiça.

Responda:

a) Apenas as assertivas I, II e IV são corretas.

b) Apenas as assertivas I, III e V são corretas.

c) Apenas as assertivas II, III IV são corretas.

d) Apenas as assertivas II, IV e V são corretas.

e) Todas as assertivas são corretas.

Gabarito: E

TRT — 6ª REGIÃO — XVIII CONCURSO — PE/2010

Observando-se a jurisprudência sumulada e as Orientações Jurisprudenciais do Tribunal Superior do Trabalho, assinale a alternativa INCORRETA sobre a competência material da Justiça do Trabalho.

a) A Justiça do Trabalho é competente para apreciar reclamação de empregado que tenha por objeto direito fundado em quadro de carreira.

b) A Justiça do Trabalho é competente para apreciar lide envolvendo o pedido de indenização pela não concessão das guias de comunicação de dispensa para acesso ao seguro-desemprego.

c) A Justiça do Trabalho é competente para dirimir controvérsias referentes à indenização por danos morais quando decorrentes da relação de trabalho.

d) A Justiça do Trabalho é competente para determinar o recolhimento das contribuições fiscais.

e) A Justiça do Trabalho não é competente para apreciar pedido de complementação de pensão requerida por viúva de ex-empregado.

Gabarito: E

TRT — 16ª REGIÃO — VII CONCURSO — MA/SETEMBRO/2011

Analise as afirmativas e assinale a alternativa INCORRETA:

a) As ações decorrentes da nova competência da Justiça do Trabalho devem observar o procedimento previsto na CLT, excetuadas as ações com procedimentos especiais, sendo que estas últimas devem ser submetidas ao sistema recursal do processo do trabalho.

b) De acordo com a jurisprudência dominante, a alteração superveniente da competência material pro norma constitucional não invalida a sentença anteriormente proferida por juízo outrora competente, mantendo-se a competência de tal juízo outrora competente, mantendo-se a competência de tal juízo para apreciar os recursos interpostos de sua decisão.

c) A competência para dirimir os conflitos entre o empregado de cartório extrajudicial com o titular de servente é da Justiça Comum Estadual, vez que este cargo é provido mediante prévia aprovação em concurso público de provas e títulos.

d) Diante da ampliação da competência da Justiça do Trabalho, há possibilidade de reconhecimento do vinculo de emprego e as verbas trabalhistas dele decorrentes e, na impossibilidade do reconhecimento do vínculo empregatício, formular pedido sucessivo de pagamento das parcelas oriundas do contrato de prestação de serviços.

e) Segundo entendimento jurisprudencial sumulado é competente a Justiça Estadual para processar a ação de cobrança ajuizada por profissional liberal contra cliente.

Gabarito: C

TRT — 16ª REGIÃO — VII CONCURSO — MA/SETEMBRO/2011

Analise as afirmativas e assinale a alternativa CORRETA:

a) Compete aos Tribunais Regionais do Trabalho o julgamento de mandado de segurança impetrado contra seus próprios atos administrativos.

b) Caso a petição inicial do mandado de segurança não venha instruída com a prova documental pré-constituída, o juiz assinalará prazo para emenda, sob pena de indeferimento da inicial.

c) As varas do trabalho e os juízes de direito investidos de jurisdição trabalhista não têm competência para julgar mandado de segurança.

d) São passíveis de mandado de segurança atos de gestação praticados por administradores de empresa pública e concessionárias de serviços públicos essenciais.

e) A antecipação da tutela concedida na sentença comporta impugnação pela via do mandado de segurança, em face da inexistência de recurso próprio.

Gabarito: A

TRT — 2ª REGIÃO — XXXV CONCURSO/2010

Com relação ao procedimento do conflito de competência no Processo do Trabalho não é correto afirmar:

a) O juiz, a parte ou o Ministério Público do Trabalho suscitarão o conflito perante o presidente do Tribunal.

b) Nos Tribunais Regionais do Trabalho, divididos em Turmas, compete ao Pleno o julgamento dos conflitos de competência entre suas Turmas.

c) Havendo conflito de competência entre o Tribunal Superior do Trabalho e o Superior Tribunal de Justiça ou qualquer outro Tribunal, a competência para dirimi-lo será do Supremo Tribunal Federal.

d) Se o conflito de competência ocorrer entre Vara do Trabalho e juiz de Direito investido da jurisdição trabalhista, a competência para solucioná-lo será do Superior Tribunal de Justiça.

e) No âmbito do TST, compete à Seção Especializada em Dissídios Coletivos julgar os conflitos de competência entre Tribunais Regionais do Trabalho em processos de dissídio coletivo.

Gabarito: D

TRT — 15ª REGIÃO — XXVI CONCURSO/2012

Compete à Justiça do Trabalho processar e julgar:

I. Ação anulatória de multa administrativa imposta por órgão de fiscalização das relações de trabalho.

II. Ação de associação de fornecedores de cana-de-açúcar de uma região que congrega 05 cidades, em face de outra associação de fornecedores de cana de açúcar de uma daquelas 05 cidades, em que a primeira postula a anulação da assembleia de constituição da requerida, com o cancelamento de seu registro no Cartório de Registro Civil de Pessoas Jurídicas, diante dos princípios da unicidade sindical e da territorialidade.

III. Ação de indenização por danos morais e materiais proposta pelo filho em face do ex-empregador de seu pai, que faleceu em acidente de trabalho, conforme jurisprudência dominante do STF.

IV. Causas envolvendo descaracterização de contratação temporária ou de provimento comissionado pelo poder público.

V. Ação monitória entre empregado e empregador, com base e, prova escrita, consistente em declaração firmada pelo empregado, obrigando-se a devolver ao final do contrato de trabalho ferramentas em seu poder.

a) Somente as assertivas I, II e V estão corretas.

b) Somente as assertivas I, III e V estão corretas.

c) Somente a assertiva III está correta.

d) Somente as assertivas I, II e III estão corretas.

e) Todas as assertivas estão corretas.

Gabarito: B

MPT — 17º CONCURSO — MAIO/2012

Nos termos do Código de Defesa do Consumidor (Lei n. 8.078/1990), nas ações coletivas, é CORRETO afirmar que:

a) É competente para a execução o juízo do domicílio do autor, no caso de execução individual, e o juízo da liquidação da sentença, na hipótese de execução coletiva.

b) É competente para a execução o juízo da ação condenatória, no caso de execução individual, e o juízo da liquidação da sentença, no caso de execução coletiva.

c) É competente para a execução o juízo da liquidação da sentença ou da ação condenatória, no caso de execução individual, e o juízo da ação condenatória, no caso de execução coletiva.

d) É competente para a execução o juízo da liquidação da sentença, no caso de execução individual, e o juízo da liquidação da sentença ou da ação condenatória, na hipótese de execução coletiva.

e) Não respondida.

Gabarito: C

MPT — 17º CONCURSO — MAIO/2012

A respeito da competência material da Justiça do Trabalho, é CORRETO afirmar que:

a) Foi ampliada pela Emenda Constitucional n. 45/2004, assegurando à Justiça do Trabalho competência para julgar os crimes contra a organização do trabalho.

b) Compete à Justiça do Trabalho julgar as ações sobre representação sindical entre sindicatos, mas não entre sindicatos e trabalhadores e muito menos entre sindicatos e empregadores.

c) A Justiça do Trabalho tornou-se competente para o julgamento de todas as matérias relativas à execução das contribuições previdenciárias não recolhidas pelo empregador em face da relação laboral.

d) Cabe à Justiça do Trabalho julgar as ações relativas às penalidades administrativas impostas aos empregadores pelos órgãos de fiscalização das relações de trabalho.

e) Não respondida.

Gabarito: D

TRT — 21ª REGIÃO — VII CONCURSO — ABRIL/2012

A respeito da competência da Justiça do Trabalho, em razão do local, das pessoas e funcional, é correto afirmar:

I. A competência das Varas do Trabalho é determinada pela localidade onde o empregado, reclamante ou reclamado, tiver sido contratado, ainda que para prestar serviços em outro local, ou no estrangeiro.

II. Em se tratando de empregador que desenvolva atividades fora do lugar em que houve a formalização do contrato de trabalho, é assegurado ao empregado apresentar sua reclamação no foro da celebração do contrato ou no da prestação dos serviços.

III. Quando for parte no dissídio viajante comercial, a competência será da Vara da localidade em que a empresa tenha agência ou filial e a esta o empregado esteja subordinado e, na ausência, será competente a Vara da localização em que o empregado tenha domicílio ou a localidade mais próxima.

IV. Oposta a exceção de incompetência em razão do lugar, da decisão que rejeitar a exceção caberá recurso imediato para o Tribunal Regional do Trabalho.

V. Não cabe declaração de ofício de incompetência territorial no caso do uso, pelo trabalhador, da faculdade prevista no art. 651, § 3º, da CLT. Nessa hipótese, resolve-se o conflito pelo reconhecimento da competência do juízo do local onde a ação foi proposta.

a) Nenhuma assertiva está correta.

b) Apenas a assertiva I está correta.

c) Apenas as assertivas II e III estão corretas.

d) Apenas as assertivas I e IV estão corretas.

e) Apenas as assertivas II, III e V estão corretas.

Gabarito: E

TRT — 1ª REGIÃO — CONCURSO/2010

Assinale a opção correta acerca da organização, da composição, do funcionamento, da jurisdição e da competência da justiça do trabalho.

a) Considerando-se a ampliação da competência da justiça do trabalho, não cabe falar de execução de ofício das contribuições sociais devidas por empregadores e empregados e seus acréscimos legais decorrentes das sentenças que proferir.

b) Somente se provocado pelas partes interessadas, o CSJT pode apreciar decisões administrativas dos tribunais que contrariem as normas gerais de procedimento por ele expedidas, relacionadas com sistemas de informática, recursos humanos, planejamento e orçamento, administração financeira, material e patrimônio.

c) Em que pese ser a justiça do trabalho competente para processar e julgar ações que digam respeito à greve, no que concerne à observância das regras estabelecidas na Lei de Greve, essa competência não abrange o julgamento de ação possessória ajuizada em decorrência do exercício do direito de greve pelos trabalhadores da iniciativa privada.

d) Compete ao órgão especial do TST, em matéria administrativa, propor ao Poder Legislativo, após deliberação do CSJT, a criação, a extinção ou a modificação de tribunais regionais do trabalho e varas do trabalho, assim como a alteração de jurisdição e de sede desses tribunais e varas.

e) Nas ausências temporárias, por período superior a trinta dias, e nos afastamentos definitivos, os ministros do TST são substituídos por juízes de TRT, escolhidos pelo plenário do TST, mediante escrutínio secreto e pelo voto da maioria absoluta dos seus membros.

Gabarito: D

Direito Constitucional

TRT — 19ª REGIÃO — VI CONCURSO — AL/2012

Das alternativas abaixo, assinale aquela que corresponde a características do Poder Constituinte Originário:

a) Inicial, limitado, autônomo e incondicionado.

b) Inicial, ilimitado, autônomo e incondicionado.

c) Derivado, ilimitado, autônomo e incondicionado.

d) Inicial, ilimitado, heterônomo e condicionado

e) Derivado, limitado, heterônomo e condicionado.

Gabarito: B

TRT — 8ª REGIÃO — CONCURSO C-320 PARÁ E AMAPÁ/2011

Assinale a alternativa INCORRETA:

a) O planejamento é uma das formas de intervenção do Estado na ordem econômica prevista constitucionalmente, sendo a lei do plano determinante para o setor público, mas meramente indicativa para o privado.

b) A Constituição da República de 1988 possibilita a responsabilização da pessoa jurídica, sujeitando-a a punições compatíveis com a sua natureza, nos atos praticados contra a ordem econômica e financeira e contra a economia popular.

c) Constituem monopólio da União a pesquisa, a lavra, o enriquecimento, o reprocessamento, a industrialização e o comércio de minérios, radioisótopos, minerais nucleares e seus derivados.

d) As cooperativas organizadas para atividades garimpeiras terão prioridade na autorização ou na concessão para pesquisa e lavra dos recursos e jazidas de minerais nas áreas onde estejam atuando.

e) Não depende de autorização ou concessão o potencial de energia renovável, desde que tenha capacidade reduzida.

Gabarito: C

TRT — 8ª REGIÃO — CONCURSO C-320 PARÁ E AMAPÁ/2011

Analise as proposições abaixo e assinale a alternativa CORRETA:

I. É facultada aos Estados e ao Distrito Federal a vinculação a programa de apoio à inclusão e promoção social de até 5 (cinco) décimos por cento de sua receita tributária líquida, observadas as vedações constitucionais, dentre outras, despesas com pessoal e encargos sociais.

II. A assistência social, vinculada à contribuição para a seguridade social, será prestada a quem dela necessitar, possuindo, dentre seus objetivos, a proteção à família, à maternidade, à infância e à velhice.

III. A admissão, pelos gestores locais do sistema único de saúde, de agentes comunitários de saúde e de agentes de combates de endemias, deve ser precedida de concurso público de provas.

IV. É vedada a participação direta ou indireta de empresa ou capitais estrangeiros na assistência à saúde no País, salvo expressa previsão em lei.

a) As alternativas I e IV estão corretas.

b) As alternativas I e III estão corretas.

c) As alternativas I e II estão corretas.

d) As alternativas III e IV estão corretas.

e) As alternativas II e IV estão corretas.

Gabarito: A

TRT — 23ª REGIÃO — XVIII CONCURSO — MT/2011

Analisando se os itens abaixo (I a IV) contêm proposições verdadeiras ou falsas, à luz das lições da doutrina constitucional brasileira e respeito da interpretação constitucional e seus princípios, preceitos, métodos e evolução histórica, indique qual a alternativa corresponde, em ordem sequencial, ao resultado de tal análise:

I. O pós-positivismo pode ser compreendido como a designação provisória e genérica de um ideário difuso, no qual se incluem o resgate dos valores, a distinção qualitativa entre princípios e regras, a centralidade dos direitos fundamentais e a reaproximação entre Direito e a Ética.

II. Não é possível acontecer de uma norma ser constitucional no seu relato abstrato, mas revelar-se inconstitucional em uma determinada incidência por contrariar o próprio fim nela abrigado ou algum princípio constitucional.

III. A ponderação de valores, interesse, bens ou normas consiste em uma técnica de decisão jurídica utilizável nos casos difíceis, que envolvem a aplicação de princípios que se encontram em linha de colisão, apontando soluções diversas e contraditórias para a questão.

IV. O raciocínio que conduz a ponderação de interesses inclui a seleção das normas e dos fatos relevantes, com a atribuição de pesos aos diversos elementos contrapostos.

a) item I: falsa; item II: falsa; item III: verdadeira; item IV: verdadeira.
b) item I: verdadeira; item II: verdadeira; item III: falsa; item IV: falsa.
c) item I: verdadeira; item II: falsa; item III: verdadeira; item IV: verdadeira.
d) item I: verdadeira; item II: falsa; item III: falsa; item IV: verdadeira.
e) item I: falsa; item II: verdadeira; item III: falsa; item IV: verdadeira.

Gabarito: C

TRT — 23ª REGIÃO — XVIII CONCURSO — MT/2011

Assinale a alternativa que corresponde a uma afirmação verdadeira:

a) Dentre os objetivos fundamentais da República Federativa do Brasil estão reduzir a pobreza, a marginalização e as desigualdades sociais e regionais.

b) O chamado desvio do poder constituinte ou atalhamento da Constituição, tema já enfrentado pelo Supremo Tribunal Federal em seus julgamentos, consiste na tentativa da utilização de um artifício que busque suavizar, abreviar, dificultar ou impedir a ampla produção de efeitos dos princípios constitucionais, especialmente por meio do exercício do poder constituinte reformador.

c) O mandado de segurança coletivo pode ser impetrado por organização sindical, entidade de classe ou associação, em defesa dos interesses de seus membros ou associados, exigindo-se dos três referidos legitimados que estejam legalmente constituídos e em funcionamento há pelo menos um ano, conforme jurisprudência do Supremo Tribunal Federal.

d) À falta de previsão constitucional, o Supremo Tribunal Federal não admite a impetração de mandado de injunção coletivo pelas entidades dotadas de expressa legitimidade para o ajuizamento do mandado de segurança coletivo, ante a especificidade do comando constitucional.

e) Elevada no Brasil ao *status* constitucional em 1934 e desde então consagrada expressamente por todas as Constituições subsequentes como remédio constitucional, a ação popular, já em sua origem, tem como característica o reconhecimento da proteção à moralidade administrativa como fundamento autônomo para a sua propositura.

Gabarito: B

TRT — 15ª REGIÃO — XXVI CONCURSO — CAMPINAS/2012

Analise as assertivas abaixo e, em seguida, responda:

I. As normas constitucionais decorrentes do Poder Constituinte Derivado estão sujeitas ao controle da constitucionalidade, sem do possível a declaração de normas constitucionais inconstitucionais.

II. A Constituição brasileira de 1988 é flexível.

III. O Poder Constituinte atribuído aos Estados Membros é denominado originário-revisor.

IV. O Poder Constituinte Revolucionário é juridicamente ilimitado, não encontra limite em princípios de direito suprapositivos, pois institui uma nova ordem constitucional.

V. Não será objeto de deliberação a proposta de emenda tendente a abolir: a forma federativa de Estado, o voto direto, secreto, universal e periódico.

a) Somente as assertivas II e IV estão corretas;

b) Somente a assertiva V está correta;

c) Somente as assertivas I e V estão corretas;

d) Somente a assertiva IV está correta;

e) Nenhuma das assertivas está correta.

Gabarito: C

MPT — 17º CONCURSO — MAIO/2012

A propósito do Preâmbulo da Constituição da República, é CORRETO afirmar, segundo a doutrina majoritária, a Constituição da República e a jurisprudência do Supremo Tribunal Federal:

a) Traduz uma pauta de valores constitucionais, nos campos social, político, econômico, entre outros, com poder normativo suficiente para vincular o aplicador da norma e, segundo o Supremo Tribunal Federal, para afastar, por vício de inconstitucionalidade, lei que não se adeque ao seu conteúdo axiológico.

b) Serve de parâmetro interpretativo dos preceitos constitucionais, além de proclamar os princípios da Constituição da República, havendo grande divergência doutrinária sobre sua força normativa.

c) O preâmbulo impõe expressamente como valores supremos o exercício dos direitos sociais e individuais, a liberdade, o bem-estar, o desenvolvimento, a igualdade, a fraternidade e a justiça.

d) O preâmbulo impõe como valores superiores a soberania, a cidadania, a dignidade da pessoa humana, os valores sociais do trabalho e da livre iniciativa e o pluralismo político.

e) Não respondida.

Gabarito: B

TRT — 23ª REGIÃO — XVII CONCURSO — MT/2011

De acordo com a Constituição da República de 1988, a ordem econômica, fundada na valorização do trabalho humano e na livre iniciativa, tem por fim assegurar a todos existência digna, conforme os ditames da justiça social. Assinale o item que NÃO corresponde a um princípio consagrado expressamente na Constituição quanto à ordem econômica:

a) Função social da propriedade.

b) Defesa do meio ambiente, inclusive mediante tratamento diferenciado conforme o impacto ambiental dos produtos e serviços e de seus processos de elaboração e prestação.

c) Livre associativismo e cooperativismo.

d) Redução das desigualdades regionais e sociais.

e) Busca do pleno emprego.

Gabarito: E

TRT — 15ª REGIÃO — XXIV CONCURSO — MARÇO/2010

Em relação ao princípio da legalidade e da reserva legal, é correto afirmar que:

a) possuem a mesma abrangência;

b) podem ser empregados nas mesmas situações jurídicas;

c) possuem finalidades diversas, sendo que o primeiro tem abrangência mais ampla;

d) são utilizados com a mesma finalidade;

e) nenhuma das anteriores.

Gabarito: C

TRT — 2ª REGIÃO — XXXVI CONCURSO — SP/2011

Assinale a alternativa incorreta dentre os princípios constitucionais relativos ao Poder Judiciário, concernentes à lei complementar, de iniciativa do Supremo Tribunal Federal, que disporá sobre o Estatuto da Magistratura:

a) O juiz titular residirá na respectiva comarca, salvo autorização do tribunal.

b) É obrigatória a promoção do juiz que figure por três vezes consecutivas ou cinco alternadas em lista de merecimento.

c) As decisões administrativas dos tribunais serão motivadas e em sessão pública, sendo as disciplinares tomadas pelo voto da maioria simples de seus membros.

d) A distribuição de processos será imediata, em todos os graus de jurisdição.

e) Os servidores receberão delegação para a prática de atos de administração e atos de mero expediente sem caráter decisório.

Gabarito: C

TRT — 19ª REGIÃO — VI CONCURSO — AL/2012

Das alternativas abaixo, qual aquela que não corresponde à doutrina majoritária constitucional, quando enumera princípios e regras interpretativas das normas constitucionais:

a) Unidade da Constituição: a interpretação constitucional deve ser realizada de maneira a evitar contradições entre suas normas.

b) Máxima Efetividade: a uma norma constitucional deve ser atribuído o sentido que maior eficácia lhe conceda.

c) Efeito Integrador: na resolução dos problemas jurídico-constitucionais, deverá ser dada maior primazia aos critérios favorecedores da integração política e social, bem como ao reforço da unidade política.

d) Concordância Prática ou da Harmonização: exige-se a coordenação e combinação de bens jurídicos em conflito de forma a evitar o sacrifício total de uns em relação aos outros.

e) Força Normativa: entre as interpretações possíveis, deve ser adotada aquela que garanta menor eficácia, aplicabilidade e permanência das normas constitucionais.

Gabarito: E

TRT — 23ª REGIÃO — XVII CONCURSO — MT/2011

A respeito da classificação das constituições e dos elementos que são revelados pela estrutura normativa da Constituição (teoria da categoria dos elementos constitucionais), de acordo com a doutrina, assinale qual das alternativas abaixo contém uma afirmação FALSA:

a) Elementos orgânicos são as normas que regulam a estrutura e organização do Estado e do Poder.

b) Elementos de estabilização constitucional são os que se acham consubstanciados nas normas que estabelecem regras de aplicação das constituições, como o preâmbulo e as disposições constitucionais transitórias.

c) Elementos limitativos correspondem às normas que consubstanciam o elenco dos direitos democráticos e dois direitos fundamentais do homem e respectivas garantias constitucionais.

d) As constituições podem ser classificadas como materiais ou formais (quanto ao conteúdo), escritas ou não escritas (quanto à forma) e dogmáticas ou históricas (quanto ao modo de elaboração), dentre outras classificações mencionadas na doutrina.

e) Elementos socioideológicos consubstanciam-se nas normas que revelam o caráter de compromisso das constituições modernas entre o Estado individualista e o Estado Social intervencionista, como as normas que, na Constituição da República de 1988, regulam a ordem econômica e social.

Gabarito: B

TRT — 23ª REGIÃO — XVIII CONCURSO — MT/2011

Assinale a alternativa que corresponde a uma afirmação falsa:

a) Além da proibição do excesso, a *proibição da proteção insuficiente* também pode ser considerada uma das dimensões da proporcionalidade em sentido estrito, na medida em que uma conduta estatal que não contempla uma proteção adequada e eficaz de um direito fundamental significa, do ponto de vista metodológico, considerar referida conduta desproporcional em sentido estrito.

b) *Normas constitucionais interpostas* seriam aquelas disposições normativas às quais as normas constitucionais fazem expressa referência, vinculando atos e procedimentos legislativos, apresentando uma força normativa diferenciada por derivar diretamente da referência constitucional.

c) O método de interpretação constitucional denominado *hermenêutico-concretizador* seria aquele segundo o qual o Direito, o Estado e a Constituição são vistos como fenômenos culturais ou fatos referidos a valores, a cuja realização os três servem de instrumento, integração, exigindo-se, então, uma interpretação extensiva e flexível da Constituição, enquanto instrumento ordenador da totalidade da vida do Estado.

d) Um exemplo de *costume constitucional* citado pela doutrina seria o descumprimento, pelo Poder Executivo, de leis que repute inconstitucionais, comportamento que não teria base constitucional expressa, mas que é consagrado pelo uso, tratando-se, no caso, de um costume *praeter constitutionem.*

e) A *interpretação constitucional evolutiva* seria um processo informal de reforma do texto da Constituição, caracterizando-se pela atribuição de novos conteúdos à norma constitucional, sem modificação de seu teor literal, em razão de mudanças históricas ou de fatores políticos e sociais que não estavam presentes nas mentes dos constituintes.

Gabarito: C

TRT — 15ª REGIÃO — XXVI CONCURSO — CAMPINAS/2012

Sobre a inconstitucionalidade das leis, é incorreto afirmar:

a) A Câmara do Distrito Federal tem legitimidade para propor ação direta de inconstitucionalidade.

b) O Supremo Tribunal Federal admite *amicus curiae* em ação direta de inconstitucionalidade.

c) Norma regulamentadora do Ministério do Trabalho e Emprego, que dispõe sobre a saúde do trabalhador, pode ser objeto ação direta de inconstitucionalidade.

d) O juiz do Trabalho pode declarar a inconstitucionalidade de lei em sede de reclamação trabalhista.

e) Compete ao Senado Federal suspender a execução de lei declarada inconstitucional em decisão definitiva pelo Supremo Tribunal Federal.

Gabarito: A

TRT — 21ª REGIÃO — VII CONCURSO — RN/2012

O Direito Constitucional contemporâneo reconhece a abertura dos textos normativo-constitucionais, bem como a necessidade de maior pluralismo jurídico na construção das interpretações sobre as normas de raiz constitucional (cf., sobre o tema: HABERLE, Peter. *Hermenêutica constitucional: a sociedade aberta de intérpretes da constituição; contribuição para a interpretação pluralista e procedimental da constituição.* Porto Alegre: Fabris, 2002). Nesse contexto, a Lei Federal n. 9.868/1999, que "*dispõe sobre o processo e julgamento da ação direta de inconstitucionalidade e da ação declaratória de constitucionalidade perante o Supremo Tribunal Federal*", prevê a possibilidade de intervenção do chamado *amicus curiae*. Sucede que, embora "*admitido como terceiro interessado, não figura como parte do processo, nem ingressa no feito na condição de assistente, pois seu interesse na causa não é jurídico, mas institucional e, para legitimar-se, deve apoiar-se em razões que tornem desejável e útil a sua atuação processual na causa, em ordem a proporcionar meios que viabilizem uma adequada resolução do litígio constitucional*" (STF, RE n. 597.165, Rel. Min. Celso de Mello, DJE 12.4.2011). A partir desse quadro, a jurisprudência do Supremo Tribunal Federal vem, progressivamente, balizando os poderes processuais dos *amicus curiae*, sobre os quais é possível afirmar, como correto:

a) O *amicus curiae* somente pode demandar sua intervenção nos autos até a data em que o relator liberar o processo para pauta.

b) Em que pese não figurar tecnicamente como partem o *amicus curiae* pode arguir suspeição ou impedimento de membro do Tribunal.

c) Não é permitida a participação no processo do *amicus curiae* nas audiências públicas eventualmente designadas na ação de controle objetivo de constitucionalidade.

d) Não é facultado ao *amicus curiae* a produção de sustenção oral perante o Tribunal.

e) A legitimidade do requerente para atuar como *amicus curiae* deve ser previamente examinada pelo relator, cuja decisão, se denegatória, pode ser impugnada por meio de agravo para o Plenário.

Gabarito: A

Direito Administrativo

TRT — 23ª REGIÃO — XVIII CONCURSO — MT/2011

O princípio veda a aplicação retroativa de nova interpretação de Lei no âmbito da Administração Pública.

a) verdade material.

b) motivação.

c) formalismo moderado.

d) segurança jurídica.

e) proporcionalidade.

Gabarito: D

TRT — 15ª REGIÃO — XXVI CONCURSO — CAMPINAS/2012

Analise as assertivas abaixo e, após, responda:

I — A nulidade do ato administrativo pode ser reconhecida pela própria administração e pelo Poder Judiciário.

II — A revogação de ato pela administração produz efeito *ex nunc*.

III — Poder hierárquico é a faculdade que a administração possui de punir internamente as infrações funcionais de servidores.

IV — Os serviços públicos *uti singuli* são mantidos pelos impostos.

V — Ao servidor público não é assegurado o direito de greve.

a) Apenas as assertivas I, II e V estão corretas.

b) Apenas as assertivas I e Iv estão corretas.

c) Apenas as assertivas I e II estão corretas.

d) Apenas as assertivas I e III estão corretas.

e) Apenas as assertivas II e V estão corretas.

Gabarito: C

TRT — 2ª REGIÃO — XXXVII CONCURSO — SP/2012

Analise as assertivas e ao final responda.

I. Pela aplicação do princípio da impessoalidade, o ato administrativo praticado por funcionário irregularmente investido no cargo ou função é válido.

II. A presunção de legitimidade dos atos administrativos é *juris et de jure*.

III. Pela aplicação do princípio da especialidade, a Assembleia Geral de acionistas da sociedade de economia mista não pode alterar os objetivos de sua constituição.

IV. Cabe à Administração Pública, no exercício do poder vinculado, antes da edição do ato, apreciar os aspectos concernentes à oportunidade, conveniência, interesse público e equidade.

V. A concessão de alvará de licença é ato de polícia discricionário.

Estão corretas apenas as assertivas:

a) I e III.

b) II e IV.

c) III e V.

d) II e V.

e) IV e V.

Gabarito: A

TRT — 19ª REGIÃO — VI CONCURSO — AL/2012

Assinale a alternativa incorreta, no que se refere aos princípios que norteiam a Administração Pública brasileira:

a) Princípio da Legalidade — O administrador público está sujeito aos mandamentos da lei e às exigências do bem comum e dele não de pode afastar ou desviar.

b) Princípio da Moralidade — O Princípio da Moralidade restringe-se ao aspecto das práticas de improbidade administrativa.

c) Princípio da Impessoalidade — Critério para evitar favoritismos ou privilégios. A Administração Pública não pode, no exercício da atividade administrativa, atuar com vistas a prejudicar ou beneficiar pessoas determinadas, uma vez que é o interesse público seu elemento norteador.

d) Princípio da Publicidade — Pode ser visualizado na necessidade de divulgação oficial dos atos administrativos para conhecimento público e, em regra, para início de seus efeitos.

e) Princípio da Eficiência — Obriga a Administração Pública a desenvolver mecanismos para o exercício de uma atividade administrativa célere e com qualidade.

Gabarito: B

TRT — 21ª REGIÃO — VII CONCURSO — RN/2012

Sobre os princípios que regem a administração pública, é incorreto afirmar:

a) o princípio da moralidade exige que o administrador se paute por conceitos éticos.

b) corolário do princípio da igualdade é a vedação de se estabelecer diferenças em razão da sede ou domicílio dos licitantes.

c) o princípio da supremacia do interesse público decorre da posição privilegiada dos órgãos e entes públicos encarregados da preservação do interesse público.

d) em decorrência do princípio da hierarquia, que é restrito às funções administrativas e não aplicáveis às funções tipicamente legislativas e judiciais, a Administração pública possui a prerrogativa de avocar atribuições, e também de rever os atos dos subordinados.

e) a Constituição Federal prevê, expressamente, os princípios da legalidade, publicidade, impessoalidade, moralidade, eficiência e razoabilidade.

Gabarito: E

TRT — 23ª REGIÃO — XVIII CONCURSO — MT/2011

Assinale a assertiva correta sobre o ato administrativo:

a) a revogação é um ato vinculado legítimo e eficaz realizado pela Administração.

b) a revogação funda-se no poder regulamentar de que dispõe a Administração.

c) a teoria dos motivos determinantes funda-se na consideração de que os atos administrativos, quando tiverem sua prática motivada, ficam vinculados aos motivos expostos, para todos os efeitos jurídicos.

d) nos atos administrativos discricionários, não há falar em mérito administrativo, visto que toda a atuação do Executivo se resume no atendimento das imposições legais.

e) a forma é revestimento exteriozador do ato administrativo, constituindo requisito meramente discricionário que prescinde à sua perfeição.

Gabarito: C

TRT — 2ª REGIÃO — XXXVI CONCURSO — SP/2011

Em relação aos atos praticados pela Administração e aos atos administrativos, analise as seguintes proposições:

I. Existem atos praticados pela Administração que são regidos pelo Direito Privado, como, por exemplo, a simples locação de uma casa para nela instalar-se uma repartição pública. O conteúdo e respectivo efeito não são regulados pelo Direito Administrativo.

II. Os motivos determinantes que embasam a vontade do agente são importantes para a prática do ato, como motivos gestacionais, mas não integram a validade do ato, salvo quando a lei tenha estabelecido, antecipadamente, os motivos que ensejariam a sua prática.

III.Atos vinculados são aqueles que têm prévia e objetiva tipificação legal do único possível comportamento da Administração em face de situação igualmente prevista em termos de objetividade absoluta. Atos discricionários são os praticados com certa margem de liberdade de avaliação ou decisão, segundo critérios de conveniência e oportunidade, pela Administração formulados.

IV. O ato revogador de outro ato pode ter efeito *ex nunc* e/ou *ex tunc*, já a invalidação só opera efeito *ex nunc*.

V. Como a forma do ato administrativo pode, eventualmente, não ser obrigatória, inexistindo prescrição, é possível concluir pelo regime estritamente legal, que pode existir ato administrativo sem forma.

Responda:

a) Estão incorretas as assertivas I e II.

b) Estão corretas as assertivas III e IV.

c) Estão incorretas as assertivas IV e V.

d) Estão corretas as assertivas III e V.

e) Estão incorretas as assertivas II e III.

Gabarito: C

TRT — 2ª REGIÃO — XXXVII CONCURSO — SP/2012

Analise as assertivas e marque a alternativa correta:

a) Os atos administrativos enunciativos imperativos decorrem do exercício do poder extroverso pelo Poder Público.

b) O encargo é elemento acessório do ato administrativo vinculado.

c) Pela teoria dos motivos determinantes, quando a Administração motiva o ato, este somente será válido se os motivos forem verdadeiros, a menos que a lei não exija a motivação.

d) O prazo prescricional para impugnar, administrativa ou judicialmente, o ato administrativo imperfeito conta-se da ciência inequívoca da lesão.

e) A autorização, que abrange todas as hipóteses em que o exercício de atividade ou a prática de ato são vedados por lei ao particular, é ato administrativo unilateral e discricionário.

Gabarito: E

TRT — 3ª REGIÃO — 1/2011 CONCURSO — MG/2011

São atributos do ato administrativo, <u>exceto</u>:

a) Presunção de legitimidade
b) Finalidade
c) Imperatividade
d) Autoexecutoriedade
e) Tipicidade

Gabarito: B

TRT — 19ª REGIÃO — VI CONCURSO — AL/2012

A respeito dos atos administrativos, assinale a alternativa correta:

a) Todos os atos jurídicos praticados pela administração são atos administrativos (em sentido estrito).

b) O ato administrativo pode ser anulado pela própria Administração Pública.

c) A competência para a prática de atos administrativos pode ser sempre delegada.

d) O ato administrativo emanado do resultado da votação de um órgão colegiado é qualificado como ato composto.

e) Os atos administrativos discricionários são insuscetíveis de qualquer Controle Judicial.

Gabarito: B

TRT — 8ª REGIÃO — C-330 CONCURSO — PARÁ/AMAPÁ/2012

Acerca do ato administrativo, assinale a alternativa CORRETA:

a) um servidor público, exonerado de cargo em comissão a pedido, pode obter a invalidação da exoneração se provar que não manifestou, por escrito ou verbalmente, a vontade de cessar suas atividades para a Administração.

b) um ato administrativo de autorização sujeito a outro ato confirmatório, consubstanciado em um visto, constitui ato administrativo complexo, pois o visto é condição de eficácia do ato que o exige.

c) a autorização é ato administrativo unilateral e vinculado pelo qual a Administração faculta àqueles que preencham os requisitos legais o exercício de uma atividade.

d) somente a Administração, no exercício de sua prerrogativa de autotutela, pode revogar um ato administrativo, sendo vedado ao Poder Judiciário proceder à valoração dos critérios adotados pela Administração para a revogação, bem como verificar a validade ou não do ato de revogação.

e) o ato pelo qual a Administração pune o servidor que pratica falta grave é ato vinculado quanto ao seu mérito e ao seu conteúdo.

Gabarito: A

TRT — 15ª REGIÃO — XXVI CONCURSO — CAMPINAS/2012

Sobre a improbidade administrativa é correto afirmar:

a) Na ação de ressarcimento de dano causado ao erário público é cabível a transação, acordo ou conciliação entre as partes.

b) O único com legitimação ativa para a ação de improbidade é o Ministério Público.

c) Na ação de improbidade administrativa, ainda que formalmente intimados, os presidentes da Câmara dos Deputados e do Senado Federal poderão deixar de com parecer em juízo e optar por prestar depoimento por escrito.

d) Os atos de improbidade administrativa sempre causam danos ao patrimônio público.

e) A prática de ato de improbidade administrativa importa na aplicação apenas de sanção civil e criminal.

Gabarito: C

TRT — 23ª REGIÃO — XVIII CONCURSO — MT/2011

A........ é a qualificação dada à autarquia ou fundação que celebre contrato de gestão com o órgão da Administração direta a que se acha vinculada:

a) sociedade de economia mista.

b) empresa pública.

c) organização social civil de interesse público (Oscip).

d) organização social (OS).

e) agência executiva.

Gabarito: E

TRT — 16ª REGIÃO — VII CONCURSO — MA/2011

Considerando a jurisprudência dominante do Supremo Tribunal Federal, marque a alternativa INCORRETA:

a) O Supremo Tribunal Federal fixou entendimento no sentido de que o art. 37, I, da Constituição do Brasil consubstancia, relativamente ao acesso aos cargos públicos por estrangeiros, preceito constitucional dotado de eficácia limitada, dependendo de regulamentação para produzir efeitos, sendo assim, não autoaplicável.

b) Só por lei se pode sujeitar a exame psicotécnico a habilitação de candidato a cargo público.

c) A nomeação de cônjuge, companheiro, ou parente, em linha reta, colateral ou por afinidade, até o 2º grau, inclusive, da autoridade nomeante ou de servidor da mesma pessoa jurídica, investido em cardo de direção, chefia ou assessoramento, para o exercício de cargo em comissão ou de confiança, ou, ainda, de função gratificada na administração pública direta e indireta, em qualquer dos Poderes da União, dos Estados, do Distrito Federal e dos municípios, compreendido o ajuste mediante designações recíprocas, viola a CF.

d) A administração pode anular seus próprios atos, quando eivados de vícios que os tornam ilegais, porque deles não se originam direitos; ou revogá-los, por motivo de conveniência ou oportunidade, respeitados os direitos adquiridos, e ressalvada, em todos os casos, a apreciação judicial.

e) O limite de idade para a inscrição em concurso público só se legitima em face do art. 7º, XXX, da Constituição, quando possa ser justificado pela natureza das atribuições do cargo a ser preenchido.

Gabarito: C

TRT — 3ª REGIÃO — 01/2011 CONCURSO — MG/2011

Assinale a opção correta, após a análise das afirmativas abaixo:

I — Fazem parte da administração indireta as autarquias, fundações instituídas pelo Poder Público, as sociedades de economia mista, as empresas públicas e os consórcios públicos.

II — As autarquias e as fundações instituídas pelo Poder Público têm praticamente as mesmas prerrogativas e sofrem as mesmas restrições que os órgãos da Administração Direta; e as pessoas de direito privado (as sociedades de economia mista e as empresas públicas) só possuem as prerrogativas e sujeitam-se às restrições expressamente previstas em lei.

III — A admissão nos empregos públicos das sociedades de economia mista e das empresas públicas sujeitam-se à regra do concurso público (ressalvadas as nomeações para cargo em comissão declarado em lei de livre nomeação e exoneração), mas o regime após a admissão pelo concurso é o da CLT.

IV — As autarquias são criadas por lei, têm personalidade jurídica pública, capacidade de autoadministração, especialização dos fins ou atividades, objetivo de desempenho de serviço público descentralização e sujeição ao controle ou tutela nos limites da lei.

V — As fundações instituídas pelo Poder Público têm as seguintes características: dotação patrimonial, que poder se inteiramente do pode público ou semipública e semiprivada; personalidade jurídica públicas ou privada, atribuída por lei; desempenho de atividade atribuída ao Estado no âmbito social; descentralização de atividade estatal; capacidade de autoadministração; e sujeição ao controle administrativo ou tutela por parte da Administração Direta, nos limites da lei.

a) estão corretas somente as proposições I, II e V.

b) estão corretas todas as proposições.

c) estão corretas somente as proposições I, II, III e IV.

d) estão corretas somente as proposições I, II e III.

e) estão corretas somente as proposições III, IV e V.

Gabarito: B

MPT — 17º CONCURSO — MAIO/2012

Leia os itens abaixo e analise:

I — As organizações sociais são as executoras de serviços públicos em regime de parceria com o poder público, sendo pessoas jurídicas de direito privado, não podem ter fins lucrativos e dedicam-se ao ensino, à cultura, à saúde, à pesquisa científica, ao desenvolvimento tecnológico e à preservação do meio ambiente.

II — As organizações da sociedade civil de interesse público constituem o regime de parceria numa gestão por colaboração.

III — Podem ser qualificadas como sociedades civis de interesse público as organizações sociais, as cooperativas, entidades religiosas; todavia, não podem ser assim qualificadas as sociedades comerciais, organizações creditícias e instituições partidárias.

Marque a alternativa CORRETA:

a) todas as assertivas estão corretas.

b) apenas a assertiva III está incorreta.

c) apenas as assertivas I e II estão incorretas.

d) apenas as assertivas II e III estão incorretas.

e) não respondida.

Gabarito: B

TRT — 19ª REGIÃO — VI CONCURSO — AL/2012

No tocante à organização administrativa, é incorreto afirmar:

a) A doutrina denomina desconcentração o fenômeno de repartição interna de competências e a criação de órgãos, quando não implique criação de nova pessoa jurídica.

b) A descentralização é dita política quando dela decorre a criação de pessoas políticas, tal como ocorre com a criação de entes federados.

c) Os Territórios Federais, se existentes, podem ser classificados como Autarquias, Territoriais, componentes, portanto, da Administração Indireta da União.

d) A Agência Brasileira de Inteligência (ABIN) é autarquia sob regime especial.

e) As entidades do chamado terceiro setor não compõem a Administração Direta.

Gabarito: D

TRT — 23ª REGIÃO — XVIII CONCURSO — MT/2011

As seguintes afirmativas são corretas a respeito dos Poderes Administrativos, exceto:

a) O poder de polícia mitigante é a ação do agente público contrário à Lei.

b) O poder discricionário permite a prática de atos administrativos com liberdade na escolha de sua conveniência, oportunidade e conteúdo.

c) O poder regulamentar faculta aos Chefes do Poder Executivo explicar a lei para sua correta execução, através de decretos e regulamentos.

d) O poder hierárquico tem por objetivo ordenar, coordenar, controlar e corrigir as atividades administrativas, no âmbito interno da Administração Pública.

e) O poder disciplinar é a faculdade de punir internamente as infrações funcionais dos servidores públicos e demais pessoas sujeitas à disciplina administrativa.

Gabarito: A

TRT — 2ª REGIÃO — XXXVI CONCURSO — SP/2011

Em relação ao poder de policia, aponte a alternativa incorreta:

a) Não há limitações administrativas ao direito de liberdade e ao direito de propriedade, e sim limitações à liberdade e à propriedade.

b) A atividade estatal de condicionar a liberdade e a propriedade, ajustando-as aos interesses coletivos, designa-se "poder de polícia", abrangendo, em sentido amplo, tanto os atos do Legislativo quanto os do Executivo.

c) Caracterizar o poder de polícia como positivo ou negativo depende apenas do ângulo através do qual se encara a questão. Na verdade, tanto faz dizer que através dele a Administração evita um dano, quanto que por seu intermédio ela constrói uma utilidade coletiva.

d) Há uma separação conceitual entre polícia administrativa e polícia judiciária; a atuação administrativa marca-se pela repressão a uma atuação antissocial, como a dissolução de um comício ou de uma passeata, ao passo que a judiciária se preordena à responsabilização dos violadores da ordem jurídica.

e) Para bem exercer a administração pública, pode o governo delegar aos particulares atos próprios de polícia administrativa, como na fiscalização e cumprimento de normas de trânsito mediante equipamentos fotossensores, pertencentes e operados por empresas privadas pelo Poder Público.

Gabarito: E

TRT — 3ª REGIÃO — 1/2011 CONCURSO — MG/2011

São atributos do poder de polícia, <u>exceto</u>:

a) Discricionariedade

b) Exigibilidade

c) Executoriedade

d) Atividade positiva

e) Coercibilidade

Gabarito: D

TRT — 19ª REGIÃO — VI CONCURSO — AL/2012

Sobre o poder de polícia, aponte a resposta correta:

a) A fixação do horário bancário, para atendimento ao público, é da competência da União.

b) Não ofende o princípio da livre concorrência lei municipal que impede a instalação de estabelecimentos comerciais do mesmo ramo em determinada área.

c) Tendo em vista os princípios da recorribilidade das decisões administrativas e da inafastabilidade do controle jurisdicional, além da necessidade e eficácia das medidas de polícia administrativa, as sanções aplicadas administrativamente não precisam observar o devido processo legal.

d) O poder de polícia, não sendo privativo do poder público, é passível de delegação a entidades privadas.

e) Em regra, o exercício do poder de polícia é vinculado, em razão de seu caráter de restrição e limitação de direitos.

Gabarito: A

TRT — 21ª REGIÃO — VII CONCURSO — RN/2012

Sobre os poderes da administração pública, é correto afirmar-se que:

I — a doutrina e a jurisprudência contemporâneas têm verificado a legitimidade do exercício do poder discricionário à luz de novos elementos, como a transparência no processo formativo do ato administrativo e a razoabilidade da motivação administrativa.

II — o exercício do poder de polícia é limitado pelos direitos fundamentais, de modo que a imposição de abstenções aos particulares só é legítima na medida em que o poder público comprove a necessidade da medida, a sua proporcionalidade e eficácia.

III — o poder disciplinar, conquanto relacionado ao poder discricionário, deve observar a garantia do contraditório e da ampla defesa nos processos administrativos.

IV — se, no exercício do poder regulamentar, o administrador, por intermédio de decreto, realizar interpretação que amplie o conteúdo da norma, o supremo Tribunal Federal tem entendido que, se o caso for de interpretação *ultra legem*, a situação resolve-se pela exclusão da ampliação de conteúdo, mas se a norma regulamentar for *contra legem*, a questão caracterizará crise de legalidade, resolvendo-se pela nulidade do decreto regulamentar.

a) apenas as assertivas I, II e IV estão corretas.

b) apenas as assertivas I, II e III estão corretas.

c) apenas as assertivas I e II estão corretas.

d) apenas as assertivas II, III e IV estão corretas.

e) apenas as assertivas I, III e IV estão corretas.

Gabarito: C

TRT — 23ª REGIÃO — XVIII CONCURSO — MT/2011

Quanto à responsabilidade civil do Estado, é incorreto afirmar:

a) o fundamento da responsabilidade civil do Estado é a moralidade dos atos administrativos.

b) os atos administrativos praticados por órgãos do Poder Judiciário, equiparam-se aos demais atos da Administração e, se lesivos, empenham a responsabilidade civil objetiva da Fazenda Pública.

c) a teoria de irresponsabilidade do Estado não foi acolhida pelo direito brasileiro. Conforme dispositivo constitucional compreende duas regras: a da responsabilidade objetiva do Estado e a da responsabilidade subjetiva do agente público.

d) para obtenção do êxito da ação regressiva do Estado contra agente público causador direito do dano, exige a comprovação da culpa ou do dolo do agente público e a condenação do Estado em trânsito julgado.

e) como ação civil, que é, destinada à reparação patrimonial, a ação regressiva transmite-se aos herdeiros e sucessores do servidor culpado, podendo ser instaurada mesmo após a cessação do exercício no cargo ou na função, por disponibilidade, aposentadoria, exoneração ou demissão.

Gabarito: A

TRT — 21ª REGIÃO — VII CONCURSO — RN/2012

A respeito da responsabilidade civil da administração pública, é correto afirmar:

a) a administração tem o dever de reparar os danos ocasionados a terceiros, ainda que no exercício regular da atividade administrativa, devendo, todavia, esperar a citação em ação de indenização por danos, promovida pelo ofendido, para promover à reparação integral ou obter conciliação judicial, sendo-lhe defeso, por seus próprios meios, reparar o dano no âmbito administrativo.

b) a necessidade de determinação judicial área a reparação do dano causado a terceiros justifica-se pela necessidade de certeza, liquidez e arbitramento judicial do valor da indenização, com vistas a possibilitar que a administração pública ingresse com ação regressiva contra o servidor ou agente público causador do dano.

c) proposta a ação de indenização por danos contra o agente público, não é o caso de sua extinção por ilegitimidade passiva, mas de chamamento à lide da pessoa jurídica de direito público.

d) o Supremo Tribunal Federal firmou jurisprudência no sentido de que a ação de indenização por danos deve ser proposta contra a pessoa jurídica e não contra o agente público, não sendo admitido o litisconsórcio.

e) o § 6º do art. 37 da Constituição Federal estabelece a responsabilidade objetiva, por danos causados a terceiros, das pessoas jurídicas de direito público e das pessoas jurídicas de direito privado prestadoras de serviços e que exercem atividades delegadas do Estado de intervenção no domínio econômico.

Gabarito: D

TRT — 15ª REGIÃO — XXVI CONCURSO — CAMPINAS/2012

Assinale a assertiva incorreta, considerando o art. 173 da CF 88 que dispõe: "Ressalvados os casos previstos nesta Constituição, a exploração direta de atividade econômica pelo Estado só será permitida quando necessária aos imperativos da segurança nacional ou a relevante interesse coletivo, conforme definidos em lei".

a) A exploração de atividade econômica pelo Estado pode ocorrer através de empresa pública e sociedade de economia mista.

b) A despedida de empregados de empresa pública e de sociedade de economia mista, admitidos por concurso público, depende de ato motivado para sua validade, salvo em se tratando de empregados da Empresa Brasileira de Correios e Telégrafos.

c) A empresa pública é pessoa jurídica de Direito Privado, embora seja constituída de capital exclusivamente público.

d) A vedação constitucional de acumulação remunerada de cargos públicos também se estende às sociedades de economia mista.

e) A admissão de pessoal pelas empresas públicas e sociedade de economia mista, salvo para cargos ou função de confiança, depende de concurso público.

Gabarito: B

TRT — 15ª REGIÃO — XXVI CONCURSO — CAMPINAS/2012

Tratando-se de controle de legalidade do ato administrativo é correto afirmar:

a) A ação civil pública pode ser ajuizada pelo Ministério Público, pela União, pelos Estados e Municípios, por autarquias, empresa pública, sociedade de economia mista, fundação e associação.

b) O inquérito civil público pode ser instaurado pelo Ministério Público, pela União, pelos Estados e Municípios.

c) O termo de ajustamento de conduta somente pode ser celebrado pelo Ministério Público.

d) O pedido de arquivamento de inquérito civil público depende de homologação do juiz que, se entender que não é caso de arquivamento, remeterá os autos ao Procurador-Geral de Justiça, que poderá designar outro representante do Ministério Público para ajuizar a ação civil pública.

e) A instauração do inquérito civil público é imprescindível para o ajuizamento da ação civil pública.

Gabarito: A

Produção Gráfica e Editoração Eletrônica: GRAPHIEN DIAGRAMAÇÃO E ARTE
Projeto de Capa: FABIO GIGLIO
Impressão: HR GRÁFICA E EDITORA